# 转型时期特大型城市
# 土地利用规划理论与实践

冯经明　主编

## 编委会

**主　编**　冯经明

**副主编**　李俊豪　管韬萍　姚　凯

**参　编**　魏子新　胡国俊　周甬涛　张　玮　许　伟
　　　　　代　兵　邵一希　詹运洲　张　兰　吴　燕
　　　　　金　岚　施玉麒　朱　蕾　廖远琴　郭忠诚
　　　　　曹　操　朱冬奇　刘　雯　戴燕燕　夏　晨
　　　　　高　魏　孙彦伟　郭淑红　汪燕衍　饶良伟
　　　　　赵君琳　王思怡　万俊杰　等

# 前 言

土地利用规划是根据区域社会经济发展和土地的自然历史特征，对一定区域未来土地利用的规模、结构、布局、时序做出超前性的计划和安排，是指导土地利用和土地管理的纲领性文件，是落实土地用途管制、规划城乡建设的重要依据。

1987年至今，上海市开展了三轮土地利用总体规划编制工作。《上海市土地利用总体规划（1997—2010年）》于1999年编制完成并经国务院批准实施。为适应经济社会发展需要，2003年，上海市作为新一轮省级土地利用总体规划修编试点单位，正式启动修编工作。2008年，充分发挥城乡规划和国土部门机构职能整合的优势，开展了城市总体规划与土地利用总体规划相衔接的"两规合一"工作，并编制完成了《上海市土地利用总体规划（2006—2020年）》，于2010年7月经国务院批准，重点划定了"三条控制线"：城市建设用地控制线、工业用地控制线和基本农田控制线，建立了上海市土地利用总体规划实施管控体系。在此基础上，按照"两规并行、区镇同步"的原则，全面启动9个区（县）级和82个镇（乡）级土地利用总体规划成果的编制和审查，2011年，形成市—区（县）—镇（乡）三级土地利用总体规划成果体系。同时，以落实《国土资源部与上海市人民政府〈共建保障和促进上海科学发展国土资源管理新机制〉合作备忘录》为抓手，上海率先探索土地利用总体规划定期评估—适时修改的技术方法和工作机制。

"十二五"期间是上海加快推进"四个率先"、加快建设"四个中心"和社会主义现代化国际大都市的关键时期。在"创新驱动、转型发展"的新形势下，上海作为一个人口高度集中、土地资源相对稀缺、环境容量十分有限的特大型城市，经济社会发展对土地资源的刚性需求与土地资源紧缺的矛盾进一步加大。上海有关土地利用总体规划修编的实践，既是一个不断深化对特大型城市发展规律认识的过程，又是一个不断研究分析人口资源环境对经济社会发展紧约束的矛盾，与时俱进、开拓创新的过程。规划编制中，统筹"保障发展、保护资源、优化空间"，体现前瞻性和引导性，兼顾刚性和弹性，构建了集约高效的生产空间、宜居适度的生活空间、山清水秀的生态空间。

基于上述认识和实践，本书对转型时期特大型城市土地利用规划的理论、方法和实践进行了全面梳理、归纳和总结，从国内外土地利用规划的研究进展及转型时期特大型土地利用规划面临的形势谈起，对特大型城市土地利用规划的理论基础、战略重点、规划主要内容、环境影响评价、实施动态评估和规划管理途径等方面进行了全面的论述。本书具有以下几个创新点：一是在建设用地"精明增长"、低碳城市理论、"反规划"理论等方面丰富了特大型城市土地利用规划的理论内涵；二是从多空间尺度下土地利用分区划分、多功能基本农田规划、土地生态空间体系规划等方面创新了"两规合一"下土地利用规划的新方法；三是从土地利用规划实施动态评估的关键技术率先做了探索，将静态的土地规划编制与动态的实施管理有机结合；四是以三条控制线为基础，以信息化管理为手段，建立了基于"两规合一"的土地利用规划管理体系。

本书是长期从事上海市土地利用规划科研、实践和管理人员集体智慧的结晶，内容从上海市土地利用规划编制和管理的实践中提炼而来，今后将继续修改完善，进一步提高科学性、实用性和可操作性，进一步增强学术价值和应用价值，以指导上海市土地利用规划编制和管理的相关工作。全书由冯经明任主编，李俊豪、管韬萍、姚凯任副主编，魏子新、胡国俊、周甬涛等人参与编写。在各章分工编写和修订的基础上，最后由冯经明总纂定稿。在写作过程中得到了同济大学石忆邵教授的热情帮助，在此表示诚挚的谢意。

由于作者水平有限，加之时间仓促，书中不妥和错误之处在所难免，敬请广大读者不吝指正。

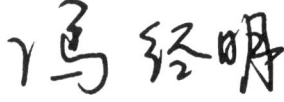

2013年2月于上海

# 目 录

## 前 言

## 第1章 引 言 — 001
- 第一节 背景介绍 — 001
- 第二节 国内外研究进展 — 002
- 第三节 土地利用规划面临形势 — 007
- 第四节 主要内容 — 009

## 第2章 特大型城市土地利用规划的理论基础 — 013
- 第一节 精明增长理论 — 013
- 第二节 低碳城市理论 — 016
- 第三节 城乡统筹发展理论 — 018
- 第四节 可持续发展理论 — 018
- 第五节 "反规划"理论 — 020

## 第3章 特大型城市土地利用规划的战略重点 — 025
- 第一节 资源环境紧约束驱动土地利用方式转变 — 025
- 第二节 可持续发展要求强化耕地和基本农田保护 — 028
- 第三节 城市紧凑发展催生土地用途管制和空间管制 — 029
- 第四节 生态文明建设呼唤构筑绿色生态基础设施体系 — 031
- 第五节 体制机制整合促成"两规合一"实践探索 — 032
- 第六节 智慧城市建设托起土地利用规划信息化管理 — 033

## 第4章 土地利用结构调整与布局优化 — 035
- 第一节 土地利用结构调整 — 035
- 第二节 土地利用布局优化 — 046
- 第三节 土地用途分区 — 055

## 第5章　多功能性基本农田规划　065

第一节　特大型城市地区多功能性基本农田的内涵　065
第二节　多功能基本农田规划方法　072
第三节　特大型城市基本农田布局研究　090
第四节　特大型城市基本农田管理措施　095

## 第6章　建设用地集约利用　101

第一节　建设用地利用状况分析　101
第二节　建设用地集约利用评价内容与方法　104
第三节　上海市建设用地集约评价实践　108
第四节　提高建设用地集约利用水平的策略　123

## 第7章　土地生态空间体系规划　129

第一节　土地生态环境问题识别　129
第二节　生态系统评价　132
第三节　土地生态功能区划　154
第四节　土地生态空间体系构建　160

## 第8章　土地利用总体规划环境影响评价　165

第一节　土地利用总体规划环境影响评价内容与程序　165
第二节　土地利用总体规划环境影响评价方法　167
第三节　土地利用总体规划环境影响评价结论　197
第四节　缓解土地利用总体规划潜在不良环境影响的措施　199

## 第9章　土地利用总体规划动态评估　203

第一节　土地利用总体规划动态评估技术路线、内容与方法　203
第二节　土地利用总体规划目标实现程度评估　213
第三节　耕地和基本农田保护评估　219
第四节　节约集约用地评估　222
第五节　生态用地评估　228
第六节　土地利用重大工程与重点建设项目评估　233
第七节　规划适时修改的必要性和可行性评估　235

## 第10章　上海市土地利用规划实施与管理途径　243

第一节　"规划控制线"管控　245
第二节　土地利用计划管理　247
第三节　城乡建设用地增减挂钩　249
第四节　土地综合整治　252
第五节　土地储备　253
第六节　信息化管理　255

# 第1章
# 引 言

## 第一节 背景介绍

土地利用总体规划是指在一定区域内，根据国家社会经济可持续和谐发展的要求和当地自然、经济、社会条件，对土地的开发、利用、治理、保护在空间上、时间上所做的总体安排和布局，是国家实行土地用途管制和空间管制的基础。土地利用总体规划被公认为是实现土地资源优化配置和社会经济可持续发展的必要技术工具。土地利用总体规划通过对土地规模、结构、布局和时序的统一安排，统筹协调土地资源利用和保护，对于缓解土地资源的紧约束、保障经济社会可持续发展意义重大。

上海作为我国重要经济中心和长三角龙头城市，经济发展位居全国前列。伴随着全市人口的快速增长，土地资源和生态环境对城市经济社会可持续发展的制约作用更趋紧张，出现了土地资源紧张、"水质型"缺水、局部地区生态环境恶化等问题。未来一段时期既是上海继续深化改革、扩大开放、加快转变经济发展方式的重要时期，又是上海加快建设国际经济、金融、贸易和航运中心、实现从工业社会向后工业社会转型的关键时期，也是上海从高度城市化阶段步入深度城市化阶段并建设社会主义现代化国际大都市的跃升时期。根据国家对上海的战略定位和要求，到2020年上海要基本建成与我国经济实力和国际地位相适应、具有全球资源配置能力的国际经济、金融、贸易、航运中心，基本建成经济繁荣、社会和谐、环境优美的社会主义现代化国际大都市，成为具有较强国际竞争力的长三角世界级城市群的核心城市。为达此目标，上海将进一步推动发展理念向以人为本转变，推动发展动力向创新驱动转变，推动产业结构向服务经济转变，推动生产生活向绿色低碳转变，推动发展布局向城乡一体转变，推动开放格局向内外并重转变，并努力实现经济发展方式的率先转变。经济社会发展方式的转变要求土地利用规划必须着眼于通过引导土地利用方式转变，促进经济社会的转型发展。

本书通过开展上海地区土地利用总体规划的理论研究和实践探索，以耕地和基本农田保护为依托，以生态网络空间构建为手段，优先构建国土生态网络屏障，发挥生态农用地的锚固间隔作用，遏制城市建设用地的无序扩张和传统"摊大饼"的发展模式，促进建设用地集约利用，不仅有助于丰富新形势下土地利用规划的理论内涵，而且有助于探索符合经济社会转型时期特大型城市特点的土地利用规划策略，协调建设用地扩张与耕地和基本农田保护之间的矛盾，实现"保障发展、保护资源、引领布局"的目标。

## 第二节 国内外研究进展

土地是人类赖以生存和发展的基本资源，也是国家安全的基本保障。因此，土地的合理利用及其规划问题，一向受到人们的普遍重视。随着人口、资源、环境和发展问题的日益突出，土地利用规划更成为各国研究的重要课题。

### 1. 国外土地利用规划研究的主要进展

20世纪70年代以前，国外多数国家的土地利用规划研究大都限于土地经济及土地制度方面。在英美等发达国家，土地利用规划的主要内容是土地利用分区（Sanibel, 1988; FAO, 1993; Vanlier et al., 1994; Kaiser et al., 1995），即将一定范围内的土地划分成不同使用分区，并以使用分区图来界定分区的范围和区位。在每个分区中，制定不同的土地使用规划或规范。这一期间，城市土地利用规划的内容相对比较丰富，它包括对未来10~20年间公共建筑物、私有土地、居住用地、商业用地分布的设计；在规划图上要求标明街道、公园、公共建筑物场地、公共保留地、公共机构设置点等元素。

20世纪70年代以来，随着人口增长、资源短缺、环境恶化与区域发展问题的日益突出，也随着遥感技术、计算机技术在土地调查与评价中的广泛应用，土地利用规划的内容有了很大的拓展，主要表现在以下几个方面。

（1）出现了以土地评价为基础的土地利用规划模式，推动了土地评价与土地利用规划的相互渗透，有助于可预测的土地利用类型的决策（Purnell, 1990; FAO, 1993）。

（2）明确界定了土地利用规划的本质和目的、规划的尺度和对象等理论问题（Kaiser et al., 1995; Hawkins and Selman, 2002; Steinhardt and Volk, 2003）。土地利用规划是一个对土地和水资源潜力，以及对土地利用和社会经济条件改变的系统评价过程。其目的是为了选择、采用和实施最佳的土地利用方案，以满足人们对未来土地资源安全的需要。

（3）可持续土地利用规划研究受到重视。一些学者探讨了可持续土地利用规划的概念、动机、内容体系等理论问题（Vanlier et al., 1994; FAO/UNEP, 1997; Avin and Holden, 2000）。认为可持续土地利用规划是为正确选择各种土地利用区位，改善城乡土地利用的空间条件以及长久保护自然资源而制定的土地利用政策及实施这些政策的操作指南。其中，土地最佳利用和可持续环境导向下的土地保护是两个最重要的方面。

（4）城市合理用地规模等理论问题引人关注。一些学者提出以"门槛"理论作为衡量城市发展规模的合理限度的新观点；另一些学者提出用密度、功能、健康、费用四项标准来确定城市的最优规模（Mc Grath, 2005）；还有人提出了"生态足迹"理论来反证人类必须有节制地使用"空间"资源（Haberl, Wackernagel and Krausmanna, 2004; Wacker nagel and Monfreda et al., 2005）。美国和加拿大等国则在用途管制理论的基础上，提出通过实施"增长管理"来指导和控制城市用地的无限制蔓延（Pierce, 1981; 刘盛和等, 2001; Tom, 2001; Zhang, 2001; Malpezzi et al., 2001; Hasse, 2002; 秦明周等, 2004; Frenkel and Ashkenazi, 2008），并进一步归纳提出了城市遏制发展模式（urban containment），包括采用绿色隔离带（greenbelt）、城市增长边界（Urban Growth Boundary, UGB）和城市限制界限（Urban Limit Line, ULL）等措施。

（5）土地利用规划方法受到重视。在城市持续扩张压力下，多目标的土地利用正变得越来越重要，不同土地利用的空间结构和拓扑关系可使用GIS方法得以实现，农村地区土地利用规划方法研究应运而生。一些学者将农业生态学和农业经济学信息综合应用到农村土地利用规划的政策制定中（Carsjens and Knaap, 2002; Cho and Roberts, 2007）。另有学者探讨了GIS和模型工具在不同空间尺度的农村地区土地利用规划中的不同作用，并进行了实证研究（Lier, 1998; Herrmann and Osinski, 1999）。还有一些学者将决策分析技术和价值选择理论共同应用于土地保护规划（Messina and Bosetti, 2003;

Bosetti, Conrad and Messina, 2004; Witlox, 2005); 探讨土地利用配置模型与光栅GIS相耦合的方法论（Cromley and Hanink, 1999）; 研究土地利用规划的社会风险以及公众参与问题（Laheij, Post and Ale, 2000; Camagni et al., 2002）。

（6）低碳土地利用研究方兴未艾。一是基于土地利用结构的碳排放研究逐渐兴起，表明土地利用状态和结构随时间的变化而变化，其碳排放也会发生变化（Detwiler, 1986）。二是随着全球气候变化加剧以及低碳理念的提出，基于不同土地利用结构的碳汇研究也日益增多（Houghton and Hackler, 1999）。在陆地生态系统中，碳汇功能主要体现在碳库的储量和积累速率，土地利用与土地覆盖的变化将直接影响陆地生态系统的分布与结构，从而影响陆地生态系统的碳储量。三是基于土地利用结构的土壤碳研究在近些年也逐渐增多（Mann, 1986; Richter, Markewitz, Trumbore et al., 1999）。

## 2. 国内土地利用规划研究的主要进展

综观国内相关学者的研究成果，自20世纪80年代以来，国内已开展了三轮土地利用规划，相关研究也得到了较大的发展，主要表现在以下几个方面。

（1）第一轮土地利用规划（1985—2000）：以服务于社会经济发展为主；第二轮土地利用规划（1996—2010）：以耕地保护为主，形成了指标控制加分区的模式，体现了以土地评价和供需分析等技术为主的特点；第三轮土地利用规划（2006—2020）：强调土地利用战略和政策研究，体现了土地利用规划的公共管理导向。

（2）在理论上，认为人地关系协调理论、土地利用分区理论、土地利用控制理论等应成为土地利用规划的理论基础。土地利用规划是一个社会制度、自然和经济条件等多种因素制约的复杂过程，必须按照土地适宜的用途去利用土地，同时按土地的最佳投资适合度去集约利用土地，综合考虑经济效益、社会效益和生态效益的有机统一。

（3）在方法上，随着最优化技术的出现与应用，各种线性和非线性规划及多目标规划的方法开始应用于土地利用规划过程中。在土地利用规划过程中，在资源评价、指标预测和规划决策及方案评价等方面已经普遍使用定量方法和模型。例如，在土地资源评价中，通常有综合指标评判法、多因子综合评判法、主导因子评判法、最低限制因子评判法、标准值对照评判法和地域对比评判法等；在规划决策方面，有确定型决策、随机型决策、不确定型决策；在规划方案综合评价方面，已较多地使用层次分析法、模糊评判法、可能满意度法和突变决策模型等。

（4）在新技术应用方面，国内已较为广泛地运用遥感资料和卫星图像进行土地利用现状调查及土地评价，并将遥感与地理信息系统（GIS）结合起来，探索解决土地的多目标规划问题。

（5）探索了基本农田划定方法。基本农田划定作为土地利用总体规划中的一项重要内容，是将总体规划确定的耕地按一定的指标有选择地划入基本农田保护区的过程。基本农田划定的主要思路是明确基本农田指标的确定与分解方法。可运用Lindo模型预测规划期的耕地数量，运用熵权系数法等方法进行基本农田的指标分解。近几年，基于GIS平台的基本农田划定方法成为研究主流。结合农用地分等定级成果开展基本农田调整划定具有较强的现实意义，有学者依据农用地利用等别成果，借助聚类分析和地理信息系统手段，探讨了基于农用地利用等别划定基本农田保护区的方法。同时，特大型城市基本农田作为城市区域和空间构成的重要部分，相关的城市土地利用规划、城市规划、景观生态规划以及空间规划，都或多或少地涉及基本农田规划的内容。比如，一些学者探讨了城市生态保留地的内涵、划分原则和方法，为我国同类大都市地域的生态型农地保护规划提供理论与实践参照。

（6）基于土地利用结构的碳排放研究开始起步。如何结合土地利用结构，对碳排放进行优化，降低排放强度，学者们做了大量的研究。有的学者在研究土地利用中能源消耗产生的碳排放的基础上，对碳排放无效率区进行低碳优化，实现DEA有效；有的对区域规划中土地利用结构的相对碳效率进行评价；有的构建能源消费的碳排放模型，并通过土地利用类型和碳排放项目的对应关系，对区域不同土地利用方式的碳排放和碳足迹进行了定量分析；另有一些学者对森林生态系统的碳汇功能进行了实证研究。

## 3. 国内外土地利用规划研究评析

综上所述,国内外土地利用规划研究虽然取得了明显进展,但仍然存在以下主要问题。

(1)土地利用规划的理论还不成熟。长期以来,土地利用规划一直是作为一项社会实践活动和政府的政治行为而进行的,因此有关土地利用规划的科学研究还较为缺乏,尚未形成自己特有的理论体系,甚至落后于城市规划、区域规划和景观规划等其他规划的理论建设。而且,对土地利用总体规划与国民经济和社会发展战略规划、城市规划、区域规划、景观生态规划的共性和差异性及其相互衔接等理论与实践问题也缺乏深入细致的研究。

(2)国外基本农田的内涵较国内宽泛,其生态功能受到广泛关注。国内基本农田研究则侧重于政策方面,几乎全部从粮食生产角度考虑,这与我国耕地保护和粮食安全的大背景密切相关。因此,从出发点和前提上,粮食生产功能逐渐弱化的特大型城市基本农田保护已不适用于目前的研究理论。另外,目前国内特大型城市基本农田规划的出发点仍是以耕地的生产功能为主,并未从基本农田多功能特性的角度展开探索。在基本农田划定方法上,由数量指标分解的简单方法逐渐发展到运用GIS技术,并与农用地分等定级成果相结合,也是深化基本农田规划方法研究的发展趋向之一。

(3)土地利用规划的实效性普遍较差,大多未能在实践中发挥其应有的指导作用。这是由于传统的土地利用规划偏重技术性规划而忽视公共管理导向性规划,不仅漠视土地利用对周围环境的外部性影响评价,而且对土地利用规划实施的效果缺乏系统的、动态的评估。一些实践者把他们的任务限制在土地利用方式的实体设计和布局上;另一些实践者认为,土地利用规划应通过立法来控制土地利用。

(4)土地利用规划的方法也相对薄弱。比如,基于碳源或碳汇单个层面的研究较多,而将两者融合起来展开综合研究和比较研究的则很少。另外,目前针对碳汇的研究大多采用环境学和生态学方面的研究方法,而从空间上基于GIS技术的土地利用结构的碳源或碳汇研究还比较少见。城乡建设用地增减挂钩、土地整治等专项规划应当如何编制和实施?市场经济条件下,土地利用年度计划该如何进行创新和管理?这些都是摆在土地规划工作者面前的重大实践课题。

## 第三节 土地利用规划面临形势

### 1. 精明增长：经济全球化时代实现特大型城市地区内涵型发展的必然选择

精明增长是一种在提高土地利用效率的基础上控制城市扩张、保护生态环境、服务经济发展、促进城乡协调发展和人们生活质量提高的发展模式。它的核心内容是：用足城市存量空间，减少盲目扩张；加强对现有社区的重建，重新改造开发废弃、污染工业用地，以节约基础设施和公共服务成本；城市建设相对集中，密集组团，生活和就业单元尽量拉近距离，减少基础设施、房屋建设和使用成本。

全球化与信息化已成为推动世界城市化进程的主要驱动力。城市化过程是产业结构和用地结构互动调整和优化的过程。在经济全球化时期，伴随着富裕社会及高消费时代的到来，资源短缺、环境恶化等问题将日益尖锐。近年来，我国特大型城市普遍面临着经济增长与土地资源稀缺之间的不协调，建设用地扩张与耕地、生态用地保护之间矛盾突出等问题，已成为制约特大型城市经济社会转型发展的主要瓶颈因素之一。迅速增长的特大型城市作为一个国家或地区现代化发展的引领者及全球化进程的重要参与者和竞争单元，其地位与作用将愈益凸显。因此，开展特大型城市地区土地利用总体规划的理论和实践探索，以规划手段促进其产业结构和用地结构的互动调整和优化，是有效防止特大型城市地区无序蔓延扩张，摆脱资源与环境约束困境，引领其精明增长和紧凑发展的必然选择。

### 2. 低碳导向：生态文明时代转变特大型城市地区土地利用方式的重要战略取向

目前，中国正从农业文明和工业文明向生态文明迈进，低碳经济是生态文明时代经济、社会和生态协调发展的重要战略取向，它是一种以低能耗、低排放、低污染为核心的经济发展模式。在全球气候变暖、环境质量日趋下降的背景下，发展低碳经济、减少二氧化碳等温室气体排放已成为构建和谐社会的必然选择。发达国家希望通过低碳技术创新、碳交易市场来赢得竞争新优势和可持续发展能力的提升。各种经济社会活动及其碳排放强度与土地利用密切相关，土地利用结构、布局和方式的变化是影响大气二氧化碳含量变化的重要驱动因素。因此，积极探索特大型城市地区低碳型土地利用结构调整、布局优化和利用方式转型的新思路与新模式，既是有效降低土地利用碳排放的速率、提升碳减排潜力、创新土地利用方式的重要战略取向，又是土地利用总体规划的题中应有之义。

## 3. 规划变革：顺应上海市"创新驱动和转型发展"要求的新举措

土地利用总体规划是指导城乡建设活动和土地资源科学合理利用的纲领性文件，是落实土地宏观调控和土地用途管制的重要依据，是协调各类各业用地、支撑各行各业发展的战略性规划，在我国土地管理工作中具有极其重要的作用。土地的科学规划，关系到区域经济、社会和生态的协调和可持续发展。然而，以指标分配和供需预测为核心的传统的技术型土地利用总体规划理论和方法已明显不适应特大型城市地区发展的新要求。另一方面，上海在经济高速发展的同时，也面临着城市发展转型、产业结构调整、局部地区生态环境质量下降等现实问题。为了进一步提高特大型城市地区土地利用总体规划的科学性、前瞻性，有效引导新增建设用地集聚，促进区域、城乡、产业用地结构优化，在"创新驱动、转型发展"中实现土地资源集约高效利用，亟需创新特大型城市地区土地利用总体规划的理念和方法。

## 4. 两规合一：创新上海土地利用总体规划管理体制和机制的新机遇

土地利用总体规划与城市总体规划都肩负着保障经济社会发展、保护土地资源、维护生态环境安全等重要职责。城市总体规划综合研究城市功能定位、发展方向、总体规模和空间布局形态，关注人口规模与用地规模、城市总体布局结构、各项建设用地布局、交通系统规划、市政公用设施规划、近期建设规划等内容，重点研究城市化地区特别是中心城区的空间布局、功能分区的合理性和建设工程的技术可行性，规划视角主要集中在中心城区或主城区的"城市建设用地"上。土地利用总体规划协调土地总供给与总需求，进行土地资源的综合配置和总量安排，关注土地资源节约使用和农用地资源的保护，近年来它更着眼于产业用地、基本农田的落地布局与保护、管控，规划内容侧重于广大乡村地区的"农用地"。两个规划在编制方法、规划侧重点、发展规模、空间布局和实施手段等方面存在差异，给土地利用、建设项目审批及各类空间规划的实施管理带来很大困难。

在2008年新一轮机构改革中，上海市规划和国土部门机构职能整合形成新的规划和国土资源管理局，加快了城市总体规划和土地利用总体规划衔接的进程，客观上要求对土地利用总体规划的编制、管理进行创新，以便更好地适应"两规合一"的管理体制。

## 第四节 主要内容

本书以精明增长理论、低碳城市、城乡统筹发展理论、可持续发展理论为指导，以上海为研究对象，运用定性分析和定量分析相结合、类型分析与区域分析相结合、统计分析与GIS空间分析相结合的方法，探讨了上海市土地利用总体规划的战略重点；以多功能基本农田规划、建设用地集约利用、生态空间体系规划为重点，从理论、方法与实践等方面展开综合研究；在此基础上，探索了土地利用规划的环境影响评价、动态评估、专项规划实施与管理途径，进一步丰富了新形势下土地利用规划的理论内涵与研究方法，为上海市土地利用总体规划的编制与实施提供技术规范和应用实践，为土地资源的可持续利用和信息化管理提供科学依据。

本书的主要研究内容如下。

（1）转型时期土地利用总体规划的战略重点。指出："切实转变土地利用方式、加强耕地和基本农田保护、强化建设用地空间管制、构筑绿色生态基础设施体系、整合城市规划管理和土地管理的体制机制、完善土地利用规划与管理信息系统"是转型时期上海市土地利用规划的战略重点。

（2）土地利用结构调整与空间布局优化研究。分析了近年来上海土地利用结构的变化特点及基于碳排放的土地利用结构变化效应，提出了土地利用结构调整方案；并从战略高度提出了上海市土地利用的总体布局构想。继而分别探讨了土地利用综合分区、土地用途分区的基本思路、具体方法及分区结果或管控规则。

（3）多功能基本农田规划方法研究。在界定特大型城市地区多功能基本农田内涵的基础上，借鉴土地生态评价、建设用地空间蔓延度评价、农用地质量评价等方法，探索建立了满足生态功能、隔离功能、应急生产功能等不同功能要求的空间化、精确化的基本农田规划方法体系，实现了多功能基本农田整体规划与布局，并提出了相应的管理措施。

（4）建设用地集约利用研究。概述了国内外建设用地集约利用研究进展；归纳总结了城市建设用地集约利用评价的主要内容、步骤、指标体系构建及评价方法；分析了上海建设用地的特点与存在问题，并提出了集约利用的途径。

（5）土地生态空间体系规划研究。首先识别了上海土地利用生态空间问题；然后运用景观格局指数定量描述了上海土地生态景观的类型特征；运用生态足迹原理和方法定量估算了上海土地生态承载力、生态赤字与生态盈余的演变特征。在此基础上，开展了上海土地生态功能区划，将全市划分为西部水源涵养功能区，城市生态功能恢复区，沿河、沿江、沿海生态走廊建设区，远郊生态功能优化区和崇明生物多样性保护功能区共五类土地生态功能类型区，进而规划和构建了由外环绿带、近郊绿环、生态间隔带和生态廊道组成的市域生态空间网络体系。

（6）土地利用总体规划环境影响评价研究。首先探讨了土地利用总体规划环境影响评价的主要内容、基本程序、评价原则及主要评价方法；然后，结合上海市的实际情况，对上海市土地利用总体规划进行了详细的环境影响评价，具体评价内容涵盖规划总目标评价、土地利用规模与结构调整的环境影响评价、土地利用空间布局调整的生态合理性评价、土地利用开发整理的环境影响评价及基础设施建设的环境影响评价；最后，提出了缓解土地利用总体规划潜在不良环境影响的对策建议。

（7）土地利用总体规划动态评估研究。首先探讨了土地利用总体规划动态评估的技术流程、主要内容和评估方法；然后分别围绕规划目标实现程度、用地结构与布局、耕地和基本农田保护、土地节约集约用地、生态用地、土地利用重大工程与重点建设项目实施情况、规划实施措施执行情况等进行了有针对性的具体评估。

（8）土地利用总体规划实施与管理途径研究。重点针对四条重要的规划控制线（即建设用地控制线、产业用地控制线、基本农田控制线和生态网络空间控制线）、土地利用年度计划的实施与管理途径、城乡建设用地增减挂钩、土地整治、土地储备以及规划信息化进行分析和探讨。

本书的主要技术路线如图1.1所示。

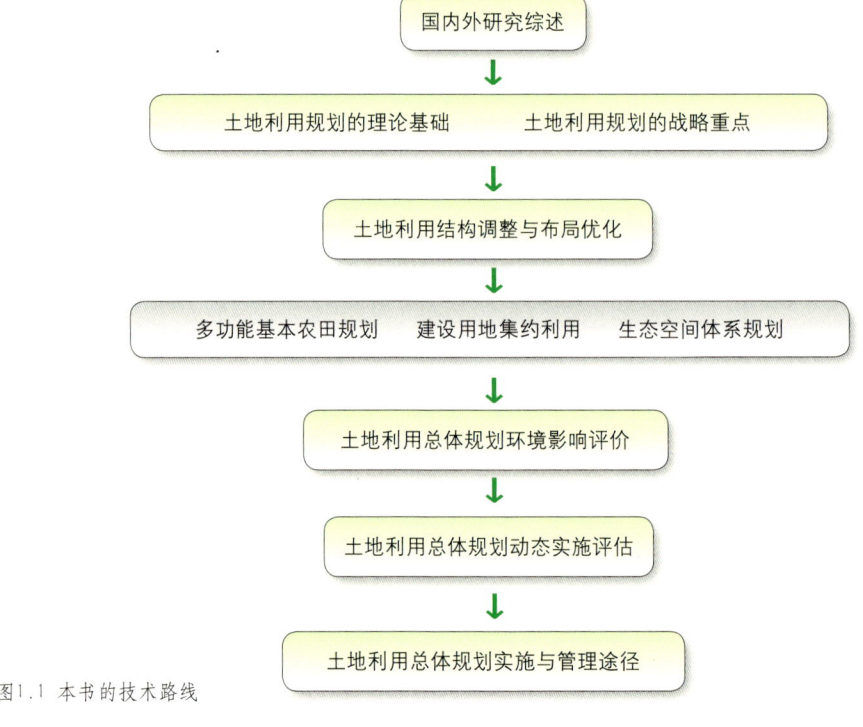

图1.1 本书的技术路线

## 参考文献

1. 陈百明, 周小萍, 胡业翠, 等. 土地资源学[M]. 北京:北京师范大学出版社, 2008.
2. 但承龙. 可持续土地利用规划理论与方法研究[D]. 南京:南京农业大学, 2002.
3. 何春阳, 陈晋, 史培军, 等. 大都市区域城市扩展模型——以北京城市扩展模拟为例[J]. 地理学报, 2003, 58 (2): 294-304.
4. 李秀彬. 土地利用变化的解释[J]. 地理科学进展, 2002, 21 (3): 195-203.
5. 刘盛和, 吴传钧, 陈田. 评析西方城市土地利用的理论研究[J]. 地理研究, 2001, 20 (1): 111-119.
6. 刘彦随. 区域土地利用优化配置[M]. 北京: 学苑出版社, 1999.
7. 鲁成树. 经济快速发展时期的土地利用规划研究[D]. 杭州: 浙江大学, 2004.
8. 欧海若. 土地利用规划的基础理论问题研究[D]. 杭州: 浙江大学, 2004.
9. 秦明周, Richard HJ. 美国的土地利用与管制[M]. 北京: 科学出版社, 2004.
10. 孙新华. 城市土地管理[M]. 北京: 中国建筑工业出版社, 1997。
11. 唐华俊. 中国土地资源可持续利用的理论与实践[M]. 北京: 中国农业科技出版社, 2000.
12. 王万茂. 规划的本质与土地利用规划多维思考[J]. 中国土地科学, 2002, 2: 4-6.
13. 王万茂, 韩桐魁. 土地利用规划[M]. 北京: 中国农业出版社, 2002.
14. 吴次芳. 土地利用规划[M]. 北京: 中国地质出版社, 2000.
15. 严金明. 中国土地利用规划[M]. 北京:经济管理出版社, 2001.
16. 尹奇. 土地利用规划的经济学分析[D]. 杭州: 浙江大学, 2006.
17. 于伯华. 城市边缘区土地利用冲突: 理论框架与案例研究[D]. 北京:中国科学院, 2006.
18. 胡俊. 规划的变革与变革的规划——上海城市规划与土地利用规划"两规合一"的实践与思考[J]. 城市规划, 2010, 34 (6): 20-25.
19. 俞孔坚, 李迪华, 刘海龙. "反规划"途径[M]. 北京: 中国建筑工业出版社, 2005.
20. FAO. Land-use planning[R]. Rome: [S.N.], 1993.
21. Vanlier HN. Sustainable land use planning[R]. [S.L.]: Elsevier Science B.V., 1994.
22. Kaiser EJ. Twentieth century land use planning[J]. APA Journal, 1995, 61 (3): 365-385.
23. Sanibel. Comprehensive land use planning[M]. Washington D.C.: Planners Press, 1988.
24. 程烨, 王静, 孟繁华, 等. 土地用途分区管制研究[M]. 北京: 地质出版社, 2003.
25. Purnell. Land use planning [C] // Land Evaluation (edited by K.J. Beck, et al.) Enschede: ITC Publication, 1990.
26. Hawkins V, Selman P. Landscape scale planning: exploring alternative land use scenarios [J]. Landscape and Urban Planning, 2002, 60: 211-224.
27. Cho S H, Roberts R K. Cure for urban sprawl: Measuring the ratio of marginal implicit prices of density-to-lot-size [J]. Review of Agricultural Economics, 2007, 29 (3): 572-579。
28. Frenkel A, Ashkenazi M. The integrated sprawl index: measuring the urban landscape in Israel[J]. Annals of Regional Science, 2008, 42 (1): 99-121.
29. Hasse J E. Geospatial Indices of urban sprawl in New Jersey[D]. New Jersey: The State University of New Jersey, 2002: 202-211.
30. Malpezzi S, Guo W K. Measuring "sprawl" alternative measures of urban form in U.S. metropolitan areas[R]. The Center for Urban Land Economics Research, University of Wiscortain, Madison, WI, 2001.
31. Tom D. Smart growth: A new American approach to regional planning[J]. Planning Practice & Research, 2001, 16 (3/4): 271-279.
32. Frank Witlox. Expert systems in land-use planning [J]. An overview Expert Systems with Applications, 2005, 29, 437-445.
33. Laheij GMH, Post JG, Ale BJM. Standard methods for land-use planning to determine the effects on societal risk [J]. Journal of Hazardous Materials, 2000, 71: 269-282.
34. Carsjens Gerrit J, Wim van der Knaap. Strategic land-use allocation: dealing with spatial relationships and fragmentation of agriculture[J]. Landscape and Urban Planning, 2002, 58: 171-179.
35. Roberto Camagni, Maria Cristina Gibelli, Paolo Rigamonti. Urban mobility and urban form: the social and environmental costs of different patterns of urban expansion[J]. Ecological Economics, 2002, 40 (2): 199-216.
36. Cromley Robert G, Hanink Dean M. Coupling land use allocation models with raster GIS[J]. Geograph Syst, 1999, 1: 137-153.
37. Herrmann S, Osinski E. Planning sustainable land use in rural areas at different spatial levels using GIS and modelling tools[J]. Landscape and Urban Planning, 1999, 46: 93-101.

38. Vinchenzina Messina, Valentina Bosetti. Uncertainty and option value in land allocation problems[J]. Annals of Operations Research, 2003, 124: 165-181.
39. Bosetti V, Conrad J M, Messina E. The value of flexibility: preservation, remediation, or development for Ginostra?[J]. Environmental and Resource Economics, 2004, 29: 219-229.
40. Richter D D, Markewitz D, Trumbore S E, et al. Rapid accumulation and turnover of soil carbon in a reestablishing forest[J]. Nature, 1999, 400: 56-58.
41. Mann L K. Changes in soil carbon storage after cultivation[J]. Soil Science, 1986, 142(5): 279-288.
42. Van Lier. Hubert N. The role of land use planning in sustainable rural systems[J]. Landscape and Urban Planning, 1998, 41: 83-91.
43. Houghton R A, Hackler J L. Emissions of carbon from forestry and land-use change in tropical Asia[J]. GlobalChange Biology, 1999, 5(4): 481-492.
44. Detwiler R P. Land use change and the global carbon cycle: The role of tropical soils[J]. Biogeochemistry, 1986, 2: 67-93.
45. Uta Steinhardt, Martin Volk. Meso-scale landscape analysis based on landscape balance investigations: problems and hierarchical approaches for their resolution[J]. Ecological Modelling, 2003, 168: 251-265.
46. Avin Uri P and Holden David R. Does your growth smart[J]. Planning, 2000, 1: 26-29.
47. Zhang T W. Community features and urban sprawl: the case study of the Chicago metropolitan region [J]. Land Use Policy, 2001, 18: 221-232.
48. McGrath D T. More evidence on the spatial scale of cities[J]. Journal of Urban Economics, 2005, 58(1): 1-10.
49. Pierce J T. Conversion of rural land to urban: a Canadian profile[J]. Professional Geographers, 1981, 33: 163-173.
50. Wackernagel M, Monfreda C, Moran D, et al. National Footprint and biocapacity accounts 2005: The underlying calculation method[R]. Oakland, CA, USA: Global Footprint Network, 2005.
51. Haberl H, Wackernagel M, Krausmanna F. Ecological footprints and human appropriation of net primary pr oduction: a comparison[J]. Land Use Policy, 2004, 21(3): 279-288.
52. FAO/UNEP. Negotiating a sustainable future for land. Structure and institutional guidelines for land resources management in the 21st century[R]. Rome: FAO/UNEP, 1997.

# 第2章
# 特大型城市土地利用规划的理论基础

## 第一节 精明增长理论

精明增长（Smart Growth）是在反思以小汽车交通为主导的城市蔓延扩张所致的土地资源浪费和环境污染加剧的基础上提出来的一种城市增长政策。它代表了一种强烈的环境道德理念以及对于经济增长效益问题的更多关注。20世纪70年代以来，美国为了抑制和纠正传统的"蔓延式"城市扩张模式，普遍采取了三种措施：一是利用一种被称为"提供足够的公共设施条例"，鼓励在原有基础上内聚式发展，通过土地盘整，鼓励填充式开发；促进土地的混合使用，保持就业岗位与居住的平衡；提高公共服务设施的水平和质量，吸引人们继续在本地生活和居住；二是利用"城市绿带"来限制城市蔓延和保护开放空间；三是通过确定"城市增长边界"（Urban Growth Boundary），确保城市建设范围避开需要保护和限制的区域，如生态敏感区域和开敞空间等（马强，2007）。

与精明增长理念并行的是城市"紧凑发展"模式。它的主要目标是：提高资源利用效率，促进自然资源（包括土地）和基础设施（道路和公用设施）有效利用；更加注重

"城市边缘区农田和其他开敞空间的保护"；注重提高社区生活质量和提高人们的住宅支付能力。为了达成这些目标，提出了下列精明增长原则：① 土地混合使用；② 推广紧凑的住宅设计；③ 提供多种选择的住宅；④ 创造适合步行的社区；⑤ 丰富社区自身特色，提高吸引力，创造鲜明的场所特点；⑥ 保护开敞空间、农田和自然景观以及重要的环境区域；⑦ 强化已有社区的发展，将新的发展引导向已有社区；⑧ 提供多种选择的交通方式；⑨ 提高城市增长的可预知性、公平性和成本收益；⑩ 鼓励社区组织和相关利益主体参与发展决策（Smart Growth Network，2003）。

精明增长的规划主要有以下途径。

### 1. 断面规划

面对传统的区划条例（zoning ordinances）和细分规则（subdivision regulations）导致的分散的土地利用格局，Andrés等人提出了断面规划法（Transect Planning）。与传统的排他性分区不同，断面规划是将规划区视为由农村向城镇逐步过渡的连续统一体，并根据城镇化水平以及景观环境的变化将规划区域分为不同的生态带（ecozone），在不同的生态带内配置不同的土地利用结构，最后在整个规划区内形成人与自然协调发展的用地格局。断面规划的基本假设是每个生态带的主体景观环境都是人类长期活动适应自然条件的结果，因而具有存在的科学性和发展的可持续性。其规划原则是不破坏主体景观的和谐度。因此编制规划的关键在于确定每个生态带的主体景观特征，再利用土地利用的空间配置"校正"各个生态带内的异质景观——即改变农村和城市交错混杂的格局，消除城市中的农村（如在城市中心未开发的闲置空间等）和农村中的城市（如农村腹地的办公大楼等）。断面规划实质是从景观生态的角度阻止城市对农村的肆意侵占，控制低密度的城市发展模式，保护农地和生态用地。

### 2. 划定城市增长区

城市增长区是指在规划中划定的容纳城市增长的区域，由城市增长边界（用于区域控制）或城市服务边界（用于单个行政区内的控制）划定而成，所有的增长都界定在界线以内；界线之外只能用于发展农业、林业和其他非城市用途。城市增长区是一种控制建设用地总量的方法。在规划中，根据规划期限内（一般为20年）预测的土地需求以及设定的最小土地利用强度确定建设用地需求总量，以现有的建设用地区为基础将需求量进行空间定位，划定城市增长区，并根据不同的情况以及市场监测信息对边界进行调整。调整方式有两种：一种方式是只考虑时间驱动系统（Time-driven system）的作用，不管城市增长率的大小和边界内可供开发土地的多少，城市边界都按规划中预先确定的时间间隔（如俄勒冈州为4~7年）进行调整。另一种方式是只考虑事件驱动系统（Event-driven system）的作用，即不论时间间隔的长短，当边界内可供开发土地总量达到规划中预先设定的阈值时，都要调整边界。

### 3. 填充式开发和再开发

填充式开发和再开发是精明增长管理中倡导的提高土地利用强度的两项技术措施。填充式开发是指对市区内公用设施配套齐全的空闲地的有效利用，再开发是对现有土地利用结构的替代和再利用，是对已利用土地的开发。其目的是改变城市蔓延造成的低密度用地格局、复兴城镇经济，因此不是见缝插针式的开发，而是以合理的规划为先导；开发出的土地不仅可以用于建设用地，也可用于绿地、开敞空间等所有利于改善人们生活质量的用途。

### 4. 发展权转移

为促进中心城市的发展、保护农地，不少社区都采用了基于市场经济的发展权转移计划。地方政府在土地规划时划定限制开发区和鼓励开发区，发展权的转移在两区之间进行。一般情况下，限制开发区划定在需要保护的农地或生态环境用地区，位于该区的土地不能被开发，只能将发展权转移出去；而鼓励开发区划定在基础设施完善、发展潜力大的中心城镇或城市近郊区域。开发商从限制开发区内的土地所有者手中购买发展权至鼓励开发区进行土地开发，政府则加大对鼓励开发区的投资力度进行基础设施建设，并允许适当加大区域的开发密度，激励开发商在鼓励发展区进行开发。发展权转移计划在充分考虑土地所有者利益的前提下保护农地和其他自然资源，在一定程度上削弱了市场力量对城市蔓延的诱导作用。

综上所述，精明增长是在拓宽容纳社会经济发展用地需求途径的基础上控制土地的粗放利用，改变城市浪费资源的不可持续发展模式，促进城市的健康发展。城市增长的"精明"的核心内容：一是增长的效益，有效的增长应是服从自然生态条件、市场经济规律以及人们生活习惯的增长，城市的发展不但能繁荣经济，还能保护环境和提高人们的生活质量；二是容纳城市增长的途径，按其优先考虑的顺序，依次为现有城区的再利用、基础设施完善、生态环境许可的区域内熟地开发，生态环境许可的其他区域内生地开发。通过土地开发的时空顺序控制，将城市边缘地带农田的发展压力转移到城市或基础设施完善的近城市区域。精明增长是一种高效、集约、紧凑的城市发展模式。

## 第二节 低碳城市理论

低碳城市是指通过在城市发展低碳经济，创新低碳技术，改变生产方式和生活方式，最大限度地提高资源、能源利用效率和减少温室气体的排放，彻底摆脱以往大量生产、大量消费和大量废弃的社会经济运行模式，逐步形成资源集约、环境友好、社会和谐的社会经济运行模式和健康、节约、低碳的生活方式和消费模式，最终实现城市的清洁发展、高效发展、低碳发展和可持续发展（付允等，2008）。近年来，人类生产和生活造成的能源安全和环境问题引起了全球的广泛关注，旨在降低人类活动造成的碳排放的"低碳"发展模式在世界范围内得到普遍的认同，绿色、低碳、健康日益成为现代城市发展的主要目标和长期趋势。

"低碳"概念是在应对全球气候变化、提倡减少人类活动产生的温室气体排放的大背景下提出的。英国是低碳城市规划和实践的先行者，2003年英国政府在其发表的《能源白皮书》中，就明确提出了2010年$CO_2$排放量要在1990年水平上减少20%，到2050年减少60%，到时从根本上把英国变成一个低碳经济的国家。英国政府通过制定收取气候变化税、签订气候变化协议、建立碳排放贸易机制和碳信托基金等多项政策推动城市低碳经济发展。首批3个示范城市（布里斯托、利兹、曼彻斯特）依托专家和技术支持，制定了全市范围的低碳城市规划，同时针对不同城市空间类型实施相应的规划策略，并分别从城镇中心、边缘中心、内城区、工业区、郊区县市、大型的新城市伸展区和聚集区、农村地区等7个方面做了详细规划。如城镇中心的公共和商业建筑上发展大尺度联合热电系统（图2.1）和大尺度太阳能、广电系统，在边缘中心的居住区发展太阳能热力

图2.1 商业建筑上发展大尺度太阳能系统

收集技术等，在内城区结合住房更新发展单独的建筑能源系统；农村地区发展中大型的风力发电系统和生物燃料供应链等技术（Thuli and Coleen, 2010）。英国提出了将碳减排纳入区域空间战略、交通发展战略、规划管理政策中，同时还强调要与生活方式以及公众参与有效结合起来。

2004年日本开始对低碳社会模式和途径进行研究，并于2007年2月颁布了《日本低碳社会模式及其可行性研究》，该报告以2050年$CO_2$排放在1990年的水平上降低70%为目标，提出了可供选择的低碳社会模式，并在2008年5月进一步提出《低碳社会规划行动方案》。日本低碳社会规划遵循"减少碳排放、提倡节俭精神、与大自然和谐共存"三个基本原则（"2050 Japan Low-Carbon Society", Scenario team, 2008; 范基平，2011）。

我国学者认为，低碳城市具有经济性、安全性、系统性、动态性、区域性等基本特征；产业结构、基础设施、消费支撑、政策制度是低碳城市的基本支撑体系（中国科学院可持续发展战略研究组，2009）。因此，应从能源发展低碳化、经济发展低碳化、社会发展低碳化和技术发展低碳化等方面来发展低碳城市。潘家华认为，打造低碳城市应该有一套指标体系，包括碳生产率、低碳能源结构、低碳生活模式、政府低碳政策。龙惟定等人（2008）也提出，以"人均碳排放量、地均碳排放量、单位GDP碳排放量和人类发展指数4个指标"作为我国低碳城市的评价指标体系。2010年3月19日，中国社科院公布了评估低碳城市的新标准体系，具体包括低碳生产力、低碳消费、低碳资源和低碳政策等4大类共12个相对指标。

由此可见，低碳城市实质上是低碳经济理念、低碳社会理念在城市发展中的实际运用（李向阳等，2010）。作为低碳经济与低碳社会的空间聚焦点的低碳城市，涉及低碳经济、低碳社会、低碳交通、低碳建筑、低碳消费等诸多方面，并以各种不同的方式对土地利用产生着明显的影响。因此，低碳城市是将经济发展、社会进步和环境保护置于同等重要的地位来综合考虑发展的方式和可能性的一种发展模式。低碳城市的建设最终要依赖于城市治理者和居民消费理念以及生活方式的转变才能发生。特大型城市作为区域经济发展和社会发展的核心地域单元，目前仍然是我国能源消费和碳排放的集中地，在开展土地利用总体规划中，应以低碳城市理念为指导，通过整合低碳社会和低碳经济的理念，合理配置土地资源、建筑、交通与道路系统、产业、居住区等城市空间要素，确定城市低碳发展的中期、长期情景模式，调节化石燃料使用，减少城市碳排放量（秦耀辰等，2010）。要通过生态用地增量化和建设用地减量化，调整土地利用结构，着力减少土地利用中的化石能源消耗、污染物排放及碳排放，构建资源节约型和环境友好型的土地利用结构优化模式。

## 第三节 城乡统筹发展理论

改革开放以来，伴随着综合国力的不断增强和城市化的快速推进，我国城乡经济社会差距扩大、区域发展失衡、国民素质差异化等一系列社会问题日益突出，城乡二元经济社会结构矛盾成为当前中国社会经济结构的显著特征，阻滞着国民经济现代化和社会文明的发展。因此，突破城乡二元结构，改变传统的城乡分治的"二元社会"管理模式，推进城乡统筹协调发展，建设和谐社会，已成为落实科学发展观所面临的重大实践任务之一。

特大型城市统筹城乡发展的实质就是要把工业与农业、城市与郊区和乡村、居民与农民作为一个整体，统筹谋划，通过科学制定规划、推动要素自由流动、壮大产业支撑、推进土地规模经营、加快农业科技进步、发展新型集体经济、加快农村人口转移、发展农村公共事业等办法，推进城乡规划一体化、城乡产业布局一体化、城乡就业和社会保障制度一体化、城乡基础设施建设一体化、城乡社会事业发展一体化、城乡政策措施一体化，最终达到逐步缩小城乡差距，实现城乡互动发展、公平发展和持续协调发展的目的。

着力推进城乡空间布局一体化、城乡基础设施建设一体化、城乡产业发展一体化、城乡劳动就业与社会保障一体化、城乡社会发展一体化、城乡生态环境建设与保护一体化是统筹城乡发展的主要任务。特大型城市统筹城乡发展的重点区域在农村，重点对象在农民及外来人口，重点领域在社会事业发展方面。因此，土地利用总体规划的编制要以统筹城乡发展理念为指导，通过构建新型城乡空间形态，促进三次产业互动发展，健全城乡一体的就业和社会保障体系，努力实现城乡基本公共服务均等化，促进农业现代化、农村工业化、农村城市化及区域社会经济一体化的协调与可持续发展。

## 第四节 可持续发展理论

可持续发展（Sustainable Development）概念的提出是在20世纪80年代。1987年，世界环境与发展委员会在《我们共同的未来》报告中第一次阐述了可持续发展的概念。可持续发展是指既满足当代人的需要，又不对后代人满足其需要的能力构成危害的发展。该定义包含了公平性原则、共同性原则、持续性原则和阶段性原则。可持续发展战略的核心是实现经济发展与保护资源、保护生态环境的协调一致，是为了让子孙后代能够享有充分的资源和良好的自然环境,步入到生态文明时代。

可持续发展理论产生的背景是人类赖以生存和发展的环境与资源遭到越来越严重的破坏,人类已不同程度地尝到了破坏环境的苦果。20世纪六七十年代,随着工业化和城市化的快速发展,人类面临的人口膨胀、耕地锐减、粮食危机、能源短缺、贫困加剧、环境恶化等问题越发严重,人口、资源与环境之间的矛盾日益尖锐。这种以资源过量消耗和环境严重污染为代价的掠夺式经济增长模式引起了人们的关注与反思。把经济、社会和环境割裂开来,只顾谋求自身的、局部的、暂时的经济利益,带来的只能是他人的、全局的、长远的不经济性甚至灾难。伴随着人们对公平(代际公平和代内公平)作为社会发展目标认识的加深,影响范围更广泛、更深刻、更难解决的一些全球性环境问题开始被认识,可持续发展思想应运而生。

可持续发展是追求经济子系统、社会子系统、自然子系统之间的协调发展,实现经济效益、社会效益和生态效益的统一。1972年,罗马俱乐部发表的《增长的极限》报告指出:如果一味地以追求经济快速增长的发展模式,世界将面临一场灾难性的资源和环境大崩溃。1992年,《超越极限》一书的出版再一次提出了建立可持续发展社会的紧迫性,并提出全新的思想和观念,即要改变那种消耗越多、生产越多、消费越多,生活质量就越高的传统思想,建立高效使用能源和材料,维持充足、公平而不是过度奢侈和浪费的生活行为方式(图2.2)。

可持续发展理论认为,在国家与地区的发展中,经济、社会、生态子系统的目标应按系统论的观点加以协调。这种协调不是各个子系统目标的简单相加,而是强调各个目标之间的相互作用、相互依存和有机统一。尤其要重视资源的开发、利用、整治和保护,以实现区域经济增长与人口、资源、环境之间的相互协调与和谐发展。

按照可持续发展理论,要实现区域的可持续发展,人口与资源、环境之间必须相互协调,而相互协调的重要标志之一,就是它们之间在数量、质量、时间、空间等方面要相适应。从数量上来说,能够综合反映资源环境条件与人口规模间关系的,就是土地的人口承载力与实际人口规模的对应关系、土地的经济承载力与实际经济规模和强度的对应关系、土地的生态承载力与实际生态环境容量的对应关系,包括静态的和动态的对应关系。因此,人口与资源环境是否相适应,客观上反映在实际人口变动规模与城市所能承载的人口规模之间是否相适应、实际经济发展规模和强度与城市所能承载的经济规模和强度之间是否相适应、实际生态环境容量与城市所能承载的生态阈值之间是否相适应,已成为城市未来可持续发展的一个重要前提条件。而土地利用总体规划是协调人口与资源环境之间关系的一种重要手段,在城市和区域的可持续发展中应当发挥出重要的作用。

图2.2 《超越极限》正视全球性崩溃展望可持续的未来。(美)梅多斯等 著

## 第五节 "反规划"理论

随着我国工业化和城市化的迅速发展，城市规模不断扩张，城市也面临着一些新的问题，如城市生态环境恶化、人文景观破坏、城市人居环境的适宜性逐渐降低，危及到整个社会、经济、环境的可持续发展。一些学者开始反思：土地利用规划如果追求单一的经济目标，土地利用的经济、社会、生态的综合效益将难以达到最佳；面对日益恶化的城市环境问题，现有的规划思路和工作方法是否需要变革？为此，北京大学俞孔坚教授于2002年在《论反规划与城市生态基础设施建设》一文中首次提出"反规划"（Anti-planning）的概念。它是从景观生态学的角度出发，专门针对以往城市规划建设过程中对自然系统缺乏认识和尊重，以牺牲自然过程和格局的安全、健康为代价的城市化途径而言的，是城市规划与设计的一种新的工作方法，即城市规划和设计应该首先从规划和设计非建设用地入手，而不是从传统的建设用地规划着手（俞孔坚等，2002）。"反规划"理论在土地利用规划中的引入有助于提升规划价值观体系的完整性和土地利用规划公共政策属性的合理性，尽可能弥补市场行为的负面影响，维护社会整体利益，保障土地资源配置的公平公正。

传统的规划工作方法总是先预测近、中、远期的人口规模，然后根据国家人均用地指标确定建设用地规模，再依此编制土地利用规划和不同功能区的空间布局，而绿地系统和生态环境保护规划事实上是被动的点缀，是后续的和次级的；况且，明确划定的建设边界和各个功能区及地块的边界，从根本上忽视了大地景观是一个有机的系统，人为割断了区域、建设用地及单元地块之间应有的连续性和整体性（王峰等，2007）。

"反规划"不是不规划，也不是反对规划。"反规划"强调的是一种逆向规划过程，其规划成果是对传统规划的一种校正，其规划的思维是辨证的思维和可逆的思维。"反规划"强调城市发展必须以生态基础设施（Ecological Infrastructure, EI）为基础，因为它是维护土地的安全和健康的关键性空间格局，是城市和居民获得联系的自然服务的基本保障，是城市扩张和土地开发不可触犯的刚性限制（俞孔坚等，2006）。由此可见，"反规划"理论的基本要义是：城市的规划和设计应打破传统思维模式，变"城市与环境"之"图与底"的关系为"底与图"的关系，以环境为图，以城市为底，着重在规划和设计"非建设用地"上做文章，而非传统的"建设用地"规划。"反规划"方法论试图通过建立保障自然人文过程安全与健康的景观格局，来综合地解决国土生态安全问题、城市功能结构问题、交通问题、城市特色问题以及城市形态问题（俞孔坚等，2005）。

"反规划"的工作方法就是先行规划各类生态用地、建设生态设施，再行安排建设用地。即先将生态基础设施保护、控制起来，从而使生态基础设施得以延续和发展（彭德胜，2005；陈小亮，2007）。这样，有助于形成能满足居民环境需求和维护土地生态过程的景观格局，变建设规划为控制建设规划，更好地实现社会经济发展与资源环境相协调（向兰等，2012）。

规划和设计城市生态基础设施的过程，就是建立城市生态安全格局的过程，它是城市生态环境的安全保障。城市生态安全格局是指城市生态基础设施按照一定规律在空间上的有序排列，主要包括：① 维护和强化整体山水格局的连续性；② 保护和建立多样化的乡土生境系统；③ 维护和恢复河流和海岸的自然形态；④ 保护和恢复湿地系统；⑤ 将城郊防护林体系与城市绿地系统相结合；⑥ 建立非机动车绿色通道；⑦ 建立绿色文化遗产廊道；⑧ 开放专用绿地；⑨ 溶解公园，使其成为城市的生命基质；⑩ 溶解城市，保护和利用高产农田作为城市的有机组成部分；⑪ 建立乡土植物苗圃基地（周万东，2009）（图2.3，图2.4）。

运用"反规划"理论来指导土地利用规划，首先要树立土地利用规划的伦理价值取向。在市场经济条件下"经济人"都是理性的，在经济活动中所追求的目标是自身利益最大化，因而导致土地所有者和使用者以最能从土地上获取财富的方式来决定其用途。这种价值秩序将导致非建设用地被大量蚕食而转变为建设用地，这种土地用途、覆被变化造成了土地景观生态系统不可恢复的改变。同时在土地利用空间配置上，未充分考虑各种土地利用类型的空间关系，忽视了土地利用空间格局对诸多自然过程、生物过程和人文过程的影响，忽视了各土地景观斑块之间空间关系的适宜性，也没有涉及保持土地利用系统较高的生物生产性能、保护生态环境以及给人以艺术和美学的享受，导致区域

图2.3 炮台湾湿地公园

图2.4 城郊高速绿化隔离带

生态格局和人文格局的分割破坏。土地利用规划的核心问题就是通过计划和安排不同土地利用方式、强度来协调人口、资源、环境和发展，"反规划"理论则要求首先关注土地开发的外部性影响，要求重视和尊重区域的生态环境和人文精神，重新审视现有土地利用价值标准与判断问题，重构土地资源利用价值体系，尤其是土地的社会伦理价值和生态价值。因此，"反规划"理论的引入改变了环境目标和社会目标在土地利用规划中的不对等地位，确定以人口、资源、环境、经济为核心的多目标规划模式，才能使得环境目标、社会目标和经济目标三者能够取得协调，保证资源和经济社会的可持续发展。

其次，要创新土地利用规划的思维方式，改以单一价值主体主导的思维方式为多种价值主体并重的思维方式。在传统的土地利用规划实际编制过程中，土地的开发和利用的习惯性思维是先确定城镇建设用地的发展方向和发展规模，而对于城镇建设用地内部或者周边的非建设用地，往往因为城镇发展的需求被抢先占用。"反规划"理论强调的是一种逆向思维的规划过程，提倡的规划程序"以土地的健康和安全的名义和以持久的公共利益的名义，而不是从眼前城市土地开发的需要出发来做规划"，将规划主体的偏向由重建设用地、轻非建设用地转变为建设用地与非建设用地均视，首先确定强制性的非建设用地范围域（即先构建生态基础设施），初步定义未来城市空间形态，然后在此基础上落实城市建设用地布局。

## 参考文献

1. 马强. 走向"精明增长": 从"小汽车城市"到"公共交通城市"[M]. 北京: 中国建筑工业出版社, 2007.
2. Zhang T W. Community features and urban sprawl: the case study of the Chicago metropolitan region[J]. Land Use Policy, 2001, 18: 221-232.
3. Wolman H, Galster G, Hanson R, et al. The fundamental challenge in measuring sprawl: Which land should be considered?[J]. Professional Geographer, 2005, 57(1): 94-105.
4. Avin, Uri P Holden David R. Does your growth smart[J]. Planning, 2000. 1: 26-29.
5. Tom D. Smart growth: a new American approach to regional planning[J]. Planning Practice & Research, 2001, 16(3/4): 271-279.
6. Song Y, Knaap G J. Measuring urban form: Is Portland winning the war on sprawl?[J]. Journal of The American Planning Association, 2004, 70(2): 210-225.
7. Burchell Rober W, Mukherji Sahan. Conventional development versus managed growth: the costs of sprawl[J]. Research and Practice, 2003, 93(9): 1534-1540.
8. Roberto Camagni, Maria Cristina Gibelli, Paolo Rigamonti. Urban mobility and urban form: the social and environmental costs of different patterns of urban expansion[J]. Ecological Economics, 2002, 40(2): 199-216.
9. Thuli N M, Coleen H V. Challenges to achieving a successful transition to a low carbon economy in South Africa: examples from poor urban communities[R]. [S.L.] Springer Science & Business Media B. V. 2010.
10. Crawford J, French W. A low-car bon future: spatial planning's role in enhancing technological innovation in the built environment[J]. Energy Policy, 2008, 36(12): 4575-4579.
11. "2050 Japan Low-Carbon Society" Scenario team. Japan Scenarios and Actions towards Low–Carbon Societies. [EB/OL]. 2008-05-28. http://2050.nice.go.jp/material/2050_LCS_Scenarios_Actions_English_080715.pdf.
12. 付允, 汪云林, 李丁. 低碳城市的发展路径研究[J]. 科学对社会的影响, 2008, 2(5): 5-10.
13. 夏堃堡. 发展低碳经济, 实现城市可持续发展[J]. 环境保护, 2008 (2A): 33-35.
14. 中国科学院可持续发展战略研究组. 中国可持续发展战略报告2009–探索中国特色的低碳道路[M]. 北京: 科学出版社, 2009.
15. 王家庭. 基于低碳经济视角下的我国城市发展模式研究[J]. 江西社会科学, 2010 (3): 85-89.
16. 刘志林, 戴亦欣, 董长贵, 等. 低碳城市理念与国际经验[J]. 城市发展研究, 2009, 16(6): 1-7.
17. 乐正, 廖明中. 发展低碳经济建设低碳城市[J]. 特区实践与理论, 2009, 24(5): 32-37.
18. 李向阳, 李瑞晴. 低碳城市理论研究述评[J]. 现代城市, 2010, 5(4): 17-20.
19. 陈飞, 褚大建. 低碳城市研究的理论方法与上海实证分析[J]. 城市发展研究, 2009, 16(10): 71-79.
20. 秦耀辰, 张丽君, 鲁丰先, 等. 国外低碳城市研究进展[J]. 地理科学进展, 2010: 29(12): 1459-1469.
21. 陆学艺. 关于成都市破解城乡二元结构难题的报告[J]. 学术动态, 2005 (21): 10-23.
22. 石忆邵, 陈永鉴. 城乡二元结构及其破解对策—以上海市闵行区为例[J]. 南通大学学报: 社会科学版, 2008, 24(6): 22-27.
23. 冯玉广, 王华东. 区域PRED系统协调发展的定量描述[J]. 环境科学学报, 1997 (4): 487-492.
24. 林道辉. 环境与经济协调发展理论研究进展[J]. 环境污染与防治, 2002 (24).
25. 丹尼斯·L·梅多斯. 增长的极限[M]. 北京: 商务印书馆. 1984.
26. 唐奈勒·H·梅多斯, 丹尼斯·L·梅多斯. 超越极限[M]. 上海: 上海译文出版社, 2001.
27. 姜子青, 曲财亭, 刘断民. 协调发展的理论探索[J]. 环境保护, 1992 (1): 9-12.
28. 俞孔坚, 李迪华. 论反规划与城市生态基础设施建设[C] // 杭州城市绿色论坛论文集, 北京: 中国美术学院出版社, 2002: 14-25.
29. 俞孔坚, 李迪华, 刘海龙. "反规划"途径[M]. 北京: 中国建筑工业出版社, 2006.
30. 俞孔坚, 李迪华, 韩西丽. 论"反规划"[J]. 城市规划, 2005 (9): 64-69.
31. 彭德胜. "反规划"理论在城市总体规划中的应用—以沅江市城市总体规划为例[J]. 城市发展研究, 2005 12(1): 31-36.
32. 周万东. "反规划"理论下的土地利用规划探析[J]. 中国高新技术企业, 2009 (23): 99-100.
33. 王峰, 段巧玲. "反规划"理论与新农村建设[J]. 黑龙江科技信息, 2007 (23): 163.
34. 向兰, 蒋志凌. "反规划"理论在环长株潭城市群规划建设中的应用[J]. 长沙大学学报, 2012, 26(5): 97-102.
35. 陈小亮. "反规划"理论在西部地区新农村规划中的应用[J]. 小城镇建设, 2007 (5): 32-34.

# 第3章
# 特大型城市土地利用规划的战略重点

## 第一节 资源环境紧约束驱动土地利用方式转变

### 1. 土地利用方式转变是经济发展方式转变的重要内容之一

土地利用规划是落实土地宏观调控和土地用途管制、指导城乡建设的重要依据，是管制各类各业用地、支撑各行各业发展的战略性规划。因此，经济社会发展方式的转变要求土地利用规划必须着眼于通过引导土地利用方式转变，促进经济社会的转型发展。

（1）以科学发展观引领土地利用方式转变

科学发展观的提出和可持续发展战略的全面实施，促使土地利用规划的目标从"服务于经济发展"和"耕地保护"转变为"促进人口、资源、环境和社会经济协调发展"。土地利用规划必须担负起从空间战略上解决社会发展、资源利用和生态保护之间矛盾的责任。围绕未来特大型城市发展的空间战略格局和加快转变经济发展方式的基本要求，面对本市土地资源紧约束的基本形势，土地利用规划必须着眼于科学发展，树立可持续利用的土地利用观，引领经济社会发展方式的转变。在推进土地资源的优化利用中，要以土地利用方式的转变，带动产业结构的调整优化和建设用地的节约集约利用；

以土地利用布局的优化带动城市空间布局的完善，不断增强城市的国际竞争能力，引领本市率先推进经济结构的战略性调整，率先提高自主创新能力，率先建成资源节约型、环境友好型社会，率先推进改革开放，率先建设社会主义和谐社会。

（2）以"精明增长"理念引导土地利用方式向"内涵挖潜"转变

根据第二次全国土地调查初步结果，2009年上海市现状建设用地已达2 830km$^2$，占市域总面积的比例已超过40%，与国土资源部下达的2020年规划建设用地2 981km$^2$的控制指标非常接近，增长空间已十分有限，传统的"摊大饼"的土地利用方式难以为继。一方面，增量建设用地空间极其有限，几乎到了零增长的边界；另一方面，存量建设用地粗放低效现象普遍存在，存量建设用地和农村集体建设用地二次开发潜力很大，这已成为当前本市土地利用的最基本现实。因此亟需通过规划引导，促进土地利用方式从"外延扩张"向"内涵挖潜"转变。

## 2. 用地结构调整优化与土地节约集约利用是土地利用调控的重要任务

国家对各级土地利用规划的任务、内容和目标具有一定的刚性，规划调控指标逐级分解、层层落实。建设用地指标的"天花板"、耕地和基本农田保护的"地板"是调控区域土地利用的刚性条件。因此，土地利用规划必须借助于新方法、新策略，实现"有保有压、节约集约用地"。

（1）以资源与环境协调发展理念合理引导用地结构调整优化

目前，上海市中心城区土地高强度开发与郊区土地低效率利用并存。一方面，中心城区高密度的开发影响了城市风貌和开放空间；另一方面，郊区用地外延扩张迅速，土地利用强度和产出效率均较低，用地结构和布局不尽合理，工业用地比重过大。亟需通过土地利用规划，强化土地利用调控，通过差异化的管控政策，有效引导新增建设用地集聚，促进区域、城乡产业用地结构优化，从而实现土地利用的"严控总量、用好增量、盘活存量、提高质量"的目标。

国际大都市建设用地的结构布局总体上已形成了生活用地、生态用地和生产用地（产业用地）的优先比例顺序，表明其城市的服务性功能趋强，而生产性功能趋弱。上海目前明显存在生产用地比例偏高，生态用地和公共设施用地比例偏低；工业用地比例偏高，第三产业用地比例偏低的现象。随着上海从工业化高级阶段向后工业化时代的推进，这种生产性功能较强而服务性功能较弱的用地结构必须得到扭转。因此，上海既要严格控制工业用地扩张规模，优化工业用地结构，适当提高工业用地的容积率，又要合理扩大生活用地与生态用地的规模，逐步建立符合后工业化时代要求的城市用地结构体系（石忆邵等，2010）。

(2) 以"保障发展和保护资源"双重目标引导土地节约集约利用

目前，上海市不仅存在已批用地闲置等土地资源浪费现象，而且中心城区还因产业结构调整，存在大量工业用地性质的老厂房、老仓库等闲置土地。根据全市第二次土地调查数据，全市有农村建设用地约800km$^2$（包括农村宅基地和农村工矿用地），有相当一部分处于低效利用甚至闲置状态。近年来，尽管一部分闲置的工业用地已通过创意产业园区或现代服务业集聚区建设而实现了二次开发和重新利用，但盘活存量土地的任务依然艰巨。

面临土地资源刚性约束的上海，应把调整产业结构作为主攻方向，以结构调整促发展，在土地节约集约利用中推动上海新一轮产业结构优化升级和经济发展转型。综合运用经济、行政等手段，盘活存量建设用地，推行建设用地增减挂钩试点。一是依据规划，大力推进城镇建设用地增加与农村建设用地减少挂钩试点，加强农村宅基地管理，科学布局农村居住社区，积极推进新农村建设，合理运用建设用地流转政策，持续有序推进分散农村居民点的适度集中归并，支撑城市发展战略空间的拓展。二是要明确标准，对规划区内批而未用和低效用地，查清规模、分布和利用状况，采取二次开发、收购储备、提高利用强度等措施进行有效激活。对规划区外的，集中组织土地垦复资金和新增建设用地有偿使用费，大力推进土地综合整治。

面对有限的用地指标，要统筹安排新增建设用地，突出重点，确保急需，提高建设用地效率效益。大力引导城镇用地内部结构调整，科学制定产业用地政策，适度提高产业用地开发强度，鼓励利用现有工业用地进行技术改造投资和产业升级，发展生产性服务业和高新技术产业，降低用地成本，加快现代服务业发展。同时，增加城镇住宅用地中经济适用住房及普通住宅建设用地的供应比例，完善与之配套的基础设施和公共服务设施。

## 第二节 可持续发展要求强化耕地和基本农田保护

"十分珍惜、合理利用土地和切实保护耕地"是我国的基本国策，也是社会可持续发展的必然要求。在土地利用规划中，必须着眼于耕地资源"规模增长、质量提高、产能增加、生态改善"，坚持以保护耕地为主线的规划目标不动摇。从全国一盘棋的角度来看，坚持以保护耕地为核心的功能定位，是符合我国人多地少、农用地特别是耕地较少的基本国情的。从上海市的实际情况来看，要确保全市20亿斤粮食生产能力不降低、粮食自给率不降低，就必须落实耕地和基本农田保护。从生态建设的角度来看，本市的生态保护和基本农田保护，是相辅相成的。通过基本农田的刚性管控锚固生态空间，既完成了本市耕地和基本农田保护任务，又实现了生态保护的目标。

图3.1 基本农田保护区内的重要生态农用地

### 1. 耕地和基本农田保护是促进经济社会可持续发展的重要内容之一

耕地是保障区域实现可持续发展的基础性、不可替代性的重要资源。对于上海这个特大型城市来说，无论是经济社会的转型发展还是人民生活水平的提高都离不开土地资源的支持，快速城镇化趋势、人口规模大幅增长、城市规模扩张对土地资源的需求与耕地资源紧缺之间的客观矛盾决定了必须走严格保护土地资源的可持续发展道路。土地利用规划应以耕地和基本农田的"指标调控—布局优化—保护措施"为规划重点、以土地整治和高标准基本农田建设为规划实施手段，构建耕地和基本农田保护建设的规划框架体系。坚持建设占用耕地补偿制度，多渠道增加耕地面积，保持耕地和基本农田规模处于稳定上升的水平；着重推进土地整治，提升耕地和基本农田的质量和产能，促进耕地和基本农田集中连片布局，提高农用地和农业发展的规模效应（图3.1）。

## 2. 彰显农用地多元功能是土地资源可持续利用的重要方向

耕地资源保护是一个追求多目标的过程。土地资源区位、质量和规模的差异性使得农用地资源的功能显化各异，对于农业资源和生态资源稀缺的上海来说，正处于人类演进（"生存—发展—享受"）阶段中的发展和享受需求阶段，耕地的生产和社会保障功能逐渐拓展为生产、社会、生态多种功能。土地利用规划应在保障农用地基本生产功能的基础上，探索并提升农用地的生态功能，把严格保护农用地资源与发展都市型农业、改善城市生态环境结合起来，将基本农田保护区内的重要生态农用地，纳入基本农田刚性管理范畴，提高农用地的综合利用效率。

## 3. 基本农田分级分类保护是土地资源可持续利用的重要手段

基本农田具有生产、生态服务和隔离等多功能特性，加强基本农田分级分类规划、管理，发挥基本农田保护规划对土地利用的空间导向作用，是土地资源可持续利用的重要途径。在基本农田分级保护中，根据基本农田行政管理主体的差异和各级规划重点不同，市—区（县）—乡（镇）三级规划应层层落实基本农田保护任务、优化基本农田空间布局，市、区（县）级规划基本农田集中区，保护区、乡（镇）级规划基本农田地块。在基本农田分类保护中，根据区位特点、土壤质量、地块的集中程度、土地生产能力和稳定性等条件，在空间上区分以粮食生产功能为主与具有明显生态效益的基本农田，分类规划划示，以粮食生产为主的基本农田应注重加强土地质量监测、提高土地农用地等别，具有明显生态效应的基本农田应强化生态景观服务价值和景观风貌，探索不同类型基本农田的差别化管理和配套政策。

## 第三节　城市紧凑发展催生土地用途管制和空间管制

近年来，上海中心城区向外呈现蔓延式发展，浦东新区、闵行、宝山以"次中心"、"辅城"建设模式与中心城区全面接壤，嘉定、青浦、松江等新城的建设用地布局向中心城区方向扩展，对中心城区形成了围合之势，使中心城区的"大饼"更大，由此而引发了空间、交通、基础设施、生态和环境等一系列问题。《全国土地利用规划纲要（2006—2020）》确定了上海市建设用地规模、耕地与基本农田保护任务、新增建设用地占用耕地等约束性指标，上海市建设用地净增和新增空间均十分有限。因此，上海市亟需通过土地利用规划，以规模指标控制、土地用途管制和建设用地空间管制为手段，以重点发展区域为资源配置导向，统筹全市的建设用地资源，实行有保有压的规划建设思路，促进经济社会发展与土地资源利用相协调，扭转城市蔓延式扩张倾向，引导城市"精明增长"与紧凑发展，遏制城市建设用地的无序扩张和传统"摊大饼"的发展模式。

## 1. 形成结构合理、布局优化的建设用地空间格局是城市紧凑发展的先决条件

土地利用规划要平衡各种土地利用之间的关系，包括土地总供给与总需求、生活生产生态用地结构、中心城区与郊区新城及新市镇空间布局、年均新增空间与土地利用计划、新增用地与存量用地等。严格执行建设用地总量指标，协调各部门用地需求，合理确定新增建设用地规模，以较少的土地资源消耗支撑更大规模的经济增长。结合年度土地利用计划使用情况，优化城镇建设用地、工业用地、基础设施用地、农村建设用地、生态用地的分配比例。在"城镇成规模、发展有重点"的发展理念带动下，发挥新城新市镇在优化空间、集聚人口、聚集新产业中的作用，通过土地利用结构调整和布局优化促进"疏解中心城区人口与功能、加快新城新市镇建设"的城市发展战略实施，全市形成规模适度、布局合理、用地节约的城镇土地利用空间格局。

## 2. 完善土地用途管制制度是塑造紧凑型城市空间形态的基础条件

土地用途管制是指国家为实现土地资源的合理利用，保障经济社会可持续发展，通过编制土地利用总体规划，按照城镇、产业、农业和生态等土地利用主导用途的相似性和差异性，划定不同的土地用途区，实施土地用途管制，明确土地使用限制条件，制定符合特大城市土地管理特色和需要的土地用途管制规则，严格规范土地所有者和使用者按规划用途使用土地，是形成紧凑型城市空间形态的基础条件。

## 3. 建立建设用地空间管制制度是城市紧凑发展的必要手段

建设用地空间管制是以土地空间属性来规范土地利用空间秩序，引导土地利用合理布局。上海这个特大型城市应坚持集中紧凑的发展模式，在土地用途管制的基础上，加强用地增长边界管制，划定城乡建设用地扩展边界、制定管制规则，促进城市紧凑布局和土地资源集约、高效、有序配置。通过强化城乡建设用地扩展边界内外用地类型、审批管理之间的差异，改变传统土地利用管理普遍存在的"重城轻乡"的思想，从源头上

控制建设用地布局的范围，引导各项城乡建设在扩展边界内集中，在城镇用地得到控制的同时，将线性工程、农村居民点等所有非线性建设用地纳入管制范围，扩大建设用地的管制覆盖度，防止城乡建设用地盲目和无序扩张，有效减缓建设对耕地特别是基本农田和其他重要生态环境用地的侵占。

## 第四节　生态文明建设呼唤构筑绿色生态基础设施体系

促进人与自然的和谐发展，是深入贯彻落实科学发展观"五个统筹"的基本要求，也是遵循国际化大都市规划建设规律的要求。土地利用总体规划作为土地资源保护和利用的统领，是依据区域社会经济发展和土地的自然历史特性，在时空上进行的土地资源分配和组织，必须立足于统筹协调人口、资源、环境、发展的关系，遏制城市建设用地无序扩张。

国家"十二五"规划纲要中把建设资源节约型、环境友好型社会作为加快转变经济发展方式的重要着力点。2010年9月，胡锦涛同志在中共中央政治局第三十一次集体学习时也强调应"坚持当前与长远相结合，提高土地对经济社会发展的保障能力，努力建设资源节约型、环境友好型社会"，中共十八大报告也指出"建设生态文明，是关系人民福祉、关乎民族未来的长远大计"，并提出了生态文明建设的四大具体任务，即优化国土空间开发格局；全面促进资源节约；加大自然生态系统和环境保护力度；加强生态文明制度建设。因此，土地利用规划必须立足于可持续发展的理念，将"保护和改善生态环境，保障土地的可持续利用"作为编制土地利用规划的重要原则，科学协调土地资源在区域、产业、部门间的合理配置，坚持经济效益、社会效益、生态效益协调统一。土地以及土地上的人类活动是生态的主要组成部分，土地利用战略必须确立生态优先的友好利用原则。加强土地生态环境建设，提高土地生态环境质量，实现人与自然的和谐发展。通过自然生态和社会生态的统一规划，以土地生态资源的集聚度以及各生态与经济要素间的比例关系为指标，将静态的土地规划变成适应社会与自然机理变化的动态监控、管理、调整、评价的生态规划系统，在保持土地生态经济系统平衡的前提下，使生态、经济和社会效益得到同步提高。

近年来，随着城市化进程的深入，如何合理利用有限土地资源、发挥生态资源的结构性效应，实现城市可持续发展已成为上海城市发展所面临的迫切问题。从地域条件上看，上海处于长江三角洲平原前沿，全境除西南部少数残丘外，基本上为坦荡的平原，平均吴淞高程4m左右，缺乏高山等有效的天然屏障，难以形成天然的生态网络。为保障城市的生态空间，必须人为地构建起国土基本生态网络屏障。世界级城市的竞争最终取决于优良的城市生活品质和城市生态格局。上海要在土地利用空间布局上坚持生态优先原则，强调基本农田的生态屏障功能，综合运用城市郊野公园、生态隔离林带、基本农田保护区、城市水源保护地、滩涂湿地、江河湖海水域等生态空间，构造生态空间网络体系，利用生态锚固功能维护生态底线，制止建设用地的无序蔓延，保护上海都市区的生态安全。

## 第五节 体制机制整合促成"两规合一"实践探索

土地利用总体规划与城市总体规划肩负着推动社会经济和城市建设发展、保护国土资源、维护城乡生态环境、建设项目行政审批的重要职责，是指导城乡规划和建设的重要纲领性文件。但两个规划的编制管理分立于两个部门，编制方法、编制重点、编制主体等方面不同，导致土地利用总体规划与城市总体规划"两张皮"的现象普遍存在，给规划和建设项目的审批、管理和实施工作带来诸多不便（胡俊，2010）。上海规划和国土机构整合后，土地利用总体规划与城市总体规划"两规合一"成为深化体制机制改革的重要举措，是城乡统筹发展的重要内容，

应从用地分类、用地规模、用地布局等方面进行城市总体规划和土地利用总体规划"两规合一"实践探索，对城市规划管理和土地规划管理各取所长，相得益彰，实现规划国土"保障发展、保护资源、引领布局"的战略目标。

### 1. 用地分类衔接的实践探索是"两规合一"数据底版统一的重要基础

结合上海规划和土地管理的特点，理清两个规划用地分类的共性和差异性，系统地衔接城市规划和土地规划用地分类，尤其是建设用地分类应兼顾功能分区的需求和城市管理特色，研究城市规划和土地利用规划地类的对应关系，为形成两个规划统一的数据底版奠定基础。

### 2. 用地规模统一的实践探索是"两规合一"的关键内容

用地规模特别是建设用地规模及增长边界是"两规合一"方法的关键内容，是土地资源有效利用的基础性工作。建设用地规模的衔接应在研判城市发展战略的基础上，梳

理调查各行业部门的用地需求，协调建设用地供需平衡，贯彻落实土地节约集约利用目标，按照实施时序、发展重点和土地利用计划流量要求，优先保障对全市重大战略实施和各类民生、社会事业用地需求，适度限制集中规划区外建设用地规模，促进两个规划建设用地规模统一。

### 3．用地布局契合的实践探索是"两规合一"的重要内容

相互协调的用地布局是保障规划顺利实施、提高行政效率的重要基础。"两规合一"实践探索应在尊重已批规划和城市发展规律的基础上，适应经济社会发展形势的变化，对城镇规划建设区、市政基础设施项目布局的合理性进行论证分析，按照实施的紧迫性、科学性进行分类分区，对土地利用布局进行综合平衡，确定建设用地适宜布局的空间范围，形成城乡规划和土地利用规划一致的总体布局。

## 第六节　智慧城市建设托起土地利用规划信息化管理

智慧城市是新一轮信息技术变革的产物，也是现代城市发展的重要方向和趋势。它是将人类的智慧和智能技术融入城市的发展和管理之中，使数字化、网络化、智能化与城市化的结合不断向纵深发展。智慧城市建设就是物联网、云计算、信息化等现代信息技术在城市管理中的广泛应用。推进智慧城市建设，是上海加快实现"创新驱动、转型发展"的重要手段，深化实践"城市，让生活更美好"的重要举措，也是上海信息化新一轮加速发展的必然要求。土地利用规划和管理信息系统建设既是国土资源管理信息化的重要内容之一，也是智慧城市建设的必要环节。

推进管理创新，建立全市城乡土地统一的管控体系，既是"两规合一"管理体制的必然要求，又是土地利用规划管理的重要基础工程。依托规划国土资源管理平台，建立全市土地利用规划管理信息系统，建设全市规划国土"一张图"工程，不仅有助于确保新增建设用地在规划建设用地范围内，确保新增工业用地在规划工业用地范围内，确保基本农田面积不减少、布局稳定，确保生态空间与年俱增，实行"以图管地"，推进土地资源节约、高效利用，实现科学发展，而且有助于提升项目审批与管理环节的工作效率。从区县预审阶段，到机动指标申请阶段，再到规划土地信息系统进行正式审核阶段，借助数字化、网络化、智能化手段，可以大大提高项目用地边界审核、用地性质审核、用地规模审核、用地指标复核等各流程的速度和效率，并可有效实现项目用地的动态化、信息化管理，为智慧城市建设贡献力量。

## 参考文献

1. 屠启宇, 金芳. 金字塔尖的城市: 国际大都市发展报告[M]. 上海: 上海人民出版社, 2007.
2. 高汝熹, 吴晓隽, 车春鹂. 2007中国都市圈评价报告[M]. 上海: 格致出版社, 上海人民出版社, 2008.
3. 隆少秋. 国内外大城市发展规律对广州经济发展的启示[M]. 广州: 华南理工大学出版社, 2006.
4. 石忆邵, 彭志宏, 陈华杰, 等. 国际大都市建设用地规模与结构比较研究[M]. 北京: 中国建筑工业出版社, 2010.
5. 单国铭, 梅广清. 国际大都市及其中心区发展的特点与借鉴[J]. 上海综合经济, 2004 (9): 21-28.
6. 丝基雅·沙森. 全球城市: 纽约、伦敦、东京[M]. 周振华等译. 上海: 上海社会科学院出版社, 2005.
7. 曼纽尔·卡斯特尔. 信息化城市[M]. 南京: 江苏人民出版社, 2001.
8. 王万茂, 韩桐魁. 土地利用规划[M]. 北京: 中国农业出版社, 2002.
9. 陈百明. 中国土地利用与生态特征区划[M]. 北京: 气象出版社, 2003.
10. 但承龙. 可持续土地利用规划理论与方法研究[D]. 南京: 南京农业大学, 2002.
11. 丁健. 现代城市经济[M]. 上海: 同济大学出版社, 2001.
12. 杜红亮. 河北省土地利用功能统筹研究的理论与实践[D]. 北京: 中国科学院, 2007.
13. 李元. 中国土地资源[M]. 北京: 中国大地出版社, 2000.
14. 刘海燕. 中国城市化进程中的城市用地保障研究[D]. 北京: 中国科学院, 2008.
15. 刘盛和. 北京城市土地利用扩展的时空模式与动力机制[D]. 北京: 中国科学院, 2000.
16. 刘彦随. 区域土地利用优化配置[M]. 北京: 学苑出版社, 1999.
17. 鲁成树. 经济快速发展时期的土地利用规划研究[D]. 杭州: 浙江大学, 2004.
18. 欧海若. 土地利用规划的基础理论问题研究[D]. 杭州: 浙江大学, 2004.
19. 秦明周, Richard H J. 美国的土地利用与管制[M]. 北京: 科学出版社, 2004.
20. 唐华俊. 中国土地资源可持续利用的理论与实践[M]. 北京: 中国农业科技出版社, 2000.
21. 石忆邵, 范胤翡, 范华, 等. 产业用地的国际国内比较分析[M]. 北京: 中国建筑工业出版社, 2010.
22. 严金明. 中国土地利用规划[M]. 北京: 经济管理出版社, 2001.
23. 俞孔坚, 李迪华, 刘海龙. "反规划"途径[M]. 北京: 中国建筑工业出版社, 2005.
24. 于伯华. 城市边缘区土地利用冲突: 理论框架与案例研究[D]. 北京: 中国科学院, 2006.
25. 周诚. 土地经济学原理[M]. 北京: 商务印书馆, 2003.
26. 胡俊. 规划的变革与变革的规划——上海城市规划与土地利用规划"两规合一"的实践与思考[J]. 城市规划, 2010, 34 (6): 20-25.
27. 上海市人民政府. 上海市土地利用总体规划 (1996~2020年) [R]. 上海: 上海市人民政府, 2009.
28. 上海市人民政府. 上海市城市总体规划 (1999~2020年) [R]. 上海: 上海市人民政府, 2001.
29. 上海市人民政府. 上海市近期建设规划 (2005~2010年) [R]. 上海: 上海市人民政府, 2005.
30. 姚凯. 上海城市空间集约节约发展战略的路径探索——特大型城市转型发展的规划土地策略研究[J]. 城市规划学刊, 2011 (1): 38-44.
31. 姚凯. "资源紧约束"条件下两规的有序衔接——基于上海"两规合一"工作的探索和实践[J]. 城市规划学刊, 2010 (3): 26-31.
32. 张玮. 基于"两规合一"的基本农田规划研究——以上海市嘉定区为例[J]. 上海国土资源, 2012 (1): 20-23.
33. 姚凯. "两规合一"背景下控制性详细规划的总体适应性研究——基于上海的工作探索和实践[J]. 上海城市规划, 2011 (6): 21-27.
34. 上海市地质调查研究院, 上海市城市规划设计研究院. 上海市区县"两规合一"暨土地利用总体规划初步方案[R]. 上海: 上海市地质调查研究院, 上海市城市规划设计研究院, 2009.
35. 上海市城市规划管理局. 上海城市规划管理实践——科学发展观统领下的城市规划管理探索[M]. 北京: 中国建筑工业出版社, 2007.
36. 万勇. 倡导研究型、协调型、引导型规划管理方式——关于上海市中心城区规划管理实践的思考[J]. 上海城市规划, 2009 (3): 1-3.
37. 许珂. "两规合一"背景下对上海新市镇总体规划编制的思考[J]. 上海城市规划, 2011 (5): 72-77.

# 第4章
# 土地利用结构调整与布局优化

土地利用结构和布局优化是一个动态渐进的过程,是在加强土地节约集约利用的基础上通过对用地结构和布局的规划调整,逐步达到土地数量和空间布局的优化配置,实现综合效益最大化的过程。当前,我国特大型城市普遍面临着经济社会转型发展的新形势,统筹城乡用地,优化土地资源配置,以"保护耕地、控制建设用地、节约集约用地"为核心原则,协同土地利用与经济社会发展之间的关系,优化土地利用结构和空间布局,以用地结构调整和空间布局优化促进经济社会转型发展在特大型城市显得尤为重要。

## 第一节 土地利用结构调整

### 1. 城乡用地结构调整原则

城乡用地结构调整应坚持以下原则。

(1) 处理好耕地保护与城市建设用地扩张之间的关系

控制建设用地总量,通过土地整治等有效措施,尽最大努力实现耕地总量的动态平衡。对于确需占用耕地的建设项目按规划、计划合理安排。

(2) 统筹安排,综合协调

在城乡用地结构优化时实行统筹兼顾的原则,协调各部门对土地的需求,做到"地尽其用",使系统的整体功能最佳,保证国民经济建设与人民生活需求。

### (3) 集约利用，注重效益

贯彻"十分珍惜和合理利用每寸土地"的原则，集约利用和经营各类用地，着力提高土地资源利用率和产出率，力求土地利用的最佳经济、社会和生态综合效益。

### (4) 低碳导向，环境友好

发展低碳经济，努力建设资源节约型、环境友好型社会是中国未来发展的重要战略取向。在土地利用结构调整中，也应重视创新基于低碳经济理念的土地利用方式，着力构建低能耗、低污染、低排放的环境友好型土地利用结构。

## 2. 土地利用结构分析

### (1) 土地利用结构

从利用结构看，通过比较2004年与2009年的土地利用现状数据（表4-1）后发现：全市农用地大幅度减少，其中，最主要原因是农业结构调整和建设占用；建设用地有所增加，其中，城镇用地、交通运输用地增长较快，工矿仓储用地明显减少；未利用地中减少最多的是滩涂苇地，主要原因是进行了一定规模滩涂苇地的定向圈围开发，用于重大工程建设和农业生产（图4.1，图4.2）。

表4-1 2004年、2009年上海市各类用地面积统计表　　　　单位：km²

| 地类 | 2004年 | 2009年 |
| --- | --- | --- |
| **农用地** | 3 853 | 3 323 |
| 耕地 | 2 786 | 2 336 |
| 园地 | 107 | 108 |
| 林地 | 184 | 213 |
| 其他农用地 | 776 | 666 |
| **建设用地** | 2 337 | 2 830 |
| 城镇用地 | 630 | 1 134 |
| 工业仓储用地 | 919 | 821 |
| 交通运输用地 | 182 | 379 |
| 农村居民点用地 | 567 | 440 |
| 其他建设用地 | 39 | 56 |

续 表

| 地类 | 2004年 | 2009年 |
|---|---|---|
| 未利用地 | 2 050 | 1 980 |
| 河湖水面 | 1 566 | 1 734 |
| 滩涂苇地 | 453 | 216 |
| 未利用土地 | 32 | 29 |
| 合计 | 8 239 | 8 134 |

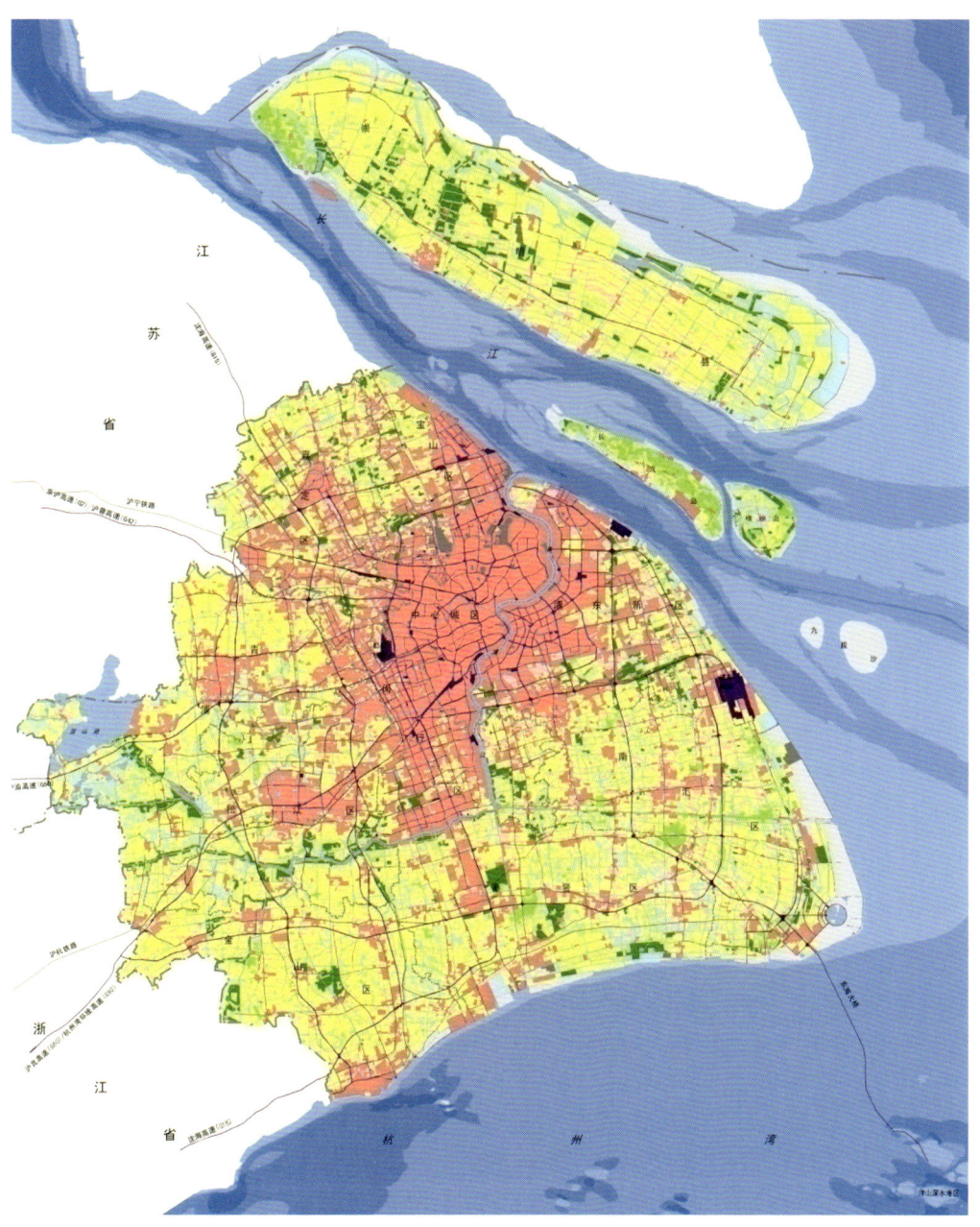

图4.1 2004年上海市土地利用现状图

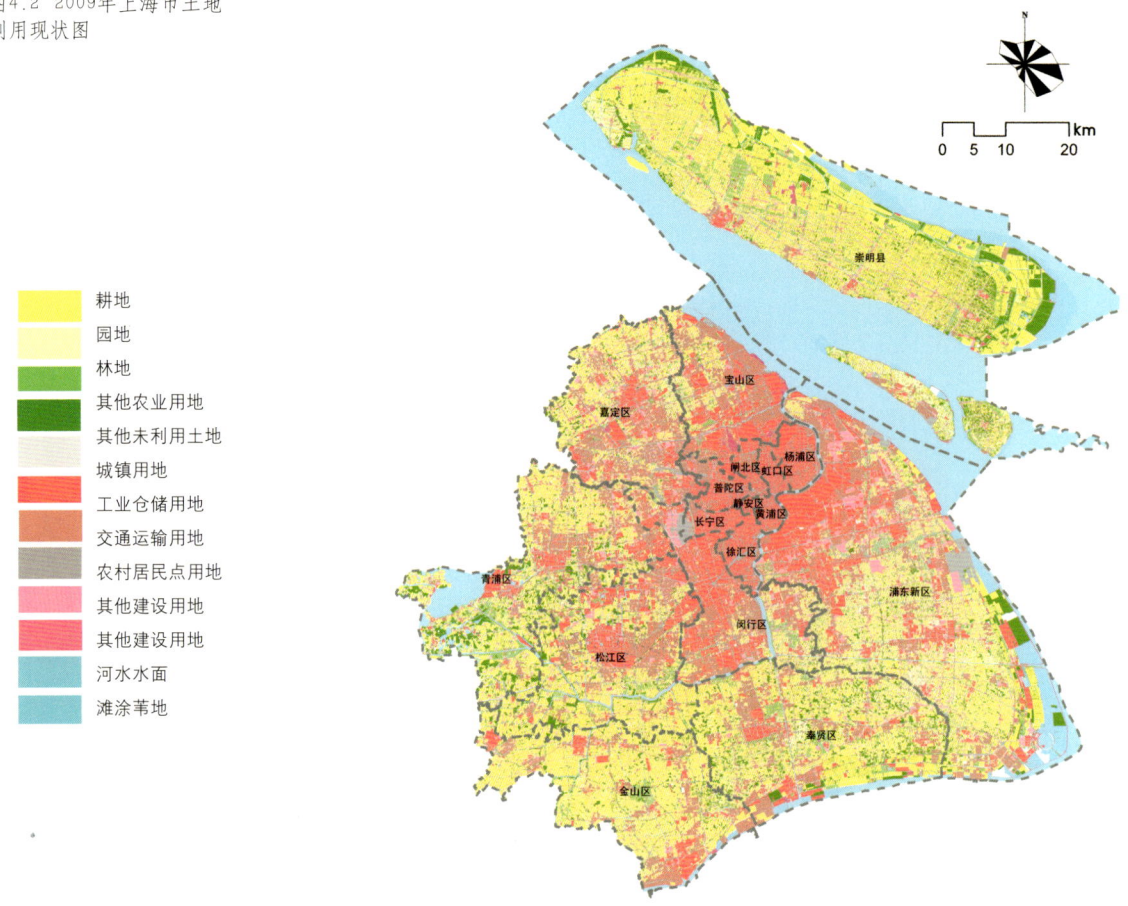

图4.2 2009年上海市土地利用现状图

从空间布局看，农用地多分布在上海郊区，远郊多、近郊少；建设用地主要集中在中心城区、郊区新城和城市发展轴线区域，增量建设用地主要分布在郊区；未利用地基本保持了原有布局。

（2）土地利用集约度

土地集约利用一般可以从土地产出率水平、开发强度和人均用地三个角度进行评价。

从土地产出率水平来看，上海市农用地总面积虽然逐年减少，但农业总产值却与年俱增，农用地产出率由2004年的549万元/km$^2$提高到2009年的900万元/km$^2$左右，增长了64%；建设用地的地均GDP同样呈现逐年增长态势，从2004年的3.15亿元/km$^2$提高到2009年的5.4亿元/km$^2$，增长了71%。工业用地地均产出水平从2004年的16亿元/km$^2$提高到2009年的30亿元/km$^2$左右，增长了88%。各级工业开发区地均产出水平约为58.9亿元/km$^2$，其中国家级开发区约103亿元/km$^2$，市级开发区约52亿元/km$^2$。

中心城区土地开发强度有相当程度的提升，平均毛容积率明显增加，由1996年的1.1提高到2009年的1.32，而郊区土地开发强度则较低，工业用地的平均毛容积率只有0.2左右。

上海市人均建设用地面积由2004年的134m²增加到2009年的147m²，农村居民点人均用地达268m²左右，高于国家及上海有关村镇建设和农民建房的相关标准。

从总体来看，上海市土地集约利用程度不断提高，土地利用正在朝良性方向发展，但仍存在城乡用地的空间布局不尽合理的问题，影响了城乡土地利用的经济、社会和生态效益的协调统一，需进一步优化完善。

### 3. 基于碳排放效应的土地利用结构调整

土地利用是人类影响自然环境的最重要驱动因素。土地利用活动（农业生产、交通设施的修建、湿地的利用等）引起的碳排放是各项经济社会活动总量的主要组成部分，已成为第二大温室气体排放源。如何通过土地利用结构的优化与调整，降低土地利用的碳排放量进而促进低碳经济发展，是特大型城市土地利用总体规划必须研究的内容之一。

#### 1）不同土地利用结构的碳排放估算

碳排放量反映了各区域不同土地利用结构的低碳化状况，是衡量经济发展最直接的指标。由于上海市自然地理条件及气候的差异不大，且从全市尺度考虑主要土地利用方式的碳排放效应，因此，本章没有考虑不同区域内同一土地利用方式碳吸收与排放系数的差别。

（1）碳源量计算方法

根据政府间气候变化专门委员会(IPCC，2000)的定义，碳源是指二氧化碳气体成分从地球表面进入大气，或者在大气中由其他物质经化学过程转化为二氧化碳气体成分。根据上海市土地利用特点，将碳源界定为造成温室气体排放的过程或活动，其量值用二氧化碳当量（C-eq）来表示。

目前，碳源排放量测算的方法很多，如实测法、物料恒算法、排放系数法和部门估算法等，对于不同的碳源测算方法也有所差异。本章采取部门估算法计算土地利用碳排放量。部门估算法适用于已知经济总量、人口总量、单位经济量能耗、人均生活能耗量和碳排放因子的研究对象，计算方法为

$$CE=(a \times X + b \times Y + c \times Z + d \times E) \times CEF$$

式中，$CE$ 为碳源量；$X$ 为第一产业增加值；$Y$ 为第二产业增加值；$Z$ 为第三产业增加值；$E$ 为各区户籍人口；$a$ 为第一产业单位增加值能耗；$b$ 为第二产业单位增加值能耗；$c$ 为第三产业单位增加值能耗；$d$ 为人均生活能耗系数；$CEF$ 为综合碳排放因子（取0.598tC-eq/t标准煤）。

本章中上海市产业单位增加值能耗统一采用上海市产业单位增加值能耗，人均生活用能亦采用上海市平均数据0.678t标准煤/人，第一产业单位增加值能耗为0.679t标准煤/万元，第二产业单位增加值能耗为0.981t标准煤/万元，第三产业单位增加值能耗为0.418t标准煤/万元。

（2）碳汇量计算方法

《联合国气候变化框架公约》（UNFCC）将碳汇定义为从大气中清除二氧化碳的过程、活动或机制。政府气候变化专门委员会（IPCC, 2000）描述了不同类型的碳汇估算方法。上海地区碳汇主要来自于耕地、林地、养殖水面、坑塘水面、滩涂苇地及农作物等，经归类分析，可归纳为林地、农作物、土壤和湿地四类。结合上海碳汇类型，通过已有不同碳汇类型的参数进行分析确定碳汇系数，并计算2006年、2009年上海各区（县）的碳汇量。

① 林地碳汇

林地碳汇的计算方法为

$$HW = 0.627 \times SW$$

式中，$HW$为园林绿地碳汇；$SW$为林地面积。

上海市林地主要是幼龄林和中龄林，具有较大的固碳能力（赵敏等，2007）。结合方精云等对我国1981—2000年的森林、草地、灌木草丛以及农作物等植被碳汇的研究，林地的年固碳能力为0.53～0.65tC-eq/hm$^2$，计算上海市林地年固碳取值为0.627tC-eq/hm$^2$。

② 农作物碳汇

农作物碳汇细分为粮食碳汇$C_r$、谷物碳汇$C_t$和油菜籽碳汇$C_b$，其计算公式为（赵荣钦等，2004）

$$HC = \sum (C_r + C_t + C_b)$$

农作物碳汇（$HC$）通过光合作用同化空气中的$CO_2$，释放$O_2$，合成碳水化合物供其生长、发育。因此，农作物的干物质积累反映出其同化能力，可进而推算出作物的含碳量，即在生长季中作物体内碳的增加量，这也就是从大气中固定下来的$CO_2$量。农作物生育期碳汇量（$HC$）核算公式为

$$HC = \sum C_i = \sum \frac{C_f Y_w}{H_i}$$

式中，$C_i$为第$i$种农作物生育期对碳的吸收量；$C_f$为第$i$种作物合成有机质(干质量)所需要吸收的碳(碳汇率)；$Y_w$为第$i$种作物经济产量；$H_i$为第$i$种作物经济系数。

我国主要农作物的经济系数和碳汇率取值如表4-2所示。

表4-2 我国主要农作物经济系数与碳吸收率

| 项目 | 水稻 | 小麦 | 玉米 | 高粱 | 谷子 | 薯类 | 大豆 | 棉花 | 花生 |
| --- | --- | --- | --- | --- | --- | --- | --- | --- | --- |
| $C_f$ | 0.45 | 0.40 | 0.40 | 0.35 | 0.40 | 0.70 | 0.34 | 0.10 | 0.43 |
| $H_i$ | 0.41 | 0.48 | 0.47 | 0.45 | 0.45 | 0.42 | 0.45 | 0.45 | 0.45 |

资料来源：王修兰. 二氧化碳，气候变化与农业[M]. 北京：气象出版社，1996.

需要说明的是，有文献考虑到肥料生产、农业机械、农药等因素在制造和运输中消耗了大量的工业辅助能，而这些物质和能量在农业生产中参与了循环，因此其生产过程或耗能过程中释放的碳也应看作是农作物产生碳源的途径，本书未考虑上述因素，仅计算农作生长过程中产生的碳汇。

③ 土壤碳汇

农业生态系统中土壤的年固碳能力与作物种类、气候、土壤性质和种植制度紧密相关，范围为0.095~1.143tC-eq/hm²（段晓男等，2006；韩冰等，2008）。本书主要考虑农业生态系统中的土壤碳汇，因此只计算耕地产生的碳汇。由于上海市耕地以水稻种植为主，积极推广有机肥和绿肥，并采取了秸秆还田措施，土壤碳汇能力较强，因此碳汇系数取1.12tC-eq/hm²。计算公式为

$$HE = 1.12 \times SE$$

式中，$HE$为土壤碳汇；$SE$为耕地面积。

④ 湿地碳汇

本书主要考虑上海市养殖水面、坑塘水面、河湖水面和滩涂苇地产生的碳汇。湿地的年固碳能力约为0.5~57.4 tC-eq/hm²（段晓男等，2008）；梅雪英等（2008）研究表明，长江口崇明东滩芦苇带的年固碳能力较高。本书取碳汇系数2.2tC-eq/hm²，故湿地碳汇计算公式为

$$HL = 2.2 \times SL$$

式中，$HL$为湿地碳汇；$SL$为湿地面积。

综上，总碳汇量$CT = HW + HC + HE + HL$。

2）上海各区县碳源量、碳汇量变化分析

2006年、2009年土地数据为土地利用现状数据，社会经济数据来源于上海市及各区（县）统计年鉴。由于部分区县数据缺失，本章均采用上海市单位增加值能耗及人均生活能耗系数代替区县系数以提高可比性。

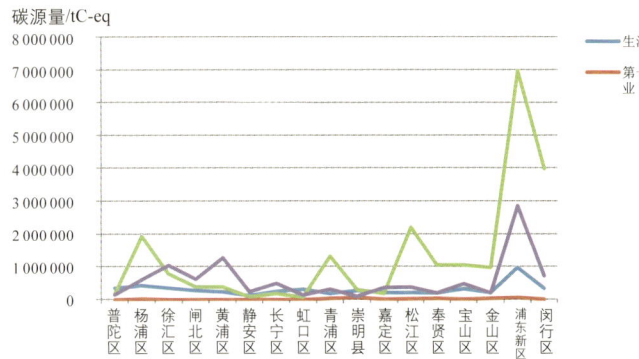

图4.3 2006年上海各区县碳源量变化图

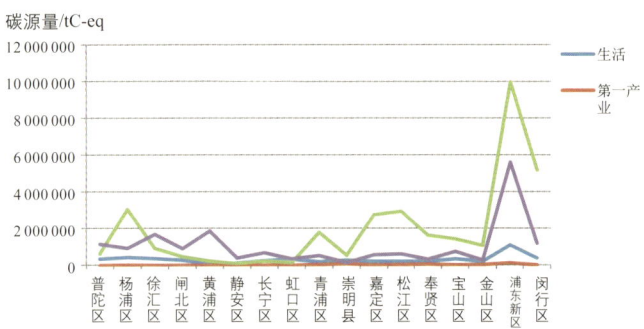

图4.4 2009年上海各区县碳源量变化图

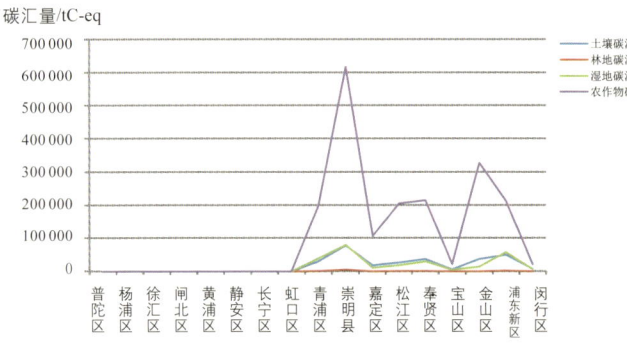

图4.5 2006年上海各区县碳汇量变化图

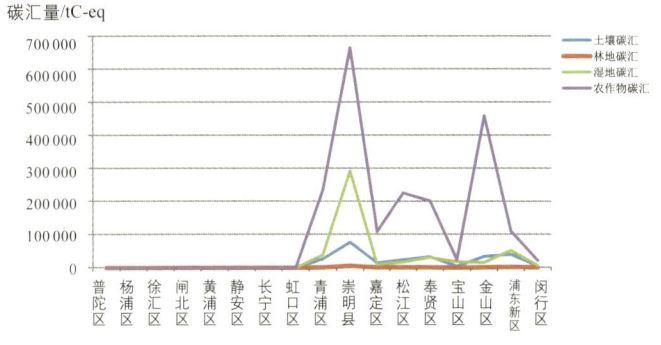

图4.6 2009年上海各区县碳汇量变化图

（1）碳源量变化分析（图4.3，图4.4）

可以看出，2006年、2009年上海第二产业碳源量最大，其次是第三产业的碳源量，第一产业的碳源最小。2006—2009年第二、三产业的碳源量明显增加，说明第二、三产业发展较快，相应地城镇工矿用地规模较大。

（2）碳汇量变化分析（图4.5，图4.6）

可以看出，2006年、2009年上海土壤碳汇量最大，其次是湿地碳汇量、土壤碳汇量，林地的碳源最小，林地固碳能力虽然较其他土地类型强，但因其规模偏小导致碳汇量不高，2006—2009年，农作物和湿地的碳汇量明显增加，林地和土壤的碳汇量略有减少，说明耕地和林地规模相应减少。

（3）碳源总量、碳汇总量变化分析（图4.7—图4.9）

可以看出，2006至2009年期间，上海市各区县碳源量都呈现增加趋势，其中增幅较大的为杨浦区、松江区、浦东新区和闵行区；中心城区碳汇量变化不大，碳汇变化最为明显的是崇明县、奉贤区、金山区和浦东新区。

综上所述，全市各区县的碳源和碳汇分布与变化具有如下两个显著特点。

① 碳源与碳汇呈现明显的负相关性，各区（县）的区域差异性明显，反映出各区县的用地方式不同（图4.10，图4.11）。其中，各区县碳源持续增长，增长幅度较大的有杨浦区、松江区、浦东新区和闵行区，崇明县、金山区碳汇量一直比较高，其他区县显示出碳汇减少的趋势，说明这些区县的农用地、湿地逐渐减少。

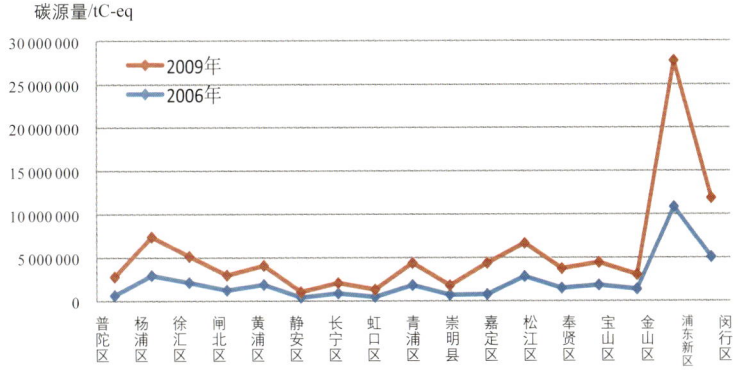
图4.7 2006、2009年碳源总量变化图

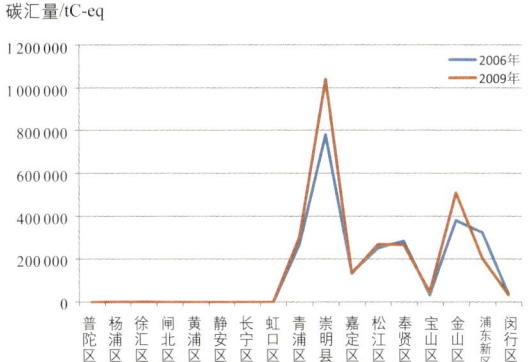
图4.8 2006、2009年碳汇总量变化图

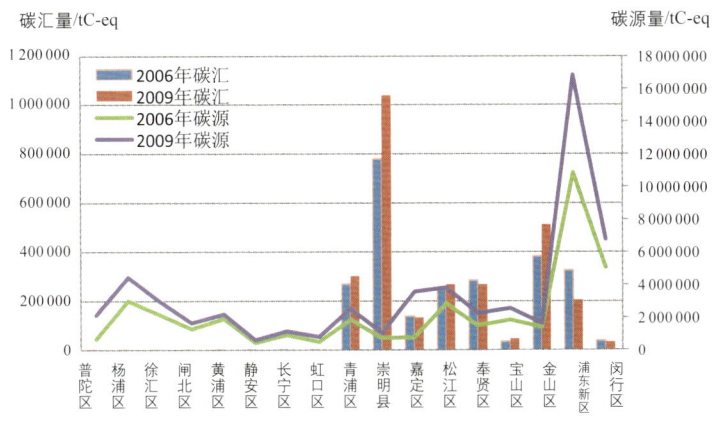
图4.9 上海市各区县碳源、碳汇量变化比较分析图

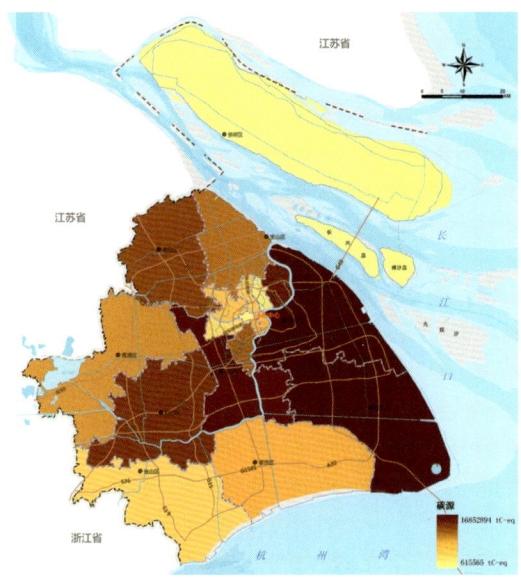
图4.10 上海市各区县碳源分布图

② 从碳源、碳汇量时空变化来看，全市建设用地与林地、耕地等碳汇结构不尽合理，有待进一步调整和优化。

### 3）低碳型土地利用结构调整对策

**（1）增加生态资源用地，不断提升碳汇水平**

在提高碳汇水平方面，通过整合全市各类生态资源，构建符合特大型城市发展需求的生态空间体系，扩大绿地、园地、林地等生态用地规模；改变中心城区碳汇结构单一格局，优化绿地结构，合理规划和布局绿地系统，促使土地利用结构向着有利于增强碳蓄积量方向转变。

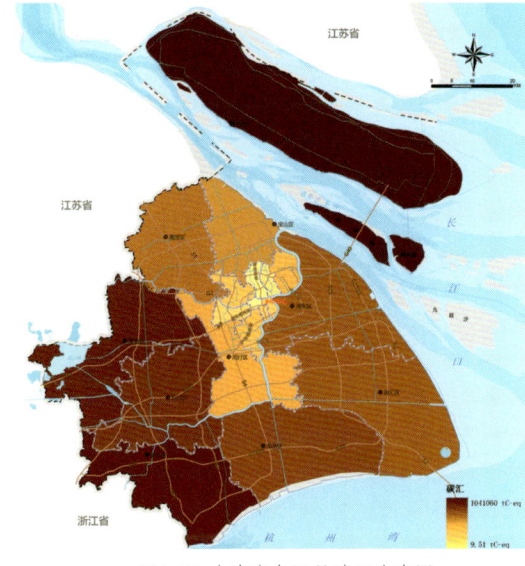
图4.11 上海市各区县碳汇分布图

### (2) 加强对耕地、湿地、水体的保护力度

严格保护和集约利用耕地，保护和增强土壤碳汇和农作物碳汇。加强对湿地的分级保护，除了继续保护九段沙、横沙浅滩、崇明东滩、南汇嘴湿地等重点湿地外，还要通过恢复湿地的水文条件和种植水生植物来创造和恢复植物碳库和土壤碳库，增强湿地固碳能力（李风亭等，2009）。

### (3) 推行建设用地减量化，逐步降低碳源排放强度

在降低碳排放强度方面，一方面，引导新增建设用地尽量少占生态用地和推行建设用地减量化利用，鼓励和引导工业向园区集中，推进土地综合整治，有效降低工业用地比例；同时通过建设用地和绿地、林地等生态用地交错布局，利用生态用地对碳排放量进行中和，从而促进区域经济发展向低碳方向转变；另一方面，借助多样化方式倡导高碳低效土地"退二进三"，以供地政策促进工业低碳化，形成有利于低碳排放的土地利用结构与布局。

### (4) 积极实施差异化减源增汇政策

地处全市中心城区、近郊区和远郊区的各区县，处于工业化和城市化的不同发展阶段，其经济发展水平、产业结构和用地结构存在较大的差异，在推进低碳经济发展进程中，需要实施差异化的减源增汇政策，切忌采取"一刀切"的模式或做法。

## 4. 土地利用结构调整方案

### (1) 科学引导农用地结构调整

立足于保障城市粮食、蔬菜供应安全和生态功能作用，严格耕地保护制度，在确保耕地和基本农田数量的同时，着力提高耕地和基本农田质量，促进基本农田集中连片。积极推动农业产业结构多样化及用地结构调整与优化，稳步增加园地、林地和其他农用地面积。规划期末，上海市农用地达到581万亩（1亩=666.67m$^2$），占土地总面积的47%，其中，耕地面积达到374万亩、园地面积23万亩、林地面积41万亩、其他农用地面积144万亩。

稳步推进崇明岛、沪北、沪西、浦南、沪东南土地整理复垦重点区和金山基本农田保护示范区等6大区域的土地整理复垦，通过土地整治等手段增加耕地面积、提高耕地质

量。积极改善农业生产条件,实现农用地总面积的基本稳定。大力发展都市现代农业,努力提高农用地综合生产能力和利用效益。

(2) 优化建设用地结构

严格控制建设用地总规模,切实贯彻"严控总量、用好增量、盘活存量、提高质量"的工作方针,不断提高节约集约用地水平,实现建设用地高效利用。

一是要充分发挥年度计划统筹土地的作用,按照"有保有压"原则,突出重点,确保急需,保障民生项目、能源安全、环境保护和必要的基础设施建设项目用地,优先安排先进制造业和现代服务业用地,科学制定产业用地政策,引导产业用地集中。

二是要着力盘活批而未用存量用地,加强低效用地的二次开发、收购储备,促进低效用地向高效用地转换。

三是要加快发展现代服务业,优化城镇建设用地内部结构。控制生产用地,保障生活用地,提高生态用地比例。保障基础设施、公共服务设施、廉租住房、经济适用住房、配套商品房及普通住宅建设用地,适度增加中小套型、中低价位住宅用地,依托轨道交通,完善配套设施,大力推进大型居住社区建设。

四是要加强农村宅基地管理,稳妥推进农村建设用地整治,持续有序推进分散农村居民点适度集中,规范农村建设用地流转。依托城镇、工业园区和基础设施建设,科学布局农村居住社区,重点保障农业生产、农民生活必需的建设用地,支持农村道路、水利等基础设施建设和教育、卫生、人口计生、民政等社会事业发展用地。

到规划期末,上海市建设用地2 981km$^2$,占土地总面积的36%,其中,城镇工矿用地2 200km$^2$、农村居民点用地400km$^2$、交通和水利基础设施用地346km$^2$。通过完善建设用地定额标准、创新政策制度等手段,提升土地节约集约利用程度,实现土地利用结构调整的目标。

(3) 协调安排未利用地规模

规划期末,上海市未利用地总规模1 383km$^2$,占土地总面积的17%。在保护生态环境的前提下,合理有序开发未利用地,以补充农用地和建设用地发展空间的不足。结合滩涂资源动态演化规律,在保证区域滩涂、湿地面积基本稳定的前提下,适度开发崇明北沿、横沙东滩和南汇东滩等地区的滩涂资源,用以补充耕地。

## 第二节 土地利用布局优化

合理的城市空间形态和布局结构是城市现代化的重要特征，也是城市可持续发展的重要条件。在现有的布局结构的基础上，通过调整城镇空间结构、人口分布和用地布局，形成与国际大都市相适应的上海城市空间结构。

### 1. 土地利用布局优化的原则

土地利用布局优化应坚持以下原则。

（1）坚持与长江三角洲联动发展的原则，实现区域基础设施共建和生态环境共护。

（2）坚持与特大型城市的发展目标相适应，体现城市发展态势和需求。

（3）坚持生态优先的原则，严格保护城市生态空间。

（4）坚持城乡统筹发展的原则，合理配置城乡土地资源。

图4.12 上海市土地利用总体布局图

### 2. 土地利用总体布局

全市构建了"多中心、轴线切线组合"的土地利用总体布局结构（图4.12）。

1）多中心格局

（1）中心城区

进一步强化上海中心城区的（国际）高端服务、资源配置、生活品质和文化创源功能，发展成为国际经济、金融、贸易、航运中心功能的核心载体。

（2）东翼组合新城群

对照国家对上海的一系列战略要求，上海亟需强有力的现代服务业和先进制造业作为新的增长点，从而带领上海进入快速发展轨道，为上海经济和产业的发展提升注入巨大的动力因素。从上海发展面临的形势来看，加速东部地区的功能整合与产业能级提升，是推进浦东率先发展成为带领上海和长三角区域走上发展新高地、改革新阶段、开放新平台的重要举措，将有效促进上海先进制造业和现代服务业、国际金融中心和国际航运中心建设的互动发展。

2009年，原南汇区并入浦东新区，对上海、长三角地区乃至全国加快经济社会发展和深化改革开放都具有重要的作用和启示，极大地增强浦东进一步提升发展的动力基础。浦东新区是国家综合配套改革试点区域，正面临经济发展阶段转变所要求的经济结构和产业结构调整优化的巨大压力，调整的关键在于优化经济结构，加快形成以服务业为核心的产业结构，支撑正在加速走向现代化国际大都市的上海发展。浦东新区作为上海先进制造业和现代服务业的重点区域，已形成了以现代服务业为核心、先进制造业和现代服务业融合发展的良好格局，未来陆家嘴、张江、金桥和外高桥地区将加快推进金融、贸易、高科技和先进制造业集聚发展，南部地区依托浦东航空港和洋山深水港，重点推进先进制造业、特别是装备产业的快速发展，实现集临海产业、空港、海港、铁路和主题公园为一体的东翼综合性组合新城群的新一轮发展。

(3) 西翼组合新城群

按照构建枢纽型、功能性、网络化的交通基础设施的思路，规划将建成高速铁路、城际和城市轨道交通、公共汽车、出租车及航空港紧密衔接的国际一流的现代化大型综合交通枢纽——虹桥综合交通枢纽，并利用枢纽综合优势，适度发展现代服务业，以更好地服务长三角地区、服务长江流域、服务全国。虹桥综合交通枢纽地区将以城市和区域产业功能升级的契机，通过开拓高端商务，加强现代服务业，积极改善产业结构，大力提升商务能级，形成特色商务高地，并以其重要的区位和交通条件，对嘉青松板块的总体发展产生强大的辐射功能，为嘉青松板块实现先进制造业和现代服务业的融合发展注入新的动力，在此基础上实现总体功能的提升。因而西翼组合新城群是上海新一轮发展的重要战略方向之一，是上海辐射长三角都市连绵带的重要西大门。

## 2) 东西主轴和双切线组合

(1) 继续提升和展伸城市发展的东西主轴

目前，上海逐步形成了沿南京路、延安路的东西向城市发展轴，随着虹桥开发区、浦东小陆家嘴的规划建设，不断向东西两侧延伸，而且成为了上海最重要的城市景观轴和商务、金融功能集聚轴。

随着国际经济、金融、贸易、航运中心建设的不断深入，以及虹桥综合交通枢纽等一系列重大城市基础设施工程的推进，东西向城市发展主轴不断得到充实。在未来的发展中，加快形成西自淀山湖、青西生态保护区、虹桥商务区东至浦东空港枢纽、大型民用客机总装基地、临港新城和洋山深水港的东西主轴，不仅是上海城市发展的核心空间，也是辐射两个扇面，带动东、西两翼郊区空间优化、功能提升的重要推动力和激发点。

（2）培育发展东部临海切线

东部临海切线是滨江沿海发展轴向北向南延伸线。在滨江沿海地区，应进一步聚焦落实优先发展先进制造业的产业导向，以大型国家战略产业为重点，发挥亚太国际门户功能，注重环境保护和培育，避免城市蔓延，形成产业先进、环境优美、生活舒适、重点突出的临海发展切线。

（3）培育发展长三角切线

长三角切线是对沪宁、沪杭两大发展轴线的继承。在城市西翼，以虹桥商务区为转承点，打造以嘉定新城、松江新城和青浦新城为依托的长三角切线，强调创新能力和民间资本的交流，成为上海服务长三角的商务中心及产业城镇综合发展地区。

## 3. 土地利用综合分区

### 1）土地利用综合分区方法

（1）聚类分析方法

① 聚类要素数据预处理

聚类分析中，聚类要素选择的客观性和科学性直接影响分区结果的准确性和可靠性。通常，在地理分类和分区研究中，聚类对象选择要素复杂多样，相应量化数据单位和量纲也不尽相同。为了消除数据差异对分类结果产生的影响，必须对样本数据进行标准化处理。常用的数据标准化方法主要有总和标准化、标准差标准化、极大值标准化和极差标准化。

② 距离计算

依据分类对象之间的距离或相似系数矩阵结构进行聚类分析。选择不同的距离，聚类结果会有所差异。在地理分区和分类研究中，往往采用几种距离进行计算、对比，选择一种较为合理的距离进行聚类。在聚类分析中各类对象之间的差异性，通常通过$n$维空间中点之间的距离度量。绝对值距离、欧氏距离、相似系数是几种常用的距离计算公式（表4-3）。

表4-3 聚类分析中常用距离与相似系数计算方法

| 距离计算方法 | 公式 | 说明 |
|---|---|---|
| 绝对距离 | $d_{ij} = \sum_{k=1}^{n} |x_{ik} - x_{jk}|$ | |
| 欧氏距离 | $d_{ij} = \sqrt{\sum_{k=1}^{n}(x_{ik} - x_{jk})^2}$ | $i, j = 1, 2, \cdots, m$ |
| 相似系数 | $r_{in} = \dfrac{\sum_{k=1}^{n}(x_{ik} - \overline{x_j})(x_{jk} - \overline{x_j})}{\sqrt{\sum_{k=1}^{n}(x_{ik} - \overline{x_j})^2}\sqrt{\sum_{k=1}^{n}(x_{jk} - \overline{x_j})^2}}$ | |

③ 类间距离计算

最短距离聚类法、最远距离聚类法是距离分析计算中最常用方法，前者具有空间压缩性，而后者具有空间扩张性（图4.13）。

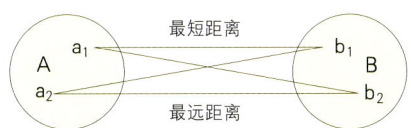

图4.13 两种不同的空间距离
注：来源于参考文献（徐建华，2002）

最短距离聚类法、最远距离聚类法统一表示为

$$d_{kr}^2 = a_p d_{pk}^2 + a_q d_{qk}^2 + \gamma \left| d_{pk}^2 - d_{qk}^2 \right|$$

当$r=-1/2$时，上式表示为最短距离类之间的距离公式；当$r=1/2$时，上式表示为最远距离类之间的计算公式。

（2）指标量化与标准化

① 指标量化。土地利用规划综合分区指标量化，数据类型不同指标量化方法也不同。定量因子采用数值量化方法，从相关资料直接获取并进行数值量化；对于定性因子及难以获取数据的定量因子在定性分析的基础上，通过制定一定分级量化标准或专家打分的方法进行量化分析。

图4.14 土地综合分区指标量化分布图

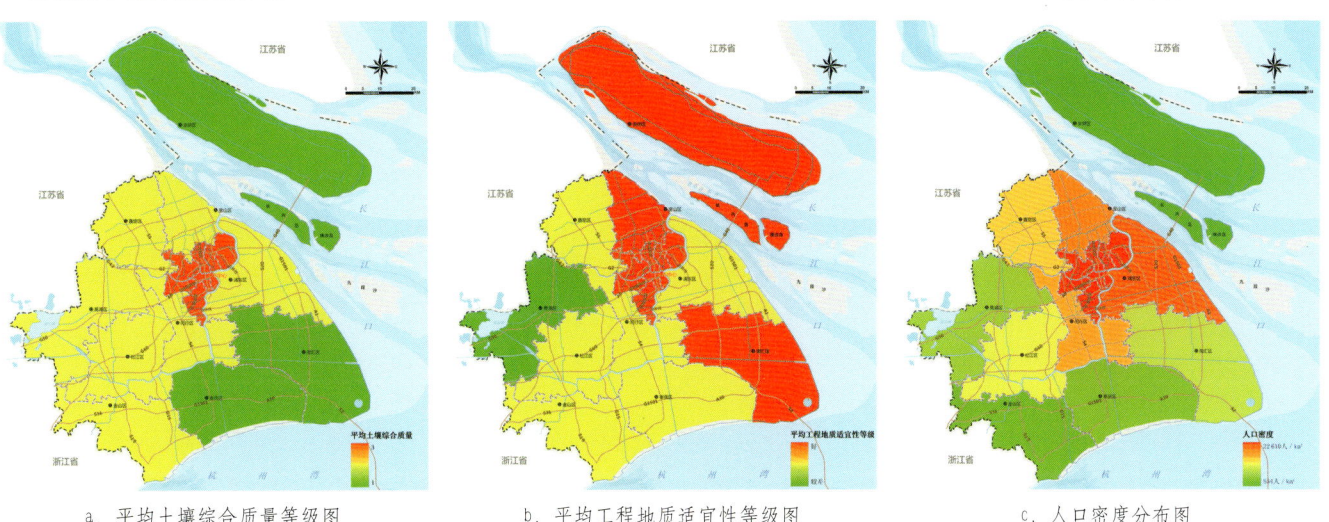

a. 平均土壤综合质量等级图　　b. 平均工程地质适宜性等级图　　c. 人口密度分布图

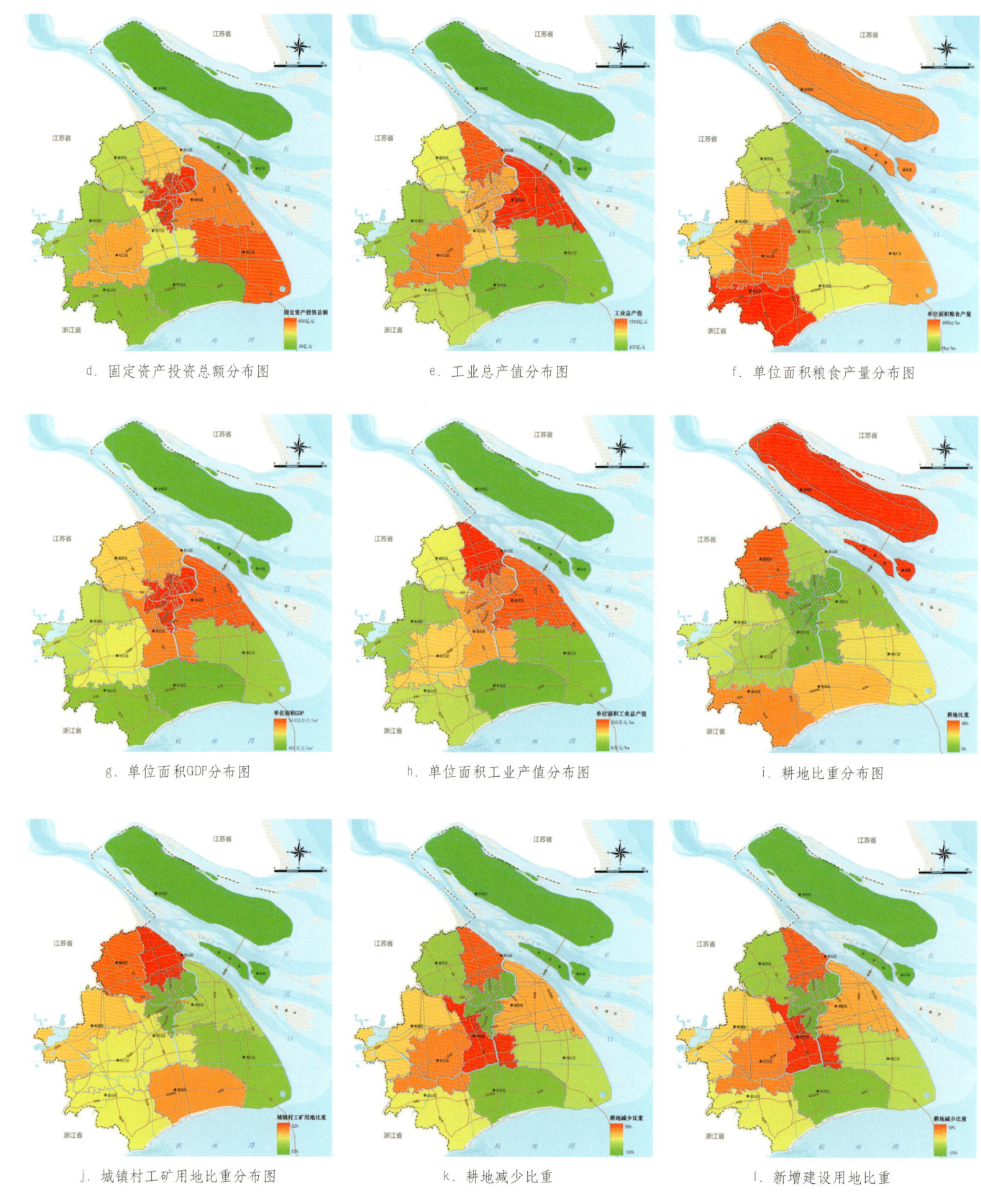

根据土地利用规划综合分区功能，确定区（县）级行政单元为土地利用规划综合分区基本区分单元，图4.14是指标量化分布图，表4-4为上海市9个郊区县（区）土地利用规划综合分区指标量化数据。

② 指标标准化。采用标准差标准化方法进行数据标准化处理，表4-5为上海市土地利用规划综合分区指标标准化后数据。

表4-4 上海市各区（县）土地利用规划综合分区指标数据

| 地区 | 自然条件 | | 社会经济条件 | | | | | | 土地利用现状 | | 土地利用变化 | |
|---|---|---|---|---|---|---|---|---|---|---|---|---|
| | 平均土壤综合质量 | 平均工程地质适宜性等级 | 人口密度/（人/km²） | 固定资产投资总额/亿元 | 工业总产值/亿元 | 单位面积粮食产量/（kg/hm²） | 单位面积GDP/（万元/km²） | 单位面积工业总产值/（万元/hm²） | 耕地比重/% | 城镇村工矿地比重/% | 耕地减少比重/% | 新增建设用地比重/% |
| 中心九城 | 3 | 好 | 22610 | 631 | 1798 | 0 | 56352 | 414 | 0 | 14 | 0 | 22 |
| 宝山区 | 2 | 好 | 4817 | 197 | 2175 | 119 | 11877 | 535 | 28 | 42 | 55 | 26 |
| 闵行区 | 2 | 一般 | 4594 | 180 | 1610 | 145 | 12415 | 289 | 15 | 32 | 59 | 30 |
| 嘉定区 | 2 | 一般 | 2055 | 161 | 1289 | 166 | 8952 | 187 | 47 | 38 | 14 | 44 |
| 青浦区 | 2 | 较差 | 1092 | 155 | 688 | 289 | 4533 | 68 | 34 | 34 | 19 | 36 |
| 松江区 | 2 | 一般 | 1465 | 237 | 1969 | 410 | 7547 | 217 | 28 | 32 | 47 | 33 |
| 奉贤区 | 1 | 一般 | 1068 | 113 | 478 | 275 | 3250 | 46 | 39 | 36 | 12 | 30 |
| 金山区 | 2 | 一般 | 1010 | 141 | 794 | 468 | 3434 | 90 | 46 | 32 | 16 | 24 |
| 崇明县 | 1 | 好 | 554 | 28 | 107 | 330 | 807 | 6 | 48 | 13 | -24 | 21 |
| 浦东新区 | 2 | 一般 | 5341 | 288 | 3763 | 103 | 40340 | 480 | 17 | 26 | 30 | 23 |
| 南汇区 | 1 | 好 | 1288 | 319 | 516 | 316 | 3997 | 50 | 36 | 23 | 15 | 32 |

注：①耕地减少量比重采用1997—2005年期间耕地规模变化量；其余经济社会及土地利用数据为2005年数据。
②新增建设用地量比重采用1998—2006年期间数据变化量。

表4-5 上海市各县（区、市）土地利用规划综合分区标准化数据

| 地区 | 自然条件 | | 社会经济条件 | | | | | | 土地利用现状 | | 土地利用变化 | |
|---|---|---|---|---|---|---|---|---|---|---|---|---|
| | 平均土壤综合 | 平均工程地质适宜性等级 | 人口密度/（人/km²） | 固定资产投资总额/亿元 | 工业总产值/亿元 | 单位面积粮食产量/（kg/hm²） | 单位面积GDP/（万元/km²） | 单位面积工业总产值/（万元/hm²） | 耕地比重/% | 城镇村工矿地比重/% | 耕地减少比重/% | 新增建设用地比重/% |
| 中心九城 | 2.055 | 1.180 | 3.041 | 2.719 | 0.419 | −1.750 | 2.504 | 1.099 | −2.126 | −1.711 | −0.945 | −1.083 |
| 宝山区 | 0.316 | 1.180 | 0.106 | −0.171 | 0.798 | −0.876 | −0.123 | 1.772 | −0.189 | 1.426 | 1.409 | −0.480 |
| 闵行区 | 0.316 | −0.442 | 0.070 | −0.285 | 0.230 | −0.685 | −0.091 | 0.403 | −1.088 | 0.306 | 1.580 | 0.123 |
| 嘉定区 | 0.316 | −0.442 | −0.349 | −0.411 | −0.092 | −0.531 | −0.296 | −0.164 | 1.126 | 0.978 | −0.346 | 2.235 |
| 青浦区 | 0.316 | −2.064 | −0.508 | −0.451 | −0.696 | 0.373 | −0.557 | −0.827 | 0.226 | 0.530 | −0.132 | 1.028 |
| 松江区 | 0.316 | −0.442 | −0.447 | 0.095 | 0.591 | 1.261 | −0.379 | 0.003 | −0.189 | 0.306 | 1.066 | 0.576 |
| 奉贤区 | −1.423 | −0.442 | −0.512 | −0.731 | −0.907 | 0.270 | −0.632 | −0.949 | 0.572 | 0.754 | −0.432 | 0.123 |
| 金山区 | 0.316 | −0.442 | −0.522 | −0.544 | −0.589 | 1.687 | −0.621 | −0.704 | 1.057 | 0.306 | −0.261 | −0.781 |
| 崇明县 | −1.423 | 1.180 | −0.597 | −1.297 | −1.280 | 0.674 | −0.777 | −1.172 | 1.195 | −1.823 | −1.973 | −1.234 |
| 浦东新区 | 0.316 | −0.442 | 0.193 | 0.435 | 2.394 | −0.994 | 1.559 | 1.466 | −0.950 | −0.367 | 0.339 | −0.932 |
| 南汇区 | −1.423 | 1.180 | −0.476 | 0.641 | −0.869 | 0.571 | −0.588 | −0.927 | 0.365 | −0.703 | −0.303 | 0.425 |

（3）距离系数计算

研究主要采用欧氏距离计算得到上海市土地利用规划分区11个分区单元之间的距离矩阵，如表4-6所示。

表4-6 皮尔逊相关系数矩阵

| 序号 | 1 | 2 | 3 | 4 | 5 | 6 | 7 | 8 | 9 | 10 | 11 |
|---|---|---|---|---|---|---|---|---|---|---|---|
| 1 | 1.000 | 0.695 | 0.709 | 0.614 | 0.585 | 0.602 | 0.488 | 0.512 | 0.385 | 0.898 | 0.557 |
| 2 | 0.695 | 1.000 | 0.903 | 0.782 | 0.761 | 0.702 | 0.620 | 0.489 | 0.533 | 0.654 | 0.631 |
| 3 | 0.709 | 0.903 | 1.000 | 0.762 | 0.741 | 0.692 | 0.631 | 0.475 | 0.497 | 0.687 | 0.591 |
| 4 | 0.614 | 0.782 | 0.762 | 1.000 | 0.921 | 0.908 | 0.657 | 0.624 | 0.588 | 0.608 | 0.685 |
| 5 | 0.585 | 0.761 | 0.741 | 0.921 | 1.000 | 0.937 | 0.641 | 0.610 | 0.551 | 0.612 | 0.664 |
| 6 | 0.602 | 0.702 | 0.692 | 0.908 | 0.937 | 1.000 | 0.652 | 0.604 | 0.574 | 0.651 | 0.697 |
| 7 | 0.488 | 0.620 | 0.631 | 0.657 | 0.641 | 0.652 | 1.000 | 0.964 | 0.710 | 0.689 | 0.620 |
| 8 | 0.512 | 0.489 | 0.475 | 0.624 | 0.610 | 0.604 | 0.964 | 1.000 | 0.673 | 0.642 | 0.611 |
| 9 | 0.385 | 0.533 | 0.497 | 0.588 | 0.551 | 0.574 | 0.710 | 0.673 | 1.000 | 0.402 | 0.585 |
| 10 | 0.898 | 0.654 | 0.687 | 0.608 | 0.612 | 0.651 | 0.689 | 0.642 | 0.402 | 1.000 | 0.523 |
| 11 | 0.557 | 0.631 | 0.591 | 0.685 | 0.664 | 0.697 | 0.620 | 0.611 | 0.585 | 0.523 | 1.000 |

### 2）上海市土地利用综合分区结果分析

在聚类分析基础上，划分区域保持相对集中连片的原则，并结合上海市经济社会发展战略，对聚类分析结果进行微调，将上海市划分为中心城区（Ⅰ）、中心城区周边地区（Ⅱ）、浦东拓展地区（Ⅲ）、嘉青松虹地区（Ⅳ）、杭州湾北岸地区（Ⅴ）、长江口三岛地区（Ⅵ）六个土地利用综合区（表4-7，图4.15）。

表4-7 上海市土地利用综合分区结果

| 分区 | 序号 | 包括区域 |
|---|---|---|
| 中心城区 | Ⅰ | 中心九城区、浦东新区 |
| 中心城区周边地区 | Ⅱ | 宝山区、闵行区 |
| 浦东拓展地区 | Ⅲ | 南汇区 |
| 嘉青松虹地区 | Ⅳ | 嘉定区、青浦区、松江区 |
| 杭州湾北岸地区 | Ⅴ | 奉贤区、金山区 |
| 长江口三岛地区 | Ⅵ | 崇明区 |

### 3）基于综合分区的土地利用策略

按照区县域经济社会发展的功能定位要求，结合区位条件、自然生态格局、经济社会基础、生产力发展水平和各自区域面临的突出问题，按照"中心城区功能提升、周边区空间整合、东西两翼战略发展、南北侧适当保护"的分层次战略，因地制宜，对六类综合分区进行分类引导和管制，明确各分区土地利用方向、差别化的土地利用政策和策略，保障全市各区域社会、经济与环境的和谐发展。

（1）中心城区

① 区域范围。指外环线以内区域以及宝山、嘉定、闵行等部分区域。

② 功能定位。上海面向世界的服务经济主导区域和上海国际经济、金融、贸易、航运中心功能的核心载体。

图4.15 上海市土地利用综合分区图

③ 土地利用调控。进一步提升与现代化国际大都市相匹配的面向世界的综合服务功能，着力调整优化土地利用结构和布局，进一步增加城市公共绿地、增加公共空间，切实转变土地利用方式。开展传统工业集中地区综合整治，进一步加大存量土地的二次开发和综合利用力度；加快发展现代服务业，优化配置高新技术产业及无污染、高附加值的都市型工业用地；积极推动地下空间有序利用，提高土地集约节约利用水平。

(2) 中心城区周边地区

① 区域范围。指中心城区外围城市化相对集中的区域。
② 功能定位。承载中心城区功能完善、能级提升、生态间隔保护功能的重要区域。
③ 土地利用调控。推进建设用地空间整合，加大土地集约利用力度，促进功能转

换升级。推动虹桥商务区和协调区建设，促进零星分散工业用地和农民宅基地的归并集中，加强市政基础设施整合力度，改善地区环境。根据农业布局和农业资源特点，建设旅游农业基地，构建城市绿色屏障。发挥郊野公园和基本农田的生态功能，有效隔离集中建设区域，提高区域环境质量。

（3）浦东拓展地区

① 区域范围。指中心城区及中心城区周边地区以外的浦东新区、奉贤区瓦洪公路以东区域。

② 功能定位。形成上海东翼城市发展核心，承载对外开放门户职能和沿海先进制造业基地职能。

③ 土地利用调控。统筹安排新增建设用地，推动临海城镇产业一体化发展，加快国际航运中心建设。保障临港新城、大型民用客机总装基地、主题公园、港口、内河航道等项目的建设发展要求，有序增加临空、临港、物流等现代服务业和先进制造业用地。推进轨道交通及区域交通网络建设，合理安排基础设施用地。保护农用地和生态用地，发展都市现代农业。建设沿海防护林带，合理开发滩涂资源。

（4）嘉青松虹地区

① 区域范围。指中心城区及中心城区周边地区以外的嘉定区、松江区、青浦区等区域。

② 功能定位。形成上海西翼城市发展核心，以虹桥商务区为依托，强化对长三角地区的服务职能和创新引领职能。

③ 土地利用调控。统筹安排新增建设用地，保障城镇用地需求。积极调整土地利用结构，以嘉定、松江、青浦新城为重点，加快面向长江三角洲的区域商务中心建设。促进产业集约发展，优化产业布局，归并零星工业用地，促进工业向园区集中，提高工业用地产出率；探索实施城镇建设用地增加与农村建设用地减少相挂钩试点；保障长江三角洲重大基础设施一体化建设用地。促进基本农田集中连片，建设黄浦江上游农业区。保护水源地及水源涵养林。

（5）杭州湾北岸地区

① 区域范围。指金山区、奉贤区瓦洪公路以西区域。

② 功能定位。上海滨海休闲地带和临海生态开敞源地，也是港口作业区及石化、装备等临海产业带的组成部分。

③ 土地利用调控。严格控制建设用地总量，有效推进生态保护，落实土地用途管制。以基本农田为"生态锚固"手段，保持生态走廊和生态保育区的生态用地格局。加强滩涂资源保护和适度开发利用。建设沿海防护林带和防污染隔离带。强化城镇用地集聚发展，保障面向国际、面向海洋的新型产业发展需求。适度归并农村居民点，推进土地整理复垦。优先安排基础设施用地。

(6) 长江口三岛地区

① 区域范围。指崇明县，含崇明岛、长兴岛及横沙岛。

② 功能定位。上海重要的生态涵养区和可持续发展的重要战略空间。

③ 土地利用调控。加快推进崇明生态岛建设，保护优质耕地和基本农田，大力推进高效生态农业建设。推动青草沙水源地建设。加强滩涂资源保护和适度开发利用，保护崇明长江三角洲国家地质公园和自然保护区。保障船舶工业基地，配置清洁型和资源节约型的工业用地。

## 第三节 土地用途分区

### 1. 土地用途分区思路

研究从区域建设开发和农用地保护对立统一关系出发，建立土地利用建设用地适宜性评价与农用地适宜性评价指标体系，计算建设用地开发度和农用地保护度指数，在区域建设用地适宜性和农用地适宜性分区的基础上，通过GIS空间分析和优化决策，划分不同的土地利用规划用途区。图4.16为土地利用规划用途区划分技术路线图。

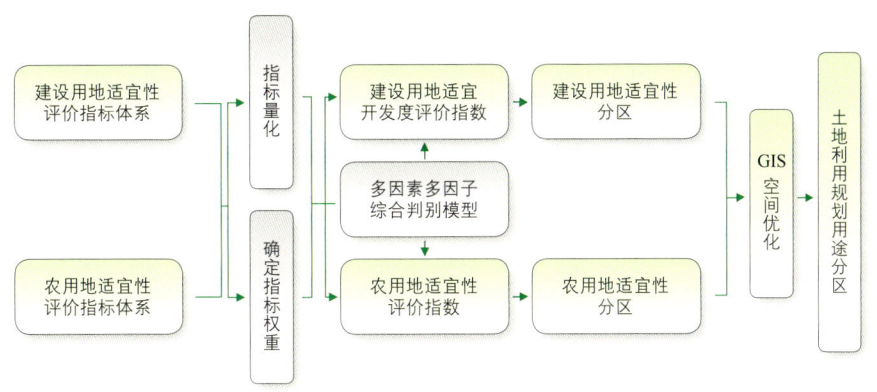

图4.16 土地利用用途分区技术路线

## 2．土地用途分区方法

### 1）基于Delphi和AHP的多因子综合评价方法

（1）评价单元确定

研究从数据获取的资料及来源划分评价单元，考虑自然要素数据和经济单元数据的获取途径及自然单元与行政单元边界的整合。研究中数据获取采用自然单元和行政单位。为了保证评价单元自然属性的内部同质性和外部异质性，各土地利用保护度指标要素数据获取基本单元为各要素自然单元边界。

（2）指标因子量化与作用分值

指标因子量化即是将评价单元各指标赋值并转换为可比性数值——作用分值以表现评价因子的强度变化对评价结果的影响。作用分值通常采用百分制，任一指标因子相对于某评价单元的质量分值在[0，100]区间，相对最优赋100，相对最劣赋0或1。确定因子作用分值有多种方法，研究根据数据性质和数据来源采用以下几种方法进行指标量化，确定因子作用分值。

① 函数赋分。通过分析找出评价因子对研究对象的影响作用规律，并用数学函数模拟表达，来反映评价因子与评价对象之间的关系。一般模型为

$$f = F(x)$$

式中，$f$为某评价因子作用分值；$x$为某评价因子量值；$F$为对应法则。

② 数据标准化。对于作用无明显突变，作用区间不明显的定量因子，多采用数据标准化方法确定其作用分值，譬如一些经济社会因子。研究通常采用极值标准化方法为

$$f = 100 \times \frac{(X_i - X_{\min})}{(X_{\max} - X_{\min})}$$

式中，$f$为某评价因子作用分值；$X_i$为某评价因子量值；$X_{\max}$为某评价因子最大量值，$X_{\min}$为某评价因子最小量值。

③ 分级量化。分级量化多用于离散型数据作用分值的确定。首先按评价因子量值变化的显著性区间进行分级，并定性分析各研究区间对研究对象的作用程度，然后根据定性分析所确定的相对重要性给各分级区间赋分。

④ 定性评分。对于定性因子，通过确定一定的评分标准，根据因子间的重要性直接评分确定。

### （3）指标权重确定

在多属性决策中，需要考虑各因子之间的相对重要性，即因子权重。本书中，因子权重的确定基于组合权重的思路，即采用层次分析法（Analytic Hierarchy Process，以下简称AHP）确定评价指标的权重（图4.17）。

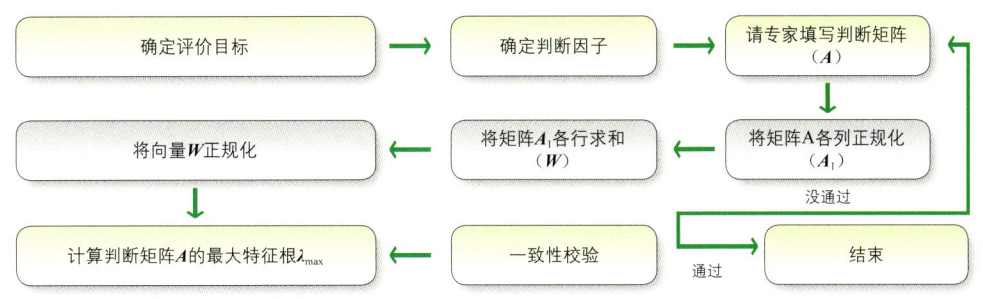

图4.17　利用AHP法确定权重的过程

层次分析法以其科学、简明、实用的特点在许多决策问题中获得了越来越广泛的应用。图4.17为通过群体AHP分析法确定因素因子权重的流程，其中判断矩阵$A$确定采用德尔菲（Delphi）法确定。德尔菲法是指通过匿名方式征询有关专家的意见，对专家意见进行统计、处理、分析和归纳，客观地综合多数专家经验与主观判断，对大量难以采用技术方法进行定量分析的因素做出合理估算，经过多轮意见征询、反馈和调整后，对指标权重进行分析的方法。

① 构造判断矩阵

对各指标进行两两比较，并引入判断尺度将其量化，构造出判断矩阵。设评价选取$C_1$，$C_2$，…，$C_n$共$n$个评价指标，则判断矩阵$A=(a_{ij})_{nn}$，判断矩阵中的元素$a_{ij}$是$n$个评价指标两两比较来确定的，判断矩阵如图4.18所示。

其中，判断矩阵中的元素$a_{ij}$表示对评价目标而言，评价指标$C_i$对于$C_j$的相对重要程度，根据T.L.Saaty教授提出的判断尺度（表4-8）将其量化。

图4.18　判断矩阵

表4-8 判断尺度定义表

| 判断尺度 | 定义 |
| --- | --- |
| 1 | 表示两个要素相比，具有同样的重要性 |
| 3 | 表示两个要素相比，前者比后者稍微重要 |
| 5 | 表示两个要素相比，前者比后者明显重要 |
| 7 | 表示两个要素相比，前者比后者强烈重要 |
| 9 | 表示两个要素相比，前者比后者极端重要 |
| 2，4，6，8 | 上述相邻判断尺度的中间 |
| 倒数 | 表示两个要素相比，后者比前者的重要性程度 |

资料来源：丁以中，《管理科学——运用Spreadsheet建模和求解》，北京：清华大学出版社，2003年，第334页。

② 计算判断矩阵$A$中每一列要素的列和$S_j$。

$$S_j = \sum_{i=1}^{n} a_{ij}, \quad j = 1, 2, \cdots, n \tag{4.1}$$

③ 将判断矩阵$A$中的各个要素除以所在列的列和$S_j$，得到一个归一化了的新矩阵$A_1$，这里的归一化矩阵是指每一列的列和等于1的矩阵。设$A_1 = (a_{ij}^*)$，则有

$$a_{ij}^* = \frac{a_{ij}}{S_j}, \quad i, j = 1, 2, \cdots, n \tag{4.2}$$

④ 计算新矩阵$A_1$中每一行的均值$W_i$，得到特征向量$W$，它就是判断矩阵$A$中各评价指标$C_1$，$C_2$，$\cdots$，$C_n$的针对评价目标的权重。

$$W_i = \frac{\sum_{j=1}^{n} a_{ij}^*}{n}, \quad i = 1, 2, \cdots, n \tag{4.3}$$

⑤ 计算比较判断矩阵的最大特征值。

$$\lambda_{\max} = \sum_{i=1}^{n} \frac{(AW)_i}{nW_i} \tag{4.4}$$

⑥ 一致性检验。

一致性指标$CI$为

$$CI = \frac{\lambda_{\max} - n}{n - 1} \tag{4.5}$$

随机一致性比率$CR$为

$$CR = \frac{CI}{RI} \tag{4.6}$$

式中，$RI$为平均随机一致性指标。$RI$的值如表4-9所示。

表4-9 平均随机一致性指标$RI$

| 矩阵阶数 | 1 | 2 | 3 | 4 | 5 | 6 | 7 | 8 | 9 | 10 |
|---|---|---|---|---|---|---|---|---|---|---|
| $RI$ | 0 | 0 | 0.52 | 0.89 | 1.11 | 1.25 | 1.35 | 1.40 | 1.45 | 1.49 |

当$CR \leq 0.1$时，判断矩阵具有满意的一致性；当$CR > 0.1$时，判断矩阵不一致，必须进行修正。

## 2）建设用地和农用地适宜性评价

应用基于Delphi和AHP的多因素综合评价方法，选取工程地质结构适宜性、地质灾害易发程度、人口密度、交通便捷度等因素因子进行嘉定区建设用地适宜性评价，如图4.19所示。

选取农业人口数、农业总产值、农用地利用等别等因子进行嘉定区农用地适宜性评价，如图4.20所示。

第4章 土地利用结构调整与布局优化

图4.19 嘉定区建设用地适宜性评价图

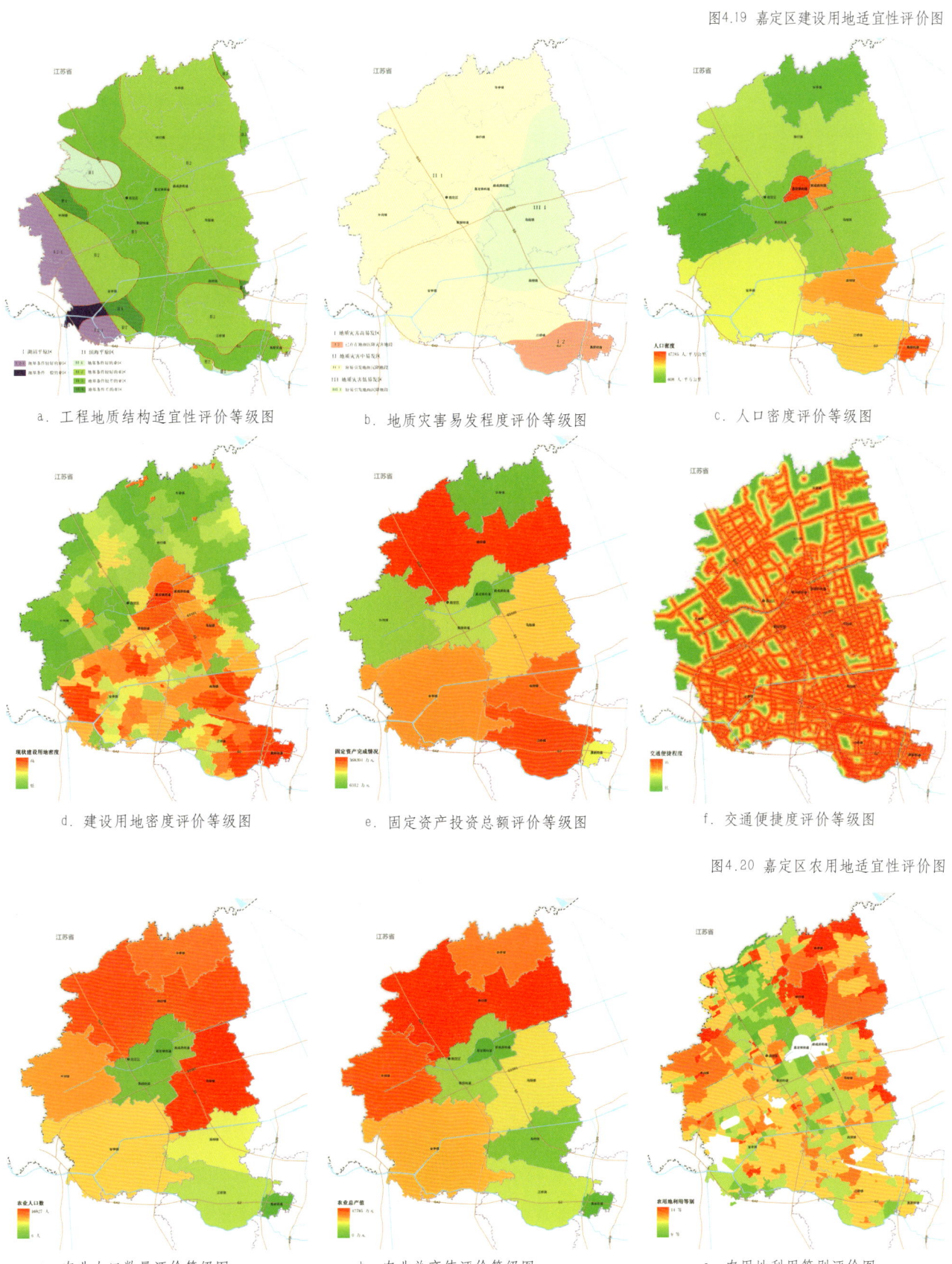

a. 工程地质结构适宜性评价等级图　　b. 地质灾害易发程度评价等级图　　c. 人口密度评价等级图

d. 建设用地密度评价等级图　　e. 固定资产投资总额评价等级图　　f. 交通便捷度评价等级图

图4.20 嘉定区农用地适宜性评价图

a. 农业人口数量评价等级图　　b. 农业总产值评价等级图　　c. 农用地利用等别评价图

059

### 3）土地用途分区结果

根据最高农用地保护唯一确定、生态间隔保护优先原则、低效益服从高效益、较高条件下适度倾斜生态保护效益、中等条件下适度倾斜土地开发效益等原则，以建设用地适宜开发度评价和农用地适宜保护度评价为基础，以上海市嘉定区为例，将全区划分为建设重点开发利用区、适度建设开发利用区、适度保护用地区、重点保护用地区等不同等级，其中土地利用开发度依次降低，土地利用生态保护度依次增强。重点开发利用区具有最高土地利用开发指数，相应保护度指数最低，而重点保护用地区生态保护度指数最高，相应土地利用开发度指数最低。

应用GIS空间优化模型，结合土地利用现状，根据土地资源特征和土地利用主导用途的相似性和差异性，划分城镇工矿用地区、其他建设用地区、基本农田保护区和其他农地区，如图4.21所示。

## 3. 土地用途分区管控

### （1）城镇工矿用地区

城镇工矿用地区是指用于城镇建设发展和产业项目建设的区域。其主导用途和管制规则：① 新增工业项目用地必须纳入城镇工矿用地区内布局；② 鼓励存量工业用地进行二次开发和技术改造；③ 区内农用地在批准改变用途之前，应当按照现状用途使用，不得荒芜。

### （2）其他建设用地区

其他建设用地区，是指建设用地集中建设区域以外，用于开展独立项目建设的土地用途区。其主导用途和管制规则：① 主要用于能源、环保、交通、水利、军事、墓葬等项目建设，规划实施过程中，在规划用途不变的前提下，可适当调整项目范围或位置；② 区内存量建设用地可保留现有用途；在符合产业导向、环保要求等前提下，现状工业用地可以实施调整改造。

### （3）基本农田保护区

基本农田保护区，是为对基本农田实施特殊保护和管理而划定的保护区域。其主导用途和管制规则：① 区内土地主要用作基本农田和直接为基本农田服务的农田道路、水利、农田防护林及其他农业设施；② 土地整治资金应当优先投入基本农田保护区。

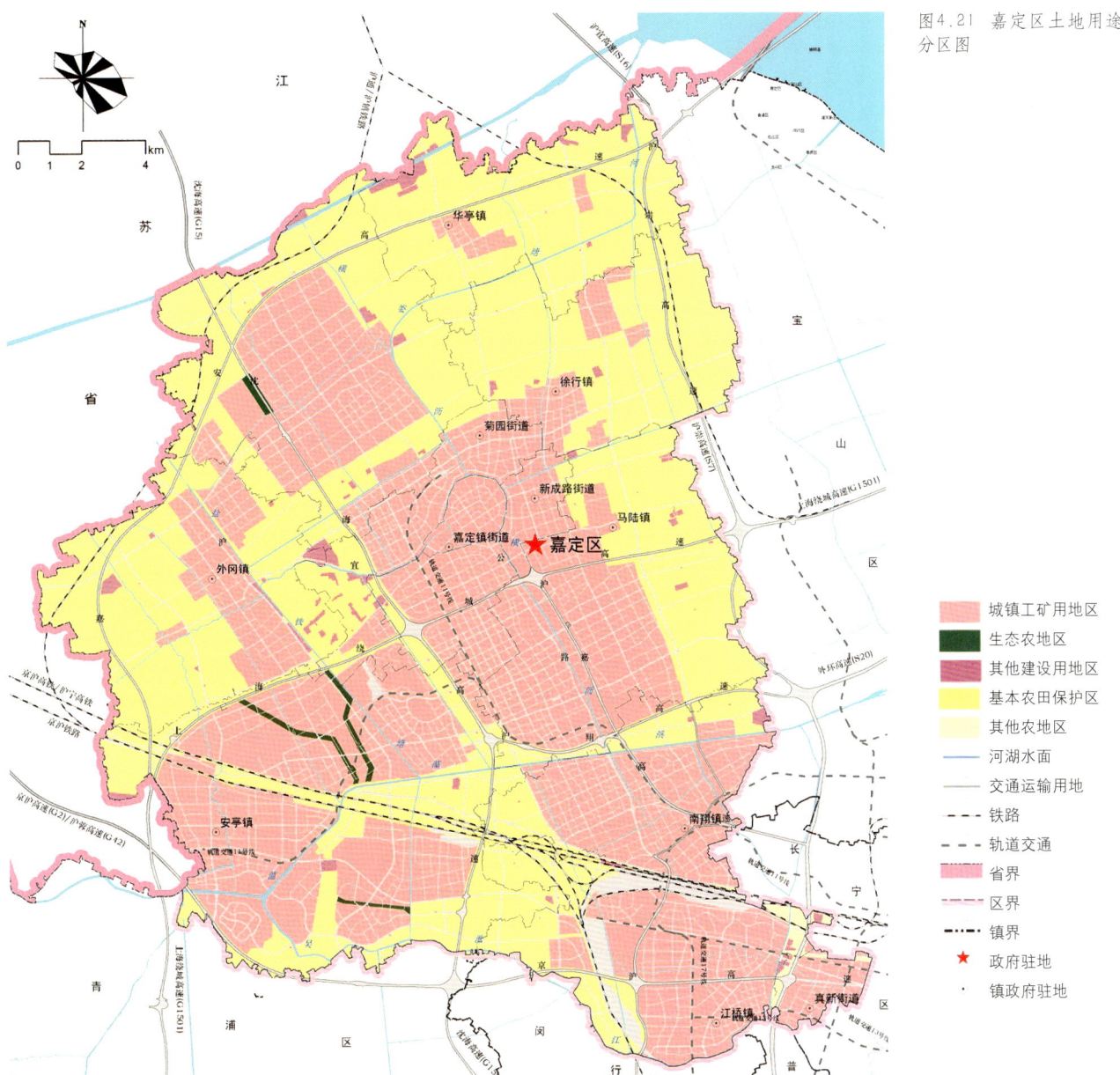

图4.21 嘉定区土地用途分区图

**(4) 其他农地区**

其他农地区，是指基本农田保护区外为农业生产发展需要划定的土地用途区。其主导用途和管制规则如下：① 在严格限制新增建设用地的前提下，允许进行能源、环保、交通、水利、军事等基础设施等建设及农民单独建房；② 在符合相关专项规划的前提下，按照建设用地减量化原则，可布置度假村、文化体育设施、郊野公园附属设施等旅游休闲配套的旷地型公共设施项目。

## 参考文献

1. 赵敏, 丁慧勇. 城市森林固定CO2价值评估[J]. 生态经济, 2007(8): 143-145.
2. 方精云, 郭兆迪, 扑世龙, 等. 1981–2000年中国陆地植被碳汇的估算[J]. 中国科学(D辑): 地球科学, 2007, 37(6): 1.
3. 王修兰. 二氧化碳, 气候变化与农业[M]. 北京: 气象出版社, 1996.
4. 李凤亭, 郭茹, 蒋大和, 等. 上海市应对气候变化碳减排研究[M]. 北京: 科学出版社, 2009.
5. 韩冰, 王效科. 中国农田土壤生态系统固碳现状和潜力[J]. 生态学报, 2008, 28(2): 612-619.
6. 段晓男, 王效科. 中国湿地生态系统固碳现状和潜力[J]. 生态学报, 2008, 28(2): 463-469.
7. 梅雪英, 张修峰. 长江口典型湿地植被储碳、固碳功能研究——以崇明东滩芦苇带为例[J]. 中国生态农业学报, 2008(2): 269-272.
8. 赵荣钦, 秦明周. 农田生态系统碳源/汇的时空差异及增汇技术研究——以中国沿海地区为例[D]. 开封: 河南大学环境与规划学院, 2004.
9. 金琳, 李玉娥. 中国农田管理土壤碳汇估算[J]. 中国农业科学, 2008, 41(3): 734-743.
10. 李克让. 土地利用变化和温室气体净排放与陆地生态系统碳循环[M]. 北京: 气象出版社, 2002.
11. IPCC. Good practice guidance and uncertainty management in national greenhouse gas Inventories [R]. Hayama, Japan: IPCC/OECD/IEA/IGES, 2000.
12. Gomi K, Shimada K, Matsuoka Y. Scenario study for a regional low-carbon society[J]. Sustainability Science, 2007, 2(1): 121-131.
13. Bristowa A L, Tight M, Pridmore A, et al. Developing pathways to low carbon land-based passenger transport in Great Britain by 2050[J]. Energy Policy, 2008, 36(9):3427-3435.
14. Dimoudi A, Tompa C. Energy and environmental indicators related to construction of office buildings[J]. Resources,Conservation and Recycling, 2008, 53(1/2): 86-95.
15. 15. Schlesinger H, Andrews J. Soil respiration and the global carbon cycle[J]. Biogeochemistry, 2000, 48(1): 7-20.
16. Allaire S E, Dufour-L'Arrivee C, Lafond J A, et al. Carbon dioxide emissions by urban turfgrass areas[J]. Canadian Journal of Soil Science, 2008, 88(4): 529-532.
17. Nowak D J, Crane D E. Carbon storage and sequestration by urban trees in the USA[J]. Environmental Pollution, 2002, 116(3): 381-389.
18. Seyfang G. Community action for sustainable housing: Building a low-carbon future[J]. Energy Policy, 2010, 38(12): 7624-7633.
19. 梁二. 近40年中国农业土壤碳源汇时空格局变化初探[D]. 北京: 中国农业科学院, 2007.
20. 李晓曼, 康文星. 广州市城市森林生态系统碳汇功能研究[J]. 中南林业科技大学学报, 2008, 28(1): 8-13.
21. 钱杰. 大都市碳源碳汇研究——以上海市为例[D]. 华东师范大学, 2004.
22. 温家石, 葛滢, 焦荔, 等. 城市土地利用是否会降低区域碳吸收能力?——台州市案例研究[J]. 植物生态学报, 2010, 34(6): 651-660.
23. 吴建国, 张小全, 徐德应. 土地利用变化对生态系统碳汇功能影像的综合评价[J]. 中国工程科学, 2003, 5(9): 65-71, 77.
24. 肖主安, 彭欢. 我国低碳经济型土地利用模式的路径选择[J]. 求索, 2010, 4: 81-82.
25. 徐国泉, 刘则渊, 姜照华. 中国碳排放的因素分解模型及实证分析: 1995-2004[J]. 中国人口·资源与环境, 2006, 16(6): 158-161.
26. 于洪贤, 黄璞祎. 湿地碳汇功能探讨: 以泥炭地和芦苇湿地为例[J]. 生态环境 2008, 17(5): 2103-2106.
27. 曾永年, 马正龙, 冯兆东. 高寒草地沙漠化土地固碳潜力分析——以黄河源区为例[J]. 山地学报, 2009, 27(6): 671-675.
28. 张雷, 严红, 魏湜. 土壤有机碳储量及影响其分解因素[J]. 东北农业大学学报, 2004, 35(6): 744-748.
29. 张旺锋, 苏珍贞, 解雯娟. 基于生态足迹的资源型城市土地利用低碳模式的探求[J]. 生态经济, 2010(11): 73-76.
30. 张兴榆, 黄贤金, 赵小风. 环太湖地区土地利用变化对植被碳储量的影响[J]. 自然资源学报, 2009, 24(8): 1343-1353.
31. 周涛, 史培军, 王绍强. 气候变化及人类活动对中国土壤有机碳储量的影响[J]. 地理学报, 2003, 58(5): 727-734.
32. 周涛, 史培军. 土地利用变化对中国土壤碳储量变化的间接影响[J]. 地球科学进展, 2006, 21(2): 138-143.
33. Danuse Murty, Kirschbaum Miko U F, Mcmurtrie Ross E, et al. Does conversion of forest to agricultural land change soil carbon and nitrogen? A review of the literature [J]. Global Change Biology, 2002, 8(2):

105-123.
34. Bellamy P H, Loveland P J, Bradley R L, et al. Carbon losses from all soils across England and Wales 1978-2003 [J]. Nature, 2005, 437: 245-248.
35. Detwiler R P. Land use change and the global carbon cycle: The role of tropical soils[J]. Biogeochemistry, 1986, 2: 67-93.
36. Glaeser Edward L, Kahn Matthew E. The greenness of cities: carbon dioxide emissions and urbon development. The USA[R].[S.L.]: NBER Working Paper, 2008.
37. Houghton R A, Hackler J L. Emissions of carbon from forestry and land-use change in tropicalAsia[J]. GlobalChange Biology, 1999, 5(4): 481-492.
38. Mann L K. Changes in soil carbon storage after cultivation[J]. Soil Science, 1986, 142(5): 279-288.
39. Melillo Jerry M, Reilly John M, Kicklighter David W, et al. Indirect emissions from biofuels: how important[J]. Science, 2009, 326: 1397-1399.
40. Kern J S, Johnson M G. conservation tillage impacts on national soil and atmospheric carbon levels[J]. Soil Sci Soc Am J, 1993, 57: 200-210.
41. Lugo A E, Sanchez M J, Brown S. Land use and organic carbon content of some subtropical soils[J]. Plant and Soil, 1986, 96: 185-196.
42. Rattan Lal. Carbon sequestration[J]. Phil Trans R Soc B, 2008, 363: 815-830.
43. Richter D D, Markewitz D, Trumbore S E, et al. Rapid accumulation and turnover of soil carbon in a reestablishing forest[J]. Nature, 1999, 400: 56-58.
44. Schipper L, Murtishaw S, Khrushch M, et al. Carbon emissions from manufacturing energy use in 13 IEA countries: long-term trends through 1995[J]. Energy Policy, 2001, 29(9): 667-688.
45. 徐建华. 现代地理学中的数学方法[M]. 北京: 高等教育出版社, 2002.
46. 丁以中. 管理科学——运用Spreadsheet建模和求解[M]. 北京: 清华大学出版社, 2003.

# 第 5 章
# 多功能性基本农田规划

当前，中国特大型城市仍处于建成区规模持续扩展时期，也是调整城市土地利用结构、合理配置土地资源的最佳时机。特大型城市基本农田的规划和保护，直接影响甚至决定着未来城市建设用地、生态用地的构成格局。通过特大型城市基本农田规划的优先实施，可为城市可持续发展提供土地资源的必要保障。然而，目前以粮食生产能力为核心的基本农田保护在特大型城市面临着普遍的政策失效困境，亟需从特大型城市可持续发展的自身要求和特大型城市基本农田的独特性出发，探讨保护与规划的新路径。

本章从特大型城市基本农田的多功能性出发，运用土地资源学、土地利用规划学、景观生态学与城市规划学等多学科的理论，系统探索特大型城市多功能基本农田的理论与规划方法，并以上海市为例进行实证检验。旨在为协调特大型城市生态用地保障、耕地保护与建设用地保证三者之间矛盾提供思路，为解决现实中特大型城市基本农田政策失效问题提供借鉴，达到特大型城市土地资源的合理配置和可持续利用、经济社会可持续发展的目标。

## 第一节 特大型城市地区多功能性基本农田的内涵

### 1. 特大型城市地区基本农田保护面临的困境

目前，中国绝大多数特大型城市仍处于建成区规模持续扩展时期。城市郊区原有的土地利用方式为农业用地，受城市扩展的影响，产生转换为建设用地的需求。而且，由于耕地的比较经济效益相对较低，同其他土地利用方式相比常常处于"弱势"地位，造成城市郊区耕地数量锐减。同时，城市建设用地的扩张，工业和人口的集聚，又产生了严峻的城市生态问题，而且，随着人们对高质量的生活环境的要求，改善生态环境、增加生态用地的需求逐步增强。因此，城市生态用地受到越来越多特大型城市的关注，掀起了"生态城市"建设风潮。然而，特大型城市作为我国耕地资源流失的重点区域，受到耕地占补平衡政策的严格制约，生态用地的占用与建设用地的扩张导致了特大型城市后备土地资源的不合理开发，进而产生新的土地生态风险。

这一困境产生的根源首先是由土地资源的多宜性、有限性（或稀缺性）和用户（利益相关者）的多样性决定的。土地资源的多宜性决定了土地可用于农业用地、城镇用地和生态用地等不同目的，可满足不同土地使用者的生存需要、生产需要和发展需要。而土地资源的有限性便产生了利益相关者之间对土地的竞争，导致土地利用目标只能实现其中的一个，或者实现各自的一部分，不可能完全实现（于伯华，2006）。

其次，我国目前正处于城市建设用地需求增长加速的城市化发展阶段，加剧了特大型城市土地利用困境。城市建设用地资源需求也随着社会经济发展会出现"缓慢增长、加速增长及增长趋缓"的S形曲线增长态势（石忆邵等，2008）。具体而言，在长时期的城市化进程中，随着非农人口向城市的不断集中、城市产业规模的不断扩大，导致城市建设用地增长加速。当进入城市化后期，城市化速度日益趋缓，而城市建设用地需求也呈现极低速度的增长。

## 2. 特大型城市地区基本农田内涵的多功能化

到20世纪80年代末，我国基本农田的核心内容仍是指生产能力高、抗灾能力强的高产稳产农田。1994年《基本农田保护条例》规定，基本农田是指根据一定时期人口和国民经济对农产品的需求以及对建设用地预测而确定的长期不得占用的和基本农田保护区规划期内不得占用的耕地。1998年修订后的《基本农田保护条例》将基本农田定义为：按照一定时期人口和社会经济发展对农产品的需求，依据土地利用总体规划确定的不得占用的耕地。由此可见，基本农田的定义由关注质量，调整到综合考虑建设用地和农产品需求，再过渡到满足人口和社会经济发展对农产品的需求，发生了很大变化。

起初，我国的基本农田只是属于耕地的一部分，排除了园地、林地、牧草地等土地类型。但随着我国退耕还林和农业结构调整中面临的各种实际情况，我国基本农田概念由耕地逐步转变成包含耕地、园地、林地等多种地类的农地。国土资源部和农业部关于印发《关于基本农田保护中有关问题的整改意见》的通知（国土资发[2004]223号）中规定"对于不破坏耕作层的农业结构调整，可以保持现状，必须作为基本农田加以保护"，"对耕作层和农业生产条件造成破坏的，要限期恢复耕作条件；对于破坏严重，难以恢复耕作条件的要在依法处理后进行补划"，"对违反生态退耕政策已经退耕的位于平坝缓坡并且土壤条件和耕作条件良好的基本农田，以及绿色通道建设占用的基本农田，要作为可调整地类，仍按基本农田保护"。上述情况表明：基本农田由纯耕地组成转变为包含耕地、园地、林地等多种地类的组成，基本农田的理论内涵发生了明显变化。

其次，在我国新一轮土地利用总体规划修编过程中，基本农田概念外延由农用地进一步扩展为生态用地。2009年《国土资源部办公厅关于印发市县乡级土地利用总体规划编制指导意见的通知》（国土资厅发[2009]51号）中，要求发挥耕地、园地、林地、草地和水面等地类的生态功能，鼓励在城市保留连片、大面积的农地、水面、山体等绿色空间，可不计为新增城镇建设用地规模；在基本农田调整要求中，进一步明确城乡建设用地扩展边界内作为绿色空间保留的耕地可以划入基本农田，体现了我国逐步重视对土地生态功能的利用。水面、山体以及农地都可作为绿色空间，也可认为是生态用地的主要组成部分。无论是从狭义的耕地理解还是从广义的农用地理解，基本农田都是生态用地的重要组成部分之一。

当前，我国正处于战略机遇与矛盾凸显并存的关键发展时期：一方面，我国总体上过渡到以工促农、以城带乡的发展新阶段，工业反哺农业、城市支持农村成为历史的必然，基本农田的保护建设将步入全新阶段；另一方面，工业化中期、城市化加速发展期势必需求更多土地资源，不可避免要占用大量耕地，发展与保护的矛盾更为凸显。十七大报告明确指出，要"深入贯彻落实科学发展观"，用统筹兼顾的方法，即统筹城乡发展、区域发展、经济社会发展等实现全面协调可持续发展。国土资源"十一五"规划纲要和十七届三中全会针对基本农田，明确指出要统筹土地利用和城乡规划，合理安排市县域城镇建设、农田保护、产业聚集、村落分布、生态涵养等空间布局。要求耕地和基本农田保护规划应与方方面面进行统筹，要兼顾耕地生态建设。

总之，从建国以来我国基本农田保护概念的变化分析，可以看出，基本农田的本质由农地中的特殊利用方式（耕地）逐渐过渡到农地的生产能力（耕作层），再进一步扩展到保护农地的生态功能。基本农田内涵出现多功能化趋势。

## 3. 特大型城市地区多功能基本农田内涵界定

基本农田规划应该服务于未来人口、社会经济、生态环境等因素的发展变化对城市土地资源的配置要求。在新时期特大型城市基本农田保护与生态保护、建设发展和农业生产之间的关系日趋复杂，单纯以耕地保护和粮食生产保护为核心的基本农田保护目标越来越不适宜。必须与时俱进，重新审视新时期特大型城市基本农田保护目标与内涵，合理确定以土地生态环境保护目标为基础，以生态安全、经济安全和食品安全的综合协调为主要趋势的特大型城市基本农田新内涵。

因此，把特大型城市多功能基本农田定义为：以保障未来一定时期特大型城市土地资源可持续利用为目标，按照城市发展所需要的生态用地需求、城市建设用地隔离和应急农产品需求，依据土地利用总体规划和城市总体规划，从数量和空间上认定的长期不得占用的或基本农田保护规划期内不得占用的农用地。

根据上述特大型城市基本农田内涵的分析，可把其功能分为生态功能、隔离功能和应急农产品生产功能三种。

(1) 基本农田生态功能

生态系统服务功能，是指自然生态系统及其物种所提供的能够满足和维持人类生活需求的条件和过程，它在为人类提供物质资料的同时，还创造和支持了地球生命支持系统，形成了人类生存所必须的环境条件。城市提供生态系统服务功能的用地类型主要包括林地、水体、湿地、农田、人工绿地等。

基本农田生态功能，是指把生态重要程度较高的土地资源所在的区域划入基本农田保护区，从而使区域内农地与其他生态用地共同起到维持城市生态环境的作用。包括两层含义：一是基本农田保护区内的农用地所具有的生态服务功能；二是基本农田保护区内，因农用地的特殊保护而得以持续存在的其他生态系统（如山体、水面等）的生态服务功能。

(2) 基本农田隔离功能

隔离，是指使之分开不能相互影响，常用在医学上，指控制并强制分离疑似带有传染病者。在景观生态学中，景观隔离带是指为维护良好的城市生态环境、防止城市建设用地无序蔓延，根据城市建设发展的特征，而在建设组团之间设立的隔离用地。隔离带用地类型为非城市建设用地，主要包括各种保护区、林地、公园等。

基本农田隔离功能，是指通过在城市建设用地组团（基础设施用地、城镇用地、工矿用地）周围划定基本农田保护区，从而使基本农田具有隔离和控制城市建设用地无序蔓延的作用。

(3) 基本农田应急农产品生产功能

土地的生产功能，是指土地作为劳作对象直接获取或以土地为载体进行社会生产而产出各种产品和服务的功能。我国东南沿海很多经济发达的特大型城市，农业生产占城市经济的比重很低，而粮食需求的对外依存度很高。粮食和基本副食品供给都存在一定的安全隐患，一旦国家宏观粮食市场供求关系紧张，即使不考虑购买力的限制，也将会受到国际政治经济因素和粮食需求竞争的制约。

基本农田的应急农产品生产功能,是指通过把自然质量等级较高的农用地划入基本农田保护区实施保护,当出现国际政治经济因素变动时,可发挥其提供城市生活的应急农产品需求保障的作用。

## 4. 特大型城市地区基本农田多功能调控机理

特大型城市基本农田不同功能之间存在冲突的必然性,因此确定不同功能之间的调控机理,是特大型城市基本农田规划的理论基础。

### (1) 基本农田不同功能的冲突

由于基本农田利用和保护中存在多种不同利益主体,不同利益主体追求基本农田功能的侧重点不同,因此,同一时期和空间的特定基本农田的三种功能间存在一定的冲突。从土地资源的多功能城市土地利用转换角度来看,基本农田的潜在利用方式多样,既要满足城市工商业发展用地的需要,又要为人们提供居住、休闲用地,还承担着为城市居民生产粮食和副食品的功能,因此城市基本农田可以作为农用地、生态用地利用,也可以作为工业和城市建设用地利用,甚至还包括休闲娱乐用地,囊括了城市扩展、农业生产、生态保护等经济、环境和社会效益等多方面的冲突。基本农田功能的冲突不仅是农民和牧民、农民和渔民、农民和城市居民之间的问题,而是包括了几乎所有的土地利用的利益相关者:各级政府、政府的有关部门(国土局、农业局、规划局、水务局、环保局等)、农民以及地产开发商等,他们都有各自的土地利用目标,他们的利益在这里交叉、重叠,致使协调城市利益相关者矛盾的难度显著大于其他区域(图5.1)。

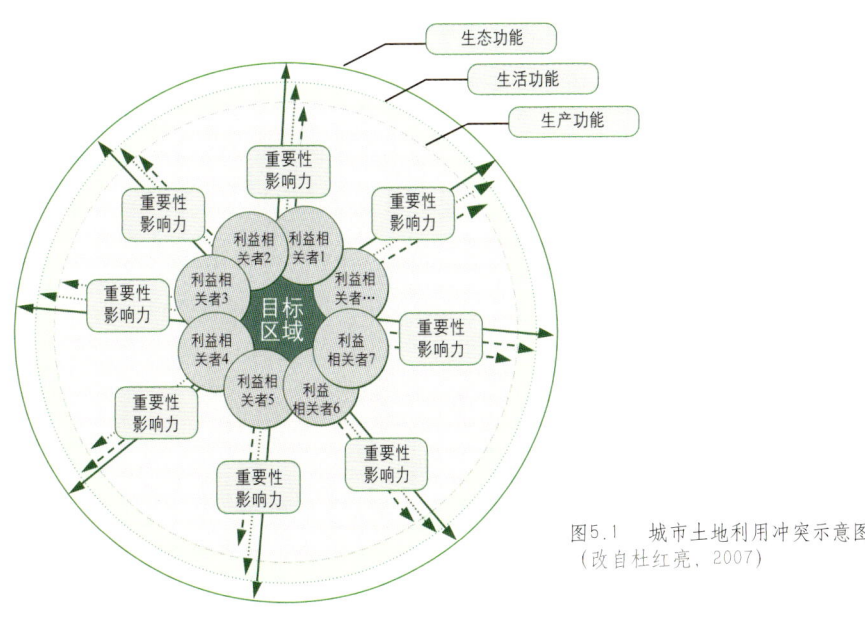

图5.1 城市土地利用冲突示意图
(改自杜红亮,2007)

## （2）特大型城市基本农田功能次序

### ① 生态功能优先性

城市扩张所占用的农田、林地、水面等非建设用地，发挥着重要的生态服务功能，可称为城市生态用地，它们是城市存在的自然生态基础。城市发展过程中这些生态用地转化为建设用地，对城市乃至区域的生态环境产生重要影响。更重要的是，这种土地利用类型的转化具有单一方向的不可逆转性，一旦超过了"阈值"，将会导致城市自然生态基础的破坏，严重影响城市土地资源的可持续利用。因此，特大型城市基本农田的生态功能应当具有土地利用的优先性。

从特大型城市发展的阶段来看，城市化水平容量增长变化率与生态环境容量增长变化率交互作用的动态变化过程大体上符合库茨涅兹倒"U"字形变化规律（刘耀彬等，2005）。在不同的城市化阶段，城市化对生态环境产生的胁迫力量与生态环境对城市化的约束力量之间存在着不同的制衡关系；这种制衡关系随着科技进步和社会文明的不断发展，主要表现为生态环境阈值的逐层递进。

因此，要根据不同阶段城市化与生态环境之间的耦合状态，适时开展基本农田规划，保障一定数量的生态用地，使城市化对生态环境产生的胁迫作用始终处在各个阶段生态阈值的控制范围之内。城市生态用地存在一个阈值，即最小城市生态用地，如果一旦突破这个阈值，则城市存在的生态基础将受到严重威胁（Savard et al., 2000; Miller and Hobbs., 2002; Chin, 2006）。依据"以较小代价换取较大收益"的原则，及时保护对维持城市和区域生态系统的健康起重要作用的最小生态用地，可起到限制和协调建设用地开发规模的作用。

### ② 生产功能可替代性

对于经济高速发展、非农产业有明显优势的特大型城市，如北京、上海等，郊区为城市提供农产品的经济功能基本上可以由外地农区来替代，并且农用土地资源的直接经济产出要比转移到二、三产业利用低几倍甚至几十倍。然而，基本农田生态功能具有明显的区域性且价值高昂，其生态服务价值大约为农产品经济价值的8倍，这种巨大的生态服务价值却是外地农区所无法给予和替代的。因此，与生态功能相比，特大型城市基本农田生产功能具有较强的可替代性。

### ③ 隔离功能具有阶段性

城市建设用地的需求随着工业化和城市化的发展呈现阶段性变化。在工业化和城市化初期，以小规模轻工业为主导，人口城市化进展较为缓慢，建设用地的需求增长同样缓慢；到了工业化和城市化中期，重工业加速扩张，人口城市化快速推进，对工业用地、居住用地、交通用地等的需求剧增，建设用地规模亦加速扩展；进入工业化和城市化后期，服务经济占据主导地位，高新技术产业逐步崛起，工业用地萎缩，第三产业用地增加，土地利用的集约度不断提高，同时由于地价上涨，导致建设用地需求减少；进入后工业化和信息化时期，建设用地总规模基本趋于稳定，由于人们对生活质量和居住环境的追求，建设用地内部结构调整和优化仍在进行，商务办公用地、公共服务设施用地、休憩娱乐用地、公园绿地等有所增长。

目前，我国特大型城市正处在工业化和城市化中期，是城市建设用地增长的快速时期，也是城市蔓延的严重时期。这一时期，通过在城市建设用地组团（基础设施用地、城镇用地、工矿用地）周围规划基本农田保护区，起到隔离和控制城市建设用地无序蔓延的作用，将具有极其重要的意义。

（3）特大型城市基本农田多功能调控机理

城市土地利用类型的转换过程中表现出生态环境阈值规律和建设用地扩张规律，即一定城市化发展阶段城市土地利用类型转换的同时受最小生态用地极限和最大建设用地极限的制约。根据特大型城市基本农田的生态服务功能、隔离功能和应急农产品生产功能的分析，提出特大型城市基本农田对用地类型转换的调控机理，如图5.2所示。

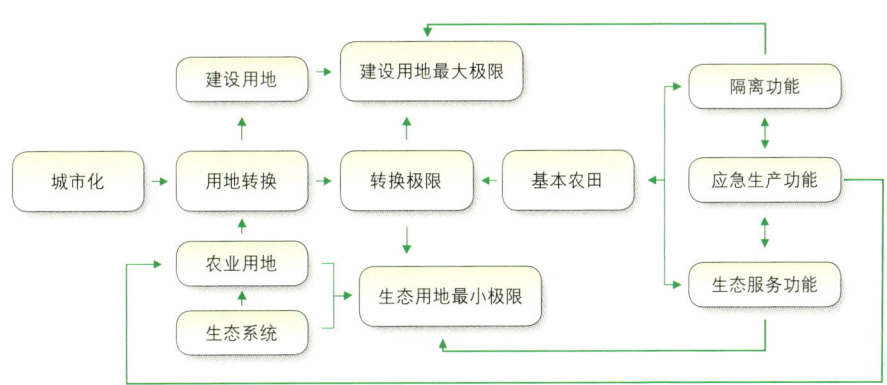

图5.2 特大型城市基本农田用地类型转换调控机理示意图

特大型城市基本农田可通过实现自身生态服务功能、隔离功能和应急农产品生产功能，来调控城市土地利用类型转换，促使城市土地利用中生态用地与建设用地都控制在极限范围之内，同时保障必要的城市应急农产品的生产用地。首先，通过在具有重要生态作用的土地生态类型组合周围规划基本农田保护区，起到优先保障城市土地生态功能的作用；通过在城市建设用地组团（基础设施用地、城镇用地、工矿用地）周围规划基本农田保护区，起到隔离和控制城市建设用地无序蔓延的作用；通过将城市土地质量高等别的农地规划为基本农田保护区，起到保障城市应急农产品生产功能的作用。

## 第二节 多功能基本农田规划方法

借鉴土地生态评价以及农用地质量评价等相关方法，利用ARCGIS软件与大量空间数据，建立了空间化、精确化的特大型城市多功能基本农田规划方法体系，包括：① 生态功能基本农田规划方法，即根据对特大型城市生态用地重要度评价，将重点生态空间范围内的农用地规划为基本农田的过程；② 隔离功能基本农田规划方法，即根据对城市建设用地的蔓延程度和隔离需求分析，将重点隔离空间内的农用地规划为基本农田的过程；③ 应急生产功能基本农田规划方法，即基于农用地分等定级评价成果，将符合标准的农用地规划为基本农田的过程；④ 整体性的特大型城市多功能基本农田规划方案；⑤ 特大型城市多功能基本农田整体规划的预评价方法。

### 1. 特大型城市地区多功能基本农田规划原则、思路与程序

（1）规划原则

规划原则是指在确定基本农田规划方案时所必须遵循的一些必不可少的准则，包括基本农田多功能之间的协调性与整体性、基本农田规划方案的承继性、规划目标的衔接性以及规划基础的可靠性等基本原则。

① 整体性原则。基本农田具有生态服务、应急农产品生产和建设用地隔离等功能和用途，人们对基本农田有多种多样的需求，因而必须在基本农田布局与数量上实行统筹兼顾的原则，以便协调城市对生态安全、经济安全和生产安全的不同要求，避免顾此失彼。只有这样才能保证城市土地资源的合理配置、协调利用，促进城市生态、经济、社会等各方面的可持续发展。

② 承继性原则。城市土地资源利用的结构与布局是城市化过程中，人类长期社会经济生活的结果表现，具有一定的合理性。基本农田规划必须以现状城市土地利用系统为基础，承继其合理的成分，调整其不合理的部分，以达到特定时段城市土地利用结构合理和功能优化的目标，而决不应该是对过去的全盘否定。事实上，基本农田规划是对城市现状土地利用进行调整趋优的过程，应尽量保持土地利用结构与布局的相对稳定性。在对城市土地利用现状结构、空间布局和存在问题的系统分析基础上，确定相对合理的规划方案。

③ 动态性原则。土地资源既是一个自然综合体，又是一个经济综合体。基本农田既有城市生态服务保障的功能，又有城市应急农产品生产的作用，还对城市建设用地的扩

展起到限制影响。基本农田与城市的生态、经济、社会等所有利用目标交织在一起，建立了人地相互作用的客观系统。由于土地自然生态要素和经济社会要素是动态变化的，随着这些影响因素的变化，尤其是经济社会要素的改变，导致原定基本农田规划方案可能随之发生变化甚至不得不再"优化"。因此，基本农田规划的优化具有相对性，它需要在动态发展中不断地进行调整，以保持相对优化的状态。即在基本农田规划的确定中，必须充分考虑到规划的保护性与协调性，规划的刚性与弹性的互相结合。

（2）规划思路

传统的基本农田规划通过评价区域内农用地（主要是耕地）的粮食生产能力与该区域的粮食需求之间的供需关系，计算出该区域基本农田保护的数量，再通过逐级指标分解，落实到空间位置上。

然而，对于经济高速发展、非农产业有明显优势的特大型城市，如北京、上海等，由于长期以来早已形成的粮食供给能力远小于需求能力的历史现状，基本农田为城市提供农产品的经济功能大部分已由外地农区来替代。加之农用地的直接经济产出要比转移到二、三产业利用低几倍甚至几十倍，建设用地转化为耕地的压力巨大。致使特大型城市目前普遍面临以粮食供给能力为核心的基本农田保护政策的严重失效。如前文所述，特大型城市基本农田不仅具有生产功能的可替代性，又具有生态功能的优先性和隔离功能的阶段需求性。而且，由于基本农田利用和保护中存在多种不同利益主体，他们追求基本农田功能的侧重点不同，同一时期和空间的特定基本农田的三种功能间存在一定的冲突。

因此，在规划思路上，与特大型城市多功能基本农田内涵相对应。这就要求必须放弃以粮食供需能力预测为依据的传统思路，但仍可借鉴其供需预测的思想，综合考虑以特大型城市生态安全用地预测为依据的生态功能基本农田规划思路，与以特大型城市建设用地蔓延隔离用地需求预测为依据的隔离功能基本农田规划思路。

具体来说，根据对特大型城市不同生态安全情景下生态用地空间分析，将具有重要作用的生态用地中的部分地类规划为基本农田，起到保障城市土地生态功能的作用；根据对城市建设用地（基础设施用地、城镇用地、工矿用地）的隔离需求分析，将蔓延程度严重的城市建设用地周围规划为基本农田，起到隔离和控制城市建设用地无序蔓延的作用；通过将城市土地质量高等别的农地规划为基本农田保护区，起到保障城市应急农产品生产功能的作用。

隔离功能基本农田规划的重点在于确定城市建设用地隔离的需求。针对建设用地蔓延度空间与基本农田规划标准，当然希望将能够满足设定标准的农用地规划为相应的基本农田。然而，事实上，在隔离需求空间范围内，是否存在相应数量的农用地可规划为基本农田，则是不可能完全保证的。因此，隔离功能基本农田规划侧重于隔离需求的分析。

应急生产功能基本农田规划与隔离功能基本农田规划的供需方针正好相反，与传统的基本农田规划相似，侧重于农用地供给能力的分析。

（3）规划程序

特大型城市多功能基本农田规划程序主要包括以下几个部分。

① 特大型城市多功能基本农田规划背景分析

分析某个特定特大型城市是否面临着严峻的生态保障、耕地保护与建设发展之间的用地矛盾，作为开展多功能基本农田规划的必要条件。重点在于搞清城市土地利用的基本特点和问题，具体包括城市建设用地扩展的特点以及驱动因素、城市土地利用的主要土地生态问题以及驱动因素，城市建设用地的规模以及生态用地保护的必要性等。

② 生态功能基本农田规划

重点在于将对城市土地利用格局具有重要生态保障作用的农用地规划为基本农田，具体内容包括三个步骤：第一，进行城市生态用地重要度评价，明确城市中各生态用地的重要程度及空间分布；第二，根据不同程度的城市生态安全状态划分不同情景，进一步提取出相应情景下所必需保障的基本农田的空间分布区域；第三，提出生态功能基本农田规划方案，进一步分析其空间分布和土地利用构成特点，评估基本农田保护区对城市土地生态服务功能的保障效果。

③ 隔离功能基本农田规划

重点在于将对城市建设用地蔓延程度严重地区的关键控制区域的农用地规划为基本农田，具体内容包括三个步骤：第一，明确城市建设用地的隔离需求，可通过模型法或归纳法；第二，制订隔离功能基本农田规划标准，即针对城市建设用地蔓延严重程度，提出与隔离需求区域相适宜的不同隔离距离；第三，提出隔离功能基本农田规划方案，进一步分析隔离功能基本农田与生态功能基本农田的空间重复和效应互动特点，分析它们对城镇工矿规划范围的空间隔离作用。

④ 应急生产功能基本农田规划

在生态功能基本农田和隔离功能基本农田规划的基础上，重点将集中连片的优质农用地规划为基本农田，满足应急生产功能的需求，具体内容包括设定集中连片和质量等级的标准，确定应急生产功能基本农田的空间布局、数量，分析与生态功能基本农田和隔离功能基本农田的协调程度等。

⑤ 特大型城市基本农田整体规划及预评价

主要包括生态功能基本农田、隔离功能基本农田和应急农产品生产功能基本农田在空间上的统一，多功能交叠的"重复区域"的确定，形成特大型城市多功能基本农田整体规划方案，并进行预评价，提出相应的政策保障措施等。

## 2．生态功能基本农田规划方法

特大型城市生态功能基本农田规划，首先，构建城市生态用地（包括农地与其他生态用地）重要度评价模型，根据评价结果，提出城市生态安全的不同情景；第二，根据不同的生态安全情景，制订不同的基本农田保护空间的规划标准；第三，将不同情景的基本农田保护空间范围与城市建设用地范围进行比较，选择既保障生态用地，又与城市规划冲突较小的方案，确定为生态功能基本农田保护空间的入选方案；第四，将选定方案中可入选基本农田的生态用地类型，规划为基本农田保护区。

### 1）生态用地重要度评价模型

（1）评价对象

有关生态用地内涵主要有两种观点：一种认为，城市扩张所占用的森林、农田、草地、湿地、水域等可发挥生态服务功能的非人类建设用地可称为生态用地；另一种认为，应以经济产出为核心目的的农用地，如耕地、养殖水面等不宜作为生态用地。考虑到上海市农用地（主要是耕地）的农产品生产功能日益弱化，而其生态服务功能却受到越来越多的重视，本书采用第一种观点。

（2）评价单元

评价单元是确定城市生态用地重要度等级的最基本空间单位，确定评价单元以保证评价结果落实到一定的区域上，从而对其进行鉴定与评估。评价单元的选取，是城市生态用地重要度评价的基础。一般来说，在进行评价时，在自然特征上具有一定程度一致性的任何类型地区均可作为评价单元。考虑到生态用地重要度评价涉及到多源空间数据，综合衡量计算的精度与工作量，本章以多源数据处理后的单位面积的栅格作为评价单元，栅格规格可根据研究区域的大小，分别取1km×1km，或100m×100m。

（3）评价指标体系

生态用地的重要性与其土地利用类型紧密相关。陆域生态系统中森林、草地、湿地、水域及农田等单位面积生态用地的生态服务功能价值各不相同。而且，生态服务功能强度与生物量成线性关系（谢高地等，2008）。生态用地的重要性也受其生态活力强弱的影响，生态系统活力越高，其承载能力、生物多样性和抵抗干扰的能力也就越强（张林波等，2008）。另外，增加对城市土地生态系统影响较大的涵养水源、消散水污染和保护生物多样性等功能来完善生态用地重要性的评价。

因此，分别从土地类型、生态活力和生态功能三方面，逐步筛选具有良好反映能力、可以定量化、数据获取便利的指标，构建特大型城市生态用地重要度评价指标体系，具体包括土地利用类型、单位面积生态系统服务价值、归一化植被指数（年均NDVI）、年降水量、水源涵养功能、消散水污染功能和保护生物多样性功能等多项指标（表5-1）。

表5-1 生态用地重要度评价指标体系

| 指标层 | 指标 |
| --- | --- |
| 土地类型 | 土地利用类型 |
| | 单位面积生态系统服务价值 |
| 生态活力 | 年均NDVI |
| | 年降水量 |
| 生态功能 | 涵养水源 |
| | 消散水污染 |
| | 保护生物多样性 |

（4）评价模型构建

城市生态用地重要度是多因素综合评价的结果，适合用综合指数法。根据确定的各评价指标分值（$S$）和权重（$W$），可建立评价模型

$$I = \sum S_i \times W_i$$

式中，$I$表示城市生态用地重要程度综合指标，根据对分值与权重的定义，$I$值将处于1~5之间；$S_i$（$i$=1, 2, 3, …）为第$i$个指标的得分；$W_i$为第$i$个指标的权重。

（5）指标权重的确定

确定指标权重，就是确定各评价指标对评价单元综合分值的贡献程度。城市生态用地重要程度指标权重要综合考虑各种土地类型具有的生态活力与发挥的生态功能。采用层次分析法确定各评价指标权重的一个参考值，如表5-2所示。在具体的计算中，需根据区域生态用地的特点，对指标权重进行校核和修正。

表5-2 生态用地重要度评价指标权重

| 因子 | 土地利用类型 | 单位面积生态系统服务价值 | 年均NDVI | 年降水量 | 涵养水源 | 消散水污染 | 保护生物多样性 |
|---|---|---|---|---|---|---|---|
| 权重 | 0.1575 | 0.1925 | 0.204 | 0.196 | 0.1125 | 0.0825 | 0.055 |

(6) 指标计算与量化分级

由于评价指标的类型复杂，即有土地利用类型等定性指标，又有生态服务价值、年均NDVI等空间指标，还有涵养水源、保护生物多样性等综合指标。这些指标计算方法差异较大，各指标之间的优劣很难以实际数值进行比较。因此，首先明确各项指标的计算方法，再统一进行量纲一致化处理，以0~5的数字表示，评价因子对生态系统的正向影响越大其数值亦越大，最重要的条件取5，分值差异的大小不强求诸因素相互一致。需要说明的是，各指标的计算方法相对较为固定，但其量化分级时所采用的标准应根据不同研究区域的土地生态特点确定。

① 土地利用类型

根据全国土地利用分类（过渡期适用），一级地类分农用地、建设用地和未利用地三大类，二级地类分别是耕地、园地、林地、草地、其他农用地、居民点、独立工矿用地、交通运输用地和水利设施用地以及其他土地和未利用土地。其中，其他土地包括河流水面、湖泊水面、苇地、滩涂、冰川及永久积雪；未利用地则包括荒草地、盐碱地、沼泽地、沙地、裸土地等。一般来说，林地、草地、其他土地及耕地、园地、其他农用地等土地利用类型，比居民点、工矿、交通运输用地等建设用地范围内的土地利用类型，具有更高的生态地位。

本章综合土地利用类型中农用地和建设用地二级地类，与未利用地的三级地类，采用专家排序的方法，确定不同土地利用类型所具有的生态地位的高低序列，并提出一般分级标准，具体结果如表5-3所示。

表5-3 土地利用类型生态重要度分级

| 地类 | 分级值 |
|---|---|
| 林地、草地 | 5 |
| 河流水面、湖泊水面 | 4 |
| 苇地、滩涂、冰川及永久积雪、荒草地、盐碱地、沼泽地 | 3 |
| 耕地、园地、其他农用地 | 2 |
| 居民点独立工矿用地、交通运输用地和水利设施用地 | 1 |

② 单位面积生态系统服务价值

谢高地等根据Costanza研究方法，修订出了中国森林、草地、农田、湿地、水体和荒漠6类生态系统的9类生态系统服务价值当量。本书依据这一价值当量，结合历年粮食作物单位面积收入，计算出以货币表示的单位面积的生态服务价值（表5-4）。

表5-4 中国生态系统单位面积生态服务价值（2007年） 单位：元/（hm²·年）

| 一级类型 | 二级类型 | 森林 | 草地 | 农田 | 湿地 | 河流、湖泊 | 荒漠 |
|---|---|---|---|---|---|---|---|
| 供给服务 | 食物生产 | 148.20 | 193.11 | 449.10 | 161.68 | 238.02 | 8098.00 |
| | 原材料生产 | 1338.32 | 161.68 | 175.15 | 107.78 | 157.19 | 17.96 |
| 调节服务 | 气体调节 | 1940.11 | 673.65 | 323.35 | 1082.33 | 229.04 | 25.95 |
| | 气候调节 | 1827.84 | 700.60 | 435.63 | 6085.31 | 925.15 | 58.38 |
| | 水文调节 | 1836.82 | 682.63 | 345.81 | 6035.90 | 8429.61 | 31.44 |
| | 废物处理 | 772.45 | 592.81 | 624.25 | 6467.04 | 6669.14 | 116.77 |
| 支持服务 | 保持土壤 | 1805.38 | 1005.98 | 660.18 | 893.71 | 184.13 | 76.35 |
| | 维持生物多样性 | 2025.44 | 893.82 | 458.08 | 1657.18 | 1540.41 | 179.64 |
| 文化服务 | 提供美学景观 | 934.13 | 390.72 | 76.35 | 2106.28 | 1994.00 | 107.78 |
| 综合 | | 12628.69 | 5295.00 | 3547.90 | 24597.21 | 20366.69 | 8712.27 |

生态系统难以直接进行生态用地重要度的评价，因此应当将其进一步转化为相应的生态用地类型。由于目前我国尚无专门的生态用地分类，一般都以现行土地利用分类体系为基础来界定。因此，本书认为生态用地包括耕地、园地、林地、草地、河流水面、湖泊水面、苇地、滩涂、冰川及永久积雪、荒草地、盐碱地、沼泽地、沙地、裸土地、坑塘水面、养殖水面等土地利用类型（表5-5）。

表5-5 单位面积生态系统服务价值的生态重要度分级

| 生态系统类型 | 湿地河流/湖泊 | 森林 | 荒漠 | 草地 | 农田 |
|---|---|---|---|---|---|
| 分级值 | 5 | 4 | 3 | 2 | 1 |

③ 年均NDVI（归一化植被指数）

植被指数，是指根据地表覆被对不同光谱的吸收及反射差异来反映土地覆被的"绿度"。归一化植被指数，是指部分消除因太阳高度角变化、卫星视角和大气削弱等影响后的植被指数。多以选取研究区域全年多景遥感影像的方式进行。归一化植被指数越高，代表植物越茂盛。其计算公式为

$$NDVI_{mean} = \frac{\sum_{i=1}^{23} NDVI_i}{23}$$

式中，$NDVI_{mean}$为年平均植被指数；$NDVI_i$为全年23景NDVI数据中的第$i$景数据。

年均NDVI的分级标准应当结合不同区域的植被特征，将其取值范围合理划分为5个级别，并分别赋值为5、4、3、2、1。

④ 年降水量

年降水量是与生态系统恢复能力紧密相关的因素，其空间数据可采用来自研究区域的多年气象监测数据，通过ARCGIS软件中的空间插值技术生成。

年降水量的分级标准应当结合不同区域的降水特征，将其取值范围合理划分为5个级别，并分别赋值为5、4、3、2、1。

⑤ 涵养水源与消散水污染功能

方法一，可根据河流和湖泊的等级以及与水源地的空间距离，以及与主要排污河道的空间距离，分别划分不同等级的涵养水源区域或消散水污染区域，将其空间范围内的土地斑块分别赋值。

方法二，借鉴城市水源保护规划、水污染控制规划等相关研究中提出的等级与空间分布，经过数据二次处理，划分出本书需要的不同等级。

涵养水源功能，主要根据河流和湖泊的等级以及与水源地的空间距离，划分市级水源地、重要水源涵养区、一般水源涵养区，并将其空间范围内的土地斑块分别赋值为5、4、3、2、1；同样方法，消散水污染功能，主要根据距重点污染企业和污染河道的空间距离，划分市级排污河道、排污主要影响区和排污一般影响区，并将其空间范围内的土地斑块分别赋值为5、4、3、2、1。

⑥ 保护生物多样性

主要考虑自然保护区、森林公园等生物多样性重点区域。将自然保护区、森林公园的空间范围内的土地斑块，赋值为5。

## 2）生态功能基本农田规划步骤

### （1）数据基础处理

包括多源数据的统一、分区县数据的拼接、数据空间插值等，使所有数据达到计算的精度要求。

第一，多源数据统一数据格式。对于空间数据，由于出自不同单位和不同数据类型，在统一到ARCGIS平台过程中存在投影信息丢失、无法匹配等问题。因此，利用ARCGIS软件对相关数据和图件进行重新配准、投影变化、矢量化等处理后，首先统一为Albers投影下的shapefile数据格式，然后转化成1km×1km，或100m×100m的栅格数据，以便在ARCGIS平台下进行空间数据计算。

第二，分区县数据拼接。特大型城市不同区县的土地利用空间数据、土地质量空间数据和规划空间数据多以各自的行政区域分别保存，在进行全市数据计算前，必须根据不同的计算要求，在ARCGIS平台上提取相应的斑块，并进行数据的拼接。

第三，空间插值。有些数据（如16天合成的250mMODIS植被指数）以及TM遥感影像图由于精度难以达到计算要求，故在使用之前先进行空间插值。

普通克立格法是利用区域化变量的原始数据和变异函数的结构特点，对未采样点的区域化变量的取值进行线性无偏最优估计的一种方法。其基本原理为：设$Z(x)$为区域化变量，它满足二阶平稳和本征假设，其数学期望、协方差和变异函数存在，则对于待估计要素的栅格值，用公式表示为

$$Z = \sum_{i=1}^{n} \lambda_i Z(x_i)$$

式中，$Z$为待估计要素栅格值；$\lambda_i$为赋予要素值$Z(x_i)$的一组权重系数；$n$为用于要素插值的组数；$Z(x_i)$为平均要素值。

为满足无偏性和最优性两个条件，通过建立克立格方程组来确定权重系数。

$$\begin{cases} \sum_{j=1}^{n} \lambda_j C(v_i, v_j) - \mu = C(v_i, v) \\ \sum_{i=1}^{n} \lambda_i = 1 \end{cases}$$

式中，$C(v_i, v_j)$为样点之间的协方差函数；$C(v_i, v)$为样点与插值点之间的协方差函数；$\mu$为拉格朗日乘数。

权重系数取决于变量的空间结构性，而任何变量的空间结构由半变异函数$\gamma(h)$表示为

$$\gamma(h) = \frac{1}{2N(h)} \sum_{i=1}^{N(h)} [Z(x_i) - Z(x_i + h)]^2$$

式中，$h$为距离矢量；$N(h)$为相距$h$的数据对的数目。

（2）计算生态用地重要程度综合指数

以空间化的栅格数据为基础，依据生态用地重要程度综合指数的计算公式，使用ARCGIS，将各指标的栅格数据进行空间叠加，求出综合指标值的空间分布。由于各指标权重值的影响，综合指标值变成0~5之间的连续性函数值，故应按如下标准（表5-6）进行重新赋值。

表5-6 生态用地重要度指数重新赋值

| 计算结果 | 5~4 | 4~3 | 3~2 | 2~1 | 1~0 |
|---|---|---|---|---|---|
| 重新赋值 | 5 | 4 | 3 | 2 | 1 |

使用ARCGIS软件，重新赋值后生成的空间数据即为特大型城市生态用地重要度综合指标的栅格数据。

（3）提出不同情景下基本农田保护空间预选方案

该预选方案应当包括下述9个子方案。

① 底线生态安全情景下基本农田最小保护空间、底线生态安全情景下基本农田一般保护空间以及底线生态安全情景下基本农田最大保护空间。

② 中等生态安全情景下基本农田最小保护空间、中等生态安全情景下基本农田一般保护空间以及中等生态安全情景下基本农田最大保护空间。

③ 理想生态安全情景下基本农田最小保护空间、理想生态安全情景下基本农田一般保护空间以及理想生态安全情景下基本农田最大保护空间。

（4）选择基本农田保护空间入选方案

将不同情景的基本农田保护空间范围与城市规划进行比较，选择既保障生态用地，又与城市规划冲突较小的方案，确定为生态功能基本农田保护空间的入选方案。这其中不仅包括了农用地，还涉及建设用地和未利用地，所得到的结果仅为不同情景下基本农田保护空间的大致范围。

（5）明确基本农田规划空间

以基本农田保护空间入选方案为掩膜，提取保护空间中相应斑块的面积、类型，并使用空间统计功能，计算出各斑块的土地利用类型构成。进一步保留大部分农用地，扣除集中连片的建设用地和未利用地中的大面积水域，从而提出明确的生态功能基本农田的空间规划方案。

## 3. 隔离功能基本农田规划方法

基本农田隔离功能，是指通过在蔓延严重的城市建设用地组团（基础设施用地、城镇用地、工矿用地）周围划定基本农田保护区，从而使基本农田具有隔离和控制城市建设用地无序蔓延的作用。因此，要明确隔离功能基本农田的空间位置与分布，需要解决以下两个关键性问题。

第一，必须首先明确城市建设用地的隔离需求，即找出城市建设用地产生蔓延的空间，分析其蔓延程度与特征，明确是否有必要对其未来的蔓延实施隔离。

第二，制订合理的隔离功能基本农田规划标准。即有针对性地在关键空间布置基本农田，根据蔓延程度与该区域周围农用地的资源状况，决定隔离功能基本农田的缓冲距离，从而起到隔离和控制城市建设用地无序蔓延的作用。

城市建设用地隔离需求，其实质是通过对城市建设用地蔓延程度与空间特征的分析，找出需要实施隔离的重点空间，本书认为这一过程可通过两种方法：模型法和归纳法。

### 1）隔离需求预测之模型法

建立城市建设用地蔓延度评价模型，通过准确的数据计算，明晰城市不同区域蔓延的综合指数值，将这些蔓延指数根据一定原则划分类别，表示不同水平的蔓延状态，并选择蔓延状态严重或较严重的区域作为隔离需求区域。

这一方法的优点在于空间数据定量分析，客观性好。但目前有关城市蔓延度的定量评价指标多是基于西方的城市化背景提出的，并不能切实反映我国城市蔓延的独特成因和空间特征，而国内关于城市蔓延的针对性研究还比较少，还没有关于城市蔓延量化方法的系统研究（蒋芳等，2007）；且该方法对数据要求高，应用受到的限制较多。

（1）评价对象与单元

隔离功能基本农田的直接评价对象为城市建设用地，通过建设用地蔓延程度的评价，得出需要隔离控制的建设用地的空间位置，从而将其周围一定范围内的农用地规划为基本农田。

本书以多源数据处理后的单位面积的栅格作为评价单元，栅格规格可根据研究区域的大小，分别取1km×1km，或100m×100m。

（2）评价指标体系

本书分别借鉴城市扩展和城市蔓延的相关评价指标，主要从建设用地扩展度和建设用地蔓延度两个方面来考虑城市蔓延的测定。

建设用地扩展度是根据建设用地扩展的类型和速度，确定需要实施隔离限制的区域，使用林地、绿地、农田等隔离性用地设置，限制具有明显扩展趋势的建设用地（主要指交通基础设施用地、城镇与工矿用地）的扩展发展。

建设用地蔓延度是根据建设用地蔓延度可判断出空间上明显表现为蔓延特征的区域，在这些区域周围划定一定范围的禁建区，起到隔离限制城市蔓延的作用。

具体的城市蔓延度评价指标体系如表5-7所示。

表5-7 城市蔓延度评价指标

| 层次 | 指标 |
|---|---|
| 建设用地扩展度 | 用地转换类型 |
| | 用地转换速度 |
| 建设用地蔓延度 | 人口密度 |
| | 用地效益 |
| | 聚集度 |
| | 连通度 |
| | 空间自相关性 |

(3) 评价模型构建

城市蔓延度是多因素综合评价的结果，适合用综合指数法。根据确定的各评价指标分值（$S$）和权重（$W$），可建立评价模型：

$$C=\sum S_i \times W_i$$

式中，$C$表示城市建设用地蔓延度综合指标值，根据对分值与权重的定义，$C$值将处于0~100之间；$S_i$（$i=1, 2, 3, \cdots$）为第$i$个指标的得分；$W_i$为第$i$个指标的权重。

(4) 指标权重的确定

采用层次分析法确定各评价指标权重的一个参考值，在具体的计算中，需根据区域生态用地的特点，对指标权重进行校核和修正（表5-8）。

表5-8 城市蔓延度指标权重

| 因子 | 用地转换类型 | 用地转换速度 | 人口密度 | 用地效益 | 聚集度 | 连通度 | 空间自相关性 |
|---|---|---|---|---|---|---|---|
| 权重 | 0.211 | 0.189 | 0.078 | 0.096 | 0.126 | 0.156 | 0.144 |

(5) 指标计算方法

① 用地转换类型，指某区域一定时间范围内某种土地利用类型的变化情况。

② 用地转换速度，使用单一土地利用类型动态度，表达的是某区域一定时间范围内某种土地利用类型的数量变化情况，其表达式为

$$K=\frac{U_b - U_a}{U_a} \times \frac{1}{T} \times 100\%$$

式中，$K$为研究时段内某一土地利用类型动态度；$U_a$和$U_b$分别为研究期初及研究期末某一种土地利用类型的数量；$T$为某一时段长度，当$T$的时段设定为年时，$K$的值就是该区域某种土地利用类型年变化率。

③ 人口密度，指单位空间范围内居住的常住人口数量，人口密度越低的建设用地区域，越可能出现蔓延问题。

④ 用地效益，指单位空间范围内（主要侧重工业用地）的产出额，用地效益越低的建设用地区域，越可能出现蔓延问题。

⑤ 聚集度指数CONTAG，指景观中不同类型成分的团聚程度，其明确地考虑了斑块类型之间的相邻关系，能够反映景观组分的空间配置特征，计算公式为

$$RC = 1 - \frac{C}{C_{\max}}$$

$$C = -\sum_{i=1}^{m}\sum_{j=1}^{m} \lg p_{ij}$$

$$C_{\max} = m\ln m$$

式中，$C$为复杂性指数；$C_{\max}$为$C$的最大可能值；$P_{ij}$表示同$j$类型斑块相邻的$i$类型斑块所占的比例；$m$为景观类型的数目。

⑥ 连通度CONNECT，用来描述景观中同类斑块的联系程度。计算公式为

$$CONNECT = \left[ \frac{\sum_{j=k}^{n} C_{ijk}}{\frac{n_i(n_i - 1)}{2}} \right] \times 100$$

式中，$C_{ijk}$为$i$类景观中斑块$j$和斑块k的连通性（0＝不连通，1＝连通）；$n_i$为$i$类景观的斑块数量。$0 \leqslant CONNECT \leqslant 100$，当$i$类景观中没有斑块是连通的，$CONNECT = 0$；随着CONNECT取值的增大，表示景观中$i$类斑块的连通度越来越大。

⑦ 空间自相关性的统计指标 Moran $I$，为空间邻接或空间邻近的区域单元属性值的相似程度。计算公式为

$$I = \frac{n\sum_{i=1}^{n}\sum_{j=1}^{n}\omega_{ij}(x_i - \bar{x})(x_i - \bar{x})}{\sum_{i=1}^{n}\sum_{j=1}^{n}\omega_{ij}\sum_{i=1}^{n}(x_i - \bar{x})^2}$$

式中，$x_i$和$x_j$分别代表景观要素在相邻配对空间单元的取值；$\omega_{ij}$是邻接权重，当空间单元$i$与$j$相邻时，取$\omega_{ij}=1$，当$i$与$j$不相邻时，取$\omega_{ij}=0$。Moran $I$ 的取值一般在[－1，1]之间，小于0表示负相关，等于0表示不相关，大于0表示正相关。

(6) 指标标准化

主要包括以下两个步骤：第一，单指标空间化，对各单项指标主要采用空间分析与建模方法进行空间化处理，将所有指标都统一到100m×100m栅格的平台上。第二，单

指标标准化,由于各单项指标的量纲和数量变化幅度都有所不同,故采用极差标准化方法对各指标值进行标准化处理。标准化处理后的指标分值用0~100分的封闭取值范围,相对条件最差的取0分,随着城市蔓延度增加分值会相应增加,分值差异的大小不强求诸因素相互一致。

### 2) 隔离需求预测之归纳法

通过对比不同时期城市建设用地空间分布的差异,一定程度上使用有关城市扩展的指数描述其蔓延特点,并结合历次城市规划、土地规划等相关研究的结论,确定出城市蔓延的主要地类与主要分布区域,归纳总结出城市建设用地的隔离需求区域。

这一方法的优点在于将定性分析与定量评价相结合,以相关研究成果的归纳梳理为主,避免了因城市蔓延指数选择失误而产生的错误,且对数据的要求相对较低,便于操作。但对相关成果的资料要求较高。

该方法主要包括以下步骤。

第一,归纳分析历次城市规划、土地规划中城市建设用地的扩展规律;

第二,分析主要建设用地类型(工业用地、城镇用地等)的扩展强度与空间特征;

第三,归纳总结城市建设用地空间蔓延模式与隔离模式;

第四,明确城市建设用地隔离需求的重点空间。

### 3) 入选隔离功能基本农田的标准设定

根据重点隔离空间确定的范围,选择该范围内符合基本农田规划入选标准的地块,构成隔离功能基本农田保护区。设定以下入选标准。

第一,地类为农用地;

第二,单个农用地斑块面积大于$1hm^2$;

第三,单个农用地斑块小于$1hm^2$,但是与其他农用地斑块毗邻距离小于20m。

以上条件同时满足第一和第二,或第一和第三,则均可规划为隔离功能基本农田。

另外,根据各项评价数据的收集和处理程度不同,也可使用在重点隔离空间确定的范围内"反减"的方法,扣除该范围内不宜入选基本农田的指标标准,从而得将剩下的空间规划为隔离功能基本农田保护区。"反减"法有以下扣除标准。

第一,单个建设用地斑块面积大于$1hm^2$;

第二,单个建设用地斑块小于$1hm^2$,但是与其他建设用地斑块毗邻距离小于50m;

第三,未利用地中的市级河道、湖泊。

以上三个条件满足其一则可列入扣除范围。

#### 4) 隔离功能基本农田规划步骤

隔离功能基本农田规划步骤主要包括以下内容。

（1）数据基础处理，包括多源数据的统一、分区县数据的拼接、数据空间插值等，使所有数据达到计算的精度要求。

（2）明确城市建设用地隔离需求的重点空间。

（3）明确基本农田规划空间。利用ARCGIS空间汇总统计功能，提取隔离功能基本农田的保护空间内各用地属性，结合统计软件，分析其空间分布特征；最后，在隔离功能基本农田的保护空间内进一步扣除集中连片的建设用地，即为隔离功能基本农田保护区。

从目前我国此次土地利用规划修编的一般要求来看，对城镇工矿用地扩展的控制比对交通基础设施用地扩展控制的要求更加严格。因此，隔离功能基本农田规划，应当首先确定生态功能基本农田、交通基础设施的隔离功能基本农田以及应急农作物生产基本农田的空间布局，在此基础上对城镇工矿建设用地规划进行修正，见空插地布局城镇工矿用地。这既体现了先规划基本农田再确定建设用地的生态基础设施优先的反规划理念，又可对城镇工矿起到很好的隔离作用。

### 4．应急生产功能基本农田规划方法

通过把城市区域生产功能较高的农用地划入基本农田保护区实施保护，可在出现国际政治、经济因素变动等急切情况时，使之发挥应急生产功能，提供城市生活的应急农产品需求保障的作用。因此，应急生产功能的基本农田规划，必然是通过对农用地生产能力评价而确定的。与生态功能和隔离功能规划方法中的评价对象不同，应急生产功能基本农田评价的对象直接是农用地。

#### 1）基于农用地分等定级的生产能力评价指标

农用地分等定级是根据影响土地质量的自然、经济、社会等因素对农用地进行质量的综合评定，其级别划分侧重反映因农用地自然质量、现实利用水平和效益水平的不同所造成的农用地生产水平的差异。农用地分等定级已形成较为系统的评价指标体系与方法，并在实践中广泛应用。因此，借鉴农用地分等定级的评价方法与成果，建立城市农用地应急生产能力评价指标（表5-9），主要包括自然质量等别和农用地利用等别和集中连片规模。

表5-9 农用地生产能力评价指标

| 类别 | 评价指标 | 入选基本农田标准 | 评价单元 |
|---|---|---|---|
| 农用地生产能力 | 自然质量等别 | 见下文 | 1km栅格 |
| | 土地利用等别 | 见下文 | 1km栅格 |
| | 集中连片规模 | 单片农用地规模标准<br>多片农用地间隔标准 | 1km栅格 |

## （1）自然质量等别

依据农用地分等定级规程，自然质量等别的分等因素主要包括以下几类。

① 地貌。包括地貌类型、海拔、坡度、坡向、坡型、地形部位。

② 土壤。包括土壤类型、土壤表层有机质含量、表层土壤质地、有效土层厚度、土壤盐碱状况、剖面构型、盐渍化程度、土壤pH值、障碍层特征、土壤侵蚀状况、土壤污染状况、土壤保水供水状况、土壤中砾石含量、地表岩石露头度等。

③ 水文。包括水源类型（地表水、地下水）、水量、水质等。

④ 农田基本建设。包括灌溉条件（水源保证率、灌溉保证率）、排水条件、田间道路条件、田块大小、平整度及破碎程度等。

农用地分等因素权重是指各项诊断指标对农用地质量影响的大小。权重越大，说明该性质对农用地质量的影响越大，权重越小，说明该性质对农用地质量的影响越小。分等因素权重的确定方法有多种，可直接采用国家《农用地分等规程》推荐的指标权重体系，也可以根据区域实际进行一定修正。

农用地自然质量等通过计算自然质量等指数进行划分，等别划分间距为自然质量等指数200分为一个等别。农用地自然质量等指数是按照标准耕作制度所确定的各指定作物，在农用地自然质量条件下，所能获得的按产量比系数折算的基准作物产量指数。主要计算过程如下。

i. 采用加权平均法计算分等单元指定作物的农用地自然质量分，计算公式为

$$C_{Lij} = \frac{\sum_{k=1}^{m} \omega_k \cdot f_{ijk}}{100} \quad (i=1,2,\cdots,p; \ j=1,2,\cdots,n; \ k=1,2,\cdots,m)$$

式中，$C_{Lij}$ 为分等单元指定作物的农用地自然质量分；$i$ 为分等单元编号；$j$ 为指定作物编号；$k$ 为分等因素编号；$p$ 为分等单元的数目；$n$ 为指定作物的数目；$m$ 为分等因素的数目；$\omega_k$ 为第 $k$ 个分等因素的权重；$f_{ijk}$ 为第 $i$ 个分等单元内第 $j$ 种指定作物第 $k$ 个分等因素的分值。

ii. 第 $j$ 种指定作物的自然质量等指数计算方法为

$$R_{ij}=a_{tj} \cdot C_{ij} \cdot \beta_j$$

式中，$R_{ij}$ 为第 $i$ 个分等单元内第 $j$ 种指定作物的自然质量等指数；$a_{tj}$ 为第 $j$ 种作物的光温生产潜力指数；$C_{ij}$ 为第 $i$ 个分等单元内第 $j$ 种指定作物的农用地自然质量分；$\beta_j$ 为第 $j$ 种作物的产量比系数。

iii. 农用地自然质量等指数为

$$R_i=\sum R_{ij}$$

式中，$R_i$ 为第 $i$ 个分等单元的农用地自然质量等指数；$R_{ij}$ 为第 $i$ 个分等单元内第 $j$ 种指定作物的自然质量等指数。

（2）土地利用等别

不同的社会经济条件和生产集约化水平能使潜力相同的土地表现出不同的生产能力，从而获得不同的土地产出，产生不同的土地利用系数。通过实地调查得到的作物实际产量去除以作物最高产量得出的利用系数能够反映当地现实经济发展水平下所能发掘农用地生产潜力的能力。

土地利用等别通过计算利用等指数划定，等别划分间距为利用等指数，200分一个等别。主要计算公式有以下两种。

① 农用地第 $j$ 种指定作物利用等指数计算公式为

$$Y_{ij} = R_{ij} \cdot K_{Lj}$$

② 农用地利用等指数计算公式为

$$Y_i = \sum Y_{ij}$$

式中，$Y_{ij}$ 为第 $i$ 个分等单元内第 $j$ 种指定作物的利用等指数；$Y_i$ 为第 $i$ 个分等单元农用地利用等指数；$R_{ij}$ 为第 $i$ 个分等单元内第 $j$ 种指定作物的自然质量等指数；$K_{Lj}$ 为分等单元所在等值区的第 $j$ 种指定作物的土地利用系数。

（3）集中连片规模

城市应急生产功能的基本农田除了具有较高的自然质量等别以外，还需要有一定的经营规模，即集中连片规模。特大型城市农用地转换程度高，绝对集中连片规模难以达到，因此从两个方面进行确定：一是单片农用地的规模达到一个较高标准；二是多个小规模的农用地彼此之间的毗邻距离控制在一个较低标准。总体来说，城市农用地和建设用地的布局特征不同，作为应急农产品生产的基本农田的集中连片规模标准也相应有所差异。

2）入选应急农产品生产功能基本农田的指标标准设定

(1) 自然质量等别和农用地利用等别

由于我国地域辽阔，自然生态条件迥异，农地利用状况差异明显，从而使全国农用地的等别取值范围较大，不同区域的农用地等别从1~30，呈现较大的区域差异性。因此，不同区域入选应急农产品生产功能基本农田的自然质量等别标准和农地利用等别标准不宜强求一致。并且，考虑到我国特大型城市多发源于农地生产条件较为优越区域，故特大型城市农地入选基本农田的自然质量等别标准和农地利用等别标准也不宜太低。

本书提出的入选标准设定原则为：特大型城市农用地自然质量等别和农地利用等别，由低至高排列，选择全部等别的前1/2或1/3为宜。

(2) 集中连片规模

与前两个指标相同，考虑到我国农地利用现状的区域差异，入选基本农田的农地集中连片规模标准也不宜强求一致。而且，特大型城市农业发达，人均农用地少，导致其农地利用的破碎化问题尤其严重。因此，入选基本农田的农地集中连片规模不仅要考虑单片农用地规模的大小，还应当考虑将间距较小的多片农用地近似看作整体。

本书提出的集中连片规模的入选标准设定采用定量与定性相结合的方法，具体是：根据ARCGIS自动生成的农用地地类图斑的统计信息，计算待评价农用地图斑面积-数量分布频率，结合基本农田管理人员的经验，确定入选应急生产功能基本农田的图斑标准。

3）应急生产功能基本农田规划步骤

应急生产功能基本农田保护区规划，是在生态功能基本农田保护区和隔离功能基本农田保护区的规划范围之外，对农用地生产能力进行评价的基础上，补充选择高质量和高生产能力的农用地。在这个过程当中，为了减少数据的处理量，将评价对象设定为未划入生态功能基本农田保护区和隔离功能基本农田保护区的农用地。

(1) 数据基础处理

考虑到农用地分等定级成果的比例尺与土地利用现状数据比例尺不一致，将会给后续计算带来问题，故而首先将其在ARCGIS软件平台中，进行评价单元的重新划分，并将农地分等定级成果转存为1km栅格数据。

（2）确定入选基本农田的指标标准

根据前文所列农用地自然质量等别、利用等别和集中连片规模的标准设定原则，结合具体区域实际，确定入选应急农产品生产功能基本农田的各指标标准值。

（3）提取入选图斑，生成应急功能基本农田规划结果。

使用ARCGIS软件的数据提取功能，提取同时满足农用地自然质量等别、利用等别和集中连片规模的农用地图斑，生成应急生产能力基本农田规划结果；进一步提出保护区内各类用地的面积、地类、质量、等别以及区县等字段属性，结合EXCEL软件，分析应急生产能力基本农田保护区的空间分布特征和构成特点。

## 第三节　特大型城市基本农田布局研究

前文分别从基本农田的生态服务功能、隔离功能和应农产品急生产功能等三方面独立分析了基本农田规划的方法。然而，特大型城市基本农田规划是一个完整和系统的方案，三种功能之间彼此也是互通共享，不可能割裂开来。因此，必然要以它们为基础，提出一个完整的特大型城市基本农田整体规划方案。

基本农田整体规划方案由生态服务功能基本农田、隔离功能基本农田和应急农产品生产功能基本农田规划方案在空间上叠加拼接而成。其中，不同规划层次、不同功能的基本农田保护区很可能产生一定比例的空间重叠。因此，需要将不同功能基本农田通过空间数据叠加形成整体规划方案。在基本农田整体规划方案中，为了充分发挥基本农田功能的差异性，按照不同层级规划中基本农田表达方式、划定办法和建设保护的不同要求，市级层面划定基本农田集中区、区县级层面划定基本农田保护区和镇乡级层面划定基本农田图斑。

### 1. 基本农田集中区

基本农田集中区是指基本农田分布集中度相对较高、优质基本农田所占比例相对较大，需要重点保护和建设的区域。在划定过程中，需要满足三方面的要求：一是基本农田集中分布的区域，集中区内基本农田比例达到50%以上；二是要结合特大型城市土地利用空间结构，特别是协调基本农田集中区布局形态与生态空间布局；三是为降低管理主体的管理难度，集中区边界不跨越区县行政界线，有利于后续的保护和建设。

上海市划定了20片基本农田集中区（图5.3）。加大基本农田集中区保护力度，逐步完善各项制度政策，土地整治复垦资金优先投入到基本农田集中区内的土地整治项目，提高基本农田质量，改善农业生产条件，加强基本农田保护经济激励。

图5.3 上海市基本农田集中区分布图

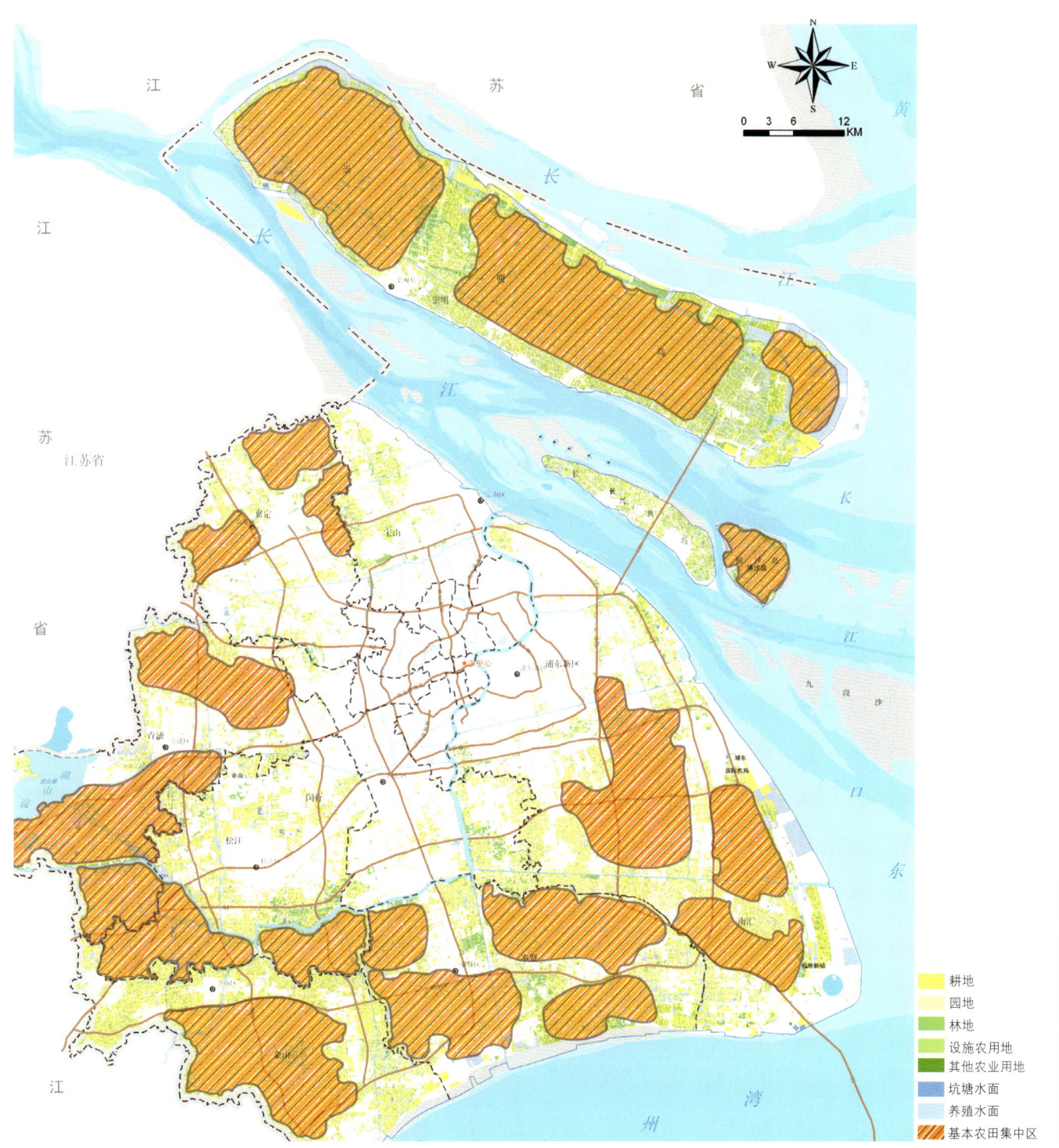

图5.4 上海市基本农田保护区类型分布图

## 2. 基本农田保护区

基本农田保护区是落实耕地和基本农田保护责任的核心区域。根据空间布局和功能性差异，上海市划分为生产型和生态型基本农田保护区两类（图5.4）。需要说明的是，为了满足基本农田管理和建设的需要，将具备生态服务功能和隔离功能的基本农田分布区域整合成为生态型基本农田保护区。其中，生产型基本农田保护区是以粮食和蔬菜等生产功能为主，布局集中连片、距离城镇较远的基本农田分布区域；生态型基本农田保护区，是以保护生态空间为主，兼顾粮食和食品生产，布局相对集中连片的基本农田分布区域，区内土地以农林复合为主，发挥生态涵养和生态间隔作用。

上海市共划定38片生产型基本农田保护区，区内基本农田占全市基本农田保护任务67%，主要分布在黄浦江-大治河以南地区、崇明三岛地区以及嘉定、青浦的北部地区。生态型基本农田保护区面积为226万亩，占全市基本农田保护任务33%，与建设用地交叉布局，主要分布在集中建设区组团之间，保护城市生态空间，阻隔城市蔓延发展。

## 3. 基本农田保护地块

上海为河口冲积平原，市域平坦，除了河流湖泊，缺少较大规模的山水自然生态物质空间，在一定程度上给城市生态空间培育和维护带来了难度。为切实维护上海城市生态安全的基本底线，将土地复垦、基本农田保护与市域开放性生态空间构建有机结合，实现对城市生态空间的刚性控制，必须实现基本农田精确落地，强化基本农田的生态屏障效应。

基本农田的精确落地按照国土资源部对基本农田划定要求：一是上轮规划基本农田中现状是优质园地、高产人工草地、精养鱼塘、林地等，继续作为基本农田实施管护；二是新划为基本农田的土地现状应当为耕地，严格划定基本农田，同时在布局上，确保规划建设用地范围内不安排基本农田、外环线内原则上不安排基本农田、分布尽可能集中连片。

在基本农田保护区的基础上，结合农用地分等定级、耕地地力调查和基本农田环境质量普查成果，在上海市范围内划定335万亩基本农田（图5.5），并将保护任务逐级落实到区县-镇乡-村及地块和农户。基本农田实行空间、规模双向管控，确保基本农田"数量不减少、质量有提高、用途不改变"，禁止改变基本农田用途、位置，实现基本农田精细化管理。为了增加规划的弹性，保障基本农田保护规划的可实施性，全市多划一部分基本农田用于新农村建设、农民建房、市政设施、军事等项目建设补划基本农田。

图5.5 上海市基本农田分布图

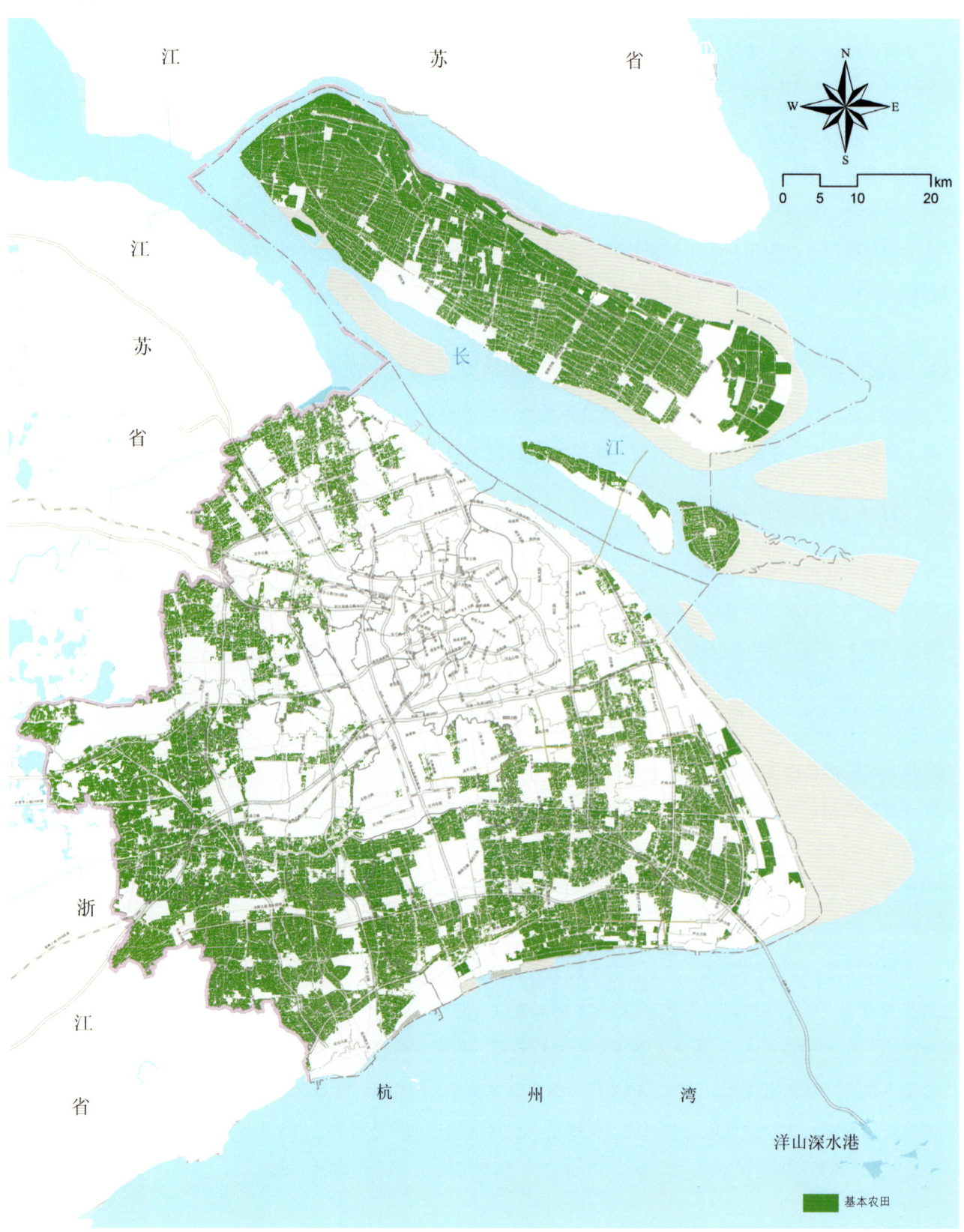

## 第四节 特大型城市基本农田管理措施

### 1. 建立以基本农田为核心的用地调整管理机制

从城市土地利用尺度上，设定基本农田优先权，首先根据城市基本农田规划空间范围确定城市禁建区，严格控制新增建设用地规模、速度，并主动避让基本农田规划区。

从基本农田规划区尺度上，区内禁止农用地改变用途。通过土地整理逐渐减少区内零星建设用地所占空间。新增建设用地主要用于发展特色产业以及基础设施和公共设施。

### 2. 制定针对基本农田功能的分类管理措施

针对上海市生态功能和生产功能两大类基本农田规划区，制定分类管理的政策和评价指标体系，逐步实行分类管理。生态功能基本农田规划区积极支持区域内生态建设工程，构建耕地、林地、水系、绿带等生态廊道，加强各生态用地之间的有机联系；生产功能基本农田规划区强调以建设促保护，提高农用地综合生产能力。

### 3. 综合基本农田保护的激励与监督措施

根据基本农田多功能建立新的资源核算标准，确定基本农田保护的高补偿标准，激励农民保护基本农田的自觉性。提高基本农田占用的经济成本和政策成本，丰富基本农田保护的监督管理手段。

### 4. 完善GIS支持的基本农田动态管理系统

结合上海市GIS支持的土地信息化管理系统，建立与之互联互通的基本农田动态管理系统，实现基本农田与城市建设的用地协调统一管理，以及基本农田规划区内不同功能基本农田的动态变化管理的精确化。

## 参考文献

1. 白晓飞,陈焕伟.不同土地利用结构生态系统服务功能价值的变化研究——以内蒙古自治区伊金霍洛旗为例[J].中国生态农业学报,2004,12 (1): 180-182.
2. 摆万奇.深圳市土地利用动态趋势分析[J].自然资源学报,2000,15 (2): 112-116.
3. 蔡银莺.农地生态与农地价值关系——湖北省不同类型地区的实证研究[D].武汉:华中农业大学,2007.
4. 蔡运龙.土地利用/土地覆被变化研究:寻求新的综合途径[J].地理研究,2001,20 (6): 645-652.
5. 蔡运龙.中国农村转型与耕地保护机制[J].地理科学,2001,21 (1): 1-6.
6. 陈百明,李世顺.中国耕地数量下降之剖析:1986-1995年[J].地理科学进展,1998,17 (3): 43-50.
7. 陈百明.中国土地利用与生态特征区划[M].北京:气象出版社,2003,170-173.
8. 程锋,石英,朱德举.耕地入选基本农田决策模型研究[J].地理与地理信息科学,2003,19 (3): 50-53.
9. 程雄,张王菲,焦英华,等.用GIS技术编制土地利用规划图[J].信息技术,2003,3: 38-40.
10. 董家华,包存宽,舒廷飞.生态系统生态服务的供应和消耗平衡关系分析[J].生态学报,2006,26(6): 2001-2010.
11. 杜红亮.河北省土地利用功能统筹研究的理论与实践[D].北京:中国科学院,2007.
12. 范作江,承继成,李琦.遥感与地理信息系统相结合的城市扩展研究[J].遥感信息,1997 (3): 12-16.
13. 方创琳,祁魏锋.紧凑城市理念与测度研究进展及思考[J].城市规划学刊,2007,4: 65-73.
14. 傅小锋,曹卫东,曹有挥,等.半城市化地区土地利用变化及其环境效应——以成都新津县为例[J].中国人口资源与环境,2005,15 (3): 80-83.
15. 高志强,刘纪远,曹明奎,等.土地利用和气候变化对农牧过渡区生态系统生产力和碳循环的影响[J].中国科学(D辑),2004,34 (10): 946-957.
16. 顾朝林,陈田.中国大都市边缘区特性研究[J].地理学报,1993,48: 4.
17. 顾朝林.北京土地利用/覆被变化机制研究[J].自然资源学报,1999,14 (4): 307-312.
18. 何春阳,陈晋,史培军,等.大都市区域城市扩展模型——以北京城市扩展模拟为例[J].地理学报,2003,58 (2): 294-304.
19. 何春阳,史培军,陈晋,等.北京地区土地利用/土地覆盖变化研究[J].地理研究,2001,20 (6): 669-687.
20. 黄粤,陈曦,包安明,等.近15年乌鲁木齐市城市用地扩展动态及其空间特征研究[J].冰川冻土,2006,28 (3): 364-370.
21. 蒋芳,刘盛和,袁弘.北京城市蔓延的测度与分析[J].地理学报,2007,62 (6): 649-658.
22. 孔祥斌,靳京,刘怡,等.基于农用地利用等别的基本农田保护区划定[J].农业工程学报,2008,24 (10): 46-51.
23. 李兰海,章熙谷.资源配置的灰色控制模型设计及应用[J].自然资源学报,1994,9 (2): 372-378.
24. 李满春,陈刚,姚志军,等.县级土地利用规划管理信息系统的分析与设计[J].国土资源遥感,2003,1: 65-69.
25. 李文楷,李天宏,钱征寒.深圳市土地利用变化对生态服务功能的影响[J].自然资源学报,2008,23 (3): 440-446.
26. 李晓文,方精文,朴世龙.上海城市土地利用形成、变化及其空间作用机制[J].长江流域资源与环境,2006,15 (1): 34-40.
27. 李秀彬.土地利用变化的解释[J].地理科学进展,2002,21 (3): 195-203.
28. 李秀彬.中国近20年来耕地面积的变化及其政策启示[J].自然资源学报,1999,14 (4): 329-333.
29. 林孝松.基本农田地理信息系统设计与开发[J].重庆师范大学学报:自然科学版,2005,22 (2): 68-71.
30. 刘海燕.中国城市化进程中的城市用地保障研究[D].北京:中国科学院,2008.
31. 刘纪远,刘明亮,庄大方,等.中国近期土地利用变化的空间格局分析[J].中国科学(D辑:地球科学),2002,32 (12): 1031-1041.
32. 刘盛和,吴传钧,陈田.评析西方城市土地利用的理论研究[J].地理研究,2001,20 (1): 111-119.
33. 刘盛和,吴传钧,沈洪泉.基于GIS的北京城市土地利用扩展模式[J].地理学报,2000,55 (4): 407-416.
34. 刘盛和.北京城市土地利用扩展的时空模式与动力机制[D].北京:中国科学院,2000.
35. 刘曙华,沈玉芳.上海城市扩展模式及其动力机制[J].经济地理,2006,26 (3): 487-491.
36. 刘耀彬,李仁东,宋学锋.中国区域城市化与生态环境耦合的关联分析[J].地理学报,2005,60 (2): 237-247.
37. 刘耀彬.江西省城市化与生态综合响应程度分析[J].自然资源学报,2008,23 (3): 422-429.
38. 刘云霞,陈爽,姚士谋.大都市地区生态保留地划分原则与方法——以南京市为例[J].地域研究与开发,2006,25 (5): 90-93.
39. 陆大道.关于地理学的"人-地系统"理论研究[J].地理研究,2002,21(2): 135-145.
40. 陆大道.我国的城镇化进程与空间扩张[J].城市规划学刊,2007,4: 47-52.
41. 鲁成树.经济快速发展时期的土地利用规划研究[D].杭州:浙江大学,2004.

42. 罗梅, 刘建国. GIS支持下的土地利用总体规划初探[J]. 四川师范学院学报: 自然科学版, 1996, 17 (2): 301-303.
43. 马涛, 傅萃长, 陈家宽. 上海城市发展中的湿地保护与可持续利用[J]. 城市问题, 2006, 9: 29-32.
44. 聂庆华, 包浩生. 中国基本农田保护的回顾与展望[J]. 中国人口、资源与环境, 1999, 9 (2): 31-35.
45. 钱鑫, 樊宏, 高燕等. 基于GIS技术的基本农田保护研究[J]. 国土资源科技管理, 2006 (6): 80-83.
46. 乔标. 干旱区城市化与生态环境交互胁迫效应研究[D]. 北京: 中国科学院, 2008.
47. 曲福田, 冯淑怡, 诸培新, 等. 制度安排、价格机制与农地非农化研究[J]. 经济学(季刊), 2004, 4 (1): 229-248.
48. 曲福田, 冯淑怡. 中国农地保护及其制度研究[J]. 南京农业大学学报, 1998, 21(3):113-118.
49. 邵晓梅, 谢俊奇. 中国耕地资源区域变化态势分析[J]. 资源科学, 2007, 29 (1): 36-42.
50. 石忆邵, 彭志宏, 陈华杰, 等. 国际大都市建设用地变化特征、影响因素及对上海的启示[J]. 城市规划学刊, 2008, (6): 32-39.
51. 石英, 朱德举, 程锋等. 属性层次模型在乡级基本农田保护区布局优化中的应用[J]. 农业工程学报, 2006, 22 (3): 27-31.
52. 史育龙. 我国城市化进程对土地资源影响程度的分析[J]. 中国人口·资源与环境, 2000, 10 (4): 45-49.
53. 苏维词. 贵阳城市土地利用变化及其环境效应[J]. 地理科学, 2000, 20 (5): 462-468.
54. 孙新华. 城市土地管理[M]. 北京: 中国建筑工业出版社, 1997.
55. 谈明洪, 李秀彬, 吕昌河. 20世纪90年代中国大中城市建设用地扩张及其对耕地的占用[J]. 中国科学(D辑: 地球科学), 2004, 34 (12): 1157-1165.
56. 谈明洪, 李秀彬, 吕昌河. 我国城市用地扩张的驱动力分析[J]. 经济地理, 2003, 23, (5): 635-639.
57. 唐华俊. 中国土地资源可持续利用的理论与实践[M]. 北京: 中国农业科技出版社, 2000.
58. 陶星名, 田光明, 王宇峰, 等. 杭州市生态系统服务价值分析[J]. 经济地理, 2006, 26 (4): 665-668.
59. 王冠贤, 魏清泉. 广州城市空间形态扩展中土地供应动力机制的应用[J]. 经济地理, 2002, 20 (3): 74-77.
60. 王静爱, 何春阳, 董艳春, 等. 北京城乡过渡区土地利用变化驱动力扩展模式[J]. 地理科学进展, 2002, 17 (2): 201-208.
61. 王万茂. 规划的本质与土地利用规划多维思考[J]. 中国土地科学, 2002, 2: 4-6.
62. 王万茂, 王群, 李俊梅. 城乡土地资源利用的合理规划研究[J]. 资源科学, 2002, 24 (1): 30-34.
63. 王万茂, 韩桐魁. 土地利用规划[M]. 北京: 中国农业出版社, 2002.
64. 魏莉华. 美国土地用途管制制度及其借鉴[J]. 中国土地科学, 1998, 12 (3): 42-46.
65. 吴次芳. 土地利用规划[M]. 北京: 中国地质出版社, 2000.
66. 吴宏安, 蒋建军, 张海龙, 等. 西安地区城镇扩展及其生态环境效应研究[J]. 自然资源学报, 2006, 21 (2): 311-317.
67. 吴良林. 土地利用总体规划中GIS技术应用研究[J]. 热带地理, 1999, 19 (4): 371-375.
68. 吴郁玲, 曲福田, 冯忠垒. 城市开发区土地集约利用的影响因素分析——以江苏省为例[J]. 经济问题探索, 2006, 8: 53-57.
69. 夏燕榕, 曲福田, 姜海, 等. 基于集约评价的城市开发区规模计量研究——以南京市省级开发区为例[J]. 中国人口资源与环境, 2010 (2): 37-42.
70. 肖捷颖, 葛京凤, 沈彦俊, 等. 基于GIS的石家庄市城市土地利用扩展分析[J]. 地理研究, 2003, 22 (6): 789-798.
71. 谢高地, 鲁春霞, 冷允法, 等. 青藏高原生态资产的价值评估[J]. 自然资源学报, 2003, 18 (2): 189-196.
72. 谢高地, 甄霖, 鲁春霞, 等. 一个基于专家知识的生态系统服务价值化方法[J]. 自然资源学报, 2008, 23 (5): 911-919.
73. 徐进勇, 王茜, 张增祥, 等. 上海城市扩展及其对周边土地利用的占用[J]. 世界科技研究与发展, 2006, 28 (6): 56-60.
74. 徐俏, 何孟常, 等. 广州市生态系统服务功能价值评估[J]. 北京师范大学学报: 自然科学版, 2003, 39 (2): 268-272.
75. 严金明. 中国土地利用规划[M]. 北京: 经济管理出版社, 2001.
76. 杨树佳, 郑新奇, 王爱萍, 等. 耕地保护与基本农田布局方法研究——以济南市为例[J]. 水土保持研究, 2007, 14 (2): 4-7.
77. 阳文锐, 王如松, 黄锦楼, 等. 反距离加权插值法在污染场地评价中的应用[J]. 应用生态学报, 2007, 18 (9): 2013-2018.
78. 杨志新. 北京郊区农田生态系统正负效应价值的综合评价研究[D]. 北京: 中国农业大学, 2006.
79. 叶艳妹, 吴次芳. 我国土地产权制度与耕地保护问题研究[J]. 农业经济问题, 1997, 18 (6): 33-38.
80. 尹奇. 土地利用规划的经济学分析[D]. 杭州: 浙江大学, 2006.
81. 于伯华. 城市边缘区土地利用冲突: 理论框架与案例研究[D]. 北京: 中国科学院, 2006.

82. 俞孔坚, 李海龙, 李迪华. "反规划"与生态基础设施: 城市化过程中对自然系统的精明保护[J]. 自然资源学报, 2008, 23 (6): 937-958.
83. 俞孔坚, 王思思, 李迪华, 等. 北京市生态安全格局及城市增长预景[J]. 生态学报, 2009, 29 (3): 1189-1204.
84. 俞孔坚, 张蕾. 基于生态基础设施的禁建区及绿地系统——以山东菏泽为例[J]. 城市规划, 2007, 12: 89-92.
85. 宇振荣, 辛德惠. 土地利用系统规划和设计方法探讨[J]. 自然资源学报, 1994, 9 (2): 176-184.
86. 袁兆朝, 严金明. 基于GIS技术的新一轮基本农田规划研究——以北京市房山区为例[C]//2008年中国土地学会年会论文集. [S.L.]: 中国土地学会, 2008.
87. 翟文侠, 黄贤金. 我国基本农田保护制度运行效果分析[J]. 资源调查与评价, 2005, 4 (3): 1-6.
88. 展瑰琦, 郑伟元. 关于基本农田保护区规划与划定的几个问题[J]. 中国土地科学, 1997, 11 (1): 12-14.
89. 占金艳, 江南, 李仁东, 等. 无锡市城镇化进程中土地利用变化及其环境效应[J]. 长江流域资源与环境, 2003, 12 (6): 515-521.
90. 张安录. 美国农地保护的政策措施[J]. 世界农业, 2000, 1: 8-10.
91. 张安录. 农地城市流转与土地一级市场流转[J]. 华中师范大学学报: 自然科学版, 2000, 6 (2): 232-236.
92. 张宝雷, 张淑敏, 周启刚, 等. 土地利用和生态系统服务功能变化研究——以三峡库区大宁河流域为例[J]. 长江流域资源与环境, 2007, 16 (2): 181-185.
93. 张凤荣, 张晋科, 张琳, 等. 大都市区土地利用总体规划应将基本农田作为城市绿化隔离带[J]. 广东土地科学, 2005, 4 (3): 4-6.
94. 张国平, 刘纪远, 张增祥. 近10年来中国耕地资源的时空变化分析[J]. 地理学报, 2003, 58 (3): 323-332.
95. 张豪, 张立亭, 宋绍杭, 等. 土地利用规划中综合协调各业用地数学模型的建立[J]. 浙江工业大学学报, 2000, 28 (3): 267-271.
96. 张佳会, 黄全富, 王力. 最优线性规划法在土地利用总体规划中的应用[J]. 重庆师范学院学报: 自然科学版, 2001, 18 (1): 36-39.
97. 张健, 高中贵, 濮励杰, 等. 经济快速增长区城市用地空间扩展对生态安全的影响[J]. 生态学报, 2008, 28 (6): 2799-2810.
98. 张蕾娜, 刘晓燕. 农用地分等定级成果在基本农田保护中的应用研究[J]. 地域研究与开发, 2007, 26 (4): 87-88.
99. 张林波, 李伟涛, 王维, 等. 基于GIS的城市最小生态用地空间分析模型研究——以深圳市为例[J]. 自然资源学报, 2008, 23 (1): 69-78.
100. 张文忠. 我国城市化过程中应注意土地资源减少的几个问题[J]. 中国人口·资源与环境, 1999 (1): 33-37.
101. 张新长, 梁金成. 城市土地利用变化及其预测模型研究[J]. 中山大学学报: 自然科学版, 2004, 43 (2): 121-125.
102. 张耀光. 辽河三角洲土地资源利用结构优化与持续利用对策[J]. 自然资源学报, 2001, 16 (2): 115-120.
103. 赵亚莉, 吴群. 基本农田保护研究综述[J]. 2007 (6): 30-34.
104. 赵耀龙, 赵俊三, 陶卫, 等. 建立土地规划信息系统实现土地规划的动态管理[J]. 昆明理工大学学报, 1999, 24 (1): 44-47.
105. 赵哲远, 吴妍. 农村城镇化中的耕地利用与保护[J]. 经济问题, 1997, 9: 40-42.
106. 郑伟元. 城市土地合理利用与持续发展[J]. 中国土地科学, 1997, 2: 9-11.
107. 郑阳明, 贾全昌. 动态规划在农业土地利用结构优化中的应用[J]. 湖北师范大学学报: 自然科学版, 1995, 19 (2): 21-24.
108. 钟顺清. 城市土地利用变化与城市生态安全[J]. 衡阳师范学院学报, 2006, 27 (6): 97-100.
109. 周宝同. 土地资源可持续利用基本理论探讨[J]. 西南师范大学学报: 自然科学版, 2004, 29 (2): 310-314.
110. 周峰, 濮励杰, 彭补拙. 苏锡常地区土地利用变化及其绩效分析[J]. 自然资源学报, 2006, 21(3): 392-400.
111. 周启星, 王美娥, 张倩茹, 等. 小城镇土地利用变化的生态效应分析[J]. 应用生态学报, 2005, 16 (4): 651-654.
112. 周小萍, 谷晓坤, 丁娜, 等. 中国发达地区耕地保护观念的转变和机制探讨[J]. 中国土地科学, 2009, 1: 43-47.
113. Andre S. Conflict, consensus or consent: implications of Japanese land readjustment practice for developing countries [J]. Habitat International, 2000, 24: 51-73.
114. Ayeni B. Concepts and techniques in urban analysis [M]. London and Worcester: Billing & Sons Ltd, 1979: 11-15.
115. Benedict M, McMahon E. Green Infrastructure: Smart conservation for the 21st century [EB/OL]. The Connervation Fund. Washington, DC: Sprawl Watch Clearing House. http://www.sprawlwatch.org/greeninfrastructure.pdf.2003-06-13.Selm,1988.
116. Brody S D, Carrasco V, Highfield W E. Measuring the adoption of local sprawl: Reduction planning policies in

Florida [J]. Journal of Planning Education and Research, 2006, 25 (3): 294-310.
117. Cho S H, Roberts R K. Cure for urban sprawl: Measuring the ratio of marginal implicit prices of density-to-lot-size [J]. Review of Agricultural Economics,2007,29(3): 572-579.
118. Christina von Haaren. Landscape planning facing the challenge of the development of cultural landscapes [J].Landscape and Urban Planning, 2002,60 (1) :73–80.
119. Clark D. World urban development [J]. Geography, 2000, 85 (1): 15-22.
120. Costanza R, A R D, et al. The value of theworlds' ecosystem services and natural capital[J]. Nature, 1997, 387 (6630): 253-260.
121. Deborah Curran, May Leung. Smart growth: a primer [R]. Columbua: Smart Growth British Columbia,2000.
122. Ewing R,Pendall R,Chen D. Measuring sprawl and its transportation impacts [J]. Travel Demand and Land Use, 2003,1831: 175-183.
123. FAO/UNEP. Negotiating a sustainable future for land. Structure and institutional guidelines for land resources management in the 21st century[R]. Rome: FAO/UNEP, 1997.
124. Form W H .The place of social structure in the determination of land use [J].Social Forces,1954,32:317-323.
125. Frenkel A, Ashkenazi M. The integrated sprawl index: measuring the urban landscape in Israel [J]. Annals of Regional Science,2008, 42(1): 99-121.
126. Fujita M, Krugman P J, Venables A. The spatial economy: cities, regional and international trade [M]. Cambridge: Mass: MIT Press, 1999.
127. Laheij G M H, Post J G, Ale B J M. Standard methods for land-use planning to determine the effects on societal risk [J].Journal of Hazardous Materials, 2000,71: 269–282.
128. Galster G, Hanson R, Ratcliffe M R, et al. Wrestling sprawl to the ground: defining and measuring an elusive concept [J]. Housing Policy Debate, 2001, 12 (4): 681-717.
129. Carsjens Gerrit J, Wim van der Knaap. Strategic land-use allocation: dealing with spatial relationships and fragmentation of agriculture [J]. Landscape and Urban Planning , 2002, 58: 171–179.
130. Gmit Knaap, Emily Talen. New urbanism and smart growth:a few word from the academy[J]. International Regional Science Review, 2005, 28 (2): 107-118.
131. Hasse J E. Geospatial indices of urban sprawl in New Jersey[D]. New Jersey: The State University of New Jersey, 2002.
132. Hervé Boulhol,Alain de Serres. Have developed countries escaped the curse of distance[J]? Journal of Economic Geography, 2009,(1): 1-27.
133. Honachefsky W B.Ecologically based municipal planning[M]. Lewis Publisher.
134. Mander U, Jagonaegi J, et al. Network of compensative areasasan ecological infrastructure of territories[C]// Connectivity in Landscape Ecology, Proceedings of the 2nd International Seminar of the International Association for Landscape Ecology, Ferdinand Schoningh, Paderborn, 1988: 30-38.
135. Houghton J T, Ding Y, Griggs D J. Climate change 2001: the scientific basis. Intergovernmental panel on climate change [M]. Cambridge: Cambridge University Press, 2001.
136. Park Hung-Suck, Rene Eldon R, Choi Soo-Mi, et al. Strategies for sustainable development of industrial park in Ulsan,South Korea-From spontaneous evolution to systematic expansion of industrial symbiosis [J]. Journal of Environmental Management, 2008, 87 (1): 1-13.
137. Huang J, Zhu L, Deng X, et al. Cultivated land changes in China: The impacts of urbanization and industrialization [J]. Society of Photo-Optical Instrumentation Engineers, 2005, 5884: 135-149.
138. Van Lier Hubert N. The role of land use planning in sustainable rural systems [J]. Landscape and Urban Planning ,1998,41:83-91.
139. Imhoff M L, Bounoua L, DeFries R, et al. The consequences of urban land transformation on net primary productivity in the United States [J]. Remote Sensing of Environment, 2004, 89: 434-443.
140. Aerts Jeroen C J H, van Herwijnen Marjan, Stewart Theodor J. Using simulated annealing and spatial goal programming for solving a multi site land use allocation problem[C]// Fonseca C M, et al. (Eds.): EMO 2003, LNCS 2632, 2003: 448–463.
141. Kindleberger C P. World economic perspectives: 1500 to 1990[J]. Oxford, UK: Oxford University Press, 1996.
142. Kuznets S. Modern economic growth [M]. New Haven: Yale University Press,1966.
143. Lin G C S, Ho S P S. China's land resources and land-use change: insights from the 1996 land survey [J]. Land Use Policy, 2003, 20 (2): 87-107.
144. Malpezzi S, Guo W K. Measuring "sprawl" alternative measures of urban form in U.S. metropolitan areas [R]. TMadison, WI: The Center for Urban Land Economics Research, University of Wiscortain, 2001.
145. McGrath D T. More evidence on the spatial scale of cities [J]. Journal of Urban Economics, 2005, 58(1): 1-10.

146. Miller J R, Hobbs R J. Conservation where people live and work[J]. Conservation Biology, 2002, 16 (2): 330-337.
147. Nathalie Couix. Concerted approach to land-use management: developing common working procedures. A Cevennes case study (France) [J] .Land Use Policy, 2002,19:75–90.
148. Northam R M. Urban geography [M]. New York: John Wiley & Sons,1975.
149. Pacione M. Models of urban land use structure in cities of the developed world[J]. Geography, 2001, 86 (2): 97-119.
150. Pacione M. The internal structure of cities in the third world [J]. Geography, 2001, 86 (2): 189-209.
151. Pierce J T. Conversion of rural land to urban: a Canadian profile[J]. Professional Geographers, 1981, 33: 163-173.
152. Burchell Rober W, Mukherji Sahan . Conventional development versus managed growth: the costs of sprawl [J]. Research and Practice,2003,93(9):1534-1540.
153. Roberto Camagni,Maria Cristina Gibelli, Paolo Rigamonti. Urban mobility and urban form: the social and environmental costs of different patterns of urban expansion[J]. Ecological Economics, 2002, 40 (2): 199-216.
154. Herrmann S, Osinski E. Planning sustainable land use in rural areas at different spatial levels using GIS and modelling tools [J]. Landscape and Urban Planning, 1999, 46: 93-101.
155. Savard J, Clergeau P. Biodiversity concepts and urban ecosystems[J]. Landscape and Urban Planning, 2000, 48 (3-4): 131-142.
156. Se1m A, Van J. Ecological infrastructure: a conceptual framework for designing habitat networks[C]// Schrieiber K F. (ed.). Connectivity in Landscape Ecology, Proceedings of the 2nd International Seminar of the International Association for Landscape Eclogy.Ferdinand Schoningh. Paderborn, 1988: 63-66.
157. Seidl I, Tisdell C A. Carrying capacity reconsidered: from Malthus' population theory to cultural carrying capacity [J]. Ecological Economics,1999,31(3): 395-408.
158. Song Y, Knaap G J. Measuring urban form: Is Portland winning the war on sprawl [J]. Journal of The American Planning Association, 2004, 70 (2): 210-225.
159. Stem P C .Yang O R ,Druckman D.Global environmental change: understanding the human dimensions [J]. National Research Council Washington DC (United States). Cammission on Behavioral and Social Sciences and Education, 1992.
160. Takeshi Shirabe. Classification of spatial properties for spatial allocation modeling[J]. GeoInformatica, 2005, 9 (3): 269–287.
161. Tania D M L, Aide, T M, John R T. Urban expansion and the losses of prime agricultural lands in Putero Rico [R]. Ambio, 2001, 30: 49-54.
162. Ting L. Understanding the evolution of western societies land administration systems: a basis for cadastral reform [J]. Survey Review, 1999, 35 (272): 83-102.
163. Tom D. Smart growth: A new American approach to regional planning[J]. Planning Practice &Research, 2001, 16 (3/4): 271-279.
164. United Nations. World Population Prospects[M]. New York, NY: United Nations, 2002.
165. Avin Uri P, Holden David R. Does your growth smart[J]. Planning, 2000, 1: 26-29.
166. Uta Steinhardt, Martin Volk. Meso-scale landscape analysis based on landscape balance investigations: problems and hierarchical approaches for their resolution[J]. Ecological Modelling, 2003, 168: 251–265.
167. Bosetti V, Conrad J M, Messina E. The value of flexibility: preservation, remediation, or development for ginostra? [J] Environmental and Resource Economics, 2004, 29: 219–229.
168. Verburg P H, Veldkamp A, Fresco L O. Simulation of changes in the spatial pattern of land use in China [J]. Applied Geography, 1999, 19: 211-233.
169. Vinchenzina Messina,Valentina Bosetti. Uncertainty and option value in land allocation problems[J]. Annals of Operations Research, 2003, 124: 165-181.
170. Wang Y, Zhang X. A dynamic modeling approach to simulating socioeconomic effects on landscape changes [J]. Ecological Modeling, 2001, 140: 141-162.
171. Wilson E O, Bossert W H. A primer on population biology [M]. Stamford, CT: Sinauer Associates, 1971.
172. Wolman H, Galster G, Hanson R, et al. The fundamental challenge in measuring sprawl: Which land should be considered? [J]. Professional Geographer, 2005, 57 (1): 94-105.
173. Deng Xiangzheng, Huang Jikun, Rozelle Scott, et al. Growth, population and industrialization, and urban land expansion of China [J]. Journal of Urban Economics, 2008, 63 (1): 96-115.
174. Wang Xingwen, Yeh Anthony G O. Building a case-based decision support system for land development control using land use function pattern [C]// S. Craw and A. Preece (Eds.): ECCBR 2002, LNAI 2416, 2002: 642–654.

# 第6章 建设用地集约利用

上海的社会经济发展正从"偏重经济增长"转向"注重社会民生"、从"依赖增量资源消耗"转向"提升存量要素质量"的轨道,能耗与地耗问题倍受关注。土地节约集约利用的目的就是引导城市精明增长计划的实施,促进土地利用方式转变和土地利用绩效提高,以较少的土地资源消耗支撑更大规模的经济增长。因此,土地集约利用水平和绩效状况是土地利用规划中建设用地空间布局优化的重要依据。

## 第一节 建设用地利用状况分析

### 1. 建设用地总量居高不下,增速逐步减缓

经过近半个世纪经济社会的快速发展和城市功能的逐步完善,上海城市空间扩展迅速,建设用地规模较大。2009年上海建设用地占市域总面积的比例达到42%。这一比例高于国际上其他特大型城市水平,世界上国际特大型城市建设用地面积占都市区总面积的比例一般介于20%~30%之间(表6-1)。与国内同类城市相比,上海市建设用地占比仅低于深圳市,高于国内其他同类城市(图6.1)。从各区域来看,其建设用地占比均比较高,中心城区及周边地区、郊区新城建设用地占比均高出全市平均水平(图6.2)。

表6-1 世界主要国际特大型城市建设用地规模比较

|  | 大伦敦<br>(2005年) | 大巴黎<br>(2006年) | 东京圈<br>(2007年) | 香港<br>(2007年) | 上海<br>(2009年) |
| --- | --- | --- | --- | --- | --- |
| 建设用地规模/km² | 1596 | 2723 | 3921 | 257 | 2830 |
| 占总面积比例/% | 24 | 23 | 29 | 23 | 42 |

资料来源:石忆邵等. 国际大都市建设用地规模与结构比较研究. 北京:中国建筑工业出版社,2010.

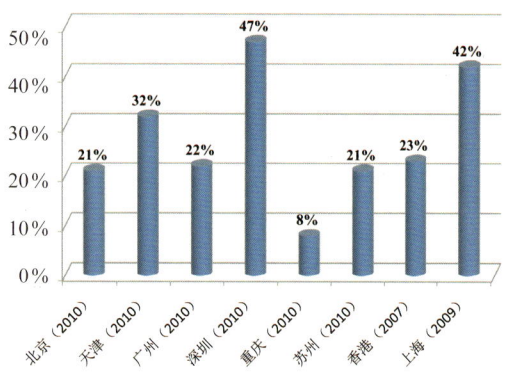

图6.1 上海市与部分国内各城市建设用地占比

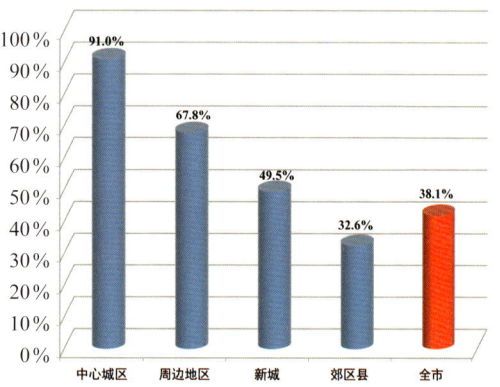

图6.2 上海市各区域2010年建设用地占比

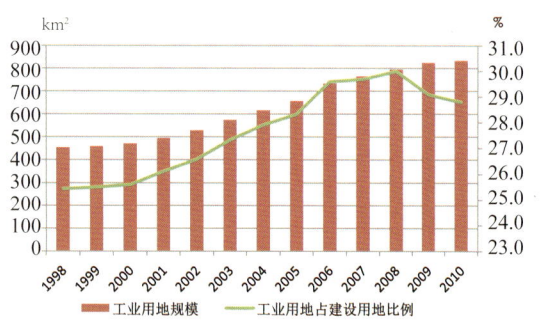

图6.3 1998—2010年上海市工业用地规模及比例分析

对比2005—2011年建设规模增长规模及速率，上海市建设用地规模增幅持续减少，尤其是2009年至2011年期间，增速保持在2%左右，年均新增建设用地规模下降38.5%。

## 2. 土地利用结构不尽合理，有待优化调整

上海工业化快速推进，用地规模不断扩张，工业用地占建设用地的比重较高。2008年上海工业用地总规模达到793km$^2$，其占建设用地的比例为29%（图6.3）。而国外综合性城市该比重一般为15%～17%左右（表6-2），发达国家城市一般只有5%～10%。随着后工业社会的到来，上海将引导工业用地向园区集聚，零散分布的工业用地将逐步转型或退出，其比重将会有所压缩。

人均公共设施用地和城市绿地配置不足，缺乏均衡性，郊区（县）尤为明显。1998年全市人均社会事业用地为7.22m$^2$/人，人均基础设施用地为29.88m$^2$/人；到2008年全市人均社会事业用地为7.51m$^2$/人，人均基础设施用地为29.04m$^2$/人，不仅期间人均用地量变化很小，而且郊区人均拥有社会事业用地和基础设施用地远低于中心城区，两者的差距较为明显。1990年上海城市人均绿地面积只有1.02m$^2$，2000年增加至4.6m$^2$，2009年达到12.8m$^2$，从总量上看仍远低于国际特大型城市的平均水平，从分布上看仍不均衡，郊区人均拥有绿地面积远多于中心城区。

表6-2 部分国际大都市工业用地占建设用地比重

| 城市名称 | 工业用地比重/% | 备注 |
|---|---|---|
| 上海市 | 30.0 | 2008年 |
| 纽约市 | 3.75 | 2006年 |
| 新加坡 | 6.8 | 2006年 |
| 香港 | 3.86 | 2007年 |
| 东京 | 3.47 | 2007年 |

资料来源：石忆邵等．产业用地的国际国内比较分析．北京：中国建筑工业出版社，2010．

图6.4 2009年上海市农村居民点、工业用地与商服用地分布图

### 3. 建设用地空间布局有待优化

随着上海市战略转型发展的深入和各类空间规划的有效实施，城市空间布局逐步优化，主要表现为城市交通网络等基础设施快速发展，制造业逐步向郊区工业园区集聚，中心城区及拓展区域公共绿地和生态基础设施建设成效明显。但与集中紧凑型城市发展目标相比，仍存在工业用地集聚度不高，商服用地分布不均衡尤其郊区商业设施相对覆盖度较低，新城局部区域布局松散，农村集体建设用地布局相对分散、集中程度较低等问题（图6.4），建设用地空间布局有待进一步优化。

### 4. 土地利用效率整体不高，农村集体建设用地粗放低效利用问题突出

从土地节约集约利用程度来看，一方面不同等级的产业园区间存在较大效率差异，部分区、镇级产业园区存在投资强度低、产出效率低、开发容积率低、土地闲置等问题，土地利用效率整体有待提高；另一方面，农村集体建设用地粗放低效利用问题突出，主要表现在：一是农村宅基地布局分散、规模大。部分镇村还存在严重的用地超标现象，以及"一户多宅"现象，随着农村人口的外移，闲置宅基地、空置住宅也越来越多；二是乡镇企业用地粗放使用，效率较低。乡镇企业建设场地不少处于零乱状态，空间布局仍很分散，一些远郊地区早期建设的乡镇集体企业停止经营，部分厂房经废弃闲置，造成土地资源的浪费。郊区县集体建设用地具有很大的挖潜空间，应从规划管理、创新土地政策制度等角度提高土地集约利用水平。

## 第二节 建设用地集约利用评价内容与方法

建设用地集约利用评价的目的是为全面掌握特点区域建设用地集约利用状况及集约利用潜力，科学管理和合理利用建设用地，提高土地利用效率，为政府制定土地政策和调控措施，为土地利用规划、计划及相关规划的制订提供科学依据。目前，国内的研究主要从土地利用结构、土地利用强度和土地利用效益三个方面对城市土地集约利用内涵进行诠释。对土地利用结构和土地利用强度的关注，是为了实现土地利用空间结构优化和土地资源合理配置，因而被称之为结构型集约（谢敏等，2006）。而在土地利用效益上，常用资本投入强度、劳动力投入强度、技术投入强度、地均产值等指标来衡量城市

土地集约利用程度。也有学者认为土地集约利用更应关注土地投入而非土地产出，因为土地集约利用的本质是资源替代（李秀彬等，2008）。另有研究认为，城市土地集约利用还要体现经济效益、社会效益和生态效益的统一，即生态型集约（杨树海，2007）。赵小风等人（2010）认为，城市土地集约利用的内涵可概括为：①关注劳动、资金、技术等要素投入带来的土地利用效益；②强调以容积率和建筑密度为表征的土地利用强度；③注重城市土地利用合理布局及结构优化；④具有多功能性，是经济效益、社会效益、生态效益的统一；⑤是一个动态过程。上海市建设用地节约集约利用内涵是以符合有关法规、政策、规划为导向，通过降低建设用地消耗、增加对土地的投入，不断提高土地利用效率和综合效益的一种开发经营模式。

## 1．评价内容

建设用地集约利用评价是将建设用地作为评价对象，在特定时间点或特定时间段内，通过对相同或相近类型的区域建设用地利用现实状况进行评价和比较，揭示其节约集约利用总体状况及差异的过程。

（1）建设用地集约利用评价

建设用地集约利用评价运用定性和定量相结合的方法进行评价，其中，定性分析确定各区县的土地利用趋势类型，定量评价计算和对比建设用地集约利用的评价指标（表6-3）判定其土地利用利用状况类型。其中，土地利用趋势类型是通过对人口发展与城乡建设用地变化、经济发展与建设用地变化的匹配程度来判断。建设用地集约利用水平是通过计算利用强度、增长耗地、用地弹性、贡献比较和管理绩效指数分值，进行标准化处理，最后测算土地利用集约程度总指数，并通过总指数分级结果来表征建设用地集约利用水平。

表6-3 建设用地集约利用水平评价指标体系

| 指数 | 分指数 | 分指数指标 |
| --- | --- | --- |
| 利用强度指数 | 人口密度指数 | 城乡建设用地人口密度 |
| | 经济强度指数 | 建设用地地均固定资产投资 |
| | | 建设用地地均地区生产总值 |
| | 建设强度指数 | 城市综合容积率 |
| 增长耗地指数 | 人口增长耗地指数 | 单位人口增长消耗新增城乡建设用地量 |
| | 经济增长耗地指数 | 单位地区生产总值耗地下降率 |
| | | 单位地区生产总值增长消耗新增建设用地量 |
| | | 单位固定资产投资消耗新增建设用地量 |

| 指数 | 分指数 | 分指数指标 |
|---|---|---|
| 用地弹性指数 | 人口用地弹性指数 | 人口与城乡建设用地增长弹性系数 |
| | 经济用地弹性指数 | 地区生产总值与建设用地增长弹性系数 |
| 贡献比较指数 | 人口贡献度指数 | 人口与城乡建设用地增长贡献度 |
| | 经济贡献度指数 | 地区生产总值与建设用地增长贡献度 |
| 管理绩效指数 | 城市用地管理绩效指数 | 城市土地供应市场化比率 |
| | | 城市闲置空闲土地与供应量比率 |
| | | 城市批次土地供应比率 |

### （2）国家公告开发区土地集约利用评价

开发区土地集约利用评价以开发区作为评价单元，其结果是开发区扩区升级审核的重要依据之一，同时也应用于土地管理中。

国家公告开发区土地集约利用评价是在土地利用状况调查和分析的基础上，遴选评价指标体系（表6-4），确定影响因素的权重，进而测算开发区土地集约利用潜力规模。

表6-4 开发区土地集约利用程度评价指标

| 目标 | 子目标 | 指标 |
|---|---|---|
| 土地利用状况 | 土地利用程度 | 土地供应率 |
| | | 土地建成率 |
| | 用地结构状况 | 工业用地率 |
| | | 高新技术产业用地率* |
| | 土地利用强度 | 综合容积率 |
| | | 建筑密度 |
| | | 工业用地综合容积率 |
| | | 工业用地建筑系数 |
| 用地效益 | 产业用地投入产出效益 | 工业用地固定资产投入强度 |
| | | 工业用地产出强度 |
| | | 高新技术产业用地产出强度* |
| 管理绩效 | 土地利用监管绩效 | 到期项目用地处置率 |
| | | 闲置土地处置率 |
| | 土地供应市场化程度 | 土地有偿使用实现率 |
| | | 土地招拍挂实现率 |

注：带*的指标只用于高新技术产业开发区（园区）。

## 2．评价方法

建设用地集约利用评价的方法很多，一般采用定量评价为主，注重定性分析与定量评价相结合、总体分析与典型分析相结合、统计分析与空间分析相结合等技术方法。具体运用的技术方法包括层次分析法、统计分析法、德尔菲法、经济计量分析方法、区域对比法等。

（1）多因素综合评价法。这是按照一定的目标和原则，对复杂经济现象整体进行定量描述的多因素综合评价法的一种方法，以评价单元为样本，选择合适的评价指标，并通过适宜的方式予以量化、计算和归并，从而实现评价目的的一种方法。由于简单直观和反映全面，多因素综合评价法应用最为广泛。在多因素综合评价法中，指标权重的确定方法有三种：主观赋权法、客观赋权法和组合赋权法。其中，主观赋权法主要有层次分析法、德尔菲法、模糊综合评判法、极限条件法。

（2）基于RS、GIS技术的空间分析法。随着对土地集约利用评价研究的细化和深化，能够处理大量数据信息和具有较强空间分析功能的RS和GIS技术已被引入到土地集约利用评价中，如城市土地集约利用潜力评价及其信息系统构建（张金萍，2006）等。然而，现有研究局限于空间上的对比分析，影响了研究的广度和深度，因此把空间分析方法与其他方法结合是一种较好的尝试，如与综合决策支持系统的结合、与经济分析方法的结合等（赵小风等，2010）。

（3）基于过程的动态模型方法。如人工神经网络模型是城市土地集约利用定量评价的一种可行方法（尹君等，2007）。

（4）理想值修正模型。郑新奇等人（2005）在对济南城区宗地的集约利用状况进行研究的基础上，提出了用于宗地集约利用潜力评价的理想值修正模型。该模型以土地集约利用的标准值为判定依据，选择土地用途、建筑密度、建筑容积率和其他因素对标准值进行修正，分析具体宗地的现状和理想值之间的关系，计算宗地集约利用潜力等级。

## 第三节　上海市建设用地集约评价实践

### 1. 建设用地集约利用评价

（1）评价流程

以17个中心城区和郊区县为评价单元开展建设用地集约利用评价，运用定性方法分析确定各区县的土地利用趋势类型，定量评价评价各区县的建设用地集约利用水平（图6.5）。

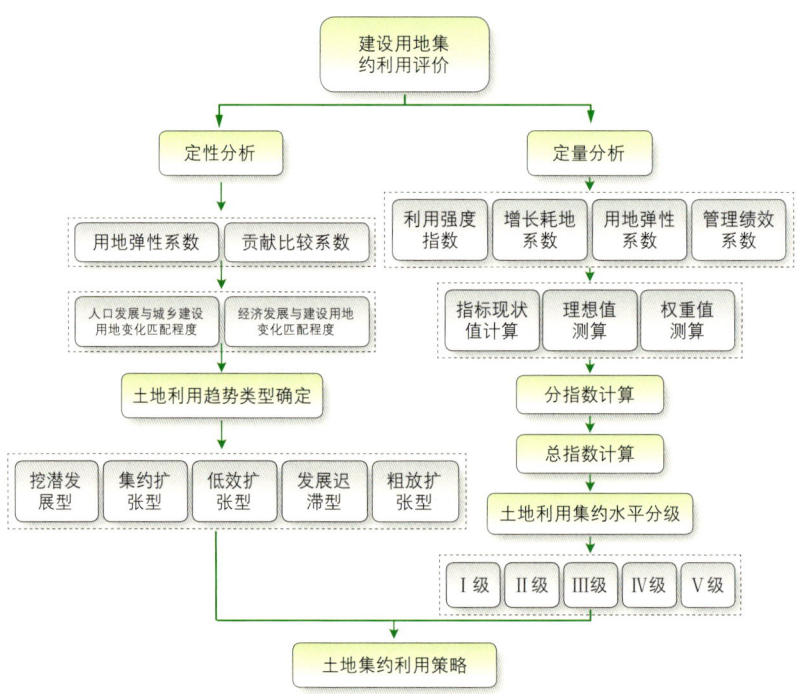

图6.5　建设用地集约利用评价流程图

（2）土地利用类型趋势判断

通过对人口发展与城乡建设用地变化、经济发展与建设用地变化的匹配程度，判断区县的土地利用趋势类型，土地利用趋势类型按照集约程度，从优到劣依次为：挖潜发展型、集约扩张型、低效扩张型、发展迟滞型和粗放扩张型五类。

计算人口与城乡建设用地增长弹性系数和人口与城乡建设用地增长贡献度指标（表6-5）。人口与城乡建设用地增长弹性系数PEI1均值为7.83，大于1，故$\gamma$取值为7.83。将人口与城乡建设用地增长弹性系数（PEI1）、人口与城乡建设用地增长贡献度（PCI1）与标准值进行对比分析，从人口发展与城乡建设用地变化的匹配程度分析得出上海市郊区县的土地利用趋势类型划分结果（图6.6）。

表6-5 上海市郊区县人口发展与城乡建设用地变化的匹配程度分析

| 区县 | PEI1 | PCI1 | 判定的土地利用趋势类型 |
| --- | --- | --- | --- |
| 浦东新区 | 4.91 | 0.95 | 低效扩张型 |
| 宝山区 | 16.16 | 3.06 | 集约扩张型 |
| 闵行区 | 15.57 | 3.28 | 集约扩张型 |
| 嘉定区 | 10.48 | 1.42 | 集约扩张型 |
| 青浦区 | 7.18 | 0.89 | 低效扩张型 |
| 松江区 | 8.56 | 1.22 | 集约扩张型 |
| 金山区 | 2.38 | 0.28 | 低效扩张型 |
| 奉贤区 | 4.65 | 0.53 | 低效扩张型 |
| 崇明县 | 0.55 | 0.06 | 低效扩张型 |

注：PEI1均值为7.83，大于1，故γ取值为7.83。

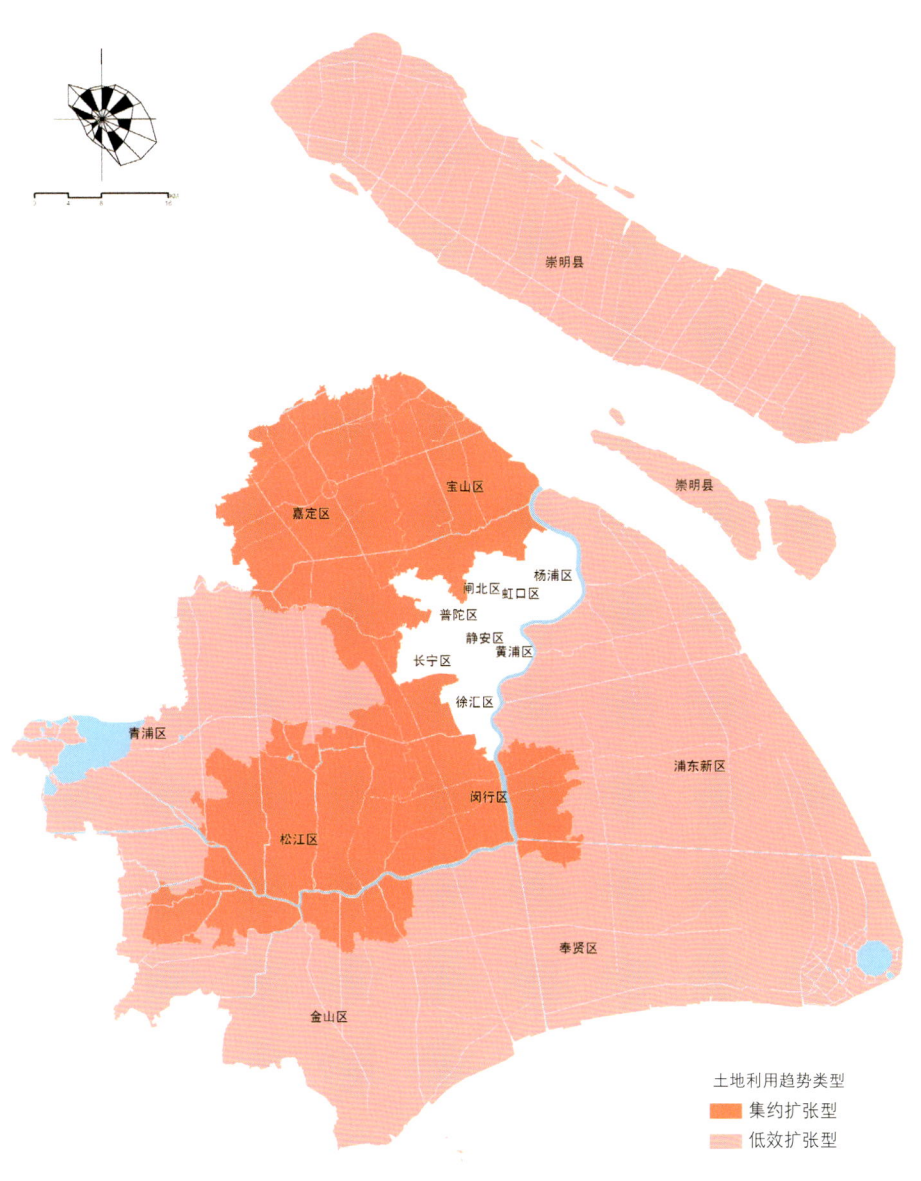

图6.6 上海市郊区县人口发展与城乡建设用地变化趋势类型图

图6.7 上海市郊区县经济发展与建设用地变化趋势类型图

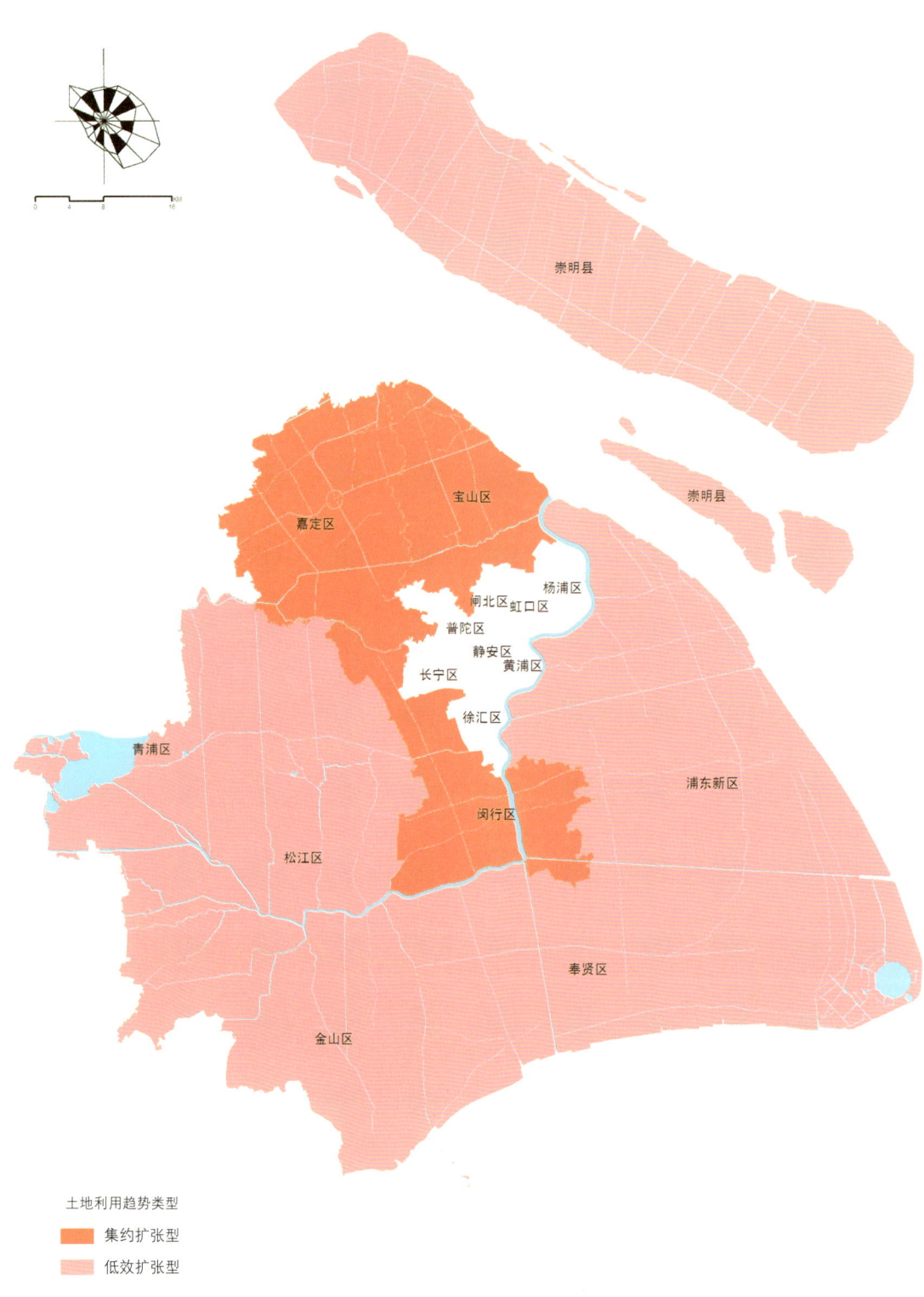

计算地区生产总值与建设用地增长弹性系数（EEI1）和地区生产总值与建设用地增长贡献度（ECI1）指标，地区生产总值与建设用地增长弹性系数EEI1均值为6.31，大于1，故γ取值为6.31。将地区生产总值与建设用地增长弹性系数、地区生产总值与建设用地增长贡献度指标值与指标标准值进行对比分析，从经济发展与建设用地变化的匹配程度分析得出上海市郊区县的土地利用趋势类型划分结果（表6-6，图6.7）。

表6-6 上海市郊区县经济发展与建设用地变化的匹配程度分析

| 区县 | EEI1 | ECI1 | 判定的土地利用趋势类型 |
| --- | --- | --- | --- |
| 浦东新区 | 6.26 | 1.73 | 低效扩张型 |
| 宝山区 | 11.12 | 1.8 | 集约扩张型 |
| 嘉定区 | 8 | 1.06 | 集约扩张型 |
| 闵行区 | 6.96 | 1.55 | 集约扩张型 |
| 青浦区 | 5.34 | 0.65 | 低效扩张型 |
| 松江区 | 5.41 | 0.76 | 低效扩张型 |
| 金山区 | 8.2 | 0.68 | 低效扩张型 |
| 奉贤区 | 2.23 | 0.24 | 低效扩张型 |
| 崇明县 | 3.29 | 0.13 | 低效扩张型 |

注：EEI1均值6.31，大于1，故γ取值为6.31。

由于9个郊区县在2011年都是用地增长、人口和经济也增长，故评价结果只存在集约扩张型和低效扩张型两种类型。从表6-5、表6-6可以看出，9个郊区县的土地利用趋势类型呈现出明显的近远郊特征。宝山、闵行、嘉定城市近郊，毗邻中心城（前两区更是直接与中心城连片发展），区位优势显著，一方面，受中心城人才、信息、交通、产业等外溢效益驱动，在人口和经济发展上优势明显；另一方面，这三区建设用地现状占比明显高于其他郊区县，新增空间有限，新增速度也放缓，故从人口发展与城乡建设用地变化匹配程度、经济发展与建设用地变化匹配程度分析这三区土地利用趋势类型均为集约扩张型。

松江区近年来在上海推进郊区城市化的发展战略与"1966"城镇体系建设规划的导引下，松江新城发展较快，人口导入较多、城乡建设用地增长相对较高，故从人口发展与城乡建设用地变化匹配程度分析，其土地利用趋势也达到集约扩张标准。

（3）建设用地集约利用水平评价

① 确定指标权重

采取德尔菲法通过两轮专家打分确定指标权重。第一轮参与权重打分的专家共计25人，第二轮参与权重打分的专家16人，均是熟悉城市经济社会发展和土地利用状况的专家。打分采取向各专家分别发函的模式，保证了打分结果在不相互协商的情况下独立完成。第二轮权重打分在第一轮打分确定的权重区间范围内进行，保证了权重值的有效性。

指标权重值的确定采取第二轮打分的平均值确定，计算公式为

$$W_i = \frac{1}{n}\sum_{j=1}^{n} E_{ij} \tag{6.1}$$

式中，$W_i$ 为第 $i$ 项指数、分指数、分指数指标的权重；$E_{ij}$ 为专家 $j$ 对于第 $i$ 个目标、子目标或指标的打分；$n$ 为专家总数。

通过计算得出，中心城区和郊区县区域用地状况评价指标权重（表6-6，表6-7）。

表6-7 中心城区区域用地状况评价指标权重表

| 指数 | 权重 | 分指数 | 权重 | 分指数指标 | 权重 |
|---|---|---|---|---|---|
| 利用强度指数 | 0.76 | 人口密度指数 | 0.26 | 城乡建设用地人口密度 | 1.00 |
| | | 经济强度指数 | 0.42 | 建设用地地均固定资产投资 | 0.37 |
| | | | | 建设用地地均地区生产总值 | 0.63 |
| | | 建设强度指数 | 0.32 | 城市综合容积率 | 1.00 |
| 管理绩效指数 | 0.24 | 城市用地管理绩效指数 | 1.00 | 城市土地供应市场化比率 | 1.00 |

表6-8 郊区县区域用地状况评价指标权重表

| 指数 | 权重 | 分指数 | 权重 | 分指数指标 | 权重 |
|---|---|---|---|---|---|
| 利用强度指数 | 0.37 | 人口密度指数 | 0.29 | 城乡建设用地人口密度 | 1.00 |
| | | 经济强度指数 | 0.41 | 建设用地地均固定资产投资 | 0.4 |
| | | | | 建设用地地均地区生产总值 | 0.6 |
| | | 建设强度指数 | 0.30 | 城市综合容积率 | 1.00 |
| 增长耗地指数 | 0.29 | 人口增长耗地指数 | 0.38 | 单位人口增长消耗新增城乡建设用地量 | 1.00 |
| | | 经济增长耗地指数 | 0.62 | 单位地区生产总值耗地下降率 | 0.35 |
| | | | | 单位地区生产总值增长消耗新增建设用地量 | 0.35 |
| | | | | 单位固定资产投资消耗新增建设用地量 | 0.30 |
| 用地弹性指数 | 0.16 | 人口用地弹性指数 | 0.47 | 人口与城乡建设用地增长弹性系数 | 1.00 |
| | | 经济用地弹性指数 | 0.53 | 地区生产总值与建设用地增长弹性系数 | 1.00 |
| 管理绩效指数 | 0.18 | 城市用地管理绩效指数 | 1.00 | 城市土地供应市场化比率 | 0.55 |
| | | | | 城市批次土地供应比率 | 0.45 |

② 评价指标标准化

在具体评价中对于评标指标采用了极值标准化方法对分指数指标进行标准化处理，即

$$S_{io} = \frac{a_i - t_i}{a_{\max} - a_{\min}} \quad (6.2)$$

式中，$S_{io}$ 为第 $i$ 项分指数指标的标准化初始值；$a_i$ 为第 $i$ 项分指数指标的评价对象实际值；$t_i$ 为第 $i$ 项分指数指标的评价对象平均值；$a_{\max}$ 为第 $i$ 项分指数指标的评价对象最大值；$a_{\min}$ 为第 $i$ 项分指数指标的评价对象最小值。

对于利用强度指数、管理绩效指数涉及的指标，计算 $t_i$、$a_{\max}$、$a_{\min}$ 时，涉及所有评价对象；对于增长耗地指数、用地弹性指数涉及的指标，计算 $t_i$、$a_{\max}$、$a_{\min}$ 时，只涉及土地利用趋势类型中低效扩张型和集约扩张型的评价对象。对指标标准化后的初始值按照以下原则确定各项分指数指标标准化值 $S_i$，$S_i$ 数值越大（$S_i$ 取值在 $-1$~$1$ 之间），区域用地状况可能越佳。对于正相关指标，$S_i = S_{io}$，对于反相关指标，$S_i = -S_{io}$；对于增长耗地指数、用地弹性指数涉及的指标，应结合定性分析中的土地利用趋势类型进行处理。当评价对象属于发展迟滞型或粗放扩张型中的一种，$S_i$ 直接赋值为 $-1$；当评价对象属于挖潜发展型，$S_i$ 直接赋值为 1。

③ 计算公式为

$$\alpha_j = \sum_{i=1}^{n}(W_{ij} \cdot S_{ij}) \times 100 \quad (6.3)$$

式中，$\alpha_j$ 为第 $j$ 项分指数的值；$W_{ij}$ 为第 $j$ 项分指数下第 $i$ 个指标的权重；$S_{ij}$ 为第 $j$ 项分指数下第 $i$ 个指标的标准化值；$n$ 为第 $j$ 项分指数下的分指数指标个数。

根据式（6.3）计算的各项分指数值（表6-9）。

表6-9 建设用地集约评价各项分指数数值表

| 评价对象 | 人口密度指数 | 经济强度指数 | 建设强度指数 | 人口增长耗地指数 | 经济增长耗地指数 | 人口用地弹性指数 | 经济用地弹性指数 | 城市用地管理绩效指数 |
|---|---|---|---|---|---|---|---|---|
| 静安区 | 0.44 | 0.77 | 0.69 | — | — | — | — | −0.59 |
| 黄浦区 | 0.56 | 0.67 | 0.50 | — | — | — | — | −0.59 |
| 虹口区 | 0.61 | 0.17 | 0.30 | — | — | — | — | 0.41 |
| 长宁区 | 0.15 | −0.01 | 0.04 | — | — | — | — | 0.24 |
| 闸北区 | 0.36 | 0.03 | 0.06 | — | — | — | — | 0.00 |
| 普陀区 | 0.22 | −0.06 | 0.05 | — | — | — | — | 0.34 |
| 杨浦区 | 0.24 | 0.03 | −0.01 | — | — | — | — | −0.04 |
| 徐汇区 | 0.17 | 0.03 | 0.20 | — | — | — | — | −0.25 |

续表

| 评价对象 | 人口密度指数 | 经济强度指数 | 建设强度指数 | 人口增长耗地指数 | 经济增长耗地指数 | 人口用地弹性指数 | 经济用地弹性指数 | 城市用地管理绩效指数 |
|---|---|---|---|---|---|---|---|---|
| 宝山区 | −0.23 | −0.17 | −0.12 | 0.20 | 0.28 | 0.53 | 0.54 | −0.21 |
| 闵行区 | −0.21 | −0.16 | −0.04 | 0.35 | 0.05 | 0.50 | 0.07 | −0.14 |
| 嘉定区 | −0.31 | −0.17 | −0.15 | 0.19 | 0.13 | 0.17 | 0.19 | 0.00 |
| 浦东新区 | −0.26 | −0.10 | −0.21 | 0.13 | 0.18 | −0.19 | −0.01 | −0.16 |
| 青浦区 | −0.33 | −0.18 | -0.27 | 0.00 | 0.01 | −0.04 | −0.11 | −0.05 |
| 松江区 | −0.30 | −0.19 | −0.20 | 0.25 | −0.28 | 0.05 | −0.10 | 0.08 |
| 金山区 | −0.37 | -0.21 | −0.23 | 0.14 | 0.12 | −0.35 | 0.21 | 0.32 |
| 奉贤区 | −0.35 | −0.20 | −0.28 | −0.65 | 0.00 | −0.20 | −0.46 | 0.20 |
| 崇明县 | −0.39 | −0.23 | −0.31 | −0.60 | −0.50 | −0.47 | −0.34 | 0.21 |

人口密度指数、经济强度指数和建设强度指数，中心城区明显优于郊区县，符合上海市现状特征和各区县的社会经济定位，体现出了中心城区在人口、经济方面的集聚优势，其中虹口、黄浦、静安三区在明显优于其他区县。郊区县中，宝山、闵行、嘉定和浦东四个近郊区总体较好，体现了中心城区的联动扩散效应，由于中心城区土地利用成本和居住成本较高，部分产业向近郊区外溢，人口也存在工作在中心城区居住在近郊区的情况。

人口增长耗地指数值显示，闵行、松江、宝山、嘉定四区相对其他郊区县，单位人口增长消耗的新增城乡建设用地量较少；经济增长耗地指数值显示，宝山、嘉定、金山和浦东新区单位地区生产总值增长对新增建设用地消耗相对比较少；宝山区和闵行区人口用地弹性指数明显优于其他郊区县，人口弹性指数越高，说明人口增长幅度相对于城乡建设用地的增长幅度越快，间接地反映出城乡建设用地人口密度的增长情况；宝山区的经济用地弹性指数最高，其次是金山、嘉定两区，经济用地弹性指数越高，说明其经济增长幅度相对于同期建设用地总面积增长幅度越快，反映出其建设用地地均产出效益的增长情况。

对于城市用地管理绩效指数，中心城区中虹口区、普陀区较好，黄浦区和静安区全部处于已建成状态，目前土地供应较少，仅有的几块供应地块全部以划拨方式供应用于基础设施等建设，造成按一年的数据计算土地供应市场化比率指标有很大的不确定性；徐汇区城市土地出让比率低于其他中心城区，在出让的土地中，通过招标、拍卖、挂牌方式出让的也低于其他中心城区，从而造成其城市土地供应市场化比率不高，管理绩效偏低。郊区县中，金山和奉贤两区的土地供应市场化较好，划拨用地相对较少，城市土地出让用地也以招标、拍卖和挂牌方式出让为主，同时其城市批次土地供应比率也较高，故管理绩效指数较好；崇明县在评价时点年份划拨用地占比超过60%，城市土地出让市场化比率偏低，但由于其城市批次土地供应比率明显高于其他郊区县，故其城市用地管理绩效指数排名也靠前；宝山、闵行、浦东三区同时存在城市土地供应市场化比率和城市批次土地供应比率偏低的情况，故管理绩效指数在郊区县中偏低。

④ 计算公式为

$$\beta_k = \sum_{j=1}^{n}(W_{kj} \cdot \alpha_j) \quad (6.4)$$

式中，$\beta_k$ 为第 $k$ 项指数的值；$W_{kj}$ 为第 $k$ 项指数下第 $j$ 个分指数的权重；$\alpha_j$ 为第 $j$ 个分指数的值；$n$ 为第 $k$ 项指数下的分指数个数。

根据式（6.4）计算出各区县建设用地集约利用指数数值（表6-10）。

表6-10 区县建设用地集约利用指数数值表

| 评价对象 | 利用强度指数 | 增长耗地指数 | 用地弹性指数 | 管理绩效指数 |
|---|---|---|---|---|
| 静安区 | 0.66 | — | — | −0.59 |
| 黄浦区 | 0.58 | — | — | −0.59 |
| 虹口区 | 0.32 | — | — | 0.41 |
| 长宁区 | 0.04 | — | — | 0.24 |
| 闸北区 | 0.12 | — | — | 0.00 |
| 普陀区 | 0.05 | — | — | 0.34 |
| 杨浦区 | 0.07 | — | — | −0.04 |
| 徐汇区 | 0.12 | — | — | −0.25 |
| 宝山区 | −0.17 | 0.25 | 0.54 | −0.21 |
| 闵行区 | −0.14 | 0.16 | 0.27 | −0.14 |
| 嘉定区 | −0.20 | 0.15 | 0.18 | 0.00 |
| 浦东新区 | −0.18 | 0.16 | −0.09 | −0.16 |
| 青浦区 | −0.25 | 0.00 | −0.08 | −0.05 |
| 松江区 | −0.23 | −0.08 | −0.03 | 0.08 |
| 金山区 | −0.26 | 0.13 | −0.05 | 0.32 |
| 奉贤区 | −0.27 | −0.25 | −0.34 | 0.20 |
| 崇明县 | −0.30 | −0.53 | −0.40 | 0.21 |

利用强度指数主要反映人口、经济增长、建筑容量的增长与用地增长幅度的变化情况。从利用强度的分区来看，上海市中心城区土地利用强度明显优于郊区县，郊区县中紧邻中心城区的闵行、浦东、嘉定和宝山四区相对较好，都体现了城市区位的聚集作用。区位优势在聚集人口、产业的同时，也造成了中心城区土地需求加大并远远高于土地供给，进而提高了用地成本，为减少社会和经济发展总成本，必须通过提高中心城区的土地人口经济利用强度来实现，从而造成上海市中心城区土地利用强度较高的现状。当中心城区的土地利用强度达到一定程度，会造成环境、交通等一系列问题，必须通过新城发展来承接中心城区的人口和产业，紧邻中心城区的闵行、浦东、嘉定和宝山四区首当其冲，土地利用强度得到提升，高于其他郊区县。

增长耗地指数主要通过人口和经济增长的耗地情况，根据指标体系又更多的反映在经济增长的耗地上，闵行、浦东、嘉定和宝山四区明显优于其他郊区县。闵行、嘉定和宝山三区相比其他郊区县，区位优势，人口集聚效应更强，经济发展和固定资产投资水平更高；同时三区建设用地面积已经较高，增量空间有限，且耕地后备资源缺乏，耕地占补平衡实施困难，新增建设用地增量较少，两方面共同造成三区在增长耗地指数上优于其他区县。浦东新区尽管新增建设用地量较多，但其人口、生产总值和固定资产投资三方面在全市层面上都明显高于其他区县，基数较大，造成最终增长耗地指数计算相对较高。

用地弹性指数反映的是人口、经济增长幅度与用地增长幅度的变化情况，宝山、闵行和嘉定明显优于其他郊区县，主要原因同增长耗地指数；其中浦东新区相对较低，主要由人口用地弹性指数拉低，原因在于浦东新区正处于高速发展阶段，新增用地需求加大；同时，南汇并入之后，合并后的浦东新区行政范围较大，原南汇地区的人口集聚效果较弱，所以人口的增长相对于用地的增长比较缓慢，拉低了浦东新区的用地弹性指数。

管理绩效指数只包含城市用地管理绩效一个分指数，其结果分析如同中心城区用地管理绩效指数。

⑤ 计算公式为

$$总指数 = \sum_{k=1}^{n}(W_k \cdot \beta_k) \tag{6.5}$$

式中，$W_k$ 为第 $k$ 项指数的权重；$\beta_k$ 为第 $k$ 项指数的值；$n$ 为总指数下的指数个数。

根据各区县总指数数值（表6-11），上海市中心城区节约集约利用状况总体优于郊区县。由于中心城区和郊区县指标体系和权重不同，可比性不强。但可以分别对中心城区和郊区县进行对比分析。中心城区静安、虹口、黄浦三区建设用地节约集约利用状况

表6-11 区县建设用地集约利用总指数数值表

| 评价对象 | 总指数 |
|---|---|
| 静安区 | 0.36 |
| 虹口区 | 0.34 |
| 黄浦区 | 0.30 |
| 普陀区 | 0.12 |
| 闸北区 | 0.09 |
| 长宁区 | 0.09 |
| 宝山区 | 0.06 |
| 杨浦区 | 0.05 |
| 徐汇区 | 0.03 |
| 闵行区 | 0.01 |
| 嘉定区 | 0.00 |
| 金山区 | −0.01 |
| 浦东新区 | −0.06 |
| 松江区 | −0.10 |
| 青浦区 | −0.11 |
| 奉贤区 | −0.19 |
| 崇明县 | −0.29 |

优秀，杨浦、徐汇两区次之。静安区管理绩效指数虽然较低，在一定程度上拉低了总指数，但其利用强度指数最高，在利用强度指数权重较大的情况下，其总指数仍然比较高；虹口区的利用强度指数和管理绩效指数均比较高，总指数相对也较高；黄浦区存在与静安区同样的情况，其利用强度指数稍低于静安区；杨浦区和徐汇区的利用强度指数和管理绩效指数均比较低，故总指数较低。

郊区县中宝山区的用地状况评价总指数最高，其次是闵行区、嘉定区。这些区紧邻中心城区，区位较其他区县具有明显的优势，受中心城区的带动效应强；同样具有区位优势的浦东新区由于其城市土地供应市场化比率较低，从而拉低了总分值。在远郊区中，金山区土地利用强度指数偏低、增长耗地指数和用地弹性指数居中，但管理绩效指数明显优于其他郊区县，在管理绩效指数的拉动下，总分值在郊区县中排名仅次于近郊区。青浦、奉贤、崇明等属于远郊区，中心城区的带动效应减弱，同时又是上海市耕地和基本农田主要分布区域，耕地保护和生态保护任务重，经济发展水平相对其他区县稍显落后，总体节约集约水平相对较低。

⑥ 建设用地集约利用水平分级

采用聚类分析法与数轴法对总指数进行分析后，将各区县的建设用地集约利用程度类型划分成5级（图6.8，表6-12）。

图6.8 上海建设用地集约利用水平分级图

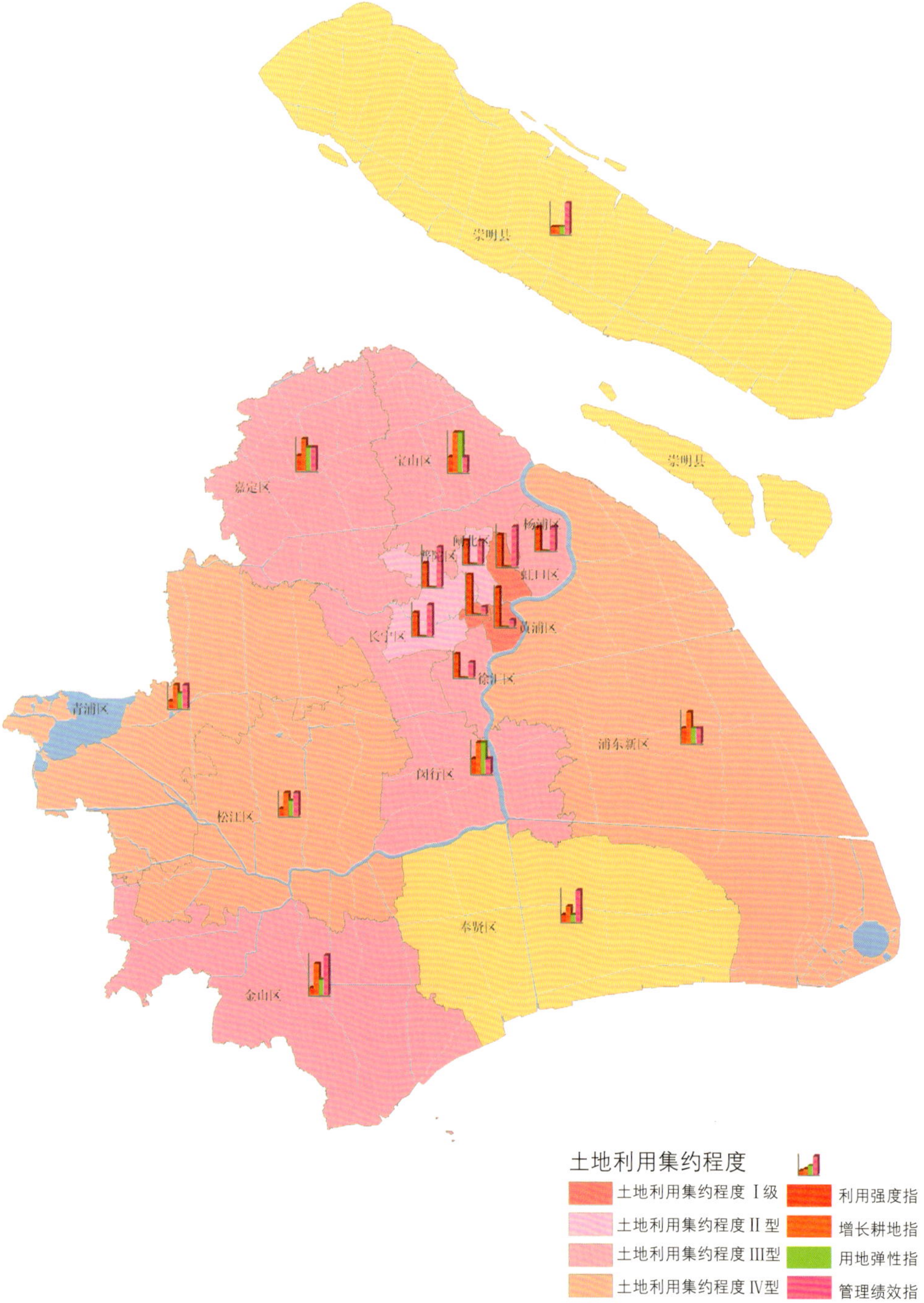
崇明县
崇明县
宝山区
嘉定区
杨浦区
虹口区
长宁区
黄浦区
徐汇区
青浦区
浦东新区
闵行区
松江区
奉贤区
金山区
土地利用集约程度
土地利用集约程度Ⅰ级
土地利用集约程度Ⅱ型
土地利用集约程度Ⅲ型
土地利用集约程度Ⅳ型
土地利用集约程度Ⅴ型
利用强度指
增长耕地指
用地弹性指
管理绩效指

表6-12 上海市建设用地集约利用程度类型判定结果

| 区 县 | 建设用地集约利用程度类型判定结果 |
|---|---|
| 静安区 | I |
| 虹口区 | I |
| 黄浦区 | I |
| 普陀区 | II |
| 闸北区 | II |
| 长宁区 | II |
| 宝山区 | III |
| 杨浦区 | III |
| 徐汇区 | III |
| 闵行区 | III |
| 嘉定区 | III |
| 金山区 | III |
| 浦东新区 | IV |
| 松江区 | IV |
| 青浦区 | IV |
| 奉贤区 | V |
| 崇明县 | V |

上海市土地利用集约程度分析：一是土地集约利用程度与区位相关性强（图6.7），上海市以市中心为圆心向外扩散，离市中心越远，土地集约利用程度越低，离市中心越近，土地集约利用程度越高，在空间分布上由中心城逐步向外放射性递减。二是土地集约利用程度与城市规划功能定位密切相关，按三产、二产、一产依次减弱，以商业和服务业等第三产业为主要功能定位的区县土地集约利用程度高，如外环以内中心城区；以现代工业、交通运输业等为主要功能定位的区县土地集约利用程度较高，如嘉定区、金山区；以现代农业和生态休闲为主要功能的区县土地集约利用程度较低，如青浦区、奉贤区、崇明县。

## 2. 国家公告开发区土地集约利用评价

分别针对上海国家级开发区、省级开发区、高新技术开发区和非高新技术开发区，采用多因素多因子综合评价方法进行土地集约利用水平评价。

（1）确定指标权重

指标权重（表6-13）确定的方法同建设用地集约利用评价。

表6-13 上海市国家公告开发区评价指标权重

| 目标 | 权重值 | 子目标 | 权重值 | 指标 | 权重值 |
|---|---|---|---|---|---|
| 土地利用状况 | 0.48 | 土地利用程度 | 0.28 | 土地供应率 | 0.45 |
| | | | | 土地建成率 | 0.55 |
| | | 用地结构状况 | 0.26 | 工业用地率 | 1.00 |
| | | 土地利用强度 | 0.46 | 综合容积率 | 0.27 |
| | | | | 建筑密度 | 0.22 |
| | | | | 工业用地综合容积率 | 0.28 |
| | | | | 工业用地建筑系数 | 0.23 |
| 用地效益 | 0.32 | 产业用地投入产出效益 | 1.00 | 工业用地固定资产投入强度 | 0.46 |
| | | | | 工业用地产出强度 | 0.54 |
| 管理绩效 | 0.20 | 土地利用监管绩效 | 0.50 | 到期项目用地处置率 | 0.49 |
| | | | | 闲置土地处置率 | 0.51 |
| | | 土地供应市场化程度 | 0.50 | 土地有偿使用实现率 | 0.61 |
| | | | | 土地招拍挂实现率 | 0.39 |

（2）确定评价指标标准值

利用全国国家级开发区的排名成果，取各项指标的第三名作为各项指标的标准值，同时根据专家意见对工业用地率标准值进行修正，统一确定为70%。全市整体、国家级开发区、市级开发区标准值（表6-14）。

表6-14 国家公告开发区各指标标准值

| 指标 | 全市 | 国家级 | 省级 |
|---|---|---|---|
| 土地供应率/% | 100.00 | 99.53 | 100.00 |
| 土地建成率/% | 97.83 | 94.58 | 97.83 |
| 工业用地率/% | 70.00 | 70.00 | 70.00 |
| 综合容积率 | 1.25 | 1.25 | 0.82 |
| 建筑密度/% | 37.94 | 32.50 | 37.94 |
| 工业用地综合容积率 | 1.27 | 1.27 | 0.95 |
| 工业用地建筑系数/% | 52.99 | 52.52 | 49.72 |
| 工业用地固定资产投资强度/（亿元/km$^2$） | 134.14 | 134.14 | 60.17 |
| 工业用地产出强度/（亿元/km$^2$） | 634.64 | 634.64 | 222.61 |
| 到期项目处置率/% | 100.00 | 100.00 | 100.00 |
| 闲置土地处置率/% | 100.00 | 100.00 | 100.00 |
| 土地有偿使用实现率/% | 100.00 | 100.00 | 100.00 |
| 土地招拍挂实现率/% | 100.00 | 100.00 | 100.00 |

(3) 指标标准化

评价指标标准化采用标准值比例推算法，以指标实现度分值进行度量，按公式（6.6）计算，对部分标准值低于现状值的指标取值为1，以现状值作为标准值。

$$S_{ijk} = \frac{X_{ijk}}{T_{ijk}} \times 100\% \tag{6.6}$$

式中，$S_{ijk}$为$i$目标$j$子目标$k$指标的实现度分值；$X_{ijk}$为$i$目标$j$子目标$k$指标的现状值；$T_{ijk}$为$i$目标$j$子目标$k$指标的标准值。

(4) 土地利用集约度综合分值

利用多因素综合评价方法，分别计算子目标、目标和综合分值。

① 子目标分值计算

开发区土地利用集约度各子目标分值的计算公式为

$$F_i = \sum_{k=1}^{n}(S_{ijk} \cdot W_{ijk}) \tag{6.7}$$

式中，$F_i$为$i$目标$j$子目标的土地利用集约度分值；$S_{ijk}$为$i$目标$j$子目标$k$指标的实现度分值；$W_{ijk}$为$i$目标$j$子目标$k$指标相对$j$子目标的权重值；$n$为指标个数。

② 目标分值计算

开发区土地利用集约度目标分值的计算公式为

$$F_i = \sum_{j=1}^{n}(F_{ij} \cdot W_{ij}) \tag{6.8}$$

式中，$F_i$为$i$目标的土地利用集约度分值；$F_{ij}$为$i$目标$j$子目标的土地利用集约度分值；$W_{ij}$为$i$目标$j$子目标相对$i$目标的权重值；$n$为子目标个数。

③ 集约度综合分值计算

开发区土地利用集约度综合分值的计算公式为

$$F = \sum_{j=1}^{n}(F_i \cdot W_i) \tag{6.9}$$

式中，$F$为土地利用集约度综合分值；$F_i$为$i$目标的土地利用集约度分值；$W_i$为$i$目标的权重值；$n$为目标个数。

按照综合分值大小，分别对全市、国家级、省级开发区进行排序。

#### (5) 土地集约利用程度等级

将各开发区土地集约度综合分值按照下表分成五个层级（表6-15），分别对应集约、相对集约、中度利用、低度利用、粗放利用。

表6-15 土地集约利用水平等级分值表

| 等级 | 总分值 | 等级含义 | 相关措施 |
| --- | --- | --- | --- |
| Ⅰ | >90 | 土地集约利用趋近于理想值，土地供不应求 | 适当扩展土地规模，集约指标转化为扩展指标 |
| Ⅱ | 80~90 | 土地集约利用达到要求，土地供需平衡 | 维持开发区土地规模，挖掘潜力 |
| Ⅲ | 70~79 | 土地集约利用基本达到要求，土地资源潜力未充分发挥 | 维持项目用地，开发区总体规模维持稳定 |
| Ⅳ | 60~69 | 土地集约利用未达到要求，土地利用方式较为粗放 | 核减项目用地，适当进行区域土地指标流转 |
| Ⅴ | <60 | 土地集约利用未达到要求，土地利用粗放 | 核减项目用地，进行区域土地指标流转 |

从国家级开发区层面上来看，本市漕河泾出口加工区、松江出口加工区及B区为集约利用开发区，嘉定出口加工区为等11个开发区为粗放利用开发区，用地潜力较大。从省级开发区层面上来看，本市市北工业园区和未来岛高新技术产业园区为集约利用开发区，崇明工业园区为粗放利用开发区。

#### (6) 评价结果

① 开发区土地利用状况

国家级开发区土地利用状况总体高于省级开发区（图6.9），高新开发区土地利用状况总体高于非高新开发区（图6.10），国家级开发区由于设立时间相对较早、土地开发建设相对成熟，综合容积率与工业用地容积率均远高于省级开发区，分别高于省级开发区的43.3%和38.3%。同时国家级开发区已有早期的工业型园区逐步向综合型、总部型、研发型园区转型，且实现了一定程度的产城融合，工业用地率与建筑密度较省级开发区略低。高新开发区由于配套的公共管理与公共服务用地、住宅用地占比高于非高新开发区，工业用地率明显低于非高新区。同时，由于高新开发区项目准入门槛较高，土地利用强度高于非高新区，其工业用地容积率高于非高新开发区40.3%。

② 开发区土地利用效益

国家级开发区投入与产出强度均远高于省级开发区（图6.11），高新开发区高新技术产业用地产出强度高出全市工业用地整体产出水平和非高新开发区产出水平的3~4倍（图6.12），高新技术产业经济效益显著。

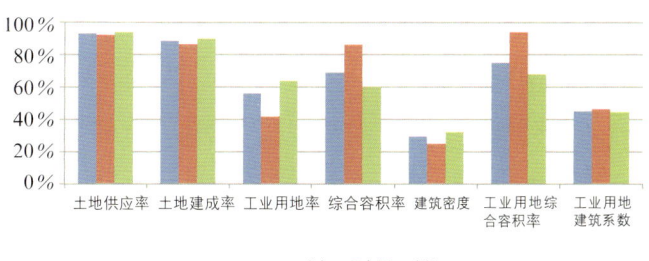

图6.9 2011年上海市开发区土地利用状况

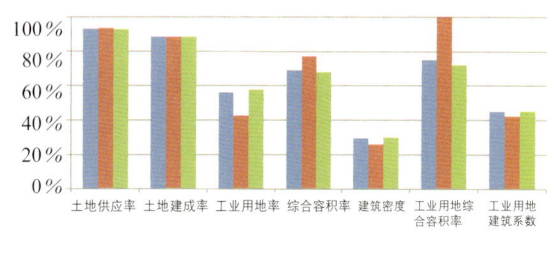

图6.10 2011年上海市开发区土地利用状况

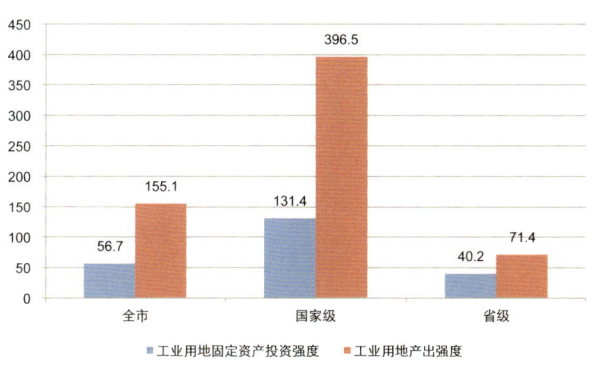

图6.11 2011年上海市各级开发区用地效益（单位：亿元/km²）

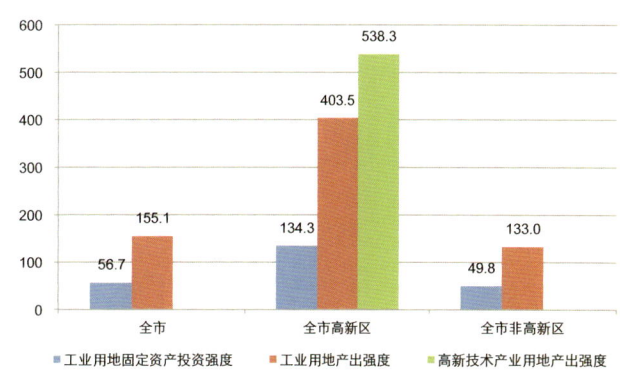

图6.12 2011年上海市各类开发区用地效益（单位：亿元/km²）

上海市42个国家公告开发区中，国家级开发区投资与产出强度均远高于省级开发区，分别为省级开发区的3.3倍和5.6倍。本市高新开发区高新技术产业用地产出强度分别为全市工业用地整体产出水平和非高新区产出水平的3.5倍和4倍。

## 第四节 提高建设用地集约利用水平的策略

随着现代化国际大都市建设步伐的加快和城镇化的深入推进，上海对外来人口的吸引力持续上升，农民市民化进程加速，势必加剧土地资源承载和环境容量的压力，因此，上海的土地利用必须从外延扩张向内部挖潜转变，以"控制总量、调整结构、优化布局、高效利用"为目标，走集约高效的内涵式发展道路。

（1）优化建设用地布局

在建设用地控制指标约束下，通过优化城镇工矿用地布局促进建设用地节约集约利用。以建设用地节约集约评价和开发区土地节约集约评价成果为基础，划示集中建设区边界和产业用地边界。

集中建设区是未来上海城市建设用地的增长边界（图6.13），涵盖了中心城区、中心城拓展区、新城、新市镇镇区、集镇镇区等集中城市建设和产业发展集聚地区，其内外土地实现差异化管控。

协同土地利用结构与产业结构调整之间的关系，依托产业发展导向、产业绩效评估，规划工业基地、工业园区和城镇工业地块三类工业用地区，凸显上海市以"工业园区为主体、工业基地为亮点、城镇工业地块为补充"的产业布局特点，在集中建设区范围内以产业用地控制线（图6.14）的形式落地。

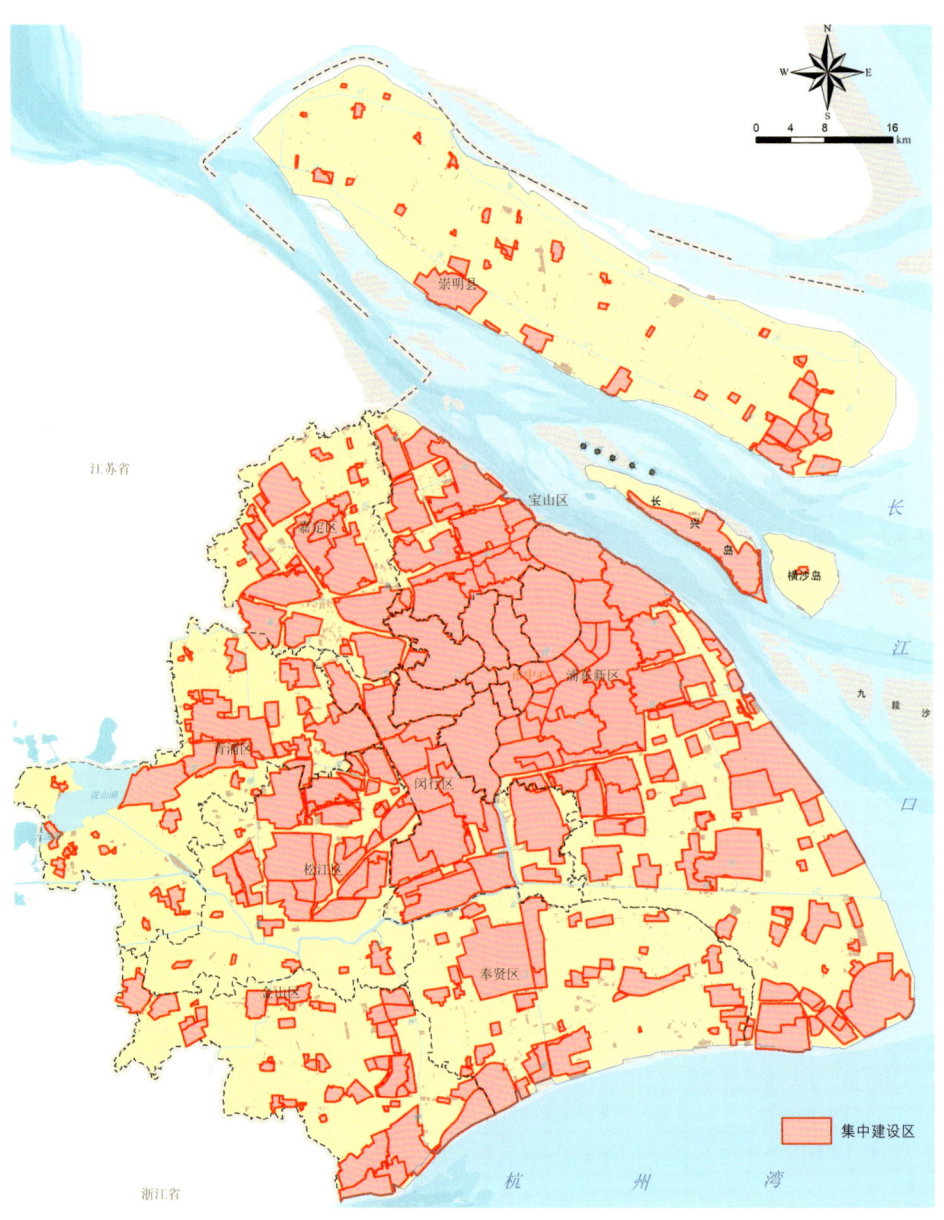

图6.13 上海市集中建设区分布示意图

## （2）积极盘活存量建设用地

首先要摸清"家底"，按照集中建设区内外，制定不同的存量用地标准，查清集中建设区内批而未用和低效用地，集中建设区外批而未用、低效用地及零星工业用地规模分布和利用状况。要积极盘活批而未用土地，制订盘活存量工业用地专项规划，分区域分类别推进盘活存量土地专项规划的编制，制定存量土地盘活年度滚动计划。在符合法规和规划的前提下创新机制，着力盘活批而未用的存量用地。实行"控增逼存"，健全闲置土地的动态监管机制和措施，加大闲置土地处置力度。要激活低效用地，按照各区县经济发展实际情况、产业结构调整规划，制定各区县差别化的低效用地认定标准，设置单位土地产出率、单位土地利税率、单位土地容积率等控制指标并

图6.14 上海市产业用地控制线分布示意图

定时更新。重点从激活零星、低效园区用地入手，对集中建设区内按标准认定的低效用地采取提高利用强度、二次开发、收购储备等措施进行有效激活。

（3）合理安排用地计划，引导城市土地节约集约利用

通过合理安排用地计划，控制区县新增建设用地供应的节奏和结构分布，引导城市土地节约集约利用。将区域用地状况评价成果纳入到年度新增建设用地计划指标分解考核中，建立制度性激励机制。对于集约利用程度较好的区县，可以通过增加新增建设用地计划指标的方式给予奖励；对于集约利用程度低的区县，适当缩减新增建设用地计划指标，有计划地盘活闲置土地。在各区县获取用地计划指标之后，通过科学的编制用地规划，调整各类新增建设用地分布结构，对建设用地细化分类进行合理配置，优先分配给地均产出强度高、综合效益好的用地单位，促进城市建设用地的集约利用。

（4）鼓励企业采取多种形式适度提高建筑容积率

容积率是影响城市土地集约利用的一个重要指标之一。要通过政策激励，鼓励有条件企业在原有厂房基础上通过加层、改扩建等措施，适度提高工业园区的建筑容积率。如2004—2009年，上海全市市级开发区平均建筑容积率从0.5提高到0.57，在一定程度上促进了土地的集约利用。在日本等发达国家，规定工业区的容积率为2.0~4.0。而2009年上海国家级开发区的综合容积率只有0.94，漕河泾开发区本部的容积率最高，也仅为1.38。由此可见，全市各级开发区在提高容积率方面均有较大的提升空间与潜力。

（5）提高项目审批门槛，确保增量用地高效集约

严格把好项目审批关，禁止向"三高两低"和不符合产业政策的项目供地；工业用地供应重点保障高新技术、战略新兴产业和科技创新项目用地；逐步提高金融、物流、电子商务等重点现代服务业用地比例，通过增量用地的供应调节，指导新增城市建设用地的规划布局和高效利用。通过新增建设用地的供应和布局规划，引导产业结构的调整，促进经济发展方式的转变，实现城市建设用地的集约利用。

（6）进一步创新产业用地监管机制

进一步创新产业用地的激励机制、出让机制和考核机制，突破土地对产业发展的瓶颈制约。一是引入激励机制形成倒逼。将增量指标与存量产业用地绩效挂钩，形成"倒逼机制"，以新增指标对存量盘活好、用地绩效高的区县进行奖励，倾斜安排下一年度产业用地计划，并优先办理农用地转用、土地征用审批手续等。二是引入弹性出让机

制。按照不同产业的生命周期实行弹性出让年期，加大将要淘汰劣势企业的土地成本，优化产业布局，有利于落实重点产业调整振兴规划。

## 参考文献

1. 上海市经济和信息化委员会. 2010上海产业和信息化发展报告——开发区[M]. 上海: 上海科学技术文献出版社, 2010.
2. 夏燕榕, 曲福田, 姜海, 等. 基于集约评价的城市开发区规模计量研究——以南京市省级开发区为例[J]. 中国人口资源与环境, 2010, (2): 37-42.
3. 李志伟, 赵鲁燕, 田办, 等. 基于RS技术进行城市土地集约利用潜力评价——以石家庄市为例[J]. 河北省科学院学报, 2006, 23 (1): 77-80.
4. 翟文侠, 黄贤金, 张强, 等. 基于层次分析的城市开发区土地集约利用研究——以江苏省为例[J]. 南京大学学报: 自然科学版, 2006, 42 (1): 96-102.
5. 张丽. 上海工业开发区的土地集约利用研究[D]. 上海: 同济大学, 2007.
6. 陶英胜, 胡玲玲. 上海开发区土地经济效益分析与集约利用[J]. 城市, 2009 (2): 30-33.
7. 宋晓琳, 费金玲. 上海开发区发展绩效评估研究——以金桥开发区为例[J]. 经济师, 2008 (3): 279-280.
8. 彭浩, 曾刚. 上海市开发土地集约利用评价[J]. 经济地理, 2009, 29 (7): 1177-1181.
9. 班茂盛, 方创琳, 宋吉涛. 国内外开发区土地集约利用的途径及其启示[J]. 世界地理研究, 2007, 16 (3): 45-50.
10. 曹蕾. 工业园区土地集约利用评价探讨——以重庆经济技术开发区为例[J]. 资源开发与市场, 2009, 25 (1): 31-33.
11. 蒋东丽. 南宁高新区工业行业土地集约利用研究[J]. 全国商情:经济理论研究, 2009 (10): 17-19.
12. 潘锡辉, 雷涯邻. 开发区土地资源集约利用评价的指标体系研究[J]. 中国国土资源经济, 2004, 17 (10): 35-36.
13. 吴郁玲, 曲福田, 冯忠垒. 城市开发区土地集约利用的影响因素分析——以江苏省为例[J]. 经济问题探索, 2006, (8): 53-57.
14. 牛星, 欧名豪. 青岛市开发区土地集约利用评价与研究[J]. 中国农业资源与区划, 2007 (5): 47-51.
15. 王昆, 黄银蓉. 开发区土地集约利用评价研究——以武汉经济技术开发区为例[J]. 国土资源科技管理, 2008, 25 (6): 22-26.
16. 周钧, 周伟茛. 开发区土地集约利用潜力评价研究——以苏州国家高新技术产业开发区为例[J]. 现代经济探讨, 2008 (9): 35-38.
17. 王伟, 张海波. 开发区土地集约利用水平评价研究——以浙江省为例[J]. 生产力研究, 2008 (20): 86-88.
18. 杨少敏, 邵虹, 李爱新, 等. 开发区土地集约利用评价综述[J]. 江西农业学报, 2010, 22 (1): 184-186, 192.
19. 石忆邵, 等. 产业用地的国际国内比较分析[M]. 北京: 中国建筑工业出版社, 2010.
20. 石忆邵, 黄银池. 开发区土地集约利用研究——以上海开发区为例[J]. 现代城市研究, 2011, 26 (5): 13-19.
21. 谢敏, 郝晋珉, 丁忠义, 等. 城市土地集约利用内涵及其评价指标体系研究[J]. 中国农业大学学报, 2006, 11 (5): 117-120。
22. 李秀彬, 朱会义, 谈明洪, 等. 土地利用集约度的测算方法[J]. 地理科学进展, 2008, 27 (6): 12-17.
23. 杨树海. 城市土地集约利用的内涵及其评价指标体系构建[J]. 经济问题探索, 2007 (1): 27-30.
24. 赵小风, 黄贤金, 陈逸, 等. 城市土地集约利用研究进展[J]. 自然资源学报, 2010, 25 (11): 1979-1996.
25. 王家庭, 张换兆, 季凯文. 中国城市土地集约利用——理论分析与实证研究[M]. 天津: 南开大学出版社, 2008.
26. 黄大全, 林坚. 北京经济技术开发区工业用地指标研究[J]. 地理与地理信息科学, 2005, 21 (5): 99-102.
27. 何芳, 魏静. 城市化与城市土地集约利用[J]. 中国土地, 2001 (3): 24-26.
28. 韩伟. 城市交通系统设置与土地利用效益相关性研究——以上海市为例[D]. 上海: 同济大学, 2006.

29. 郭永昌. 包头市城市居住用地集约利用评价研究[J]. 安庆师范学院学报: 自然科学版, 2008, 14 (1): 70-73.
30. 石忆邵, 等. 国内外大都市服务业用地发展研究[M]. 北京: 中国建筑工业出版社, 2012.
31. 陈基伟, 石礼英. 上海市社会事业用地定额指标编制研究[J]. 城市发展研究, 2010, 17 (1): 108-112.
32. 吴郁玲, 曲福田, 周勇. 城市土地市场发育与土地集约利用分析及对策——以江苏开发区为例[J]. 资源科学, 2009, 31 (2): 303-309.
33. 张富刚, 郝晋珉, 姜广辉, 等. 中国城市土地利用集约度时空变异分析[J]. 中国土地科学, 2005, 19 (1): 23-29.
34. 彭建超, 徐春鹏, 吴群, 等. 长三角地区城市土地利用集约度区域分异研究[J]. 中国人口·资源与环境, 2008, 18 (2): 103-109.
35. 黎一畅, 周寅康, 吴林, 等. 城市土地集约利用的空间差异研究——以江苏省为例[J]. 南京大学学报: 自然科学, 2006, 42 (3): 309-315.
36. 马涛. 产业规划: 城市产业用地集约利用实现途径及其经济机理分析——基于土地空间特性的视角[J]. 上海交通大学学报: 哲学社会科学版, 2008, 16 (6): 75-81.
37. 李效顺, 姜海, 曲福田, 等. 南京市建设用地理性目标计量研究[J]. 中国土地科学, 2009, 23 (10): 31-35.
38. 李伟芳, 吴迅锋, 杨晓平. 宁波市工业用地节约和集约利用问题研究[J]. 中国土地科学, 2008, 22 (5): 23-27.
39. 郑新奇, 王筱明, 王爱萍, 等. 城市宗地集约利用潜力评价方法研究——以济南市城区为例[J]. 资源科学, 2005, 27(6): 71-75.
40. 谭丹, 黄贤金, 胡初枝, 等. 不同行业工业用地集约利用水平比较研究——以江苏省典型区域为例[J]. 江西科学, 2008, 26(6): 922-927.
41. 洪增林, 薛慧锋. 城市土地集约利用潜力评价指标体系[J]. 地球科学与环境学报, 2006, 28(1): 106-110.
42. 番婷婷. 我国城市土地集约利用研究综述[J]. 合作经济与科技, 2010 (11): 18-19.
43. 王力, 牛铮, 尹君, 等. 基于RS和ANN的城市土地集约利用潜力评价[J]. 重庆建筑大学学报, 2007, 29 (3): 32-35.
44. 李景刚, 欧名豪, 刘志坚, 等. 江苏省开发区土地集约利用潜力研究[J]. 中国人口·资源与环境, 2006, 16 (6): 129-134.
45. 顾湘, 王铁成, 曲福田. 工业行业土地集约利用与产业结构调整研究——以江苏省为例[J]. 中国土地科学, 2006, 20 (6): 3-8.
46. 张金萍. 城市土地集约利用潜力评价信息系统构建浅析[J]. 世界科技研究与发展, 2006, 28 (4): 65-69.
47. 尹君, 谢俊奇, 王力, 等. 基于RS的城市土地集约利用评价方法研究[J]. 自然资源学报, 2007, 22 (5): 775-783.
48. 陈基伟. 上海市产业用地节约集约发展对策刍议[J]. 上海地质, 2010, (3): 41-44.

# 第7章
# 土地生态空间体系规划

## 第一节　土地生态环境问题识别

任何土地利用变化都与一定的生态环境后果密切相关。受人类大规模土地利用活动驱动的影响，上海市生态环境质量受到严重影响。

### 1. 环境污染问题不容忽视

（1）上海已经成为严重水质型缺水城市。中心城区河道水质处于严重污染状态，闸北区、黄浦区、普陀区、长宁区和虹口区劣于Ⅴ类水的面积比例达100%，徐汇区和静安区劣于Ⅴ类水的面积比例也分别达98.8%和94.0%。郊区骨干河道水质污染也相当严重，宝山、闵行、嘉定、松江、浦东新区和奉贤各行政区劣于Ⅴ类水的面积比例分别达98.9%、99.7%、77.9%、75.2%、73.4%和63.8%。

（2）大气污染问题不容忽视。人口规模的加大和城镇建设用地的增加使得燃煤现象增多，机动车数量不断攀升。通过主要污染指标的对比发现，上海这几年主要的大气污染问题为煤烟型污染和机动车尾气污染。通过对上海行政区内主干道近距离3~5m高分辨率落地浓度计算显示，2002年全市所有污染源排放对近地面环境空气中$NO_x$的浓度影响中，机动车排放贡献率为63%~86%，说明机动车排放是直接影响上海市环境空气中$NO_x$

浓度的主要污染源。2004年城区二氧化氮年日均值已达0.062mg/m³，较2003年又上升0.005mg/m³。

（3）城区污染向城郊转移的情况日渐加重。伴随城区的扩大和经济的发展，污染企业外迁，人口不断增加，上海市郊的污染水平不断上升。同时，由于城区环保工作力度的加大，而城郊很多地区环保水平相对滞后，使得环境污染呈现向周边郊区转移的趋势。

## 2. 生态已呈赤字，生态安全不容乐观

上海市生态足迹计算结果（表7-1）表明，2004年上海地区人均生态足迹为2.419hm²/cap，人均生态承载力为0.0879hm²/cap，本区域的人均生态足迹需求远远超过了人均生态承载力，由此得出人均生态赤字为2.3312hm²/cap（图7.1）。

表7-1 上海市2004年生态足迹和生态承载力计算结果

| 生态足迹的需求 | | | | 生态足迹的供给（生态承载力） | | | |
|---|---|---|---|---|---|---|---|
| 土地类型 | 总面积/(hm²/cap) | 均衡因子 | 均衡面积/(hm²/cap) | 土地类型 | 人均实际土地面积/(hm²/cap) | 产出因子 | 均衡面积/(hm²/cap) |
| 耕地 | 0.3263 | 2.8 | 0.9138 | 耕地 | 0.0182 | 2.42 | 0.0440 |
| 草地 | 0.1366 | 0.5 | 0.0683 | 草地 | 0.0021 | 1.3 | 0.0027 |
| 林地 | 0.0027 | 1.1 | 0.0030 | 林地 | 0.0050 | 1.35 | 0.0068 |
| 水域 | 0.8490 | 0.2 | 0.1698 | 水域 | 0.0009 | 42.3 | 0.0381 |
| 化石燃料 | 1.1053 | 1.1 | 1.2159 | $CO_2$吸收 | 0.0000 | 0.61 | 0.0000 |
| 建筑用地 | 0.0172 | 2.8 | 0.0483 | *建筑 | 0.0034 | 2.42 | 0.0082 |
| 总需求足迹 | | | 2.4190 | 总供给面积 | | | 0.0999 |
| | | | | 生物多样性保护（12%） | | | 0.0120 |
| | | | | 生态承载力 | | | 0.0879 |

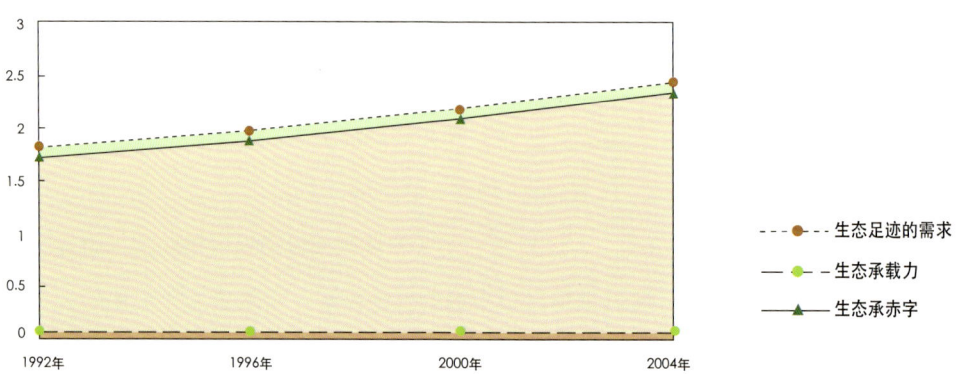

图7.1 上海市1992—2004年生态赤字分析

巨大的生态赤字表明，上海地区对自然生态资源的消耗远远超出了其生态承载力的供给能力。从上海地区2004年生态足迹的计算过程来看，上海地区目前的发展是通过过

度消耗自然生态资源的存量和输入国内及国外的自然生态资源来弥补上海生态承载力供给的不足。从能源角度来看，能源足迹比例较大，所以，生态足迹的平衡又主要体现在对化石能源的进口上。可见，上海地区城市生态系统发展处于一种不可持续状态，而且这种现象还在继续扩大。

### 3．城市绿化建设用地仍显不足

（1）城市绿地数量不够，质量不高，空间布局不合理。从数量上看，上海2004年人均绿地面积为10.11$m^2$；从质量上看，上海城市公共绿地物种较单一，多以草皮为主，兼有少量低矮花草和稀疏乔木，乔、灌、草比例不协调，生态效益低下；从空间分布上看，2004年各区绿化面积统计表明上海绿地分布不均匀，差异明显，浦东新区、闵行区、嘉定区、宝山区、南汇区、金山区、青浦区、松江区共8区的人均公共绿地面积均超过全市平均水平，而其他11个区县人均绿地面积平均水平竟只有3.01$m^2$。

（2）绿地建设对生态合理性考虑不够，生态效益较差。上海以块状为主的绿地布局形式不利于各绿地斑块的联系，降低了绿地的生态效益。专用绿地和公园绿地合计占城市园林绿地面积的77%，街道绿地所占比例仅为19.4%，可见专用绿地和公园绿地构成了城市绿地系统的主体，而承担绿地框架联结功能的街道绿地所占比例不高，未能有效地将大片的主要绿地与零星分散的小面积绿地联结起来，以形成完善的网状都市绿地体系。从各区绿地斑块的构成来看，景观结构较好的不多。从整体来看，大型绿地斑块，特别是面积在3 000~10 000$m^2$的大中型斑块的数量特别不足，有些城区基本上只是以小型斑块为主，使绿化景观的各项指标明显偏低，绿化的整体生态功能难以充分发挥。

（3）城市森林在总量与结构上与增强生态功能、美化城市环境的要求相比，仍有一定程度的不适应。根据城市热场特征测算，为平衡城市化区域较高的热负荷，上海需要2 300$km^2$的森林，森林覆盖率为36%；根据森林单位面积供氧能力及碳氧平衡估算，森林需求面积为1 900$km^2$，森林覆盖率在30%；依据生态环境质量和生活需求测算，上海森林面积至少需要2 200$km^2$，森林覆盖率为34%。而上海市2004年全市实有造林面积704$km^2$，森林覆盖率只有17.1%。无论以哪条标准衡量，上海城市森林都仍应保持高速增长的态势,将总量扩张到一定规模。

### 4．地面沉降问题依然严峻

综合研究地质环境和地面沉降的动态特征，近阶段上海市地面沉降的严重程度和分布范围具有三个明显的特征。

(1) 沉降速率不断增大。1990—2004年的15年间，中心城区平均沉降201.21mm，年均沉降13.41mm，其年均沉降值几乎是1972—1990年同地区年均沉降值的6倍。

(2) 空间分布不断扩展。1986—1990年期间，累积地面沉降量超过50mm的地区仅为28km$^2$，没有超过100mm的沉降区域；而到2000年累积地面沉降量大于50mm的地区已发展到260km$^2$，沉降幅度大于100mm的区域约为108.7km$^2$，其发展速率和发展规模十分惊人。

(3) 差异沉降明显，且随着地面沉降速率的发展而不断增大。从各行政区地面沉降空间特征与统计指标看，杨浦区、闸北区、虹口区、黄浦区、长宁区、浦东新区、闵行区等地区的地面沉降的差异性最为显著。

### 5. 城市热岛效益加剧

(1) 城市热岛范围和强度不断扩大。1990—2000年上海城市扩展现象非常明显，1990—1995年扩展主要发生在中心城区，而1995—2000年郊区城市化出现加速趋势。与此同时，上海四季热岛效应强度也在不断增加。1990—2005年城市热岛效应增加明显，春季和夏季尤其显著。

(2) 不同类型建设用地热岛效益差异明显。建设用地中热贡献率最大的是工矿用地，其次是城镇用地，再次为农村居民点。在人口和经济社会高速增长的过程中，城市扩展使得城市地表发生剧烈的变化，土地利用类型逐渐从乡村用地转变为城市用地，原本自然的植被、土壤表面逐步被不透水、不透气的水泥、砖瓦、沥青、建筑等所取代，城市下垫面的热辐射性质发生了很大的变化，导致城市与郊区的太阳辐射分布出现巨大差异，从而造成城乡之间的地表温度出现较大差异。

## 第二节 生态系统评价

### 1. 区域生态系统类型

上海市生态系统类型主要包括森林、湿地、水域、农田、城市等组分（图7.2）。其中，森林、湿地和滩涂属于自然要素，它们是人类赖以生存的生态资产，具有重要的生态服务功能，如局部气候调节、涵养水源、土壤保持与养分循环、维持生物多样性、休闲娱乐和文化价值等。农田和城市则是由人类活动所主导的人工亚系统，具有生产、流通、消费、调控和还原功能，这些服务功能是通过人口流、物质流、能量流和信息流过程来实现的。

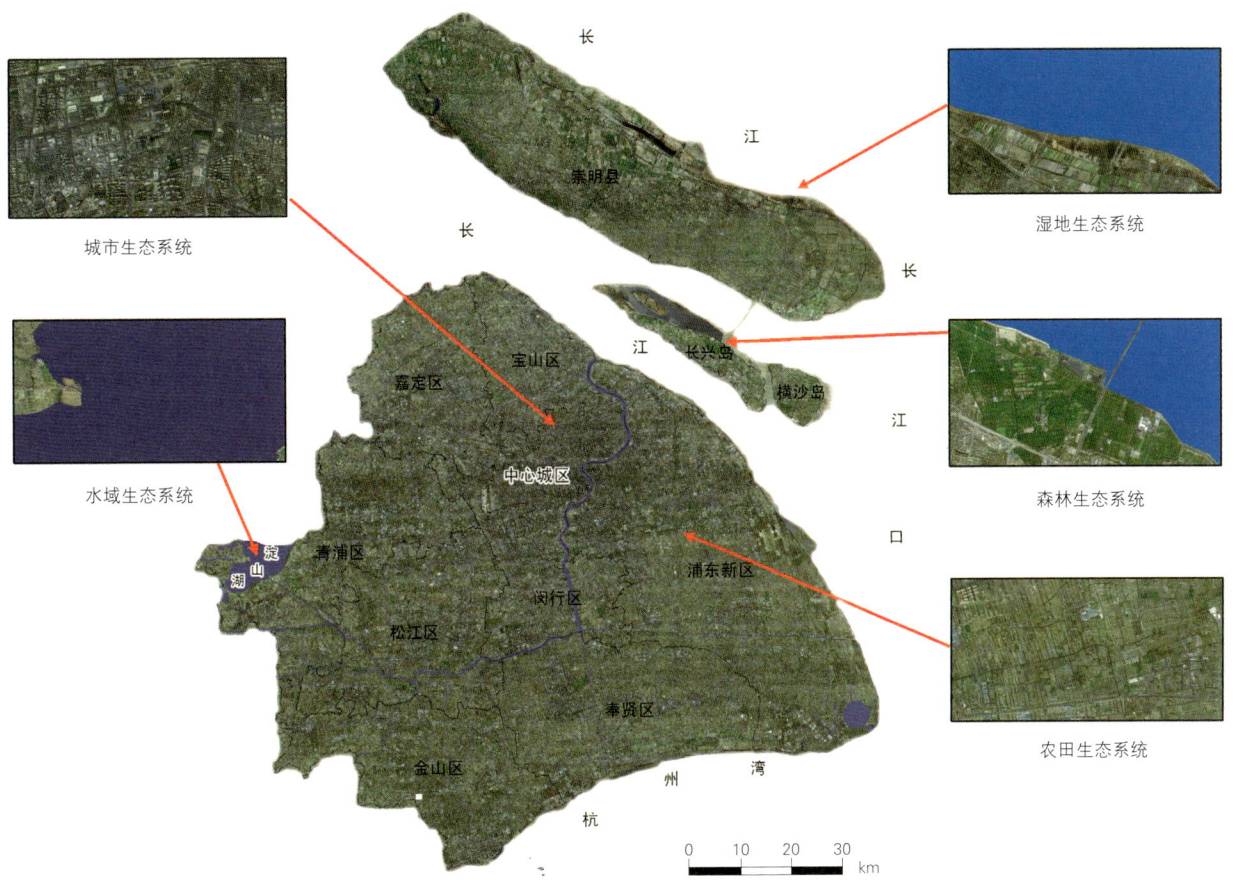

图7.2 上海市主要生态系统类型图

（1）森林生态系统

从植被分区来看，上海处于亚热带常绿阔叶林和落叶阔叶林的交错带之中，地带性植被为常绿阔叶林。但该区的人为活动干扰强烈，自然植被仅存于大小金山岛上，其他地区绝大部分为人工栽培植被。此外，在西南部的丘陵上，分布着少量成片的次生林。动物主要是树栖鸟类、昆虫、爬行动物和哺乳动物等。

为了增加上海城市绿化率，实现上海可持续发展，同时适应现代化大都市人类回归自然的需要，2000年，上海率先在我国实施"把森林引入城市"计划，开始大规模地进行城市人工森林的建设（沈烈英，2007）。据统计，2002年上海市森林面积约为774km$^2$，森林覆盖率为12.2%。城区人均公共绿地面积提高到7.6m$^2$，城市绿化覆盖率提高到30%。上海拥有崇明东平国家森林公园和佘山国家森林公园两个国家级森林公园。

其中，崇明东平国家森林公园总面积为358hm², 是目前华东地区最大的平原人工森林。佘山国家森林公园总面积为400hm²，包括东西佘山、天马山、凤凰山、小昆山等12座山峰，是上海唯一的自然山林胜地（汪松年，2001）。

(2) 湿地生态系统

上海地处长江口独特的地理位置，拥有丰富的湿地资源。上海湿地生态系统主要分布于沿江沿海滩涂地区和青西湖泊地区，崇明东滩湿地被列入《国际重要湿地名录》。滩涂植被由低潮区向内延伸依次为藻类、海三棱藨草、芦苇群落等。大量的底栖动物生活于此，为其他动物提供了充足的食物来源，吸引了各种鸟类、鱼类和哺乳动物等，是生物多样性极为丰富的地区。

目前，上海辖区内湿地总面积为3 338.40km²，其中近海及海岸滩涂湿地面积最大，达2 823.26km²，占84.5%，主要分布在长江口三岛边滩、九段沙和其他河口沙洲以及长江口南岸、杭州湾北岸等地区；河流湿地约391.25km²，占11.7%，主要分布在内陆河流水系；湖泊湿地123.89km²，占3.8%，主要分布在淀山湖地区（汪松年，2001；戴晓燕，2007）。

(3) 水域生态系统

上海市滨海临江，地表水资源丰富，全市地表水总量为593.5亿m³。地表水来源由三部分组成：一是降水所产生的本地径流，二是上游太湖流域来水，三是长江口来水。本地年平均径流量为18.64亿m³，上游太湖流域来水量年平均为100.2亿m³，长江口潮水量属中等强度潮汐河口。潮水涌入黄浦江后，感潮区可上潮至淀山湖，总的潮水补给量为474.7亿m³。

根据2000年上海市水资源普查报告，全市水面积为405.54km²，水面率为6.40%。其中，各类河道共23 878条，总长21 646.29km，河网密度3.41km/km²，主要河道有蕴藻浜、高桥港、虬江、杨浦港、虹口港、白莲泾、六磊塘等天然河道和金汇港、大治河、浦东运河、川杨河等人工河道；共有淀山湖、元荡等湖泊21个，面积59.32km²，主要分布在上海西部地区。

上海市水域生态系统总体特征是地区水资源总量丰富，尤其是长江过境水量惊人；但河道水质情况却不容乐观，受工业和生活污水等的影响，普遍不能达到水环境功能要求，尤其是苏州河、淀山湖地区。上海市已成为全国36个水质型缺水城市之一，也被联合国评定为"未来六大缺水城市之一"（于霞，2006）。

（4）农田生态系统

上海地处长江三角洲平原，地势低平，气候属于典型的亚热带季风气候，年平均降水量为1 100mm，在人类活动水耕熟化和旱耕熟化作用的影响下，形成各种农业土壤。在上述自然气候条件和人类活动共同作用下，形成了各种不同的农田生态系统，西部低洼地区水稻水产生态系统，包括青西淡水湖荡水产区，青浦和淞江水稻和水产区，淞江和金山水稻、小麦商品粮区；沿江沿海水稻、棉花、小麦、油菜等商品粮棉油区，包括嘉宝棉花生产区、川南棉花、油菜种植区，奉金水稻、小麦种植区，川南奉滨海棉花、渔业、奶牛种植养殖区；江中三岛粮棉副食品种植养殖区，包括崇明北部水稻、棉花、牛羊种植养殖区，崇明南部水稻、油菜、药材种植，长兴岛桔子种植区等。2005年上海市粮食种植面积为15.2万$hm^2$，其中，小麦种植面积为3.1万$hm^2$；大麦种植面积为0.8万$hm^2$，水稻种植面积为11.3万$hm^2$左右（于霞，2006）。

上海农田生态系统受农业耕作规律的影响，植物多以粮食作物、蔬菜、瓜果为主；动物主要是一些伴生群落，如农业昆虫、软体动物以及以昆虫和作物为食的脊椎动物。

（5）城市生态系统

上海城市生态系统主要分布于城市化地区，受到人类活动的干扰最为强烈。上海市1996–2005年历年土地利用变更调查数据显示，上海市建设用地约占该市土地总面积的30%，远远大于其他同等级别城市。其中，中心城区95.64%的土地被建设用地占据，自然的植被、土壤表面被不透水、不透气的水泥、砖瓦、沥青、建筑等取代，加剧了上海的城市热岛效应。而"热岛效应"在温度升高的同时，又带来了严重的污染，影响到人体的健康。因此，中心城区的生态系统建设是减缓整个上海市"热岛效应"的重点区域。除此之外，中心城污水收集管网尚未完全覆盖，排水系统存在空白区，部分地区雨污管道混接现象严重；中心城区机动车数量大，汽车尾气排放严重，交通干道空气污染超标严重。

该生态系统为典型的社会经济生态系统，其生态过程与自然生态系统生态过程有巨大的差异，主要的生态过程为工业、商业、金融、教育、交通、运输、居住生活休闲等过程；其植被多以人工栽培的观赏植物为主，仅有少量两栖类、鸟类和小型兽类栖息于此。

## 2. 生态系统敏感性评价

生态系统敏感性是指生态系统对区域中各种自然和人类活动干扰的敏感程度，它反映的是区域生态系统在遇到干扰时，发生生态环境问题的难易程度和可能性的大小。生态系统敏感性反映了目标生态系统对干扰的抗性大小，对于评价区域生态系统的稳定性，确定生态系统保护的重点具有重要作用（于霞，2006）。

上海市生态系统敏感性评价主要是根据上海市主要生态问题的形成机制，分析生态敏感性的区域分异规律，明确特定生态问题可能发生的地区范围与可能程度。在敏感性评价的过程中，在针对特定生态问题评价的基础上，对多种生态问题的敏感性综合分析，明确区域生态敏感性的分布特征，从而为生态功能类型区的划分和生态用地的空间管制提供依据。

在上海市生态系统敏感性评价中，主要包括地质灾害敏感性评价、水源涵养区敏感性评价、土壤污染敏感性评价、风景名胜保护区敏感性评价和综合生态环境敏感性几个方面的内容。

### （1）地质灾害敏感性评价

上海陆地主要是由长江携带的大量泥沙，在江海相互作用下冲淤而成。境内除西南部地区有少数残丘外，其余地区地形平缓，地势坦荡，属典型的、低平的冲积平原。境内主要的地质灾害为地面沉降以及由此带来的次生灾害等。地质灾害敏感性评价的目的是识别容易形成地质灾害的区域，评价地质灾害对人类活动的敏感程度。研究中利用上海市地质调查研究院制作的上海市地质灾害易发程度图，完成了上海市地质灾害敏感性等级标准制定（表7-2）与空间分布（图7.3）。并通过上海市地质灾害敏感性空间分布图与2004年上海市基于遥感图像的土地利用分类图做叠加分析，评价地质灾害敏感性对上海市不同生态系统的影响程度（表7-3）。

表7-2 上海市地质灾害敏感性分级标准

| 地质灾害易发程度 | 地质灾害敏感性等级 |
|---|---|
| 高易发区 | 高度敏感 |
| 中等易发区 | 中度敏感 |
| 低易发区 | 低度敏感 |
| 不易发区 | 不敏感 |

表7-3 上海市各主要生态系统地质灾害高度敏感性区域构成比例

| 生态系统 | 面积/km² | 比例/%* |
|---|---|---|
| 森林生态系统 | 36.34 | 35.27 |
| 湿地生态系统 | 83.15 | 38.54 |
| 农田生态系统 | 1069.06 | 23.48 |
| 城市生态系统 | 483.42 | 33.28 |

注：该比例为各生态系统中地质灾害高敏感性区域面积在该生态系统总面积中的比重。

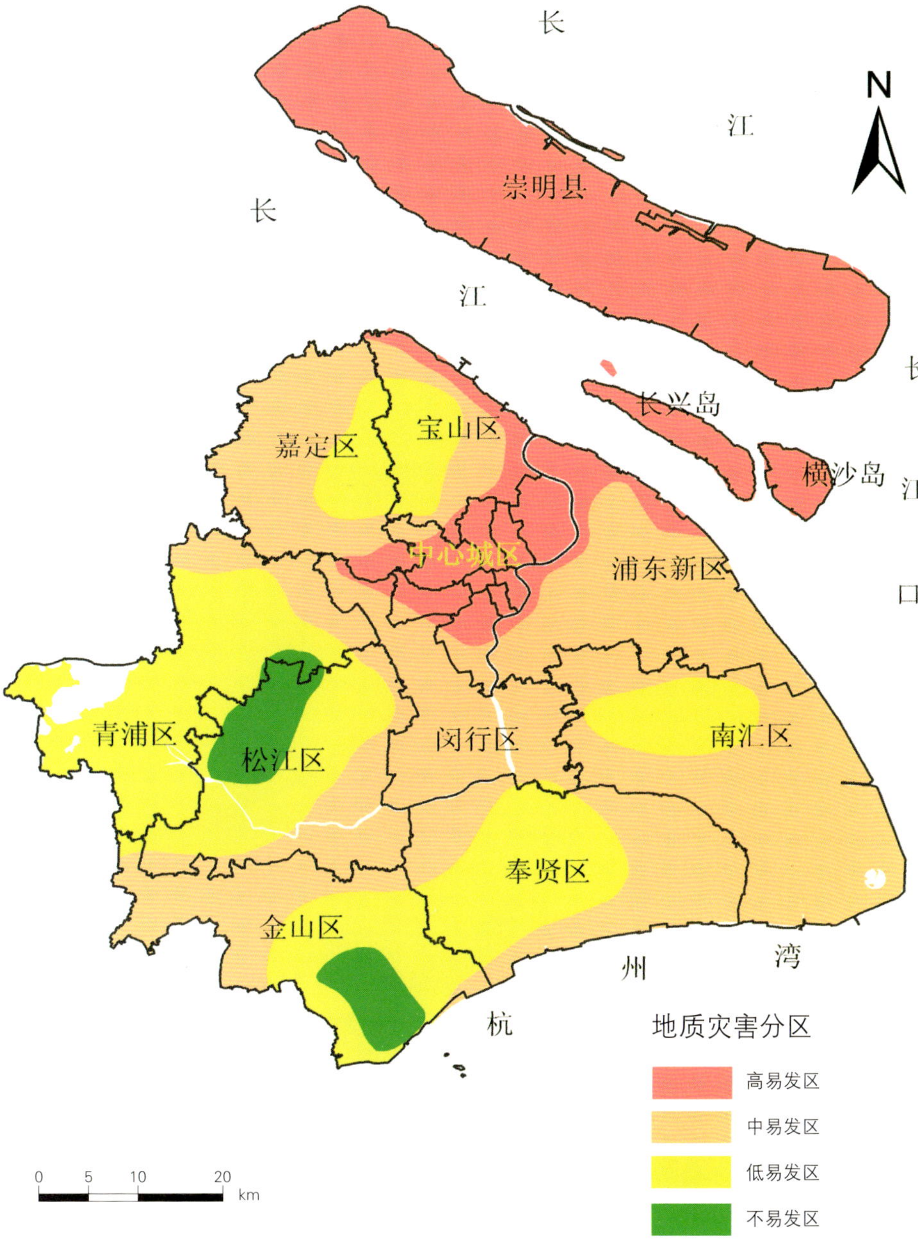

图 7.3 上海市地质灾害敏感性分布图

## （2）水源涵养区敏感性评价

上海地区水资源总量丰富，主要由本地水资源量和过境水资源量组成。本地水资源量包括地表径流量和地下水可开采量。其中，多年平均地表径流量为 24.15 亿 $m^3$，年地下水开采量（承压水）为 1.42 亿 $m^3$。因此，多年平均本地水资源量为 25.57 亿 $m^3$。而过境水资源量包括长江干流过境水和太湖流域过境水。其中，长江多年平均过境水量为 9 335 亿 $m^3$，太湖流域多年平均过境水量为 106.6 亿 $m^3$。因此，多年平均过境水资源总量为 9 441.6 亿 $m^3$（于霞，2006）。

水源涵养区敏感性评价就是评价水源涵养区对人类活动的敏感程度。根据主要湖泊、河道分布情况（图7.4）和不同等级，将上海市的水源涵养区敏感性划分为4个等级（表7-4）。

表7-4 上海市水资源涵养区敏感性分级标准

| 河道等级 | 水资源涵养区敏感性等级 |
| --- | --- |
| 湖泊、骨干河道及其周边1km范围 | 高度敏感 |
| 重要河道及其周边1km范围 | 中度敏感 |
| 一级河道及其周边1km范围 | 低度敏感 |
| 其他区域 | 不敏感 |

利用完成的上海市水资源涵养区敏感性空间分布图（图7.5）与2004年上海市基于遥感图像的土地利用分类图做叠加分析，评价水资源涵养区敏感性在上海市不同生态系统中的构成比重（表7-5）。

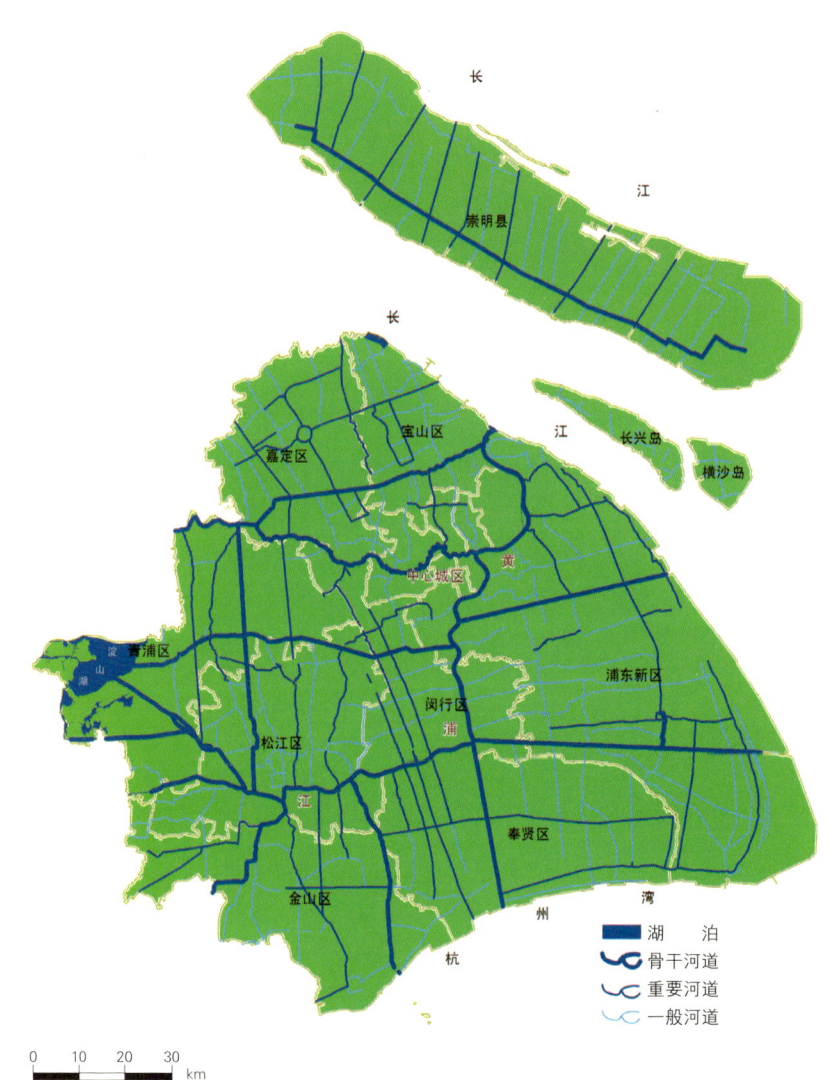

图7.4 上海市主要河道分布图

表7-5 上海市各主要生态系统水资源涵养区高度敏感性区域构成比例

| 生态系统 | 面积/km² | 比例/%* |
|---|---|---|
| 森林生态系统 | 23.67 | 22.97 |
| 湿地生态系统 | 139.80 | 8.32 |
| 农田生态系统 | 766.57 | 16.84 |
| 城市生态系统 | 373.90 | 25.74 |

注：该比例为各生态系统中水资源涵养区高敏感性区域面积在该生态系统总面积中的比重。

(3) 土壤污染敏感性评价

上海地区的成陆演变，在各种沉积母质和母岩上经各种成土过程，发育了多种土壤。主要成土过程包括沼泽化过程、潮甸化过程、盐化过程和富铝化过程。这些自然成土过程，除富铝化过程形成黄棕壤外，其余成土过程均受到人类活动不同程度的水耕熟化和旱耕熟化作用，形成各种农业土壤。

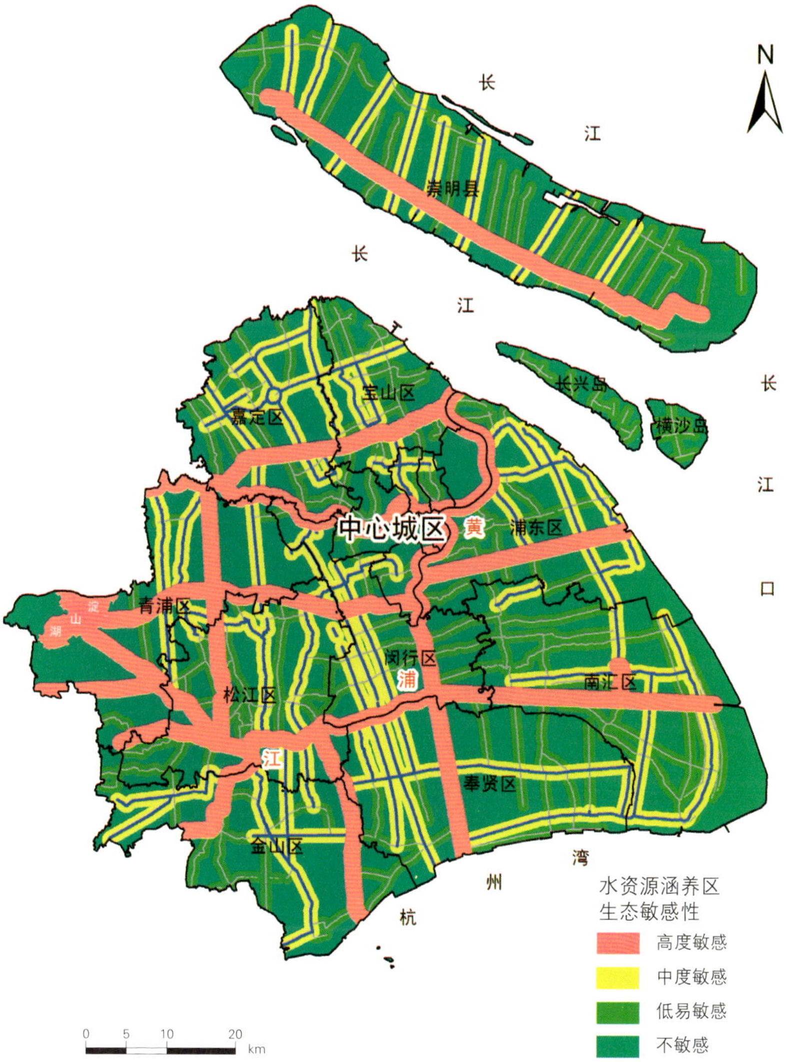

图7.5 上海市水资源涵养区敏感性分布图

土壤污染敏感性评价就是评价土壤对人类活动的敏感程度。基于上海市的土壤质量评价结果，根据土壤质量的不同等级，将上海市的土壤污染敏感性划分为4个等级（表7-6）。

表7-6 上海市土壤污染敏感性分级标准

| 土壤质量等级 | 土壤污染敏感性等级 |
|---|---|
| 超三级 | 高度敏感 |
| 三级 | 中度敏感 |
| 二级 | 低度敏感 |
| 一级 | 不敏感 |

利用完成的上海市土壤污染敏感性空间分布图（图7.6）与2004年上海市基于遥感图像的土地利用分类图做叠加分析，评价土壤污染敏感性在上海市不同生态系统中的构成比重（表7-7）。

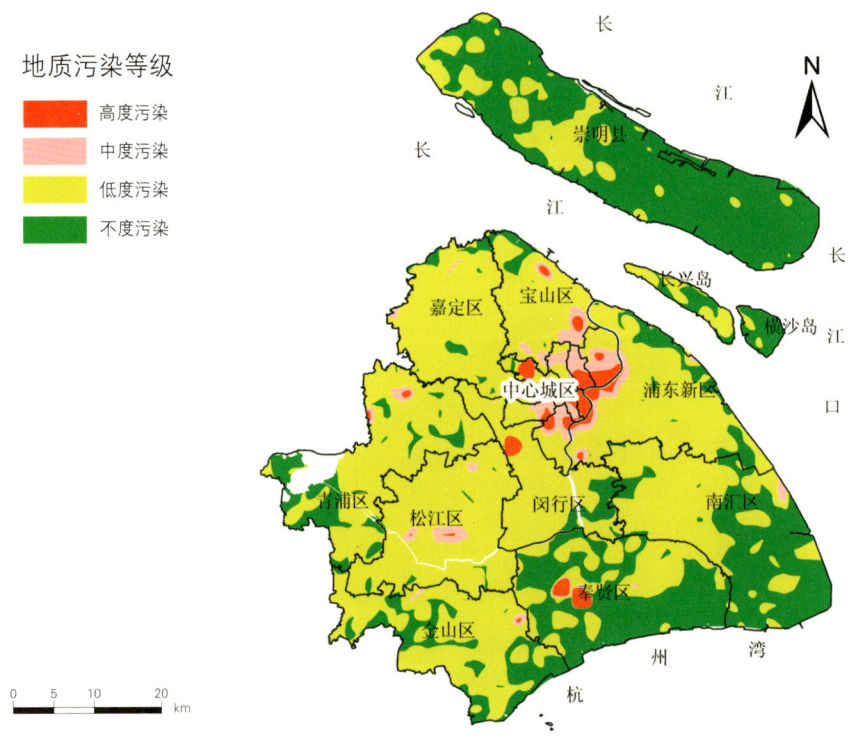

图7.6 上海市土壤污染敏感性分布图

表7-7 上海市各主要生态系统土壤污染高度敏感性区域构成比例

| 生态系统 | 面积/km² | 比例/%* |
|---|---|---|
| 森林生态系统 | 0.00 | 0.00 |
| 湿地生态系统 | 0.00 | 0.00 |
| 农田生态系统 | 19.55 | 0.43 |
| 城市生态系统 | 91.03 | 6.27 |

注：该比例为各生态系统中土壤污染高敏感性区域面积在该生态系统总面积中的比重。

## （4）风景名胜保护区敏感性评价

根据上海市风景名胜保护区名录（表7-8），依据城市中心到这些风景名胜保护区的距离，将上海市风景名胜保护区敏感性划分为4个等级（表7-9）。

表7-8 上海市风景名胜保护区名录

| 序号 | 名称 | 地点 | 序号 | 名称 | 地点 |
|---|---|---|---|---|---|
| 1 | 秋霞圃 | 嘉定镇 | 15 | 唐经幢 | 仓桥镇 |
| 2 | 法华塔 | 嘉定镇 | 16 | 上海醉白池 | 松江镇 |
| 3 | 孔庙 | 嘉定镇 | 17 | 上海方塔园 | 松江镇 |
| 4 | 吴兴寺 | 外冈镇 | 18 | 天马山护珠塔 | 天马山镇 |
| 5 | 南翔双塔 | 南翔镇 | 19 | 松江清真寺 | 佘山镇 |
| 6 | 宝山古城墙遗址 | 杨行镇 | 20 | 报国寺 | 朱家角镇 |
| 7 | 吴淞西炮台遗址 | 宝山镇 | 21 | 崇明学宫 | 湄洲新村 |
| 8 | 钦赐仰殿 | 陆家嘴金融贸易区 | 22 | 唐一岑庙 | 城桥镇 |
| 9 | 万佛阁 | 奉城镇 | 23 | 寿安寺 | 老校港渔民粗村 |
| 10 | 福泉寺 | 老港镇 | 24 | 海湾国家森林公园 | |
| 11 | 通津桥 | 新寺镇 | 25 | 佘山国家森林公园 | |
| 12 | 拓林古文化遗址 | 拓林镇 | 26 | 东平国家森林公园 | |
| 13 | 华严塔 | 松隐镇 | 27 | 共青国家森林公园 | |
| 14 | 李塔 | 李塔汇镇 | 28 | 滨江森林公园 | |

表7-9 上海市风景名胜保护区敏感性分级标准

| 距离风景名胜保护区距离 | 风景名胜保护区敏感性等级 |
|---|---|
| 500m范围以内 | 高度敏感 |
| 500m~2km范围以内 | 中度敏感 |
| 2km~5km范围以内 | 低度敏感 |
| 5km范围以外 | 不敏感 |

利用完成的上海市风景名胜保护区敏感性空间分布图（图7.7）与2004年上海市基于遥感图像的土地利用分类图做叠加分析，评价风景名胜保护区敏感性在上海市不同生态系统中的构成比重（表7-10）。

表7-10 上海市各主要生态系统风景名胜保护区高度敏感性区域构成比例

| 生态系统 | 面积/km$^2$ | 比例/%* |
|---|---|---|
| 森林生态系统 | 1.16 | 1.13 |
| 湿地生态系统 | 0.57 | 0.46 |
| 农田生态系统 | 1.28 | 0.35 |
| 城市生态系统 | 2.66 | 0.06 |

注：该比例为各生态系统中风景名胜保护区高敏感性区面积在该生态系统总面积中的比重。

图7.7 上海市风景名胜保护区敏感性空间分布图

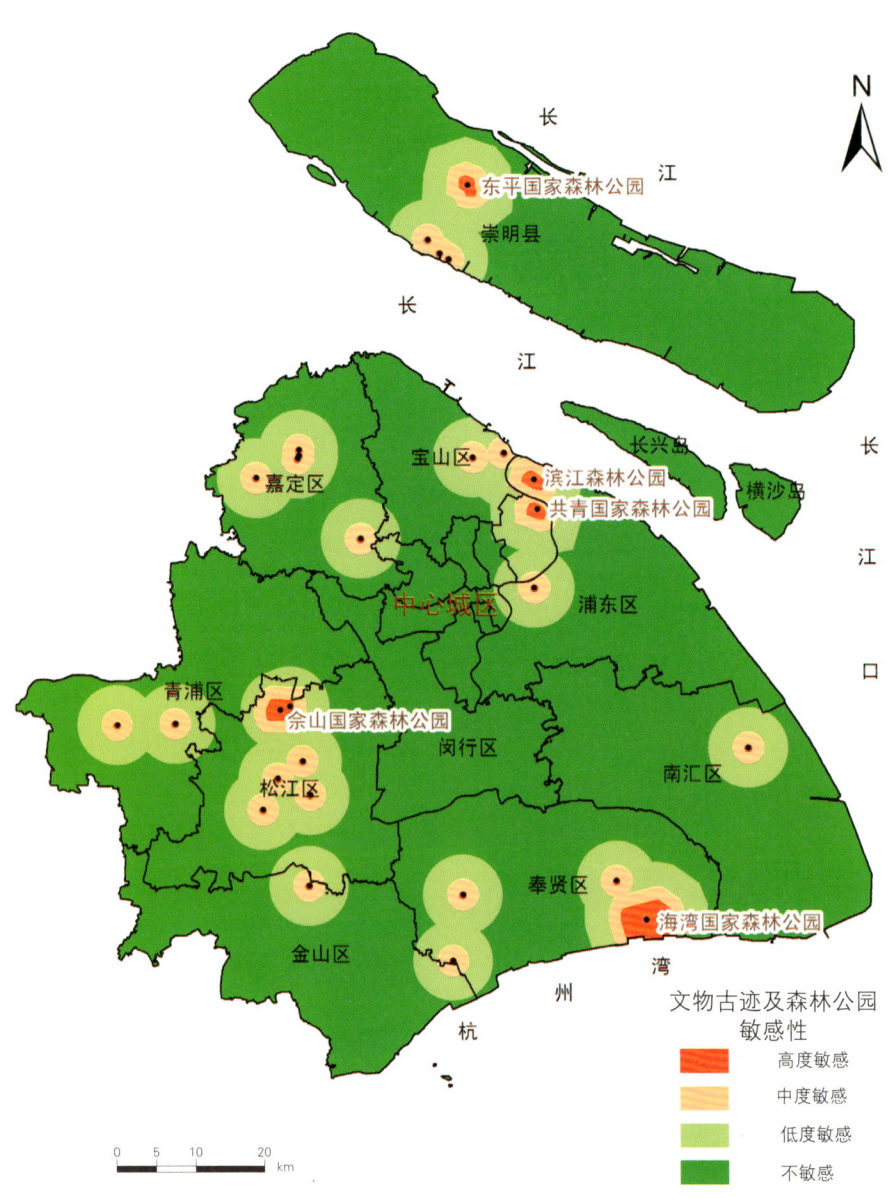

### （5）综合生态环境敏感性评价

基于生态环境敏感性评价因子的计算与分析划分综合生态环境敏感性分级标准（表7-11），并在此基础上进行上海市综合生态环境敏感性评价。

表7-11 综合生态环境敏感性分级指标与标准

| 分级 | 不敏感 | 低度敏感 | 中度敏感 | 高度敏感 |
|---|---|---|---|---|
| 分级赋值（$C$） | 1 | 2 | 4 | 6 |
| 分级标准（$SS$） | <2.0 | 2.0~3.0 | 3.0~4.5 | >4.5 |

在综合生态环境敏感性评价的方法中有综合生态环境敏感性加权计算方法和综合生态环境敏感性指数计算方法。由于上海市地质灾害、水源涵养区、土壤污染、风景名胜保护区对综合生态环境敏感性都具有重要的作用，本书选用了综合生态环境敏感性指数方法来进行计算。综合生态环境敏感性指数计算方法为

$$SS_j = 4\sqrt{\prod_{i=1}^{4} C_i} \qquad (7.1)$$

式中，$SS_j$ 为 $j$ 空间单元综合生态环境敏感性指数；$C_i$ 为 $i$ 因素敏感性等级值。

根据各敏感性评价因子的计算结果、综合生态环境敏感性分级标准和式（7.1），计算上海市综合生态环境的敏感性程度。最终计算结果与分级表对照，得到上海市综合生态环境敏感性空间分布图（图7.8）。

图7.8 上海市综合生态环境敏感性空间分布图

由图7.8可以看出，上海市综合生态环境敏感性以低度敏感和不敏感为主，少量的高度敏感地区主要分布于上海中心城区东部黄浦江下游两岸地区。

各区县综合生态环境高度敏感土地构成如表7-12所示。从中可以看出，综合生态环境高度敏感所占面积比例较高的区县是黄浦区和静安区，其比例分别为66.39%和51.02%。而综合生态环境高度敏感面积较多的区县是浦东区和杨浦区，分别为13.85km$^2$和9.42km$^2$。

表7-12 上海市各区县综合生态环境高度敏感土地构成

| 区县 | 面积/km$^2$ | 比例/%* | 区县 | 面积/km$^2$ | 比例/%* |
| --- | --- | --- | --- | --- | --- |
| 黄浦区 | 8.28 | 66.39 | 闸北区 | 3.65 | 12.52 |
| 卢湾区 | 1.82 | 22.76 | 虹口区 | 4.19 | 17.95 |
| 徐汇区 | 6.74 | 12.31 | 杨浦区 | 9.42 | 15.57 |
| 长宁区 | 0.66 | 1.77 | 闵行区 | 0.21 | 0.06 |
| 静安区 | 3.86 | 51.02 | 浦东区 | 13.85 | 2.43 |
| 普陀区 | 4.31 | 7.80 | | | |

注：该比例为各区县综合生态环境高度敏感土地面积在该区县总面积中所占的比重。表中未包含的区县则不包含生态环境高度敏感的区域。

### 3. 生态系统恢复能力评价

生态系统在受到有限范围的干扰时，可以通过生物学和非生物学机能相互制约的修补过程，恢复它的相对稳定状态。生态系统所具有的这种保持或恢复自身结构和功能的相对稳定能力称为生态系统的稳定性。一般来说，组成生态系统的层次越多，结构越复杂，系统越趋于稳定，受到外力干扰后，恢复其功能的自我调节能力也越强。相反，越是简单的系统则越脆弱，受外力作用后，其恢复能力也越弱。

在生态系统恢复能力评价中，考虑数据获取的可能性，选择归一化植被指数（NDVI）和年降水量两个指标对陆地生态系统恢复能力进行评价。其中，NDVI可以用来反映生态系统的植被覆盖状况，年降水量可以用来反映生态系统水汽状况。一般来说，NDVI和年降水量越高，生态系统的恢复能力越强。

（1）归一化植被指数

归一化植被指数 $NDVI$ 数据取自美国NASA网站上发布的16天合成的250m植被指数数据集。为了能充分反映上海地区植被覆盖状况，我们取2004年全年23景遥感影像，计算各像素点平均植被指数 $NDVI_{mean}$（图7.9）。

$$NDVI_{mean}=\frac{\sum_{i=1}^{23}NDVI_i}{23} \tag{7.2}$$

式中，$NDVI_{mean}$ 为2004年平均植被指数；$NDVI_i$ 为2004年全年23景 $NDVI$ 数据中的第 $i$ 景数据。

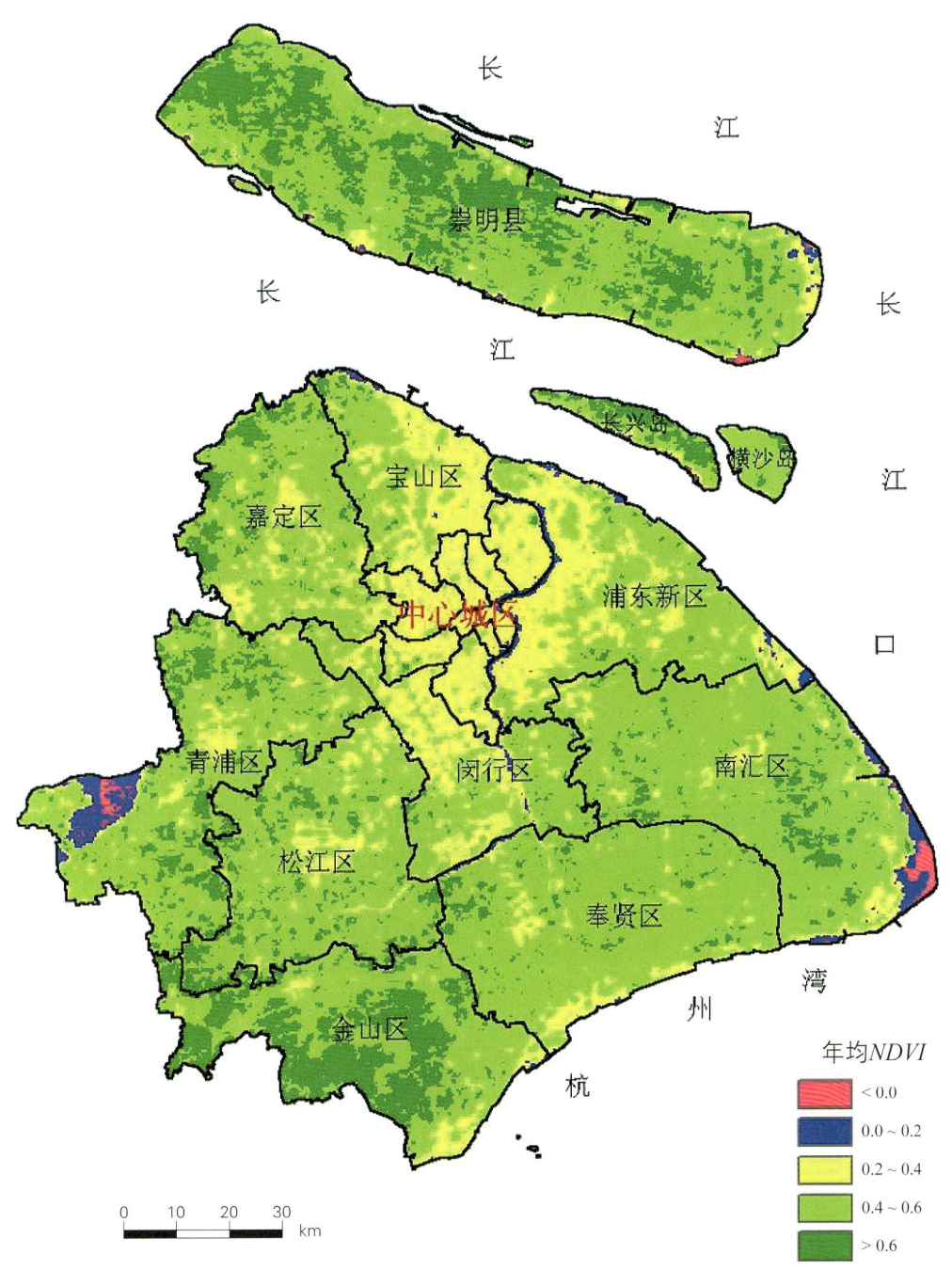

图7.9 上海市2004年平均植被指数图

即另外,利用最大值合成法(MVC)获取2004年春、夏、秋、冬四季的NDVI植被指数图(图7.10)。由图7.9可以看出,上海市植被覆盖状况整体表现为西部优于东部的特点。其中,南部的金山区和北部的崇明县的植被覆盖状况最好;而中心城区的植被覆盖状况较差。由图7.10可以看出,一年四季中夏季上海市的植被覆盖状况最好,而冬季则最差。

图7.10 上海市2004年春夏秋冬四季植被指数图

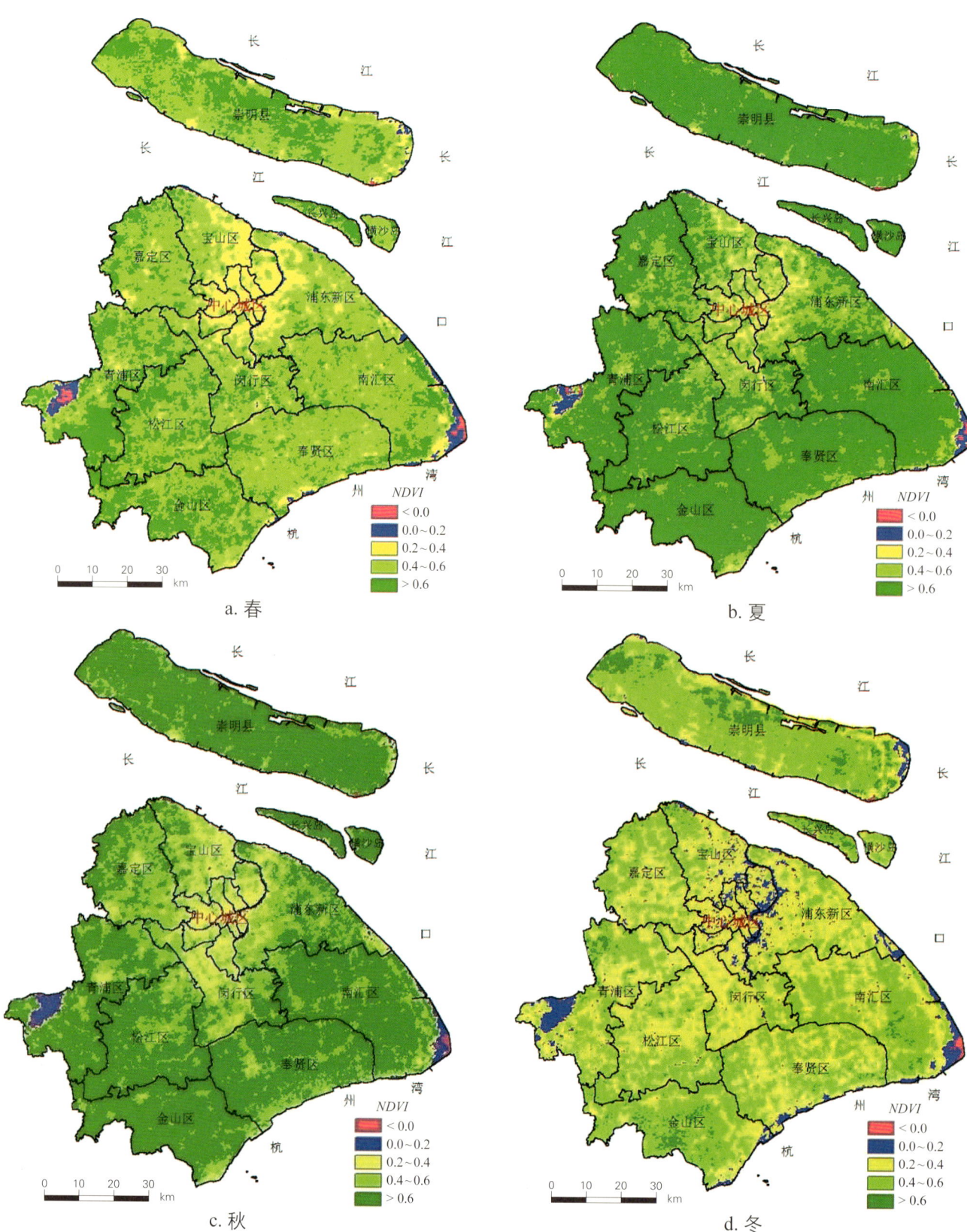

(2) 年降水量

年降水量数据来自于上海市气象背景数据空间分布图。该数据利用1966—1995年有关统计资料，采用空间插值技术生成得到（图7.11）。由图可以看出，上海市年降水量在空间分布上整体表现为由东向西递减的趋势。其中，浦东区的年降水量最高，而崇明岛西部的年降水量最低。

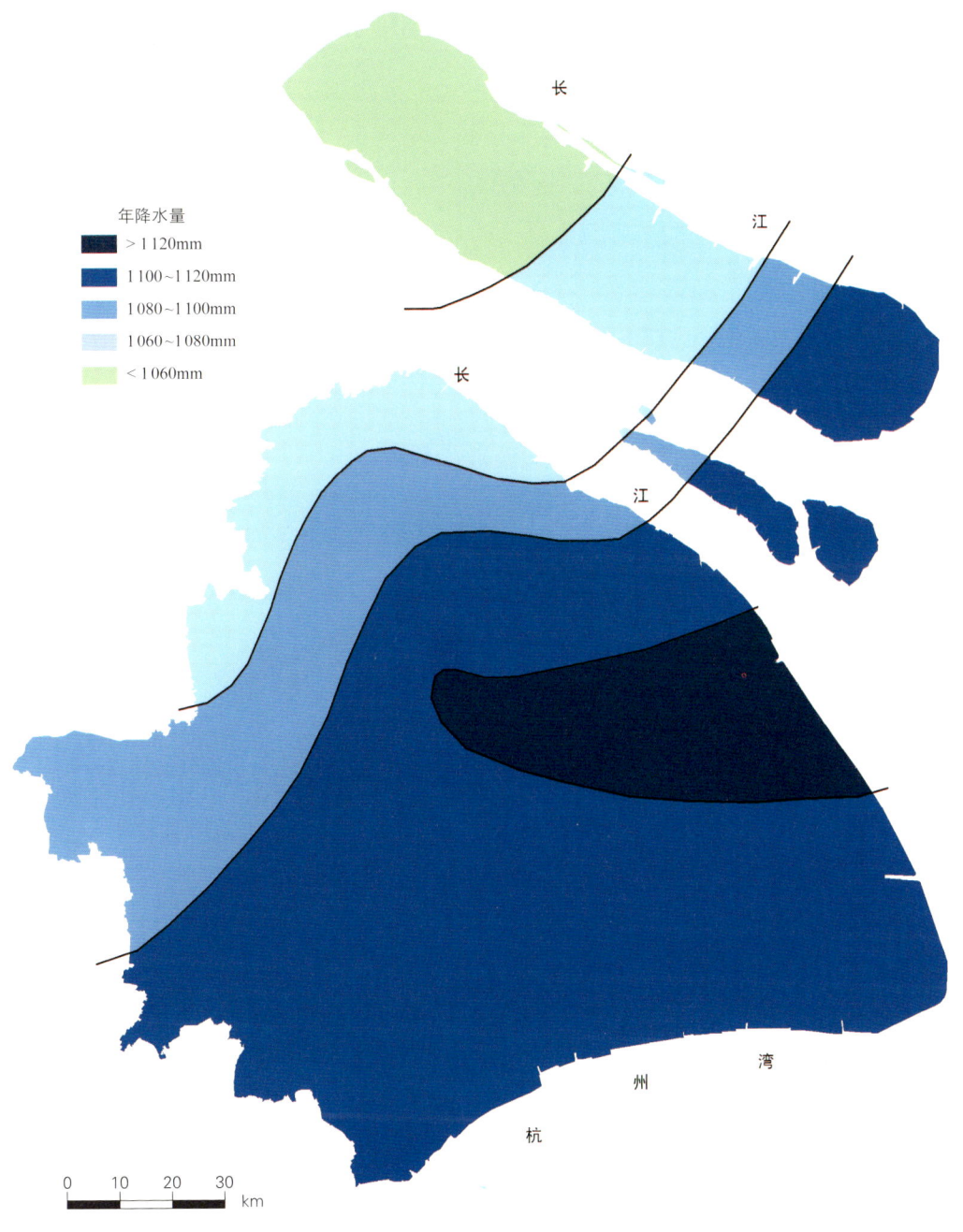

图7.11 上海市年降水量分布图

### (3) 生态系统恢复能力评价

在NDVI、年降水量计算的基础上，应用生态系统恢复能力分级标准（表7-13），将上海市NDVI空间分布图、年降水量分布图分别以0.65和0.35的权重进行叠加计算，得到上海市陆地生态系统恢复能力空间分布图（图7.12）。由图7.12可以看出，上海市生态系统的恢复能力在总体上呈现出较强和极强的恢复能力，其中，金山区中南部、长兴岛东部以及南汇区中东部等地区具有极强的生态恢复能力；而较弱和弱恢复能力的生态系统多分布于上海市的一些水域邻近地区。

表7-13 生态系统恢复能力评价指标与标准

| 恢复能力 | 较弱恢复能力 | 弱恢复能力 | 一般恢复能力 | 较强恢复能力 | 极强恢复能力 |
| --- | --- | --- | --- | --- | --- |
| 年均NDVI | <0.0 | 0.0~0.2 | 0.2~0.4 | 0.4~0.6 | >0.6 |
| 年降水量/mm | <1 060 | 1 060~1 080 | 1 080~1 100 | 1 100~1 120 | >1 120 |
| 分级赋值/C | 1 | 2 | 5 | 7 | 9 |
| 年降水量/mm | <1 060 | 1 060~1 080 | 1 080~1 100 | 1 100~1 120 | >1 120 |
| 分级赋值/C | 1 | 2 | 5 | 7 | 9 |

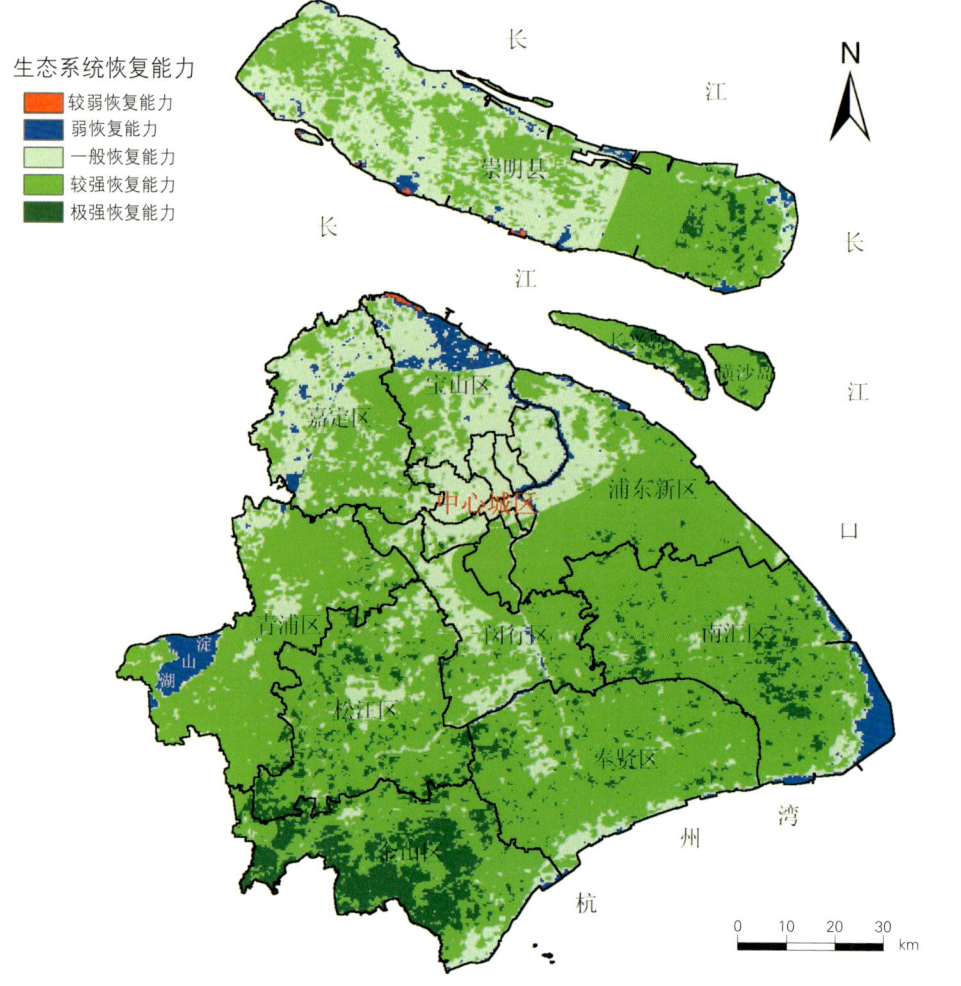

图7.12 上海市生态系统恢复能力空间分布图

## 4. 生态系统服务功能评价

生态系统的功能是指其生境、生物学性质或生态系统过程。生态系统服务功能是指生态系统与生态过程所形成及维持的人类赖以生存的自然环境条件与效用。生态系统服务功能可以概略地分为两大类：一类是生态系统产品，如为人类提供食物、工业原材料、药品等可以商品化的功能；另一类是支撑与维持人类赖以生存的环境，如生态系统对气候调节、水源涵养、水土保持、土壤肥力的更新与维持、营养物的循环、二氧化碳的固定等难以商品化的功能，从而表现为间接价值。生态服务功能的间接价值虽不表现在国家的核算体制上，但它们的价值可能大大超过直接价值，而且直接价值常常源于间接价值。

### （1）生态系统服务及功能

Costanza等（1997）把生态系统服务分为17大类（表7-14），其中只包括可再生的服务，不包括不可再生的燃料和矿物质以及大气。

表7-14 生态系统服务及功能

| 序号 | 生态系统服务 | 生态系统功能 | 举例 |
| --- | --- | --- | --- |
| 1 | 大气调节 | 大气化学成份调节 | $CO_2/O_2$平衡，$O_3$防紫外线，$SO_x$水平 |
| 2 | 气候调节 | 全球温度、降水及其他由生物媒介的全球及地区性气候调节 | 温室气体调节，影响云形成的DMS产物 |
| 3 | 干扰调节 | 生态系统反应对环境波动的容量、衰减和综合 | 风暴防止，洪水控制，干旱恢复等生境对主要受植被结构控制的环境变化的反应 |
| 4 | 水调节 | 水文流的调节 | 为农业、工业和运输提供用水 |
| 5 | 水资源供给 | 水的贮存和保持 | 向集水区、水库和含水岩层供水 |
| 6 | 侵蚀控制 | 生态系统内的土壤保持 | 防止土壤被风、水侵蚀，把淤泥保存在湖泊和湿地中 |
| 7 | 土壤形成 | 土壤形成过程 | 岩石风化和有机质积累 |
| 8 | 养分循环 | 养分的贮存、内循环和获取 | 固氮，N、P和其他元素及养分循环 |
| 9 | 废物处理 | 易流失养分的再获取、过多或外来养分、化合物的去除或降解 | 废物处理，污染控制，解除毒性 |
| 10 | 授粉 | 有花植物配子的运动 | 提供传粉者以便植物种群繁殖 |
| 11 | 生物控制 | 生物种群的营养动力学控制 | 关键捕食者控制猎物种群，高级捕食者使食草动物减少 |
| 12 | 栖息地 | 为定居和迁徙种群提供生境 | 育雏地，迁徙动物栖息地，当地收获物种栖息地或越冬场所 |
| 13 | 食物生产 | 总初级生产中可用为食物的部分 | 通过渔、猎、采集和农耕收获的鱼、鸟兽、作物、坚果、水果等 |
| 14 | 原材料 | 总初级生产中可用为原材料的部分 | 木材、燃料和饲料产品 |
| 15 | 基因资源 | 独一无二的生物和产品的资源 | 医药、材料科学产品，用于农作物抗病和抗植物感染的基因，家养物种（宠物和植物栽培品种） |
| 16 | 休闲娱乐 | 提供休闲游乐活动机会 | 生态旅游、钓鱼运动及其他户外游乐活动 |
| 17 | 文化 | 提供非商业性用途的机会 | 生态系统的美学、艺术、教育、精神及科学价值 |

### （2）评价方法与指标

在评价生态效益时，国际上的做法是综合不同区域内的研究，通过统计归纳总结主要生态过程功能与生态系统效益的价值。Costanza等1997年在《自然》杂志上发表了"全球生态系统服务价值和自然资本"一文，使生态系统服务价值估算的原理及方法从科学意义上得以明确，并以生态服务供求曲线为一条垂直直线为假定条件，逐项估计了各种生态系统的各项生态系统服务价值。但在该项研究中，某些数据存在较大偏差，如对耕地的估计过低，对湿地又偏高等，不宜于直接应用到我国的相关研究中。因此，谢高地等人（2003）针对上述不足，在参考其可靠部分成果的同时，在对我国200位生态学者进行问卷调查的基础上，对我国各类生态系统服务价值进行了修订，形成了中国陆地生态系统单位面积服务价值表（表7-15）。

此处借鉴Costanza等人的评价方法和谢高地等人的经济参数，以上海市2004年土地利用现状图为基础，对上海市区域生态系统服务价值进行评估计算。

区域内生态系统服务总价值计算公式为

$$ESV = \sum A_k \times VC_k \tag{7.3}$$

式中，$ESV$为生态系统服务总价值；$A_k$为第$k$类土地利用类型的面积；$VC_k$为第$k$类土地利用类型单位面积服务价值，即生态价值系数。

区域内某种生态系统服务功能的价值计算公式为

$$ESV_f = \sum A_k \times VC_{fk} \tag{7.4}$$

式中，$ESV_f$为生态系统第$f$类服务功能总价值；$A_k$为第$k$类土地利用类型的面积；$VC_{fk}$为单位面积上第$k$类土地利用类型第$f$类服务功能的生态价值系数。

表7-15 中国不同陆地生态系统单位面积生态服务价值表　　　　　　　　　　　　　　　单位：元/hm²

|  | 森林 | 草地 | 农田 | 湿地 | 水体 | 居民地 |
| --- | --- | --- | --- | --- | --- | --- |
| 大气调节 | 3 097.0 | 707.9 | 442.4 | 1 592.7 | 0.0 | 0.0 |
| 气候调节 | 2 389.1 | 796.4 | 787.5 | 15 130.9 | 407.0 | 0.0 |
| 水源涵养 | 2 831.5 | 707.9 | 530.9 | 13 715.2 | 18 033.2 | 0.0 |
| 土壤形成与保护 | 3 450.9 | 1 725.5 | 1 291.9 | 1 513.1 | 8.8 | 0.0 |
| 废物处理 | 1 159.2 | 1 159.2 | 1 451.2 | 16 086.6 | 16 086.6 | 0.0 |
| 生物多样性保护 | 2 884.6 | 964.5 | 628.2 | 2 212.2 | 2 203.3 | 0.0 |
| 食物生产 | 88.5 | 265.5 | 884.9 | 265.5 | 88.5 | 0.0 |
| 原材料 | 2 300.6 | 44.2 | 88.5 | 61.9 | 8.8 | 0.0 |
| 娱乐文化 | 1 132.6 | 35.4 | 8.8 | 4 910.9 | 3 840.2 | 0.0 |
| 总 计 | 19 334.0 | 6 406.5 | 6 114.3 | 55 489.0 | 40 676.4 | 0.0 |

注：①气候调节功能的价值中包括了Costanza等（1997）体系中的干扰调节；②水源涵养中包括了Costanza等（1997）体系中的水调节和水资源供给2项功能；③土壤形成与保护中包括了Costanza等（1997）体系中的土壤形成、养分循环、侵蚀控制3项功能；④生物多样性维持中包括了Costanza等（1997）体系中的授粉、生物控制、栖息地、基因资源4项功能；⑤娱乐文化中包括了Costanza等（1997）体系中的休闲娱乐和文化2项功能。

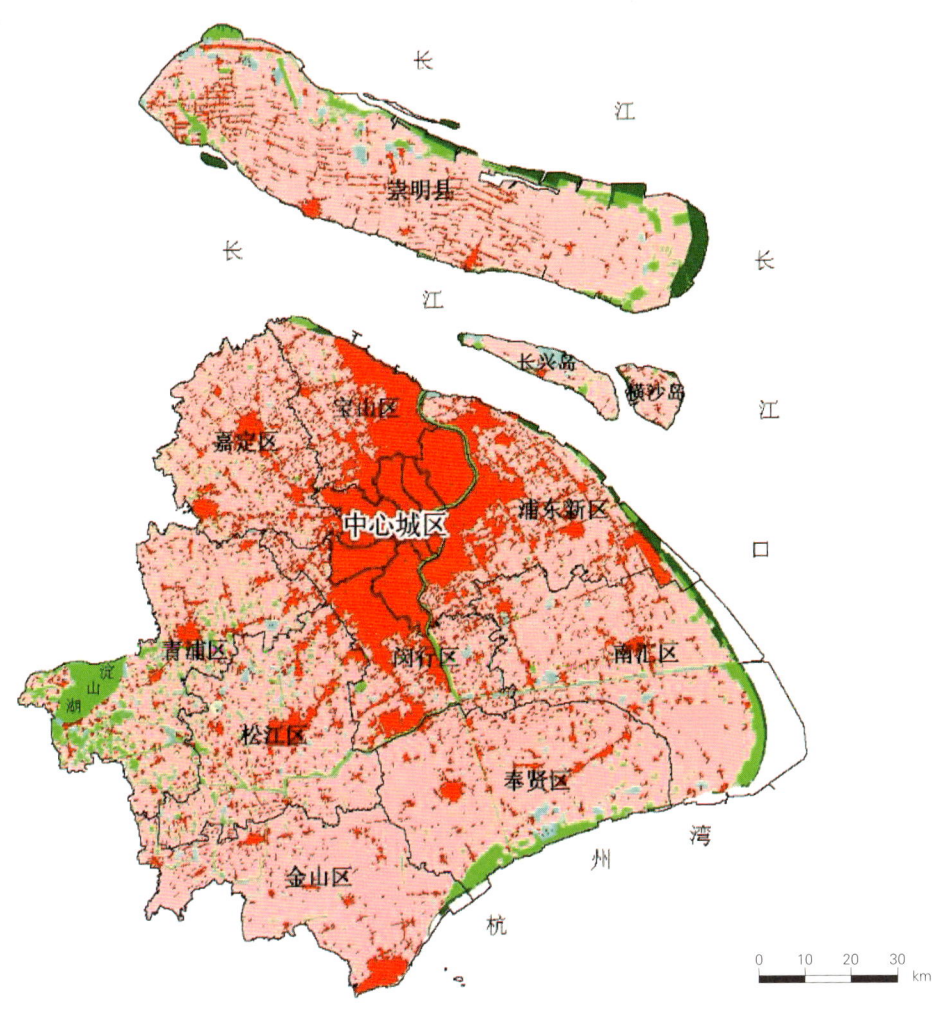

图7.13 上海市生态服务功能价值空间分布图

### (3) 评价结果

通过评价，上海市生态服务功能价值总量评价结果空间分布状况如图7.13所示。

在图7.13的基础上，对上海市各土地利用/覆盖类型生态服务功能价值总量统计结果如表7-16所示。由表7-16可以看到，上海市耕地的生态服务功能价值最高，为 $2770.51\times10^6$ 元，占到了全市生态服务功能价值总量的53.82%；而对于水域和湿地，其面积比重虽然较小，但其生态服务功能价值比重却比较高，两者之和占到了上海市全区生态服务功能价值总量的42.24%。因此，维护现有的基本农田，保护有限的水域和湿地资源，对于保障上海市生态服务功能意义重大。

表7-16 基于土地利用与土地覆盖类型的上海市生态服务功能价值总量构成

| 土地利用与土地覆盖类型 | 林地 | 草地 | 居民地 | 耕地 | 水域 | 湿地 | 总计 |
| --- | --- | --- | --- | --- | --- | --- | --- |
| 价值总量/$10^6$元 | 198.35 | 4.24 | 0.00 | 2770.51 | 1494.07 | 680.57 | 5147.74 |
| 价值比重/% | 3.85 | 0.08 | 0.00 | 53.82 | 29.02 | 13.22 | 100.00 |

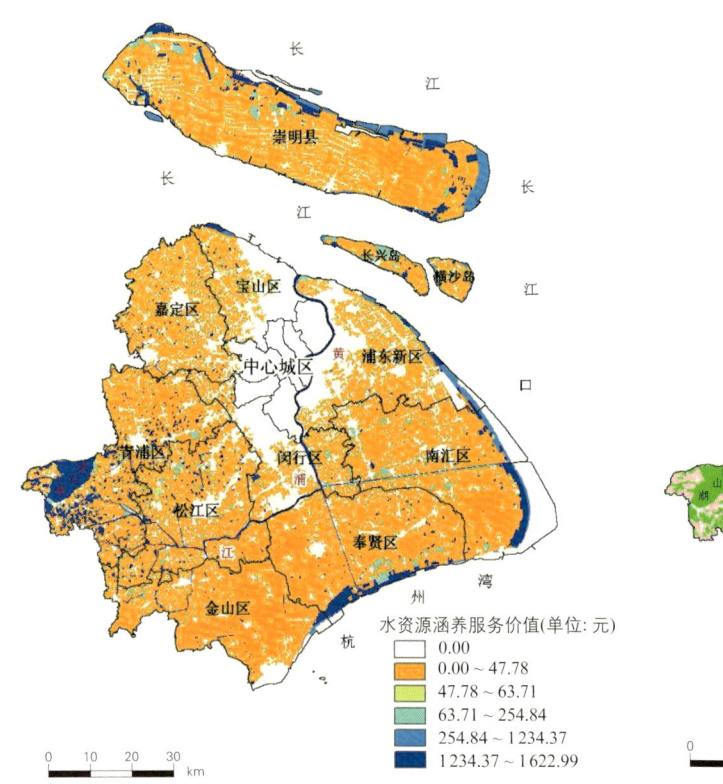

图7.14 上海市生态系统水资源涵养服务功能价值空间分布图

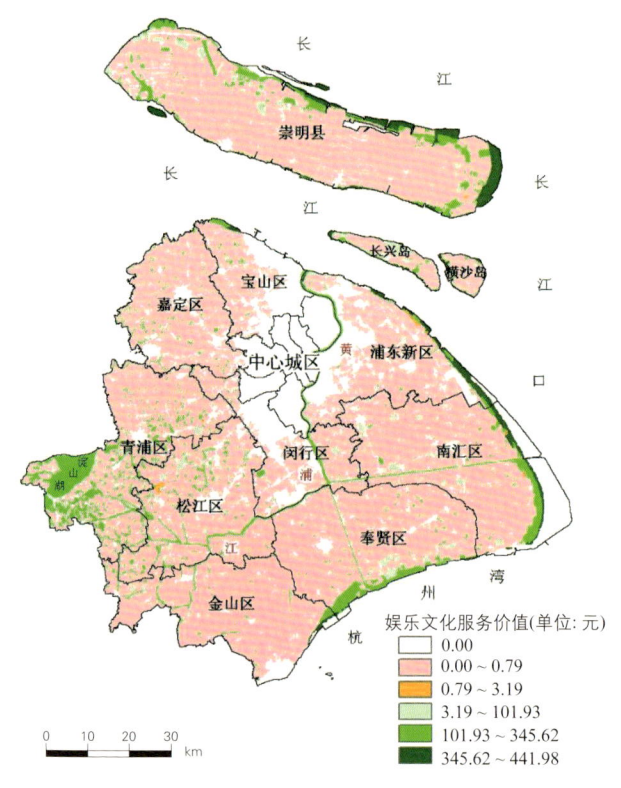

图7.15 上海市生态系统娱乐文化服务功能价值空间分布图

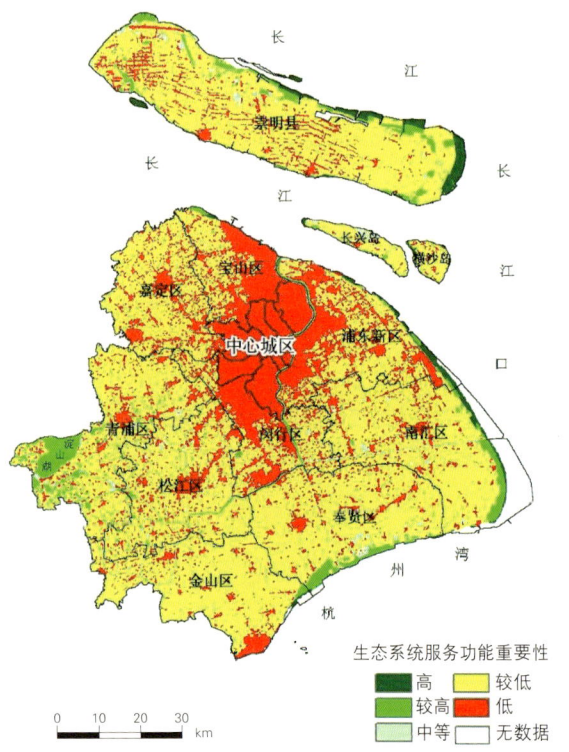

图7.16 上海市生态系统服务功能重要性空间分布图

对于上海市各主要生态服务类型功能价值空间分布状况如图7.14、图7.15所示。上海市各主要生态服务类型功能价值统计结果如表7-17所示。

从表7-17中可以看到，在上海市9类生态服务功能中，废物处理和水源涵养比重相对较高，而原材料、娱乐文化、大气调节的比重相对较低。

各区县生态服务功能价值总量统计结果如表7-18。从中可以看出，生态服务功能价值较高的区县是崇明县和青浦区，其价值总量分别为1 447.67×10⁶元和753.51×10⁶元，分别占到了全市生态服务功能价值总量的28.12%和14.64%。而对于城市中心区的浦西地区，由于其行政面积相对较小，而且区域内城市化水平较高，多数用地为城镇建设用地，因此，其生态服务功能价值总量相对较低。尤其是静安区和闸北区，其生态功能价值总量最小，几乎为零。

另外,利用上海市生态服务功能价值空间分布图(图7.13)结合表7-15中各种陆地生态系统的生态服务价值,将上海市生态系统服务功能分为5个等级,分级结果如图7.16所示。

表7-17 上海市各生态服务类型功能价值　　　　　　　　　　　　　　　　　　　　　单位:$10^6$元

| 生态服务类型 | 生态功能价值 | 生态服务类型 | 生态功能价值 |
|---|---|---|---|
| 大气调节 | 252.24 | 生物多样性保护 | 422.94 |
| 气候调节 | 582.40 | 食物生产 | 408.56 |
| 水源涵养 | 1 100.67 | 原材料 | 64.82 |
| 土壤形成与保护 | 640.81 | 娱乐文化 | 216.92 |
| 废物处理 | 1 458.40 | 总　计 | 5 147.74 |

表7-18 上海市各区县生态服务功能价值总量

| 区县 | 价值/$10^6$元 | 比重/% | 区县 | 价值/$10^6$元 | 比重/% |
|---|---|---|---|---|---|
| 黄浦区 | 3.96 | 0.08 | 闵行区 | 177.27 | 3.44 |
| 卢湾区 | 2.16 | 0.04 | 嘉定区 | 241.16 | 4.68 |
| 徐汇区 | 8.42 | 0.16 | 浦东区 | 376.79 | 7.32 |
| 长宁区 | 0.87 | 0.02 | 南汇区 | 618.36 | 12.01 |
| 静安区 | 0.00 | 0.00 | 奉贤区 | 567.68 | 11.03 |
| 普陀区 | 2.12 | 0.04 | 松江区 | 425.46 | 8.27 |
| 闸北区 | 0.00 | 0.00 | 金山区 | 384.80 | 7.48 |
| 虹口区 | 2.54 | 0.05 | 青浦区 | 753.51 | 14.64 |
| 杨浦区 | 15.77 | 0.31 | 崇明县 | 1 447.67 | 28.12 |
| 宝山区 | 119.21 | 2.32 | 总　计 | 5 147.48 | 100.00 |

表7-19 上海市生态系统服务功能重要性分级标准

| 土地利用/覆盖类型 | 生态服务功能价值/元 | 重要性等级 |
|---|---|---|
| 湿地 | 3 660.88～4 994.01 | 高 |
| 水体 | 1 740.06～3 660.88 | 较高 |
| 森林 | 576.59～1 740.06 | 中等 |
| 农田、草地 | 0.00～576.59 | 较低 |
| 居民地 | 0.00 | 低 |

## 第三节 土地生态功能区划

### 1. 区划目标

生态功能是生态系统的内在属性。生态功能区划是在深入认识了气候、土壤、植被、水文等的空间分异规律的基础上，依据生态系统内在属性特征，对其在空间呈现的同一性和差异性做出的科学划分。上海市土地生态功能区划的基本目的在于强化土地的空间约束功能，确定各地区建设项目需要达到的生态环境标准，促进上海各功能区内部和区际之间土地资源生态功能和生产功能的合理配置，防范土地资源利用过程中的生态风险，为上海市土地资源的合理配置和建设项目的管理提供科学依据，以保障上海的生态环境安全，落实科学发展观，促进上海地区的可持续发展。

### 2. 区划原则

根据上海市生态环境建设的目标，以及区域生态服务功能与生态环境问题形成机制与区域分异规律，以可持续发展理论为基本的指导思想，确定上海市土地生态功能区划应该遵循以下原则。

(1) 协调一致性原则

① 与全国生态功能区划一致。在空间尺度上，任一类生态服务功能都与该区域，甚至更大范围的自然环境与社会经济因素相关，在评价与区划中，要从全省、流域、全国甚至全球尺度考虑。因此，在对上海进行生态功能区划时，首先要做到与全国生态功能区划相一致。

《全国生态功能区划》划分了216个生态功能区，其中具有生态调节功能的生态功能区148个，面积占国土面积的78%；提供产品的生态功能区46个，占国土面积的21%；人居保障功能区22个，面积占国土面积的1%。根据《全国生态功能区划》，上海市同属于长三角大都市群人居保障三级功能区。大都市群主要是指我国人口高度集中的城市群，包括京津冀大都市群、珠三角大都市群和长三角大都市群3个生态功能三级区。该类型功能区的主要生态问题是：城市无限制扩张、污染严重和人居环境质量下降。该类型功能区生态保护主要方向是：加强城市发展规划，合理布局城市功能组团；加强生态城市建设，大力调整产业结构，提高资源利用效率，控制城市污染，推进循环经济和循环社会的建设（国家环境保护部和中国科学院，2008）。

② 与上海现有规划工作相一致。为体现生态功能类型区的指导性和前瞻性，划分结果在现状基础上，根据区域整体和长远发展，尤其是生态环境改善的需要进行适当调整，使其与上海现有规划工作相一致。这其中包括《上海市国民经济和社会发展第十一个五年规划纲要》、《上海市城市总体规划（1999－2020）》、《上海市城市近期建设规划（2006－2010）》、《上海市土地资源节约集约利用"十一五"规划》，以及上海市综合交通、绿化林业、滩涂资源开发利用与保护等专项规划。

在上海市生态功能区划过程中，要做到与"多中心、轴线切线组合"的市域空间布局结构相衔接，按照"目标控制、城乡统筹、分期对接"的原则，处理好近期建设与长远发展控制的关系，协调基本农田与建设用地布局，加强生态功能区与建设空间的协调。

（2）自然性原则

① 自上而下。任何区域单位都是地域分异因素综合作用下的产物。而这些分异因素在区域尺度上表现在地貌单元、植被、气温和降水、河流水文等自然地理要素上。因此，在对上海进行生态功能区划时，要首先从区域尺度上充分考虑地貌单元、植被、气温和降水、河流水文等自然地理要素的分异性，进而从上而下进行大的生态功能分区的划分，做到与区域自然地理要素的空间分布特征相一致。

② 自下而上。对于自上而下划分的各个大的生态功能分区，在其内部结构、过程、格局等方面也是存在诸多差异的。因此，可以根据生态系统敏感性、生态系统功能恢复力、生态功能服务价值以及生态系统红线区的保护等方面，采用自下而上的方式具体分析各生态分区内的具体差异。

同时，具体区划时，还应该突出以下三个基本要求。

第一，"天人合一"，人与自然协调，强调各区生态功能平衡协调发展。

第二，突出有限土地资源的合理配置和高效利用，严格限制不计生态环境代价的土地资源开发，强调资源开发活动应以不破坏和牺牲区域整体生态环境支撑功能为前提。

第三，突出城市发展中社会效益、经济效益和环境效益相统一的原则，兼顾效率与公平，既不片面追求经济利益而损害环境效益，也不过分提高生态环境建设标准而延缓经济的发展。

## 3. 区划依据

生态系统受各种自然或人为因素的干扰，当这些干扰超过一定的限度，即系统本身的适应能力时，必然会在某些方面表现出不可逆转的损伤或退化，其表现形式包括系统退化、生产力下降、生物多样性减少、对环境的调节能力下降等诸多方面。以生态系统敏感性、生态系统的恢复能力和生态系统服务功能评价结果作为土地生态系统功能类型区划分的依据。

（1）生态系统的敏感性。用来反映生态系统在外界干扰或压力下，所发生生态问题的敏感性程度，主要包括地质灾害敏感性、水资源涵养区敏感性和土壤污染敏感性评价等几个方面。

（2）生态系统的恢复能力。用来刻画生态系统受到有限范围的干扰时，通过生物学和非生物学机能相互制约的修补过程，恢复它相对稳定状态的能力，主要选择了植被指数和年降水量。

（3）生态系统的服务功能。分析不同类型生态系统对于区域服务功能的重要性水平，重点分析了水源涵养功能和营养物质保持功能。

## 4. 区划方案

根据上海市主要地貌单元，结合植被和水体空间分异规律，利用上述生态系统敏感性评价、生态系统恢复能力评价和生态系统服务功能评价结果，针对生态功能重要区和生态敏感区等的分布，结合上海市不同区域土地利用的主要生态功能，基于GIS技术，进行土地生态功能类型区的划分。全市共划分为西部水源涵养功能区，城市生态功能恢复区，沿河、沿江、沿海生态走廊建设区，远郊生态功能优化区和崇明生物多样性保护功能区五类土地生态功能类型区，不同土地生态功能类型区的划分依据如下。

（1）西部水源涵养功能区

指对于上海市生产、生活用水具有重要水源涵养功能的区域，主要根据生态系统水源涵养功能重要性空间分布中水源涵养功能极重要和中等重要的地区划定。其主要包括西部黄浦江上游淀山湖及其周边地区。该区的主导生态功能是保护城市饮用水源地，保证城市用水的安全。

（2）城市生态功能恢复区

指上海市城镇建设用地区域，主要根据城镇用地、农村居民点及其他建设用地来确定。其主要包括外环线以内区域和区县城市化地区，也是上海社会经济发展的核心地区。该区生态功能建设的目的是逐步恢复其各项生态服务功能，降低大气污染、水环境污染、城市热岛等生态环境问题。

### （3）沿河、沿江、沿海生态走廊建设区

取上海市（不包括崇明三岛）骨干河道和沿江/沿海滩涂湿地及其周边500m范围内建立生态走廊建设区。该区的主导生态功能是建立生态屏障，保持和提高自然的削减洪峰和蓄纳洪水的能力以及抵御台风的能力，辅助生态功能主要是保护生物多样性、保护重要的渔业水域和维护水的自然净化能力，从而将生态建设与城市安全和防灾减灾统一进行考虑。

### （4）农村生态功能优化区

取上海市（不包括崇明三岛）以上3个生态区以外的区域为农村生态功能优化区。该区的主导生态功能是优化农村农业种植结构，大力发展特色农业、无公害农业和观光农业，避免农业面源污染以及农村固体垃圾废弃物点源污染等，为城市发展提供农业生产，对城市的经济发展起到重要的支撑作用。

### （5）崇明生物多样性保护功能区

该区位于长江入海口，是由长江携带的大量泥沙沉积而形成的，属于冲积沙岛。该区主要由崇明、长兴和横沙三岛组成。由于其特殊的地理位置，因此被单独划分为一个生态功能区。该区的主导生态功能是以良好的生态环境为基础，发展绿色生态型经济，体现生态系统初级产品的生产功能，并兼备社会生产功能。在保护好该区滩涂、湿地生态系统多样性的同时，重点发展特色农业和观光农业。

## 5．区划结果

在划分过程中，为了提高生态管制措施的可操作性，对于比较破碎的生态功能类型区斑块进行了删除，将较小图斑合并到相邻的最大功能类型区中。最终划定的上海市土地生态功能类型区空间分布图如图7.17所示。

各土地生态功能区面积统计结果如表7-20和图7.18所示。其中，农村生态功能优化区面积最大，为3562.01 km$^2$，面积比重占到了全市的54.12%；而西部水源涵养功能区面积最小，为205.25km$^2$，面积比重只有全市总面积的3.12%。

表7-20 上海市各土地生态功能区面积统计结果

| 代码 | 分区名称 | 面积/km$^2$ | 比重/% |
| --- | --- | --- | --- |
| 1 | 西部水源涵养功能区 | 205.25 | 3.12 |
| 2 | 城市生态功能恢复区 | 935.16 | 14.21 |
| 3 | 沿河、沿江、沿海生态走廊建设区 | 561.24 | 8.53 |
| 4 | 农村生态功能优化区 | 3562.01 | 54.12 |
| 5 | 崇明生物多样性保护功能区 | 1318.06 | 20.03 |
| 总计 |  | 6581.71 | 100.00 |

图7.17 上海市土地生态功能类型区空间分布图

生态功能区类型
- Ⅰ：西部水源涵养功能区
- Ⅱ：城市生态功能恢复区
- Ⅲ：沿河、沿江、沿海生态走廊建设区
- Ⅳ：农村生态功能优化区
- Ⅴ：崇明生物多样性保护功能区

各土地生态功能分区中生态系统敏感性等级统计结果如表7-21所示。从中可以看出，由于受人类活动影响程度的不同，生态系统高敏感性的区域主要分布在城市生态功能恢复区，而生态系统不敏感的区域则主要分布在农村生态功能优化区和崇明生态多样性保护功能区。其中，农村生态功能优化区内的面积最大，为1 445.41 km$^2$；而城市生态功能恢复区内的面积最小，只有108.82 km$^2$。对于西部水域涵养功能区，由于其受人类活动影响的程度相对较轻，因此，其生态系统敏感性程度主要为不敏感和低度敏感两种。其中，不敏感区域面积占到了该功能区总面积的80%以上。

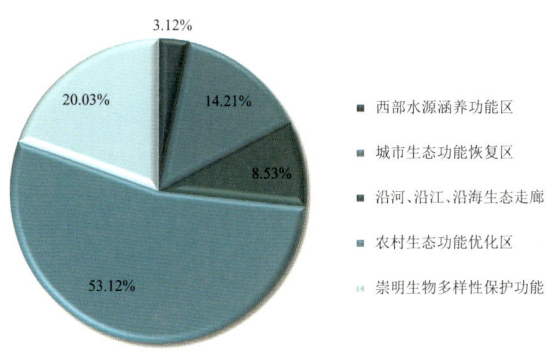

图 7.18 上海市各生态功能区面积构成比重图

表7-21 各土地生态功能分区中生态系统敏感性等级面积统计表

| 敏感性 \ 功能区 | 西部水源涵养功能区/km² | 城市生态功能恢复区/km² | 沿河、沿江、沿海生态走廊建设区/km² | 农村生态功能优化区/km² | 崇明生物多样性保护功能区/km² |
|---|---|---|---|---|---|
| 不敏感 | 175.42 | 108.82 | 116.39 | 1445.41 | 823.37 |
| 低度敏感 | 29.83 | 539.59 | 412.73 | 2054.77 | 455.8 |
| 中度敏感 | 0 | 229.75 | 32.11 | 61.83 | 38.89 |
| 高度敏感 | 0.00 | 56.99 | 0.00 | 0.00 | 0.00 |

各土地生态功能分区中生态系统恢复能力等级统计结果如表7-22所示。从中可以看出，生态系统恢复能力极强和较强的区域主要分布在农村生态功能优化区和崇明生物多样性保护功能区。尤其是农村生态功能优化区中的金山区中南部地区，由于其植被覆盖状况较好，年均降水量较高，因此具有较高的生态系统恢复能力。

表7-22 各土地生态功能分区中生态系统恢复能力等级面积统计表

| 恢复力 \ 功能区 | 西部水源涵养功能区/km² | 城市生态功能恢复区/km² | 沿河、沿江、沿海生态走廊建设区/km² | 农村生态功能优化区/km² | 崇明生物多样性保护功能区/km² |
|---|---|---|---|---|---|
| 较弱恢复能力 | 0.00 | 2.59 | 3.24 | 0.15 | 4.44 |
| 弱恢复能力 | 43.09 | 67.16 | 11.54 | 18.30 | 37.71 |
| 一般恢复能力 | 20.59 | 548.96 | -104.98 | 405.41 | 529.63 |
| 较强恢复能力 | 141.57 | 313.93 | 401.24 | 2682.03 | 681.82 |
| 极强恢复能力 | 0.00 | 2.51 | 40.23 | 456.12 | 64.46 |

各土地生态功能分区中生态系统服务功能价值统计结果如表7-23所示。从中可以看出，在五个生态功能分区中，西部水源涵养功能区的平均生态服务功能价值最大，为159.29元/hm²；其次是沿河、沿江、沿海生态走廊建设区，为141.50元/hm²；而城市生态恢复区的平均生态服务功能价值最小，只有15.77元/hm²。而在生态服务价值总量上，农村生态功能优化区的生态服务功能价值总量最高，为21.35亿元；其次为崇明生物多样性保护功能区，为14.46亿元；而城市生态功能恢复区的生态服务功能价值总量最低，为1.82亿元。

表7-23 各土地生态功能分区中生态系统服务功能价值统计表

| 生态分区 | 平均生态服务功能价值 /(元/hm²) | 生态服务功能价值总量 /亿元 |
|---|---|---|
| 西部水源涵养功能区 | 159.29 | 4.04 |
| 城市生态功能恢复区 | 15.77 | 1.82 |
| 沿河、沿江、沿海生态走廊建设区 | 141.50 | 9.80 |
| 农村生态功能优化区 | 48.56 | 21.35 |
| 崇明生物多样性保护功能区 | 88.86 | 14.46 |

## 第四节 土地生态空间体系构建

### 1. 生态空间体系构建的意义

生态空间体系规划是基于景观生态学原理，运用"斑块—廊道—基质"模式从城市空间结构上解决环境问题的规划。城市生态网络空间不同于城市绿地，所对应的用地类型比城市绿地所涵盖的范围更广，包括城市建设用地中的城市绿地和其他具有生态、景观或游憩价值的开敞空间如公园等，以及建设用地之外的农地、林地、湿地、山体、水面等。在城市环境日益恶化的今天，城市生态网络空间体系更好地体现了城市与其周围的自然环境作为一个唇齿相依的整体关系。城市基本生态网络空间的构建，对改善城市生态环境、维护城市景观格局、引导城市空间合理发展具有重要的意义。

### 2. 生态空间体系构建的目标

在生态功能区划的基础上，将绿地、耕地、林地和湿地等生态元素进行融合和连接，形成以自然保护为主要目标，满足多种社会、文化和经济功能，多尺度、功能复合的城乡一体化绿色生态网络体系。

具体目标：① 修复生态空间，确保生态安全，恢复生物多样性；② 明确城市边界，强化控制手段，优化空间结构；③ 提升宜居环境，维持平衡碳氧，降低热岛效应；④ 推进城乡统筹，满足功能需求。

### 3. 生态空间体系构建的策略

网络化是生态空间优化的主要方向。绿色网络连接城市、农村和自然景观区，是自然因子和城市系统及其周边地区的联结体，反映了自然保护和生物多样性思想在城市地区的创造性应用，与人类需求驱使的城市化相适应。绿色网络能在生态环境保护中发挥积极作用，如净化空气、水体和土壤，减少城区人口利用的集约化和高效化，特别是人类和野生生物也能从景观的连接和更多自然元素的渗透中受益，给野生动植物提供栖息地和通道。建筑密集区形成的动植物群落对自然保护有潜在的重要性，也增加了人与自然的亲和力，满足环境可持续发展的需要。

绿色网络空间必然是源于区域、面向区域，由外而内渗入、由内而外扩散的。通过"环、廊、区、源"生态空间的合理布局，以及绿地、林地、农地、湿地、水面等各种生态要素的有机整合，组织全市高效的生态网络系统。

### 4. 市域生态空间体系构建

生态空间体系是土地生态功能区在空间上的深化细化，结合土地生态系统评价成果和土地生态功能区，将土地复垦、基本农田保护与市域开放性生态空间构建有机结合，构建了由外环绿带、近郊绿环、生态间隔带和生态廊道组成的生态空间体系（图7.19），即"双环八廊二十区四源"的生态开敞体系；在继续强化中心城外环绿带的同时，构筑"A30北线——嘉金高速——黄浦江大治河——滨江临海"市域绿环，以及嘉宝、青松等8条放射形市域生态走廊，连接环外20片大型生态保育区，并对接市域北、西、南、东四大生态源地，优化城市景观格局，切实维护上海城市生态安全的基本底线。

（1）双环。指中心城外环绿带及"G1501北线——沈海高速——黄浦江大治河——滨江临海"市域环形绿带。中心城外环绿带和市域绿环之间，通过18条生态间隔带纵向联系，构筑中心城及其周边地区生态维护的主要载体。

（2）八廊。指8条市域放射形生态走廊，分别是嘉宝、嘉青、青松、松金、松闵金、黄浦江——金汇港、浦奉、浦东生态走廊，形成市域通敞性的生态维护空间。

（3）二十区。指市域20片大型生态保育区。包括城市东翼绿核、西翼绿核和18片生态保育区，形成市域基底性的生态网络空间。

（4）四源。指长江口岛群、淀山湖水源地、杭州湾海湾休闲地带和东海海域湿地，形成市域基础性的生态源地和生态战略保障空间。

图7.19 上海市域生态空间结构体系

## 参考文献

1. 陈婧, 史培军. 土地利用功能分类探讨[J]. 北京师范大学学报: 自然科学版, 2005, 41 (5): 536-540.
2. 陈爽, 刘云霞, 彭立华. 城市生态空间演变规律及调控机制——以南京市为例[J]. 生态学报, 2008, 28 (5): 2270-2278.
3. 傅伯杰, 陈利顶. 景观多样性的类型及其生态意义[J]. 地理学报, 1996, 51 (5): 454-462.
4. 高小羊, 葛幼松. 基于生态敏感性的土地资源承载力研究——以福建省泉州市为例[J]. 广东农业科学, 2007, 8: 123-126.
5. 李巧玲. 区域土地利用规划研究中遥感、空间信息系统技术的应用[J]. 湛江海洋大学学报, 1999, 19 (1): 52-55.
6. 王敏, 黄沈发, 鄢忠纯. 上海市生态环境功能区划研究中的两个重要指标[J]. 环境科学与技术, 2006, 29 (11): 102-105.
7. 吴宏安, 蒋建军, 张海龙, 等. 西安地区城镇扩展及其生态环境效应研究[J]. 自然资源学报, 2006, 21 (2): 311-317.
8. 徐丽华, 岳文泽, 曹宇. 上海市城市土地利用景观的空间尺度效应[J]. 应用生态学报, 2007, 18 (12): 2827-2834.
9. 鄢忠纯, 黄沈发, 杨泽生. 上海市生态环境功能区划综合评价结果[J]. 环境科学与技术, 2007, 30 (1): 79-88.
10. 杨英宝, 江南, 苏伟忠, 等. RS与GIS支持下的南京市景观格局动态变化研究[J]. 长江流域资源与环境, 2005, 14 (1): 34-39.
11. 俞孔坚. 景观生态战略点识别方法与理论地理学的表面模型[J]. 地理学报, 1998 (53): 11-20.
12. 张凤荣, 张晋科, 张琳, 等. 大都市区土地利用总体规划应将基本农田作为城市绿化隔离带[J]. 广东土地科学, 2005, 4 (3): 4-6.
13. 张利权, 吴健平, 甄彧, 等. 基于GIS的上海市景观格局梯度分析[J]. 植物生态学报, 2004, 28 (1): 78-85.
14. Abu Bakr AbdelAziz Mohamed, Mohammed Ali Sharifil, Herman van Keulenz. An integrated agro-economic and agro-ecological methodology for land use planning and policy analysis[J]. JAG, 2000, 2 (1): 87-103.
15. Benedict M, McMahon E. Green Infrastructure: smart conservation for the 21st century [EB/OL]. The Connervation Fund. Washington, DC: Sprawl watch clearing house. http://www.sprawlwatch.org/greeninfrastructure. pdf. 2003-06-13. Selm, 1988.
16. Brody S D, Carrasco V, Highfield W E. Measuring the adoption of local sprawl: Reduction planning policies in Florida[J]. Journal of Planning Education and Research, 2006, 25 (3): 294-310.
17. Chin A. Urban transformation of river landscapes in a global context[J]. Geomorphology, 2006, 79 (3-4): 460-487.
18. Christina von Haaren. Landscape planning facing the challenge of the development of cultural landscapes[J]. Landscape and Urban Planning, 2002, 60 (1): 73-80.
19. De Groot R. Function-analysis and valuation as a tool to assess land use conflicts in planning for sustainable, multi-functional landscapes[J]. Landscape and Urban Planning, 2006, 75: 175-186.
20. Frank Witlox, Expert systems in land-use planning[J]. An overview Expert Systems with Applications, 2005, 29, 437-445.
21. Frenkel A, Ashkenazi M. The integrated sprawl index: measuring the urban landscape in Israel[J]. Annals of Regional Science, 2008, 42 (1): 99-121.
22. Galster G, Hanson R, Ratcliffe M R, et al. Wrestling sprawl to the ground: Defining and measuring an elusive concept[J]. Housing Policy Debate, 2001, 12 (4): 681-717.
23. Carsjens Gerrit J, Wim van der Knaap. Strategic land-use allocation: dealing with spatial relationships and fragmentation of agriculture[J]. Landscape and Urban Planning, 2002, 58: 171-179.
24. Malpezzi S, Guo W K. Measuring "sprawl" alternative measures of urban form in U.S. metropolitan areas[R]. Madison, WI: The Center for Urban Land Economics Research, University of Wiscortain, 2001.
25. Cromley Robert G, Hanink Dean M. Coupling land use allocation models with raster GIS[J]. Geograph Syst, 1999, 1: 137-153.
26. Herrmann S, Osinski E. Planning sustainable land use in rural areas at different spatial levels using GIS and modelling tools[J]. Landscape and Urban Planning, 1999, 46: 93-101.
27. Hawkins V, Selman P. Landscape scale planning: exploring alternative land use scenarios[J]. Landscape and Urban Planning, 2002, 60: 211-224.
28. 彭建, 吴健生, 蒋依依, 等. 生态足迹分析应用于区域可持续发展生态评估的缺陷[J]. 生态学报, 2006, 26 (8): 2716-2722.
29. 张旺锋, 苏珍贞, 解雯娟. 基于生态足迹的资源型城市土地利用低碳模式的探索[J]. 生态经济, 2010 (11): 73-76.

30. 赵宏宇, 郭湘闵, 褚筠. "碳足迹"视角下的低碳城市规划[J]. 规划师论坛, 2010, 5 (26): 9-15.
31. 刘宇辉. 中国1961–2001年人地协调度演变分析——基于生态足迹模型的研究[J]. 经济地理, 2005, 25 (2): 219-222, 235.
32. 吴隆杰, 杨林, 苏昕, 等. 近年来生态足迹研究进展[J]. 中国农业大学学报, 2006, 11 (3): 1-8.
33. Lenzen M, Murray S A. A modified ecological footprint method and its application to Australia[J]. Ecological Economics, 2001, 37: 229-255.
34. 叶田, 杨海真, 王洪洋. 生态足迹理论对生态城市建设的启示[J]. 环境科学与技术, 2006, 29 (1): 89-91.
35. 谢蓉, 薛艳杰, 吴永兴. 基于粮食安全视角的耕地保护问题研究——以上海为例. 经济师, 2009 (1): 10-12.
36. 曾辉, 夏洁, 张磊. 城市景观生态研究的现状与发展趋势[J]. 地理科学, 2003, 23 (4): 484-492.
37. 邬建国. 景观生态学——格局、过程、尺度与等级[M]. 北京:高等教育出版社, 2000.
38. 徐建华, 方创琳, 岳文泽. 基于RS与GIS的区域景观镶嵌结构研究[J]. 生态学报, 2003, 23(2): 365-375.
39. 董连科. 分形理论及其应用[M]. 沈阳: 辽宁科学技术出版社, 1991.
40. 徐建华, 岳文泽, 谈文琦. 城市景观格局尺度效应的空间统计规律——以上海中心城区为例[J]. 地理学报, 2004, 59 (6): 1058-1067.
41. 徐中民, 程国栋, 张志强. 生态足迹方法: 可持续性定量研究的新方法——以张掖地区1995年的生态足迹计算为例[J]. 生态学报, 2001, 21 (9): 1483-1493.
42. 周冯琦. 从生态足迹看上海的可持续发展[J]. 上海经济研究, 2007, 11: 53-60.
43. 《经济社会转型时期特大型城市土地利用规划策略研究》. 上海市规划和国土资源管理局.

# 第8章
# 土地利用总体规划环境影响评价

## 第一节 土地利用总体规划环境影响评价内容与程序

土地利用总体规划环境影响评价是在规划编制和决策过程中，充分考虑规划所涉及的环境问题，预防规划实施后可能造成的不良环境影响，促进经济、社会和环境的协调发展。要保证土地利用规划对环境是友好的，需要一套科学的方法和指标对规划方案可能引发的环境问题进行评价。在此基础上，针对可能造成的环境影响，提出避免、减少、修复或者补偿措施。

### 1. 评价内容

根据《中华人民共和国土地管理法》、《中华人民共和国环境影响评价法》有关规定，参照土地利用总体规划环境影响评价技术规范，结合上海市的实际情况，本章认为上海市土地利用总体规划环境影响评价的主要内容包括以下几个方面。

（1）规划目标评价

对土地利用总体规划目标与国家和上海市生态与环境保护战略、目标进行简要评价。

### （2）土地利用结构与规模调整的环境影响评价

分析规划期间土地利用结构、各类用地规模的调整变化与当地资源环境承载能力的关系，评价土地利用结构与规模调整特别是各类建设和土地开发安排的合理性，分析可能产生的环境效应和造成的环境问题。

### （3）土地利用空间布局调整的环境影响评价

分析规划期间土地利用空间布局安排与当地土地条件的关系，评价土地利用分区特别是各类建设用地区域和土地开发区域划定的环境适宜性，分析对本辖区和相邻区域可能引致的环境影响。

### （4）土地开发整理和基础设施建设的环境影响评价

分析规划期间土地开发整理和基础设施建设与土地条件的关系，评价土地开发整理特别是滩涂资源开发与重大工程建设的环境适应性，分析可能产生的环境效应和造成的环境问题。

## 2. 评价程序

根据《规划环境影响评价技术导则（试行）》(HJ/T130—2003)，土地利用总体规划环境影响评价的基本程序如图8.1所示。

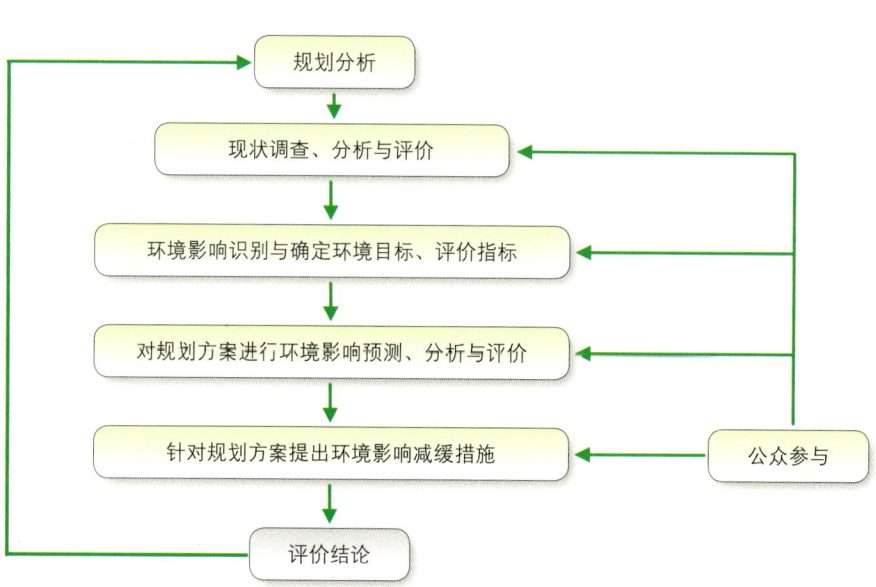

图8.1 土地利用总体规划环境影响评价的基本程序

## 3. 评价原则

在土地利用总体规划的环境影响评价过程中应遵循以下原则。

（1）科学、客观、公正原则。规划环境影响评价必须科学、客观、公正，综合考虑规划实施后对各种环境要素及其所构成的生态系统可能造成的影响，为决策提供科学依据。

（2）早期介入原则。规划环境影响评价应尽可能在规划编制的初期介入，并将对环境的考虑充分融入到规划中。

（3）整体性原则。一项规划的环境影响评价应当把与该规划相关的政策、规划、计划以及相应的项目联系起来，做整体性考虑。

（4）可操作性原则。应当尽可能选择简单、实用、经过实践检验可行的评价方法，评价结论应具有可操作性。

（5）一致性原则。规划环境影响评价的工作深度应当与规划的层次、详尽程度相一致。具体体现在：环评主要问题与主要生态环境问题的一致性；评价对象（内容）与规划内容的一致性；评价方法与环境主题和评价对象的一致性；减缓措施与不良影响和规划的一致性

## 第二节 土地利用总体规划环境影响评价方法

## 1. 数据来源

土地利用总体规划环境影响评价工作中所用数据如表8-1所示，主要涉及统计数据、遥感数据和规划数据三大类。其中，大部分数据主要来自于上海市地质调查研究院，另外部分数据来源于本书作者的搜集、处理和再加工，如遥感数据等。

表8-1 上海市规划环境影响评价所用数据

| 序号 | 名　称 | 格式 | 投影 | 备注 |
| --- | --- | --- | --- | --- |
| 1 | 上海市土地利用规划数据 | Word | 无投影 | 表格 |
| 2 | 上海市人口等统计数据 | Excel | 无投影 | 表格 |
| 3 | 16天合成的250mMODIS植被指数（NDVI）数据 | Hdf | 经纬度 | 投影转换、研究区提取 |
| 4 | 覆盖研究区的TM遥感影像图 | Tiff | UTM | 图像拼接 |
| 5 | 上海市多年年降水量分布图 | Jpg | 无投影 | 重新配准、矢量化 |

续表

| 序号 | 名　称 | 格式 | 投影 | 备注 |
|---|---|---|---|---|
| 6 | 上海市主要河道图 | Jpg | 无投影 | 重新配准、矢量化 |
| 7 | 上海市文物古迹分布图 | Shape file | 无投影 | 重赋投影 |
| 8 | 上海市森林公园分布图 | Shape file | 无投影 | 重赋投影 |
| 9 | 上海市地质灾害分区图 | Shape file | 无投影 | 重赋投影 |
| 10 | 上海市土壤质量等级分布图 | Shape file | 无投影 | 重赋投影 |
| 11 | 上海市滩涂耕地后备资源分布图 | Jpg | 无投影 | 重新配准、矢量化 |
| 12 | 上海市基本农田保护区规划图 | Shape file | 无投影 | 重赋投影 |
| 13 | 上海市土地利用综合分区图 | Shape file | 无投影 | 重赋投影 |
| 14 | 上海市市政基础设施规划图 | Shape file | 无投影 | 重赋投影 |
| 15 | 上海市对外交通规划图 | Shape file | 无投影 | 重赋投影 |
| 16 | 上海市行政边界图 | Shape file | 无投影 | 重赋投影 |

对于遥感和规划等空间数据，首先利用ARCGIS软件对不同类型数据和图件进行重新配准、投影变化、矢量化等处理后，最终统一为Albers投影下的shapefile数据格式，以便在ARCGIS平台下对上海市地利用总体规划的环境影响进行评价。

## 2．评价方法

上海市土地利用总体规划环境影响评价的方法，主要是根据不同评价对象和评价目标，分别选取不同的评价指标，采用定性或定量的方法，在数据收集、处理和再加工的基础上进行评价分析，总体情况如表8-2所示。

表8-2 上海市规划环境影响评价方法汇总

| 评价对象 | 评价目标 | 评价指标 | 评价方法 | 备注 |
|---|---|---|---|---|
| 规划目标 | 目标 | 农业生产和粮食安全、土地资源利用高效性和集约化等 | 定性分析 | 一般描述 |
| 土地利用结构与规模 | 总体规模 | 人均建设用地变化指数、建设用地承载力、人均耕地变化指数、耕地压力指数、城市热岛面积、废气排放量等 | 定量分析 | 定量模型计算 |
| | 结构 | 土地利用多样性指数和生态系统服务价值总量 | | |
| 空间布局 | 建设用地 | 生态系统恢复能力、水源涵养区敏感性、风景名胜保护区敏感性、地质灾害分区、土壤污染等 | 定量分析 | GIS空间分析 |
| | 农业用地 | 生态恢复能力、水源涵养区敏感性、风景名胜保护区敏感性、地质灾害分区等 | | |
| | 土地利用分区 | 生态系统恢复能力、水源涵养区敏感性、风景名胜保护区敏感性、地质灾害分区等 | | |

续 表

| 评价对象 | 评价目标 | 评价指标 | 评价方法 | 备注 |
|---|---|---|---|---|
| 土地开发整理 | 土地整理 | 地质灾害分区、生态系统敏感性、生态系统恢复能力和生态功能分区等 | 定量分析 | GIS空间分析 |
| 基础设施 | 交通系统<br>能源设施<br>水利设施 | 地质灾害分区、生态系统敏感性、生态系统恢复能力和生态功能分区等 | 定量分析 | GIS空间分析 |

（1）土地利用总体规划目标的环境影响评价方法

根据上海市土地利用总体规划，到2020年，上海市土地利用目标为：严格保护耕地特别是基本农田，综合推进土地节约集约利用，切实维护城市生态安全格局，基本形成城乡区域统筹的土地利用格局，不断增强土地政策参与宏观调控能力。因此，按照2020年上海市土地利用规划目标，采用定性分析的方法从农业生产和粮食安全、土地资源利用高效性和集约化等方面对其生态环境影响进行评价。

（2）土地利用结构和规模调整的环境影响评价方法

对上海市土地利用规模调整的环境影响评价主要通过人均建设用地变化指数、建设用地承载力、人均耕地变化指数、耕地压力指数、城市热岛面积、废气排放量等几个指标的计算进行定量分析。

对于上海市土地利用结构调整的环境影响评价主要通过土地利用多样性变化和区域内生态系统服务价值总量计算两个角度进行定量分析。其中，土地利用多样性变化采用吉布斯·马丁公式（Gibbs-Martin equation），即

$$G_\mathrm{m} = 1 - \frac{\sum\limits_{i=1}^{n} X_i^2}{(\sum\limits_{i=1}^{n} X_i)^2}$$

式中，$G_\mathrm{m}$为多样性指数；$X_i$为第$i$种土地利用类型的面积；$n$为区域内土地利用类型数。此公式可用于测算区域土地利用结构的多样化程度，$G_\mathrm{m}$越大，土地利用类型越多样。

生态系统服务价值的评价方法、内容和结论见第7章。

（3）土地利用空间布局的环境影响评价方法

上海市土地利用规划空间布局的环境影响评价主要针对规划建设用地布局、规划农业用地布局以及规划土地利用分区三个评价目标，通过选取生态系统恢复能力、水源涵养区敏感性、风景名胜保护区敏感性、地质灾害分区、土壤污染等评价指标，采用GIS空间分析方法进行定量评价。具体评价方法、评价过程和评价结果见第7章。

### （4）土地开发整理的环境影响评价方法

滩涂作为上海市唯一的后备土地资源，在城市发展过程中不合理的土地开发，使得滩涂湿地面临开发多、保护少，污染多、治理少的问题，进而影响到生物多样性的保护。滩涂圈围造地是上海市实现耕地占补平衡的主要措施之一。规划要求要本着"加强保护，适度开发"的原则，适度推进滩涂资源开发。

上海滩涂耕地后备资源主要分布在崇明北沿、中央沙和长兴岛北沿等区域。其中，规划近期至2010年，圈围重点是崇明北沿、北港北沙、南汇东滩、中央沙等地区，造地重点是崇明北沿、南汇东滩等区域。远期至2020年，圈围重点是崇明东滩、横沙浅滩、扁担沙、九段沙以及浦东和南汇边滩，造地重点是崇明东滩、横沙浅滩、扁担沙。至2020年，计划通过滩涂圈围补充耕地15.4万亩。

土地开发整理的环境影响评价结合滩涂耕地后备资源和滩涂围垦规划来分析上海滩涂资源开发可能带来的生态环境效应。在评价的过程中，选取地质灾害分区、生态敏感性、生态恢复能力和生态功能分区等指标，对上海市滩涂资源开发和重大基础设施工程规划的生态环境影响进行评价分析。其中，生态敏感性指标综合了水源涵养区敏感性、文物古迹敏感性和森林公园敏感性三个因素。具体评价方法与方法（3）相同，主要是利用GIS空间分析功能完成。

### （5）基础设施建设的环境影响评价方法

依据各类基础设施对生态环境影响的特点，分别针对规划的交通、能源和水利三类基础设施进行评价。

① 综合交通体系规划评价

交通基础设施在建设及运营过程中对生态环境可能造成多方面的影响。本次评价中主要分析铁路站、市域对外交通、市域轨道交通及航空港与港区对生态环境的影响，评价目标为以上四类设施两侧（周围）500m内的弹性区域。通过将交通基础设施分别与地质灾害分区、生态系统敏感性、生态系统恢复能力和生态功能分区四类评价指标进行GIS空间分析，研判其规划布局的合理性。

② 电力能源设施规划评价

电力能源设施的建设及运营期间也可能对生态环境造成一定的影响。本次评价中电力能源设施主要包括电站、电网、燃气站及燃气网，评价目标为以上四类设施两侧（周围）400m内的弹性区域。通过将电力能源设施分别与地质灾害分区、生态系统敏感性、生态系统恢复能力和生态功能分区四类评价指标进行GIS空间分析，研判其规划布局的合理性。

③ 水利设施规划评价

上海市土地利用总体规划指出，2006—2020年上海要建设青草沙水源地、长江陈行腹背水库工程、陈行至嘉定原水工程、崇明东风西沙水库、陇西至徐泾原水系统等原水系统及水厂，实施大泖港应急防洪除险、太湖流域拦路港二期、东太湖分洪、吴淞江行洪一期等防洪除涝系统，开展东太湖吴淞江、大泖港及上游沿线河岸、蕰藻浜和淀浦河等河道整治。

对水利设施规划评价主要针对水厂、污水厂、原水管线、污水总管的规划建设进行生态环境影响分析，把水厂、污水厂、原水管线、污水总管两侧（周围）400m的弹性区域作为评价目标。通过将水利设施分别与地质灾害分区图、生态系统敏感性、生态系统恢复能力和生态功能分区四类评价指标进行GIS空间分析，研判其规划布局的合理性。

## 3. 评价过程

### 1) 土地利用总体规划目标的环境影响评价

土地利用总体规划目标为：严格保护耕地特别是基本农田，综合推进土地节约集约利用，切实维护城市生态安全格局，基本形成城乡区域统筹的土地利用格局，不断增强土地政策参与宏观调控能力。

从规划目标看，新一轮土地利用总体规划把坚守耕地和基本农田线，推进土地节约集约利用放在很重要位置，强调耕地和基本农田数量不减少、质量有提高，确保了农业生产与粮食的安全，对土地生态环境的改善有着非常积极的意义。

切实维护城市生态安全格局，统筹布局城市生活、生态和生产用地，实现土地资源永续利用，有助于最大程度地保护生态资源，对生态环境的改善具有重要意义。

把形成城乡统筹的土地利用格局、生态环境保护土地政策参与和宏观调控放到比较高的位置，有利于人口、资源、环境、安全和发展相互协调，实现土地资源的可持续高效利用。

增强土地政策的参与和宏观调控，健全基本农田和集约用地制度，有利于整体控制规划实施时的负面影响，进一步确保规划朝有利方向进行。

总之，土地利用总体规划的规划目标关注了对土地生态环境的保护，可有助于保障土地资源的可持续利用。

### 2) 土地利用规模调整的生态环境影响评价

2005年上海市耕地2 730.55 km$^2$，人均耕地为154 m$^2$/人，2020年耕地2 493 km$^2$，人均

耕地减少为109 m²/人，人均耕地变化指数为-29.2%。根据上海市预计的2020年人口与耕地面积，计算得出2020年上海市的耕地压力指数为4.77。说明上海市的耕地面临着非常大的压力。

在建设用地和人口剧增的同时，上海市的废气排放量也由1996年的5 132亿标m³增加至2005年的9 103亿标m³。若以建设用地的标准（1996年的1 706 km²增加至2005年的2 401 km²）来计算废气的排放量，到规划的2020年建设用地按2 981 km²计算，2020年废气的排放量约为13 340亿标m³，比2005年增加近47%。说明上海市的大气环境，面临着非常大的压力。

随着城市的扩展，特别是独立工矿用地和城镇建设用地的增加，也会进一步增加上海市的热岛效应。近来年，随着加大城市绿化等措施，城市热岛效应具有减缓的效应。但从长远发展看，上海城市热岛仍有明显持续增强的趋势。2020年，上海市预计城镇用地面积为2 938 km²（不计水利设施用地），以近几年城市扩展与热岛面积的相关比例（周红妹，2008）估算，到2020年上海市热岛面积将超过1 100 km²，约占上海市总面积的14%，比2005年的热岛面积增加4%，比热岛面积最大的2003年增加一个百分点，增幅不大。

上海市建设用地有所增加，但由于人口增加，人均建设用地呈减少的趋势，不过减少量不大。2020年建设用地承载量仍大于规划的人口总量，但是相差不多。这一方面因为上海市可用于建设的土地面积所剩无几，另一方面也是土地利用规划对土地利用结构调整的结果，总体来说，建设用地增长已基本达到最大限度。上海市耕地总量减少，且人口增加，使人均耕地迅速减少，减少了近1/3，耕地压力指数较大。人口的高度密集和城镇建设用地的快速扩张，尽管对上海市的城市热岛效应面积影响不大，但是对上海市的大气环境造成了巨大的压力。

### 3) 土地利用结构调整的生态环境影响评价

上海市2005年、2010年和2020年的土地利用多样性指数如表8-3所示。

表8-3 上海土地利用变化情况（2005，2010，2020）

| 年份 | 2005 | 2010 | 2020 |
| --- | --- | --- | --- |
| 多样性指数 | 0.753 2 | 0.757 2 | 0.757 6 |
| 土地利用率/% | 75.28 | 77.12 | 79.35 |
| 农业用地比例/% | 46.15 | 45.38 | 43.18 |
| 建设用地比例/% | 29.14 | 31.74 | 36.18 |
| 林地比例/% | 2.51 | 2.67 | 3.30 |

可以看出，至规划年上海市土地利用结构多样化程度总体呈上升趋势，但上升趋势不明显；土地利用率、建设用地比例以及林地覆盖率有了比较明显的上升。特别是土地利用率，达到了79.35%，提高了4个百分点。至2010年，除水域外，2005年拥有的荒草地和自然保留地等未利用土地都被开发利用，2020年，水域面积进一步再减少，说明上海市的土地利用已经达到饱和状态。就建设用地比例而言，由2005年的29.14%增加至2020年的36.18%，提高了7个百分点。尽管建设用地比例要低于农业用地比例，但两者差距在逐渐减少，这更增加了对上海生态环境的压力。此外就林地面积而言，尽管有所提高，但比例不大。

计算得出上海市2005年，2010年和2020年的土地利用生态服务价值如表8-4所示。

表8-4 上海市土地利用生态服务功能价值（2005，2010，2020）　　　　　　　　　单位：$10^6$元

| 土地利用类型 | 2005 | 2010 | 2020 |
|---|---|---|---|
| 森林 | 615 | 677 | 816 |
| 农田 | 2130 | 2072 | 1916 |
| 水体 | 8055 | 7669 | 6921 |
| 总计 | 10800 | 10418 | 9653 |

从表8-4中可以看出，2005-2020年，由于林地面积增加，森林的生态服务功能价值提高至$816\times 10^6$元，农田和水体面积明显减少，其生态服务功能价值明显降低，而且相对比重较大，导致了总生态服务功能价值减少了10%，可以说上海市的土地利用结构变化还是相对明显的，结构的调整导致了生态服务功能价值的减少。

### 4）土地利用空间布局的生态环境影响评价

#### （1）规划建设用地布局的生态环境影响评价

对上海市规划建设用地空间布局（图8.2）的合理性以及环境影响评价，主要从生态系统恢复能力、水源涵养区敏感性、风景名胜保护区敏感性、地质灾害分区和土壤污染等五个方面进行评价。

① 生态系统恢复能力评价

上海规划建设用地生态系统恢复能力评价结果如表8-5所示。从表8-5可见，上海市城市规划建设用地主要分布在具有较强恢复能力和一般恢复能力的区域，尤其是具有较强恢复能力的区域比重最高，占到了整个城市规划建设用地的55%以上；而具有极强恢复能力的区域面积只占5%左右，相对较小。即从生态系统恢复能力的影响角度看，上海市建设用地规划边界整体上是合理的，大部分区域具有一定的生态系统恢复能力。

图8.2 上海市规划建设用地空间布局图

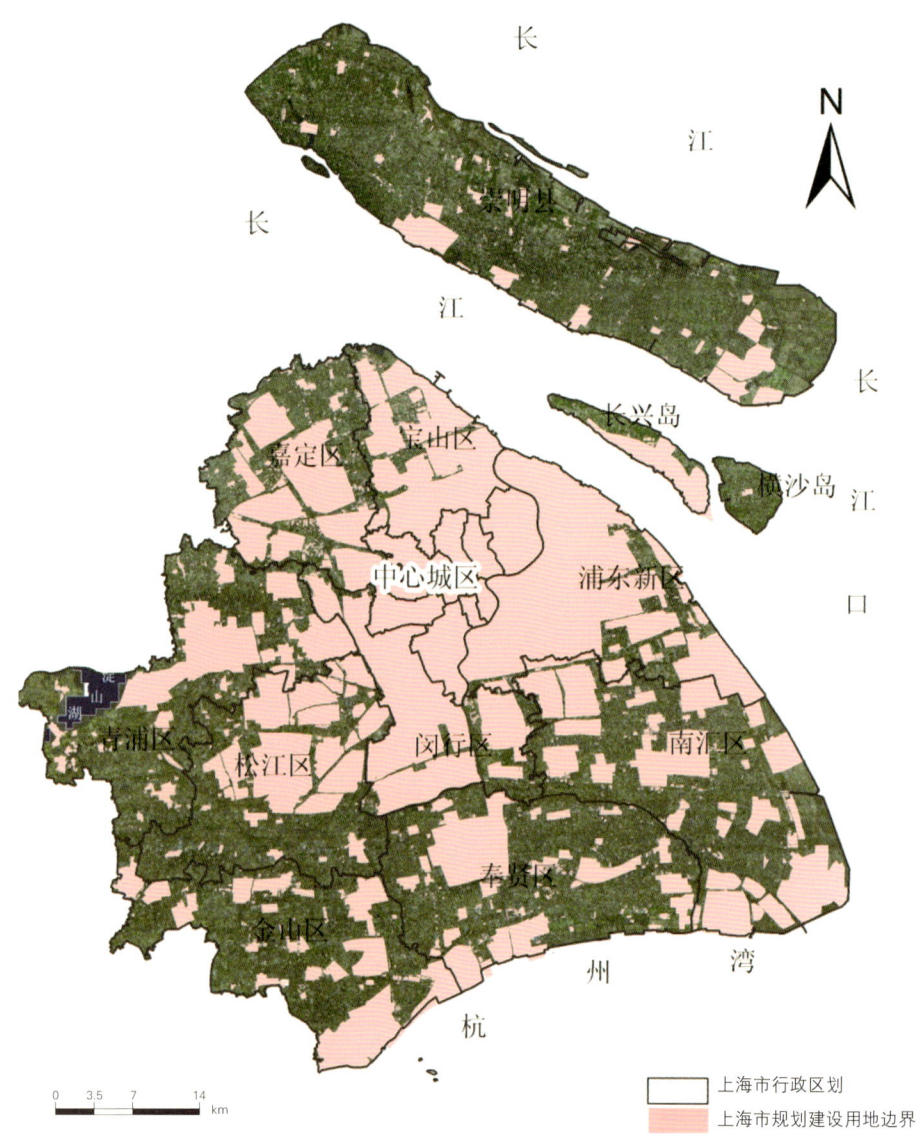

表8-5 上海市建设用地空间布局对生态系统恢复能力影响统计

| 生态系统恢复能力等级 | 规划建设用地边界 | |
|---|---|---|
| | 面积/km² | 比重/% |
| 较弱恢复能力 | 2.25 | 0.08 |
| 弱恢复能力 | 114.98 | 3.88 |
| 一般恢复能力 | 951.83 | 32.12 |
| 较强恢复能力 | 1 733.12 | 58.48 |
| 极强恢复能力 | 161.48 | 5.45 |

② 水源涵养区敏感性评价

上海规划建设用地水源涵养区敏感性评价结果如表8-6所示。从表8-6可见，上海市城市规划建设用地主要分布在水资源涵养区低度敏感和不敏感的区域，高度敏感的区域所占的比重最小，在15%左右。这说明上海在优化建设用地空间布局时，在一定程度上考虑了对水资源涵养区的保护，尽量避开对高敏感区的开发，只是中心城区和黄浦江两岸，部分建设用地处于水资源涵养的高度敏感区，应予以重视，避免对水资源的污染和对水环境的破坏。

表8-6 上海市建设用地空间布局对水资源涵养区敏感性影响统计

| 水资源涵养区敏感性等级 | 规划建设用地边界 | |
|---|---|---|
| | 面积/km² | 比重/% |
| 高度敏感 | 453.89 | 15.32 |
| 中度敏感 | 755.96 | 25.51 |
| 低度敏感 | 773.91 | 26.11 |
| 不敏感 | 979.89 | 33.06 |

③ 风景名胜保护区敏感性评价

上海规划建设用地风景名胜保护区敏感性评价结果如表8-7所示。从表8-7可见，上海市城市规划建设用地在风景名胜保护区高度敏感区内的面积比例非常小，仅占1%，在中度敏感区内的面积也不到7%，可以说，上海市城市建设用地的规划中充分考虑到了风景名胜保护区的保护。

表8-7 上海市建设用地空间布局对风景名胜保护区敏感性影响统计

| 风景名胜保护区敏感性等级 | 规划建设用地边界 | |
|---|---|---|
| | 面积/km² | 比重/% |
| 高度敏感 | 31.85 | 1.07 |
| 中度敏感 | 200.60 | 6.77 |
| 低度敏感 | 530.28 | 17.89 |
| 不敏感 | 2 200.93 | 74.26 |

④ 地质灾害分区评价

上海规划建设用地地质灾害评价结果如表8-8所示。由表8-8可见，上海市城市规划建设用地主要分布于五个地质灾害分区中的中等易发区、低易发区和不易发区内，其中中等易发区所占的面积比重最高，占到了整个规划建设用地总面积的50%以上，而高易发区的面积比重相对较低。这说明上海市在对建设用地空间布局规划时，一定程度上考虑了对地质灾害高易发区的规避。但同时应当看到，虽然上海市建设用地规划布局中高易发区面积所占比重较小，但集中于中心城区和崇明部分地区，需要给予一定注意。

表8-8 上海市建设用地空间布局对地质灾害分区影响统计

| 地质灾害分区 | 规划建设用地边界 | |
|---|---|---|
| | 面积/km² | 比重/% |
| 高易发区 | 130.66 | 4.47 |
| 中等易发区 | 1525.16 | 52.19 |
| 低易发区 | 667.73 | 22.85 |
| 不易发区 | 598.55 | 20.48 |

⑤ 土壤污染评价

上海规划建设用地对土壤污染的影响如表8-9所示。从表8-9可见，上海市城市规划建设用地主要分布于土壤污染四个等级中的低度污染和不污染区内，其中低度污染区内面积所占比重最高，占到了整个规划建设用地总面积的70%左右，而高度和中度污染区内的面积比重相对较低。这说明上海市在对其建设用地空间布局规划时，一定程度上考虑了对土壤高度污染区的规避。但同时，在上海市城市建设用地规划面积中有将近4%左右的面积处于土壤高度污染区，尤其是中心城区黄浦江两岸的部分地区，需要注意该区域建设用地使用过程中土壤污染可能加重的问题。

表8-9 上海市建设用地空间布局对土壤污染影响统计

| 土壤污染等级 | 规划建设用地边界 | |
|---|---|---|
| | 面积/km² | 比重/% |
| 高度污染 | 103.06 | 3.52 |
| 中度污染 | 195.54 | 6.68 |
| 低度污染 | 1991.64 | 68.08 |
| 不污染 | 635.25 | 21.71 |

（2）规划农业用地布局的生态环境影响评价

根据上海市关于打造崇明三岛、黄浦江上游、杭州湾北岸以及城郊结合部四大农业板块的规划构想，按照集中连片、保护优质耕地的原则积极推进标准化基本农田建设，上海市共设立20个集中连片的基本农田保护区，主要选取生态恢复能力、水源涵养区敏感性、风景名胜保护区敏感性和地质灾害分区等4个评价指标，重点评价上海市基本农田保护区的生态环境影响。

① 生态系统恢复能力评价

上海市基本农田保护区的生态系统恢复能力评价结果如表8-10所示。从表8-10可见，在上海市五种不同生态系统恢复能力水平下，基本农田保护区面积主要分布于较强恢复能力和一般恢复能力的区域内，尤其是较强恢复能力区域的面积比重最高，占到了总面积的68.94%，另外具有极强恢复能力的区域内基本农田保护区面积比重也占到了

7.74%，而较弱和弱恢复能力区域内的面积比重相对较低。这说明上海市基本农田保护区主要分布在生态系统恢复能力较强的区域，有利于保证基本农田保护区内的耕地质量。

表8-10 上海市各生态系统恢复能力水平下基本农田保护区面积统计

| 生态系统恢复能力等级 | 面积/km² | 比重/% |
| --- | --- | --- |
| 较弱恢复能力 | 0.49 | 0.02 |
| 弱恢复能力 | 20.64 | 0.84 |
| 一般恢复能力 | 551.77 | 22.46 |
| 较强恢复能力 | 1693.64 | 68.94 |
| 极强恢复能力 | 190.15 | 7.74 |

② 水源涵养区敏感性评价

上海市基本农田保护区的水源涵养敏感性评价结果如表8-11所示。从表8-11可见，上海市基本农田保护区主要分布在水资源涵养区不敏感、低度敏感和中度敏感的区域，三者的比重占到了整个上海市基本农田保护区总面积的90%以上；其中，分布在不敏感区的面积比重最大，为45.99%，而分布在高度敏感区的面积比重最小，只有不到10%。这说明上海市在制定其基本农田保护区空间布局规划时，在一定程度上考虑了对水资源涵养区的保护。

表8-11 上海市各水资源涵养区敏感性等级下基本农田保护区面积统计

| 水资源涵养区敏感性等级 | 面积/km² | 比重/% |
| --- | --- | --- |
| 高度敏感 | 296.03 | 9.99 |
| 中度敏感 | 569.07 | 19.20 |
| 低度敏感 | 735.55 | 24.82 |
| 不敏感 | 1363.00 | 45.99 |

③ 风景名胜保护区敏感性评价

上海市基本农田保护区的风景名胜保护区评价结果如表8-12所示。从表8-12可见，上海市基本农田保护区主要分布于风景名胜保护区的不敏感区，所占比例超过总面积的80%，而在风景名胜保护区高敏感区内的面积比例相对较小，只有0.85%，即使高度敏感和中度敏感两者之和也仅占总面积的4.22%。这说明上海市在规划基本农田保护区边界划定时充分考虑了对风景名胜保护区的保护。

表8-12 上海市风景名胜保护区敏感性等级下基本农田保护区面积统计

| 风景名胜保护区敏感性等级 | 面积/km² | 比重/% |
| --- | --- | --- |
| 高度敏感 | 20.79 | 0.85 |
| 中度敏感 | 82.76 | 3.37 |
| 低度敏感 | 370.78 | 15.09 |
| 不敏感 | 1982.35 | 80.69 |

④ 地质灾害分区评价

上海市基本农田保护区的地质灾害评价结果如表8-13所示。从表8-13可见，上海市基本农田保护区在地质灾害高易发区、中等易发区和低易发区几乎均匀分布；其中，地质灾害高易发区内面积分布比重占到33.13%，主要分布于崇明岛和横沙岛，而不易发区内面积分布比重最低，仅为2.01%。

表8-13 上海市各地质灾害分区内基本农田保护区面积统计表

| 地质灾害分区 | 面积/km² | 比重/% |
|---|---|---|
| 高易发区 | 812.77 | 33.13 |
| 中等易发区 | 768.52 | 31.32 |
| 低易发区 | 823.00 | 33.54 |
| 不易发区 | 49.25 | 2.01 |

（3）规划土地利用分区的生态环境影响评价

① 规划土地利用分区的环境影响评价

全市共划分中心城区、中心城区周边地区、浦东拓展地区、嘉青松虹地区、杭州湾北岸地区及长江口三岛地区等六个土地利用综合分区。从上海市土地利用总体规划对各分区的规划定位和土地利用调控中，可以看到充分体现了加强生态保护的环境意识。

对于中心城区，规划中指出要"着力调整优化土地利用结构和布局，进一步增加城市公共绿地、增加公共空间，切实转变土地利用方式。"这表明中心城区着重于土地利用结构和布局的调整与优化，充分重视土地开发利用与环境保护的协调。

对于中心城区周边地区，规划中指出要"加强市政基础设施整合力度，改善地区环境。根据农业布局和农业资源特点，建设旅游农业基地，构建城市绿色屏障。发挥郊野公园和基本农田的生态功能，有效隔离集中建设区域，提高区域环境质量。"这里突出了农用地和绿色生态基础设施的建设，有利于整体环境的保护。

对于浦东拓展地区，规划提出要"保护农用地和生态用地，发展都市现代农业，建设沿海防护林带，合理开发滩涂资源。"突出了农用地和生态用地对维护生态安全的重要作用。

对于嘉青松虹地区，规划中指出要"促进基本农田集中连片，建设黄浦江上游农业区，保护水源地及水源涵养林。"强调了生态涵养的重要性，充分体现了生态优先的发展理念。

对于杭州湾北岸地区，规划提出要"保障船舶工业基地，配置清洁型和资源节约型的工业用地……以基本农田为生态锚固手段，保持生态走廊和生态保育区的生态用地格局,加强滩涂资源保护和适度开发利用,建设沿海防护林带和防污染隔离带。"强调了该区域的产业发展应充分围绕生态建设和可持续发展,建设生态开敞源地对上海市长远发展的重要作用。

对于长江口三岛地区,规划提出要"加快推进崇明生态岛建设,保护优质耕地和基本农田,大力推进高效生态农业建设,推动青草沙水源地建设,加强滩涂资源保护和适度开发利用,保护崇明长江三角洲国家地质公园和自然保护区。"强化了水源地和湿地资源的保护力度,对于维护生物多样性和构筑良好的生态景观格局具有重要作用。

对上海市土地利用总体分区的进一步生态环境影响评价,主要通过选取生态系统恢复能力、水源涵养区敏感性、风景名胜保护区敏感性、生态功能分区和地质灾害分区等5个评价指标,利用GIS空间分析方法进行。

② 生态系统恢复能力评价

土地利用分区生态系统恢复能力评价结果如表8-14所示。从表8-14可见,中心城区,以生态系统一般恢复能力的面积为主,占总面积的69.38%;中心城区周边地区、浦东拓展地区、嘉青松虹地区以生态系统较强恢复能力的面积为主,分别占各自总面积的65.38%、77.66%和74.29%,其中,中心城区周边地区和嘉青松虹地区生态系统一般恢复能力也占一定的比例,分别为20.46%和13.22%。杭州湾北岸地区生态系统恢复能力较强,以较强恢复能力和极强恢复能力为主,两者加和超过总面积的90%。以上各区的生态系统恢复能力与其生态功能基本吻合,表明该土地利用综合分区划分的生态合理性。而长江口三岛地区以一般恢复能力和较强恢复能力为主,分别占到面积的40.39%和51.09%,需要进一步调整土地利用结构,增加林地面积,提高生态系统恢复能力。

表8-14 上海市各土地利用综合分区内生态系统恢复能力统计分析表

| 土地利用综合分区 | | 较弱恢复能力 | 弱恢复能力 | 一般恢复能力 | 较强恢复能力 | 极强恢复能力 | 总计 |
|---|---|---|---|---|---|---|---|
| 中心城区 | 面积/km² | 0.00 | 8.81 | 442.70 | 182.75 | 3.83 | 638.08 |
| | 比例/% | 0.00 | 1.38 | 69.38 | 28.64 | 0.60 | 100.00 |
| 中心城区周边地区 | 面积/km² | 0.00 | 43.56 | 175.79 | 561.74 | 78.10 | 859.20 |
| | 比例/% | 0.00 | 5.07 | 20.46 | 65.38 | 9.09 | 100.00 |
| 浦东拓展地区 | 面积/km² | 0.00 | 58.86 | 38.11 | 612.71 | 79.29 | 788.97 |
| | 比例/% | 0.00 | 7.46 | 4.83 | 77.66 | 10.05 | 100.00 |
| 嘉青松虹地区 | 面积/km² | 22.44 | 70.70 | 223.08 | 1253.58 | 117.61 | 1687.41 |
| | 比例/% | 1.33 | 4.19 | 13.22 | 74.29 | 6.97 | 100.00 |
| 杭州湾北岸地区 | 面积/km² | 0.00 | 0.00 | 96.89 | 676.52 | 521.87 | 1295.28 |
| | 比例/% | 0.00 | 0.00 | 7.48 | 52.23 | 40.29 | 100.00 |
| 长江口三岛地区 | 面积/km² | 5.38 | 43.04 | 529.94 | 670.33 | 63.37 | 1312.06 |
| | 比例/% | 0.41 | 3.28 | 40.39 | 51.09 | 4.83 | 100.00 |

③ 水源涵养区敏感性评价

土地利用分区的水源涵养敏感性评价结果如表8-15所示。从表8-15可见，从绝对面积上看，上海市水资源涵养区高度敏感区在嘉青松虹地区所占面积最大，接近350 $km^2$，在中心城区、中心城区周边地区、杭州湾北岸地区、长江口三岛地区内的分布相对较小，基本在100~200 $km^2$之间，在浦东拓展区内的面积分布最小，只有72.35 $km^2$。就相对比例而言，高敏感区在中心城区所占比例最大，占到27.86%，在嘉青松虹地区所占比例也比较高，为20.37%，其他各区都在15%以下，最少的约9%。这说明上海土地的分区调控对水源涵养区的干扰还是比较小的，但在中心城区和嘉青松虹地区，应予以重视，避免对水资源的浪费和对水环境的破坏。

表8-15 上海市各土地利用综合分区内水资源涵养区敏感性统计分析表

| 土地利用综合分区 | | 高度敏感 | 中度敏感 | 低度敏感 | 不敏感 | 总计 |
| --- | --- | --- | --- | --- | --- | --- |
| 分区 | 面积和比例 | | | | | |
| 中心城区 | 面积/$km^2$ | 177.77 | 97.43 | 178.60 | 184.28 | 638.08 |
| | 比例/% | 27.86 | 15.27 | 27.99 | 28.88 | 100.00 |
| 中心城区周边地区 | 面积/$km^2$ | 122.61 | 243.75 | 242.29 | 250.54 | 859.20 |
| | 比例/% | 14.27 | 28.37 | 28.20 | 29.16 | 100.00 |
| 浦东拓展地区 | 面积/$km^2$ | 72.35 | 186.43 | 224.46 | 305.73 | 788.97 |
| | 比例/% | 9.17 | 23.63 | 28.45 | 38.75 | 100.00 |
| 嘉青松虹地区 | 面积/$km^2$ | 343.73 | 400.93 | 338.50 | 604.26 | 1 687.41 |
| | 比例/% | 20.37 | 23.76 | 20.06 | 35.81 | 100.00 |
| 杭州湾北岸地区 | 面积/$km^2$ | 130.18 | 371.62 | 310.48 | 483.01 | 1 295.28 |
| | 比例/% | 10.05 | 28.69 | 23.97 | 37.29 | 100.00 |
| 长江口三岛地区 | 面积/$km^2$ | 144.46 | 196.94 | 477.20 | 493.60 | 1 312.06 |
| | 比例/% | 11.01 | 15.01 | 36.37 | 37.62 | 100.00 |

④ 风景名胜保护区敏感性评价

土地利用分区的风景名胜保护区敏感性评价结果如表8-16所示。从表8-16可见，各分区上海市风景名胜保护区不敏感区分别占各区的面积比例都非常高，均在60%以上，最高的达到90.36%。其次为低敏感区，最高的达到20%。高敏感区的面积比例非常低，最高的杭州湾北岸地区，也仅占其总面积的2.24%。这说明上海土地的分区调控基本考虑了对风景名胜保护区的保护，不会对其带来大的干扰和破坏。

表8-16 上海市各土地利用综合分区内风景名胜保护区敏感性统计

| 土地利用综合分区 | | 高度敏感 | 中度敏感 | 低度敏感 | 不敏感 | 总计 |
| --- | --- | --- | --- | --- | --- | --- |
| 分区 | 面积和比例 | | | | | |
| 中心城区 | 面积/km² | 9.19 | 38.80 | 136.29 | 453.80 | 638.08 |
| | 比例/% | 1.44 | 6.08 | 21.36 | 71.12 | 100.00 |
| 中心城区周边地区 | 面积/km² | 1.55 | 26.72 | 62.38 | 768.47 | 859.20 |
| | 比例/% | 0.18 | 3.11 | 7.26 | 89.44 | 100.00 |
| 浦东拓展地区 | 面积/km² | 0.79 | 11.44 | 63.91 | 712.91 | 788.97 |
| | 比例/% | 0.1 | 1.45 | 8.1 | 90.36 | 100.00 |
| 嘉青松虹地区 | 面积/km² | 17.04 | 133.31 | 469.27 | 1 067.80 | 1 687.41 |
| | 比例/% | 1.01 | 7.9 | 27.81 | 63.28 | 100.00 |
| 杭州湾北岸地区 | 面积/km² | 29.01 | 69.17 | 253.87 | 943.22 | 1 295.28 |
| | 比例/% | 2.24 | 5.34 | 19.6 | 72.82 | 100.00 |
| 长江口三岛地区 | 面积/km² | 6.69 | 37.52 | 119.00 | 1 148.84 | 1 312.06 |
| | 比例/% | 0.51 | 2.86 | 9.07 | 87.56 | 100.00 |

⑤ 生态功能分区评价

土地利用分区的生态功能分区评价结果如表8-17所示。从表8-17可见，上海市土地利用综合分区与上海市生态功能分区具有非常好的对应性。尤其是中心城区与城市生态功能恢复区，中心城区周边地区、浦东拓展地区、嘉青松虹地区、杭州湾北岸地区与农村生态功能优化区，长江口三岛地区与崇明生物多样性保护功能区，基本上完全吻合，表明了各土地利用综合分区和各生态功能分区的合理性。

表8-17 上海市各土地利用综合分区内生态功能分区构成

| 土地利用综合分区 | | 西部水源涵养功能区 | 城市生态功能恢复区 | 沿河、沿江、沿海生态走廊建设区 | 农村生态功能优化区 | 崇明生物多样性保护功能区 | 总计 |
| --- | --- | --- | --- | --- | --- | --- | --- |
| 分区 | 面积和比例 | | | | | | |
| 中心城区 | 面积/km² | 0.00 | 521.50 | 12.44 | 104.13 | 0.00 | 638.08 |
| | 比例/% | 0.00 | 81.73 | 1.95 | 16.32 | 0.00 | 100.00 |
| 中心城区周边地区 | 面积/km² | 0.00 | 192.89 | 97.18 | 569.13 | 0.00 | 859.20 |
| | 比例/% | 0.00 | 22.45 | 11.31 | 66.24 | 0.00 | 100.00 |
| 浦东拓展地区 | 面积/km² | 0.00 | 19.09 | 130.73 | 639.06 | 0.00 | 788.97 |
| | 比例/% | 0.00 | 2.42 | 16.57 | 81.00 | 0.00 | 100.00 |
| 嘉青松虹地区 | 面积/km² | 217.51 | 142.75 | 243.32 | 1 083.82 | 0.00 | 1 687.41 |
| | 比例/% | 12.89 | 8.46 | 14.42 | 64.23 | 0.00 | 100.00 |
| 杭州湾北岸地区 | 面积/km² | 0.00 | 44.30 | 113.73 | 1 137.12 | 0.00 | 1 295.28 |
| | 比例/% | 0.00 | 3.42 | 8.78 | 87.79 | 0.00 | 100.00 |
| 长江口三岛地区 | 面积/km² | 0.00 | 11.55 | 0.00 | 0.00 | 1 300.51 | 1 312.06 |
| | 比例/% | 0.00 | 0.88 | 0.00 | 0.00 | 99.12 | 100.00 |

⑥ 地质灾害分区评价

土地利用分区的地质灾害评价结果如表8-18所示。从表8-18可见，长江口三岛地区整个岛屿都位于地质灾害高易发区，其次，中心城区位于地质灾害高易发区的面积比例也非常高，在50%以上。中心城区周边地区和浦东拓展地区，尽管位于高易发区的面积比例不大，但位于中等易发区的面积比例非常大，都在80%左右。从绝对面积上看，上海市地质灾害高易发区，在长江口三岛地区的面积数量几乎相当于其他四个土地利用综合分区内地质灾害高易发区面积总量的3倍，这主要与该区的地质环境状况有关。嘉青松虹地区和杭州湾北岸内的地质灾害高易发区面积分布比重很小。这说明上海土地利用分区在一定程度上考虑了区域地质灾害的规避问题，但在长江口三岛地区的土地利用调控过程中，要特别注意地质灾害的防范问题。

表8-18 上海市各土地利用综合分区内地质灾害分区构成

| 土地利用综合分区 | | 高易发区 | 中等易发区 | 低易发区 | 不易发区 | 总计 |
|---|---|---|---|---|---|---|
| 分区 | 面积和比例 | | | | | |
| 中心城区 | 面积/km² | 323.76 | 299.77 | 14.55 | 0.00 | 638.08 |
| | 比例/% | 50.74 | 46.98 | 2.28 | 0.00 | 100.00 |
| 中心城区周边地区 | 面积/km² | 86.35 | 675.16 | 97.69 | 0.00 | 859.20 |
| | 比例/% | 10.05 | 78.58 | 11.37 | 0.00 | 100.00 |
| 浦东拓展地区 | 面积/km² | 0.00 | 664.71 | 124.26 | 0.00 | 788.97 |
| | 比例/% | 0.00 | 84.25 | 15.75 | 0.00 | 100.00 |
| 嘉青松虹地区 | 面积/km² | 32.90 | 602.07 | 920.99 | 131.45 | 1687.41 |
| | 比例/% | 1.95 | 35.68 | 54.58 | 7.79 | 100.00 |
| 杭州湾北岸地区 | 面积/km² | 0.00 | 626.14 | 577.95 | 91.32 | 1295.28 |
| | 比例/% | 0.00 | 48.34 | 44.62 | 7.05 | 100.00 |
| 长江口三岛地区 | 面积/km² | 1312.06 | 0.00 | 0.00 | 0.00 | 1312.06 |
| | 比例/% | 100.00 | 0.00 | 0.00 | 0.00 | 100.00 |

## 5) 土地开发整理的生态环境效应

上海滩涂围垦规划区的地质灾害评价结果如图8.3所示。从图中可见，部分滩涂围垦区的地质条件不是非常理想，如崇明、长兴和横沙三岛为地质灾害高易发区，南汇东部为地质灾害中易发区，土地开发整理时需要关注地质灾害风险。

上海滩涂围垦规划区的生态系统恢复能力和生态敏感性评价结果如图8.4和图8.5所示。从中可见，崇明岛北部、南汇东部和长兴岛滩涂围垦规划区的生态系统恢复能力较强，生态敏感性较低，具有较好的开发整理条件。

上海滩涂围垦规划区的生态功能分区评价结果如图8.6所示。从图中可见，围垦规划区主要处在崇明生物多样性保护区及沿河、沿江、沿海生态走廊建设区，这两个功能区分别担负着城市绿色生态型经济发展和提高城市台风、洪水抵御能力的重任。因此，在滩涂围垦开发整理时应该注意与上述区域的整体生态功能定位保持一致，通过土地的开发整理，形成环境友好的土地利用格局，促进上述区域土地生态功能的完善和提升。

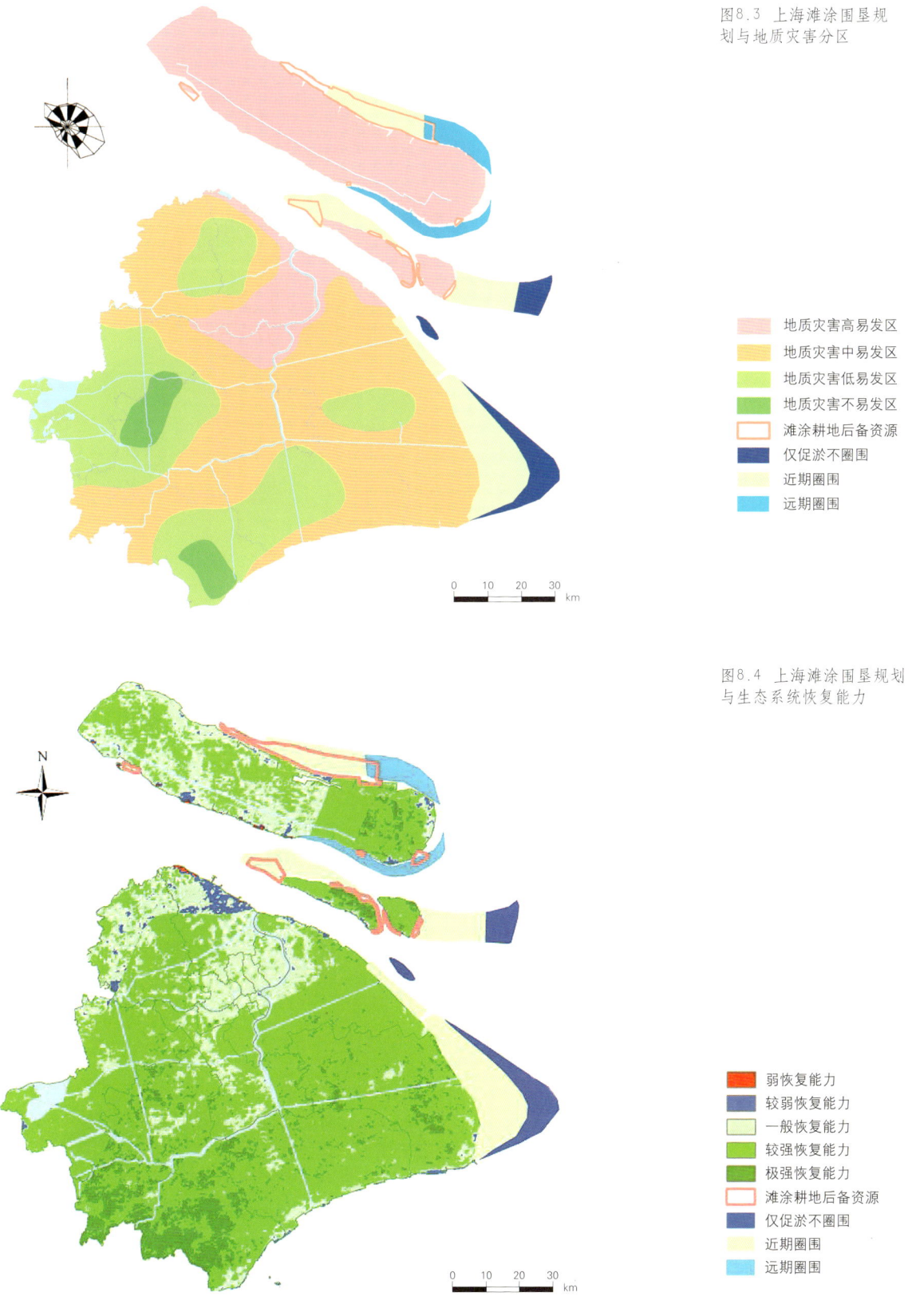

图8.3 上海滩涂围垦规划与地质灾害分区

图8.4 上海滩涂围垦规划与生态系统恢复能力

图8.5 上海滩涂围垦规划与生态敏感性

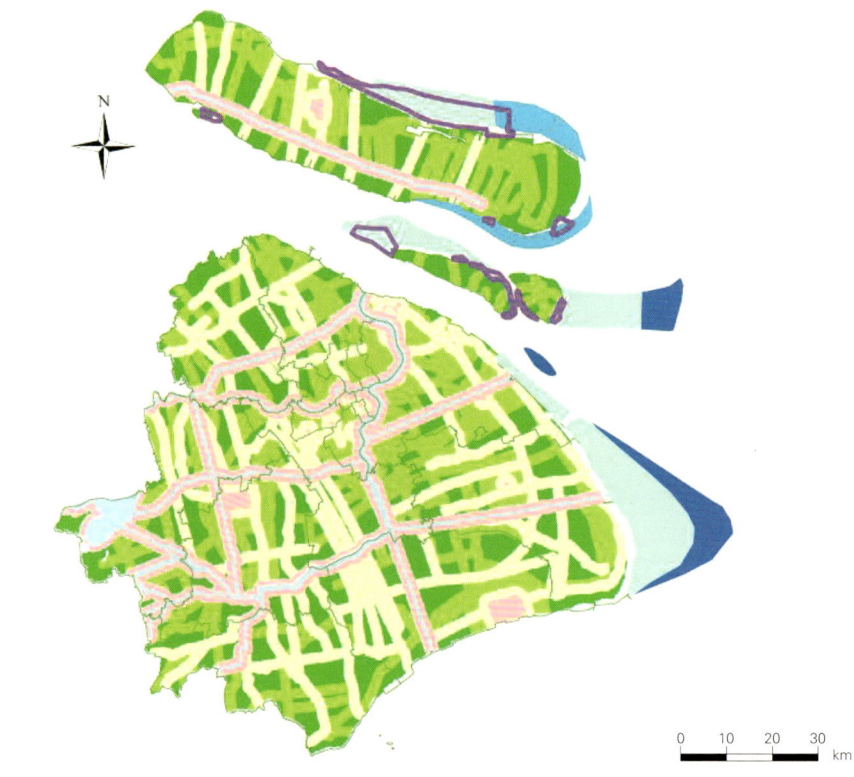

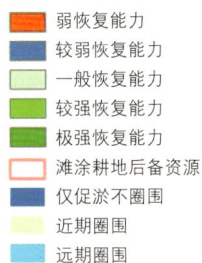

- 弱恢复能力
- 较弱恢复能力
- 一般恢复能力
- 较强恢复能力
- 极强恢复能力
- 滩涂耕地后备资源
- 仅促淤不围围
- 近期围围
- 远期围围

图8.6 上海滩涂围垦规划与生态功能分区

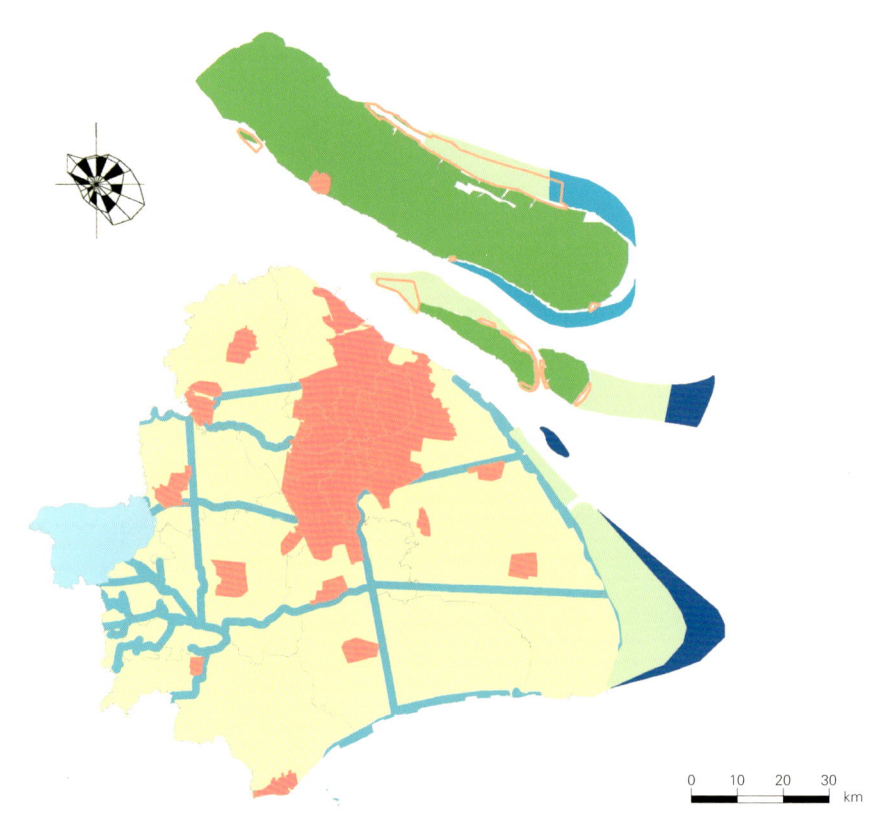

- 西部水源涵养功能区
- 城市生态功能恢复
- 沿河、沿江、沿海生态走廊建设区
- 农村生态功能优化区
- 崇明生物多样性保护功能区
- 滩涂耕地后备资源
- 仅促淤不围围
- 近期围围
- 远期围围

## 6) 重大基础设施工程的主要生态环境效应

### (1) 综合交通体系规划评价

① 地质灾害分区评价

综合交通体系建设的地质灾害评价结果如图8.7所示。从图中可见，综合交通体系建设规划区主要分布在地质灾害中低易发区。其中，市域轨道交通规划区有51.34%的面积分布在中易发区，32.68%分布在高易发区；市域对外交通规划区有54.42%的面积分布在中易发区，33.86%分布在低易发区；铁路站规划区有55.56%的面积分布在中易发区，33.33%分布在高易发区；航空港和港区规划区有46.56%的面积分布在低易发区，35.58%分布在中易发区。这说明交通基础设施规划较好地考虑了地质灾害风险的规避问题。

图8.7 上海交通基础设施规划区地质灾害易发状况

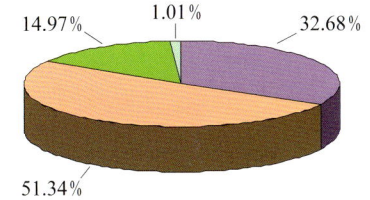
b. 市域轨道交通规划区地质灾害分区

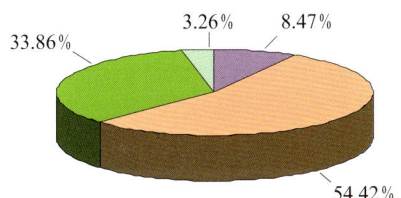
c. 市域对外交通规划区地质灾害分区

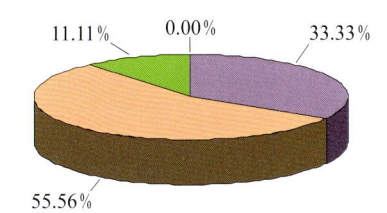
d. 铁路站规划区地质灾害分区

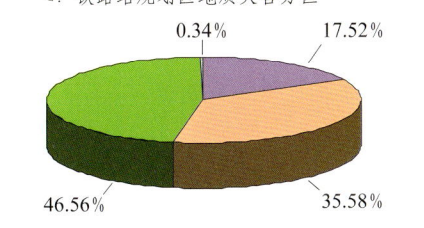
e. 航空港和港区规划区地质灾害分区

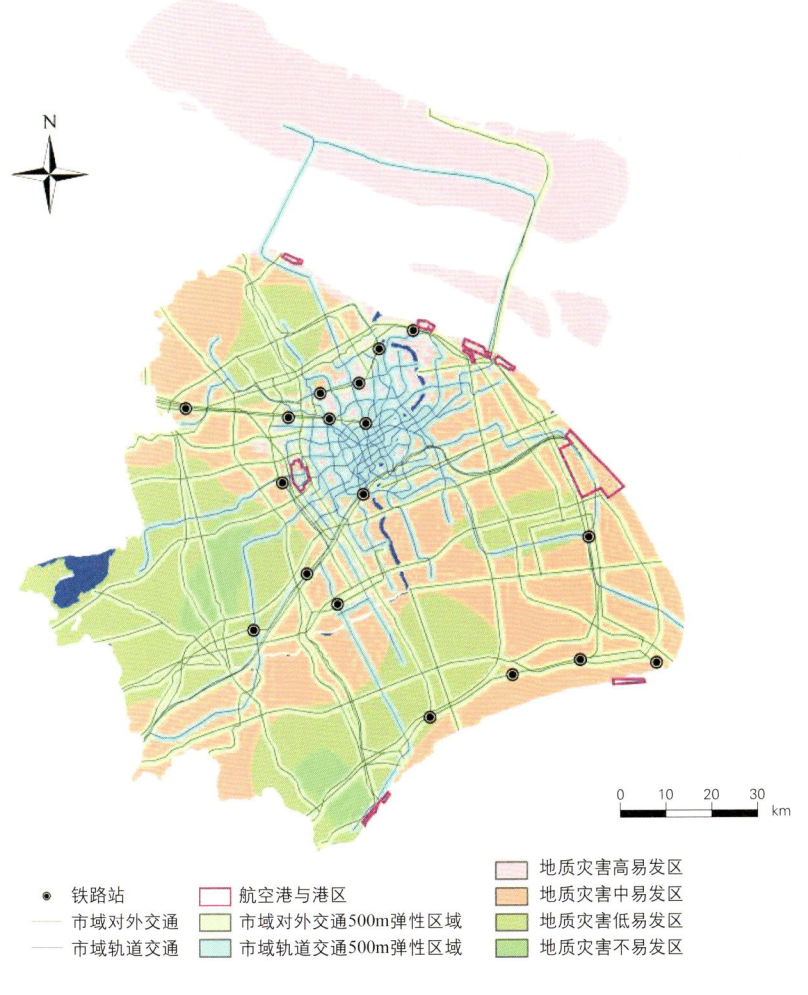
a. 上海交通基础设施规划区地质灾害分区图

② 生态敏感性评价

综合交通体系建设的生态敏感性评价结果如图8.8所示。从图中可见,规划区主要分布在中度和低度生态敏感区。其中,市域轨道交通规划区有33.03%的面积分布在中度敏感区域,31.96%分布在低度敏感区,另有25.60%分布在高度敏感区;市域对外交通规划区有30.56%的面积分布在中度敏感区,27.68%分布在高度敏感区;铁路站规划区有38.89%的面积分布在低度敏感区,33.33%分布在中度敏感区;航空港和港区规划区有68.49%的面积分布在中度敏感区,22.04%分布在不敏感区域。这说明综合交通体系建设规划区主要分布在生态敏感性较低的地区,具有一定的合理性。但部分市域轨道交通分布在中心城区黄浦江两岸的敏感区内,对外交通中部分航道分布在主要河流敏感区内。

图8.8 上海交通基础设施规划区生态敏感性状况

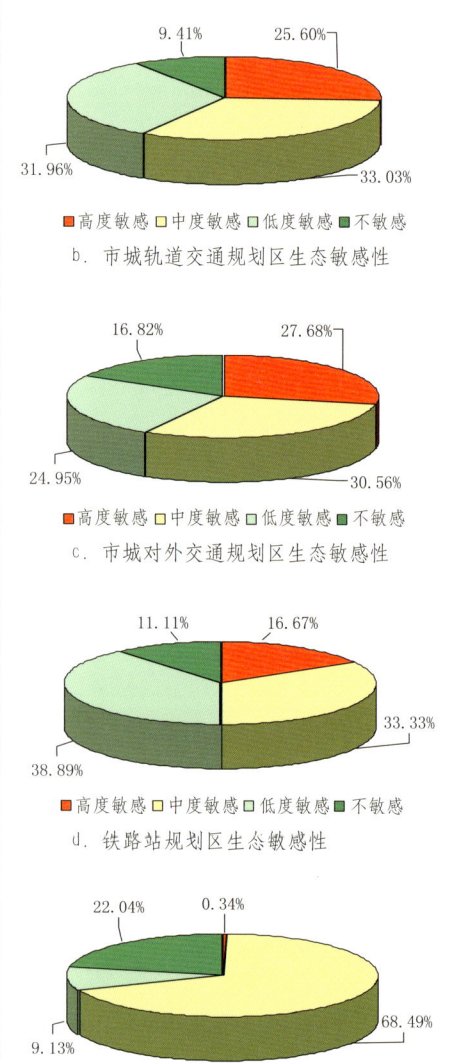

b. 市域轨道交通规划区生态敏感性

c. 市域对外交通规划区生态敏感性

d. 铁路站规划区生态敏感性

e. 航空港和港区规划区生态敏感性

a. 上海交通基础设施规划区生态敏感性分区图

③ 生态系统恢复能力评价

上海交通基础设施规划区的生态系统恢复能力评价结果如图8.9所示。从图中可见，规划区主要分布在生态恢复能力较强的区域。其中，市域轨道交通规划区有54.68%的面积分布在较强恢复能力区域，39.07%分布在一般恢复能力区域；市域对外交通规划区有74.25%的面积分布在较强恢复能力区，17.53%分布在一般恢复能力区；铁路站规划区有61.11%的面积分布在较强恢复能力区，33.33%分布在一般恢复能力区；航空港和港区规划区有75.03%的面积分布在较强恢复能力区，有14.77%分布在一般恢复能力区，另外还有0.82%分布在弱恢复能力区，主要为沿海港区规划。这说明上海市交通基础设施规划区的生态恢复能力相对较强。

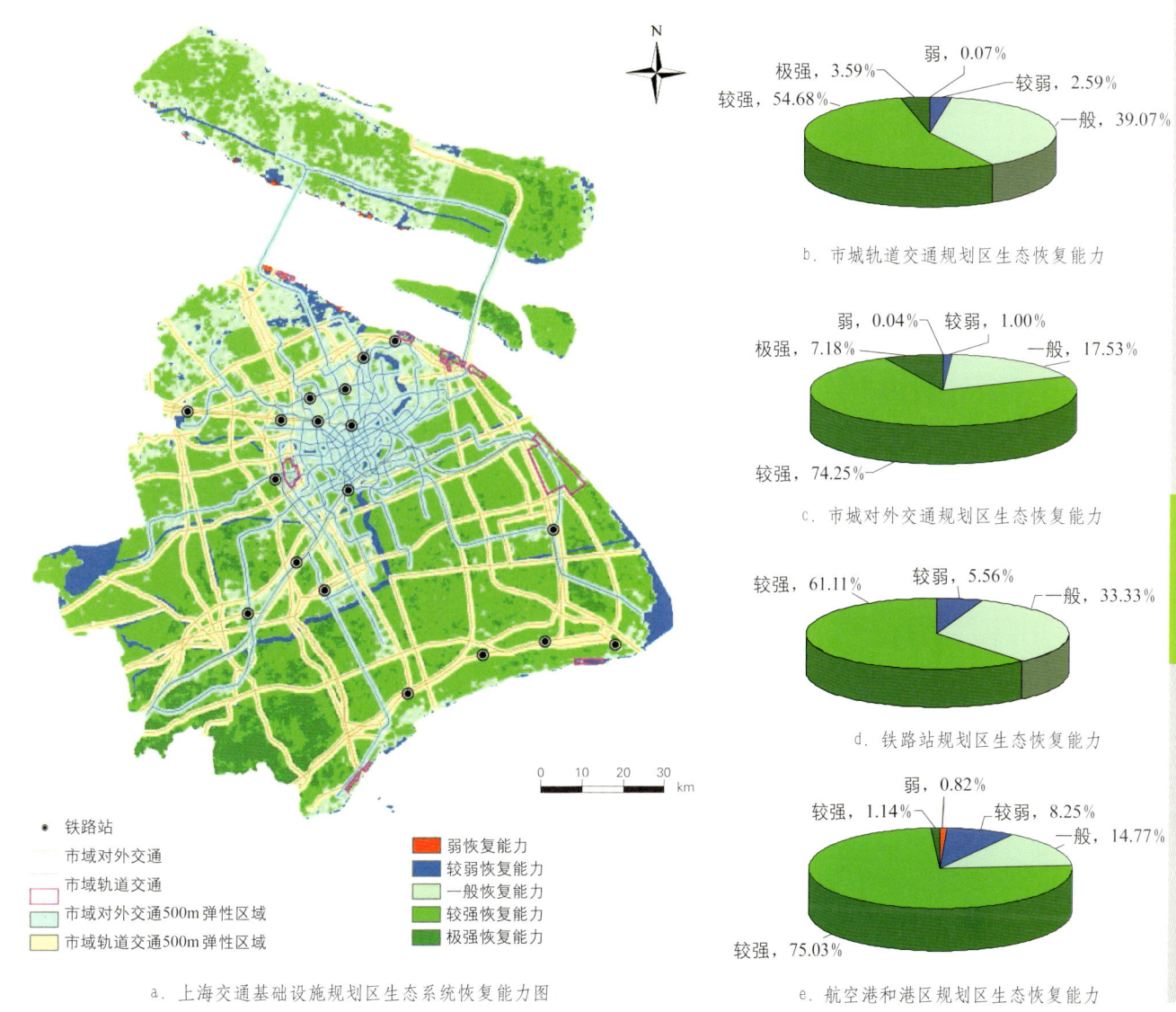

图8.9 上海交通基础设施规划区生态系统恢复能力状况

a. 上海交通基础设施规划区生态系统恢复能力图

b. 市域轨道交通规划区生态恢复能力

c. 市域对外交通规划区生态恢复能力

d. 铁路站规划区生态恢复能力

e. 航空港和港区规划区生态恢复能力

④ 生态功能分区评价

上海交通基础设施规划区的生态功能分区评价结果如图8.10所示。从图中可见，市域轨道交通和铁路站规划区主要分布在城市生态功能恢复区，市域对外交通和航空港、港区主要分布在农村生态功能优化区。其中，市域轨道交通规划区有51.68%的面积分布在城市生态功能恢复区，36.83%分布在农村生态功能优化区；市域对外交通规划区有65.30%的面积分布在农村生态功能优化区，有16.12%分布在城市生态功能恢复区；铁路站规划区有50%的面积分布在城市生态功能恢复区，44.44%分布在农村生态功能优化区；航空港和港区规划区有42.14%的面积分布在农村生态功能优化区，40.52%分布在沿河、沿江、沿海生态走廊建设区。这说明，上海交通基础设施规划区分布整体较为合理，不会对各区域的主导生态功能定位产生明显干扰。

图8.10 上海交通基础设施规划区所属生态功能区状况

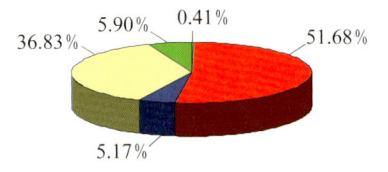

b. 市域轨道交通规划区生态功能分区

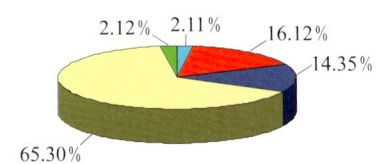

c. 市域对外交通规划区生态功能分区

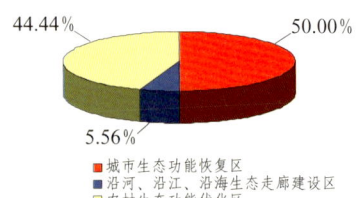

d. 铁路站规划区生态功能分区

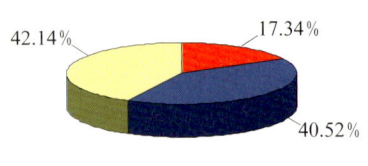

e. 航空港和港区规划区生态功能分区

a. 上海交通基础设施规划区生态功能分区图

总体上看，上海2006–2020年交通基础设施规划比较充分考虑了交通基础设施方便大众的原则，最大限度地避开了地质灾害高度易发区、生态敏感区以及生态系统恢复能力弱的区域，不会对区域生态功能产生明显干扰，整体上较为合理。但在地质灾害高风险区进行交通基础设施建设和运营时，需要努力采取措施，尽量规避相关风险。

（2）电力能源设施规划评价

① 地质灾害分区评价

电力能源设施规划的地质灾害评价结果如图8.11所示。从图中可见，各类设施规划区主要分布在地质灾害中度易发区。其中，电站规划区有24.99%的面积分布在地质灾害低易发区，15.19%分布在高易发区；燃气站规划区有18.89%的面积分布在地质灾害低易发区，23.30%分布在高易发区；燃气网规划区有23.50%的面积分布在地质灾害低易发区，19.55%分布在高易发区，另3.33%分布在不易发区。这说明电力能源设施规划区的分布整体比较合理，但需要注意对部分分布在地质灾害高易发区内的设施，如分布在崇明岛的燃气网等给予关注，采取相关措施，规避地质灾害风险。

图8.11 上海电力能源设施规划区地质灾害分布图

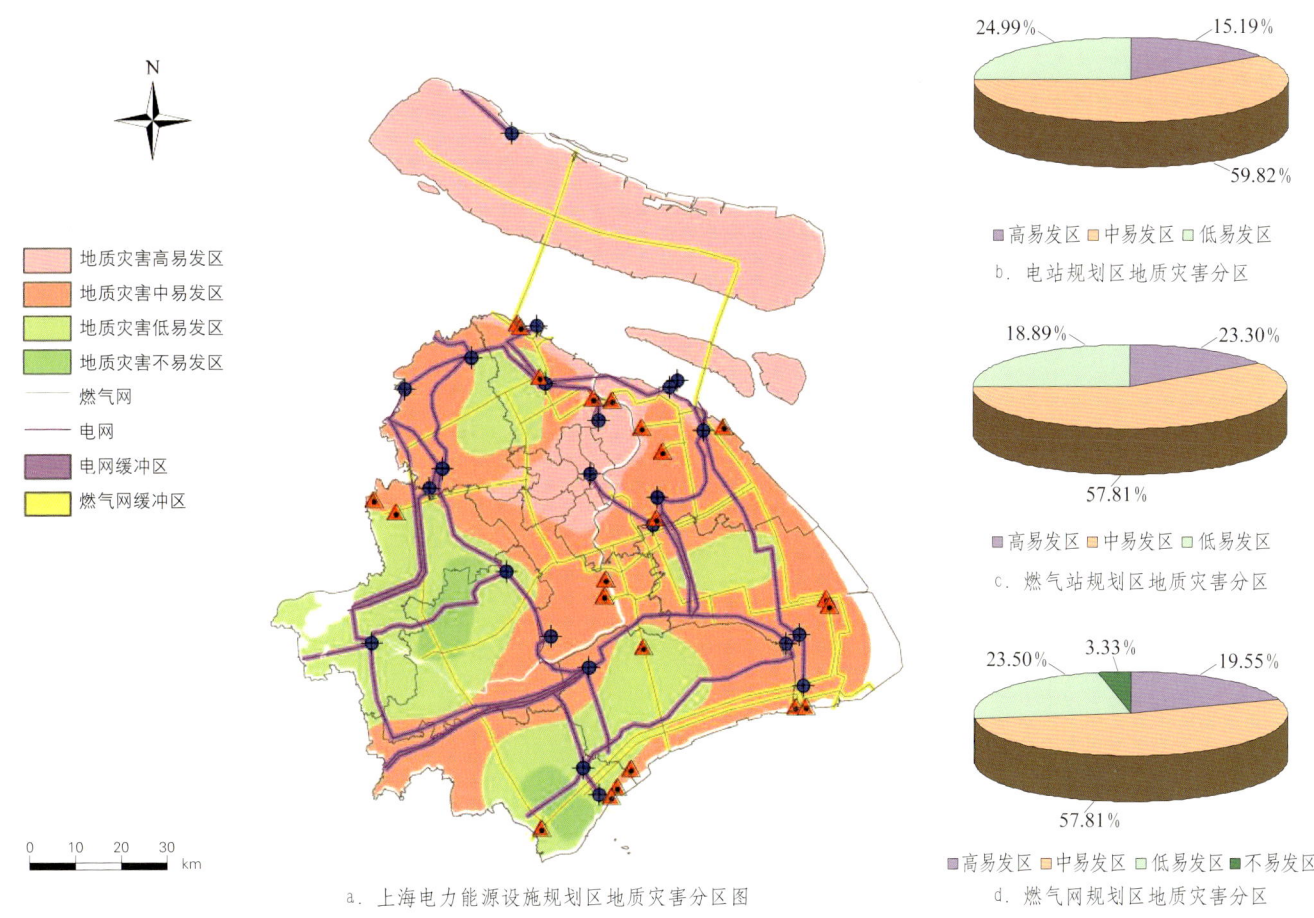

图8.12 上海电力能源基础设施规划区生态敏感性分区图

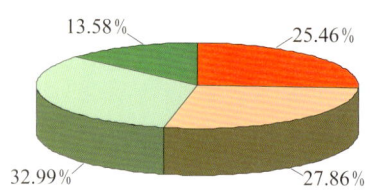

b. 电站规划区生态敏感性

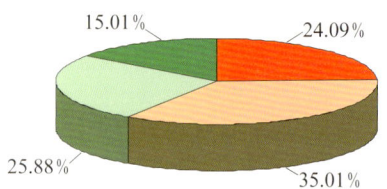

c. 电网规划区生态敏感性

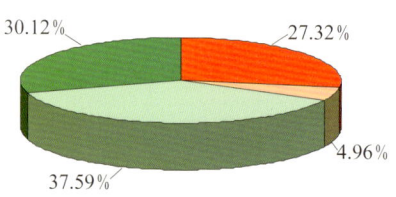

d. 燃气站规划区生态敏感性

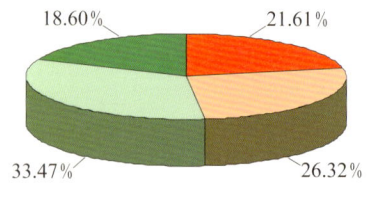

e. 燃气网规划区生态敏感性

a. 上海电力能源设施规划区生态敏感性分区图

② 生态敏感性评价

电力能源设施规划的生态敏感性评价结果如图8.12所示。从图中可见，各规划区在各个等级的生态敏感区内分布比较均匀，低、中敏感区分布比例稍高。其中，四类设施规划区在高度敏感区内的分布都在25%左右。电站规划区在不敏感区的分布为13.58%，在低度敏感区的分布为32.99%，在中度敏感区的分布为27.86%；电网规划区在不敏感区的分布为15.01%，在低度敏感区的分布为25.88%，在中度敏感区的分布为35.01%；燃气站规划区在不敏感区的分布为30.12%，在低度敏感区的分布为37.59%，在中度敏感区的分布为4.96%；燃气网规划区在不敏感区的分布为18.60%，在低度敏感区的分布为33.47%，在中度敏感区的分布为26.32%。这说明电力能源设施规划较好地考虑了生态敏感性的问题。

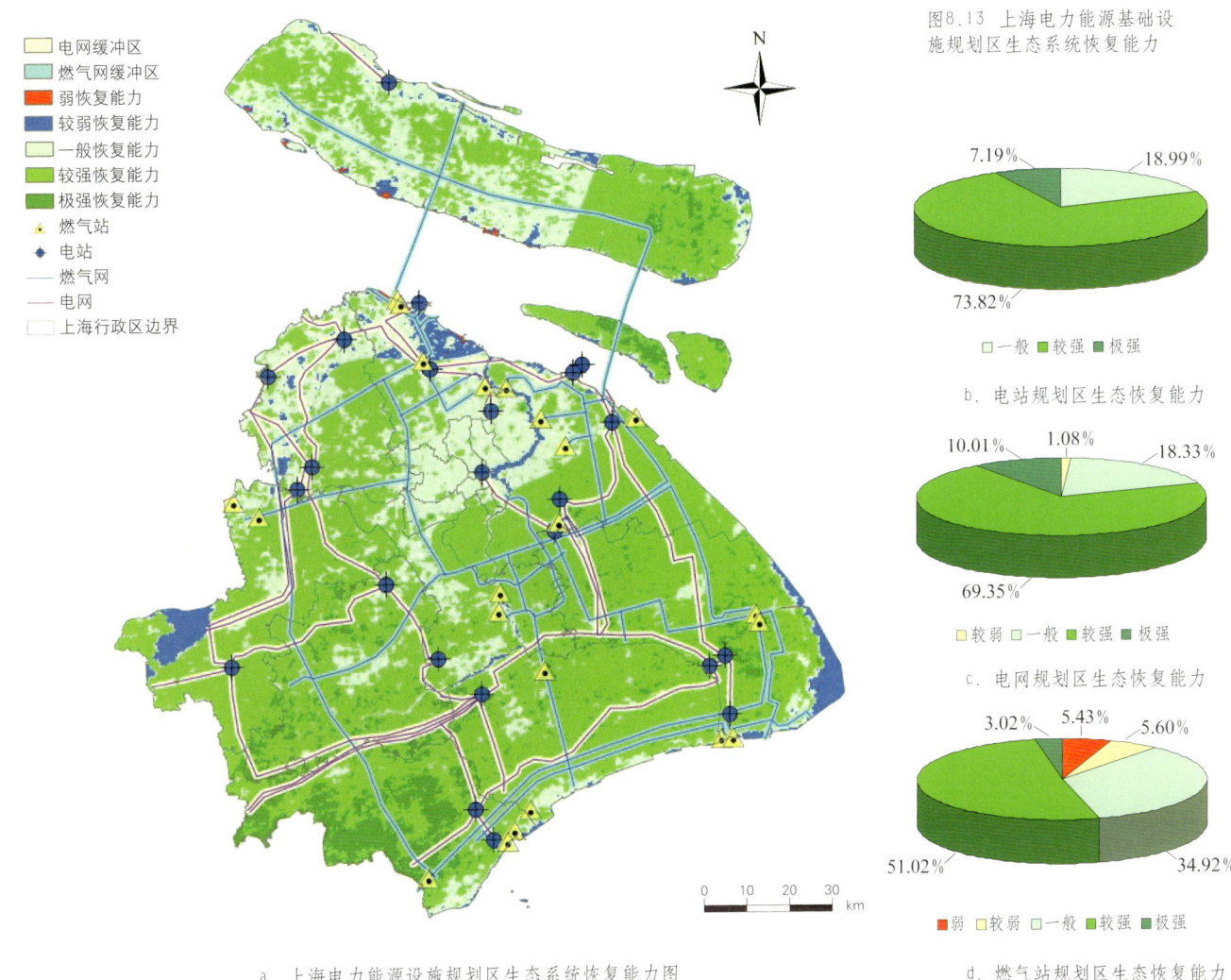

图8.13 上海电力能源基础设施规划区生态系统恢复能力

a. 上海电力能源设施规划区生态系统恢复能力图

b. 电站规划区生态恢复能力

c. 电网规划区生态恢复能力

d. 燃气站规划区生态恢复能力

e. 燃气网规划区生态恢复能力

③ 生态系统恢复能力评价

电力能源设施规划的生态恢复能力评价结果如图8.13所示。从图中可见，各规划区的分布比较合理，大多位于生态恢复力较强的地域。其中，燃气站规划区的51.02%和电站、电网、燃气网规划区70%多的区域分布在生态恢复力较强的区域。电站规划区在一般恢复能力和极强恢复能力的地域分布分别为18.99%和7.19%；电网和燃气网规划区分别有1.08%和2.45%的面积位于生态系统恢复能力较弱的地域；燃气站规划区内出现了5.43%的弱恢复能力地区。这说明上海电力能源设施规划区大都避开了生态恢复能力较弱的地域，不会对区域生态系统带来明显干扰。

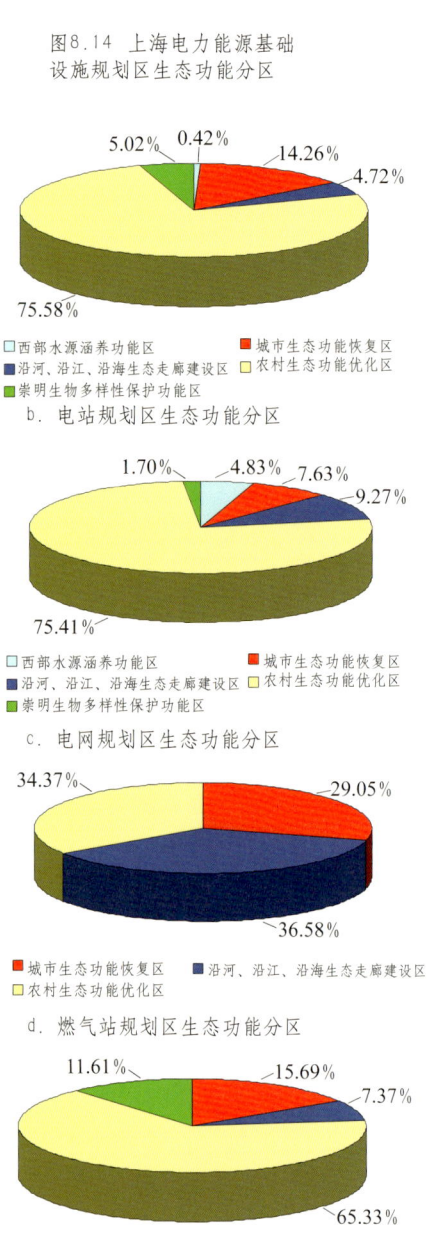

图8.14 上海电力能源基础设施规划区生态功能分区

b. 电站规划区生态功能分区

c. 电网规划区生态功能分区

d. 燃气站规划区生态功能分区

e. 燃气网规划区生态功能分区

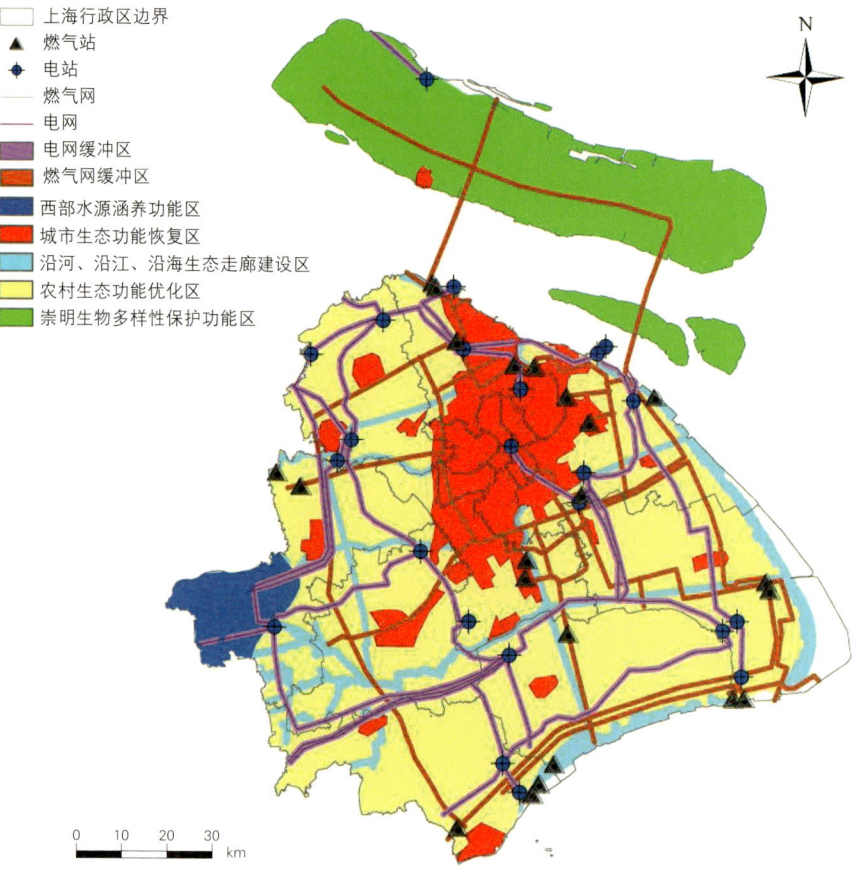

a. 上海电力能源设施规划区生态功能分区图

④ 生态功能分区评价

电力能源设施规划的生态功能分区评价结果如图8.14所示。从图中可见，电力能源基础设施主要分布在农村生态功能优化区。其中，电站有75.58%分布在农村生态功能优化区，14.26%分布在城市生态功能恢复区；电网有75.41%分布在农村生态功能优化区；燃气站在城市生态功能恢复区，农村生态功能优化区，沿河、沿江、沿海生态走廊建设区分布相当，均在30%左右；燃气网规划区有65.33%分布在农村生态功能优化区。这说明电力能源设施规划不会对个生态功能分区的主导功能产生明显干扰，尤其是农村生态功能优化区的电力能源设施正在逐步完善，有利于该区建设环境友好的土地利用格局。

总体上看，上海2006—2020年电力基础设施规划整体上较为合理。规划正逐步完善农村的电力设施，有利于该区建设环境友好的土地利用格局。同时，电力设施、能源设施规划也最大限度地避开了地质灾害高度易发

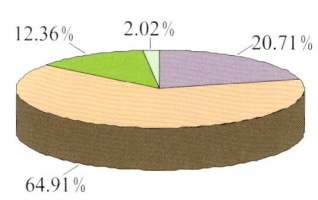
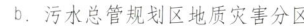

图8.15 上海原水、污水设施规划区地质灾害发生状况

b. 污水总管规划区地质灾害分区

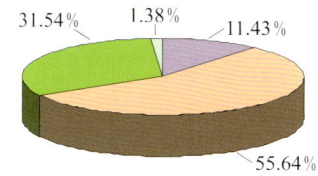

c. 原水管线规划区地质灾害分区

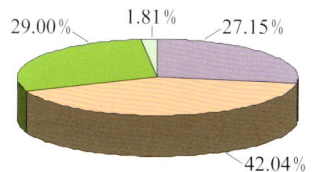

d. 污水厂规划区地质灾害分区

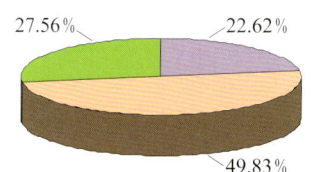

e. 水厂规划区地质灾害分区

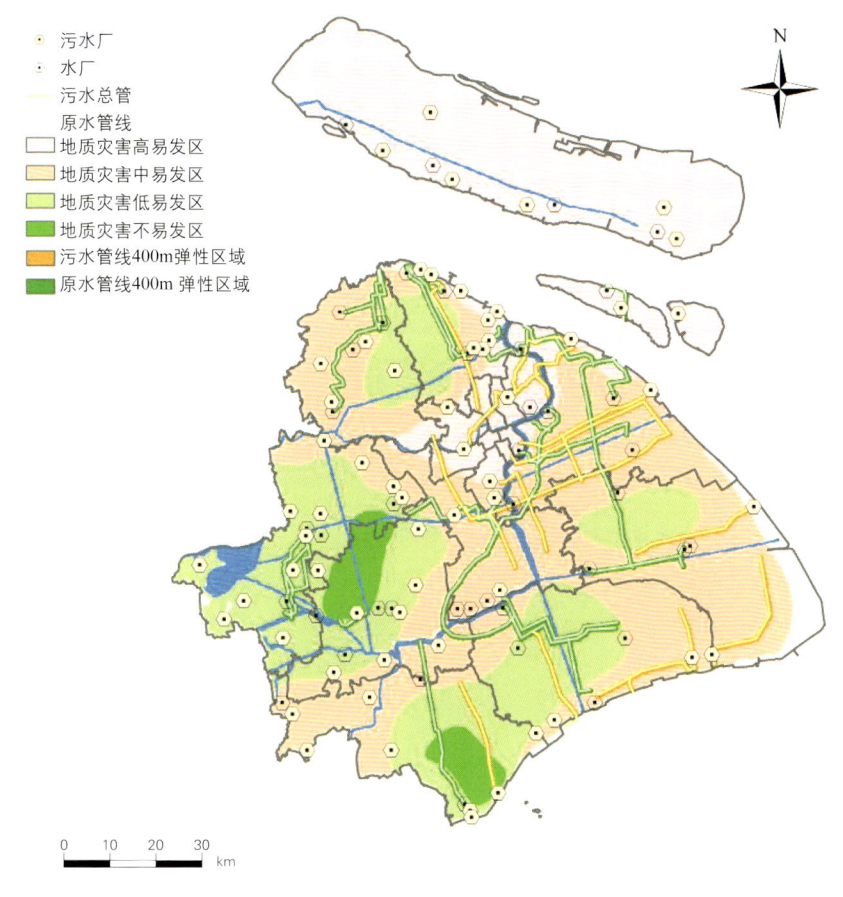

a. 原水、污水管线规划地质灾害分区图

区、生态敏感区以及恢复能力弱的区域，其建设和运行不会对生态环境造成明显干扰。

(3) 水利设施规划评价

① 地质灾害评价

水利设施规划的地质灾害评价结果如图8.15所示。从图中可见，水利设施规划区主要分布在地质灾害中易发区。其中，污水总管规划区有64.91%分布在地质灾害中易发区，20.71%分布在高易发区；原水管线有55.64%分布在地质灾害中易发区，31.54%分布在低易发区；污水厂规划区有42.04%分布在地质灾害中易发区，29%分布在低易发区；水厂规划区主要有49.83%分布在地质灾害中易发区，27.56%分布在低易发区。这说明水利设施规划基本上避开了地质灾害的高风险区。但中心城区和崇明岛地区的水利设施，需要高度关注地质灾害风险，注意采取相应防治措施。

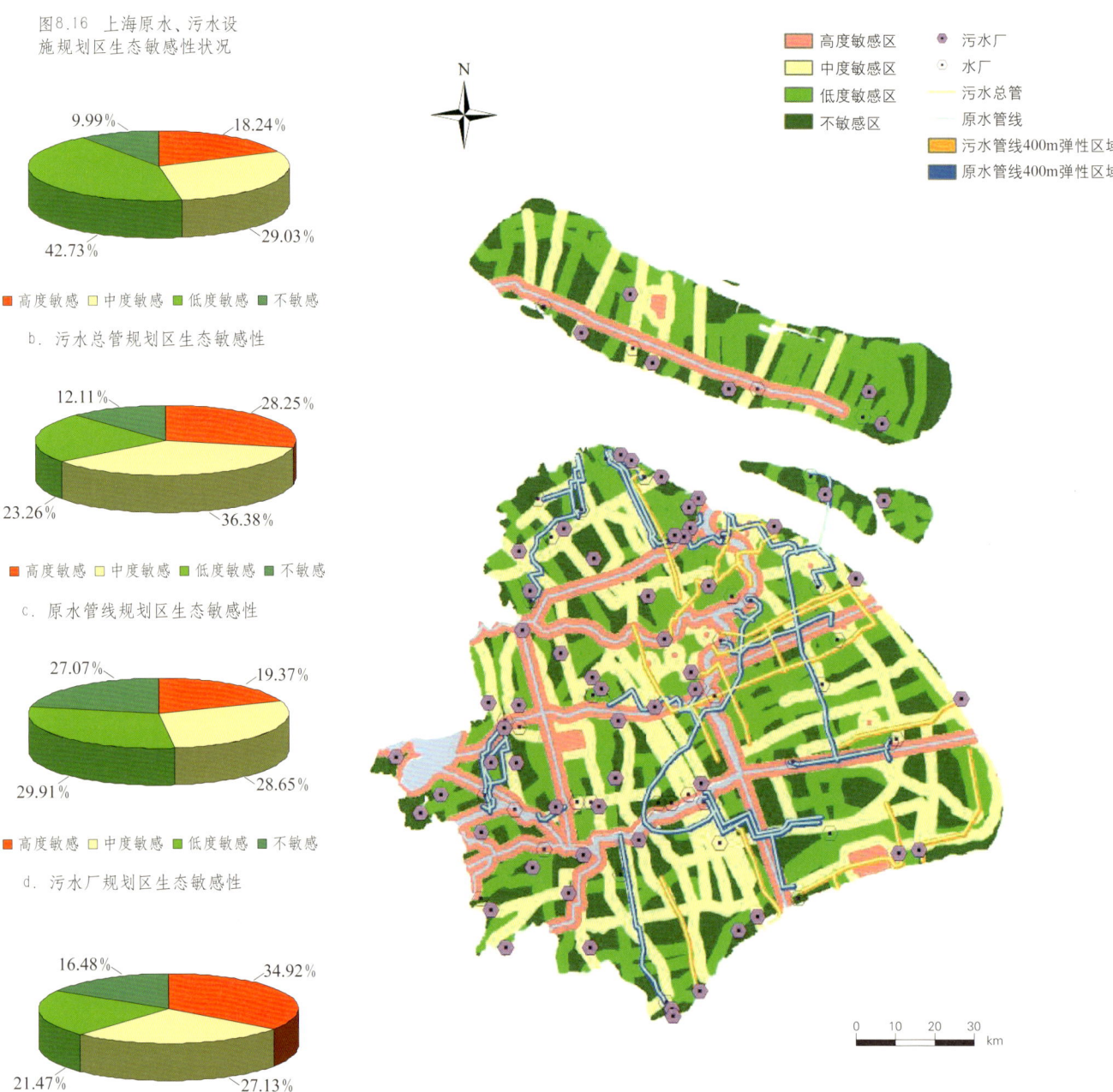

图8.16 上海原水、污水设施规划区生态敏感性状况

b. 污水总管规划区生态敏感性

c. 原水管线规划区生态敏感性

d. 污水厂规划区生态敏感性

e. 水厂规划区生态敏感性

a. 原水、污水管线规划区生态敏感性分区图

② 生态敏感性评价

水利设施规划的生态敏感性评价结果如图8.16所示。从图中可见，规划区在高度敏感、中度敏感、低度敏感和不敏感区的分布比例相当。水厂及原水管线规划区在高度敏感区分布比例较大，主要是由于这些设施基本上位于水源地敏感区内。总体上看，水利设施规划还是比较合理的。

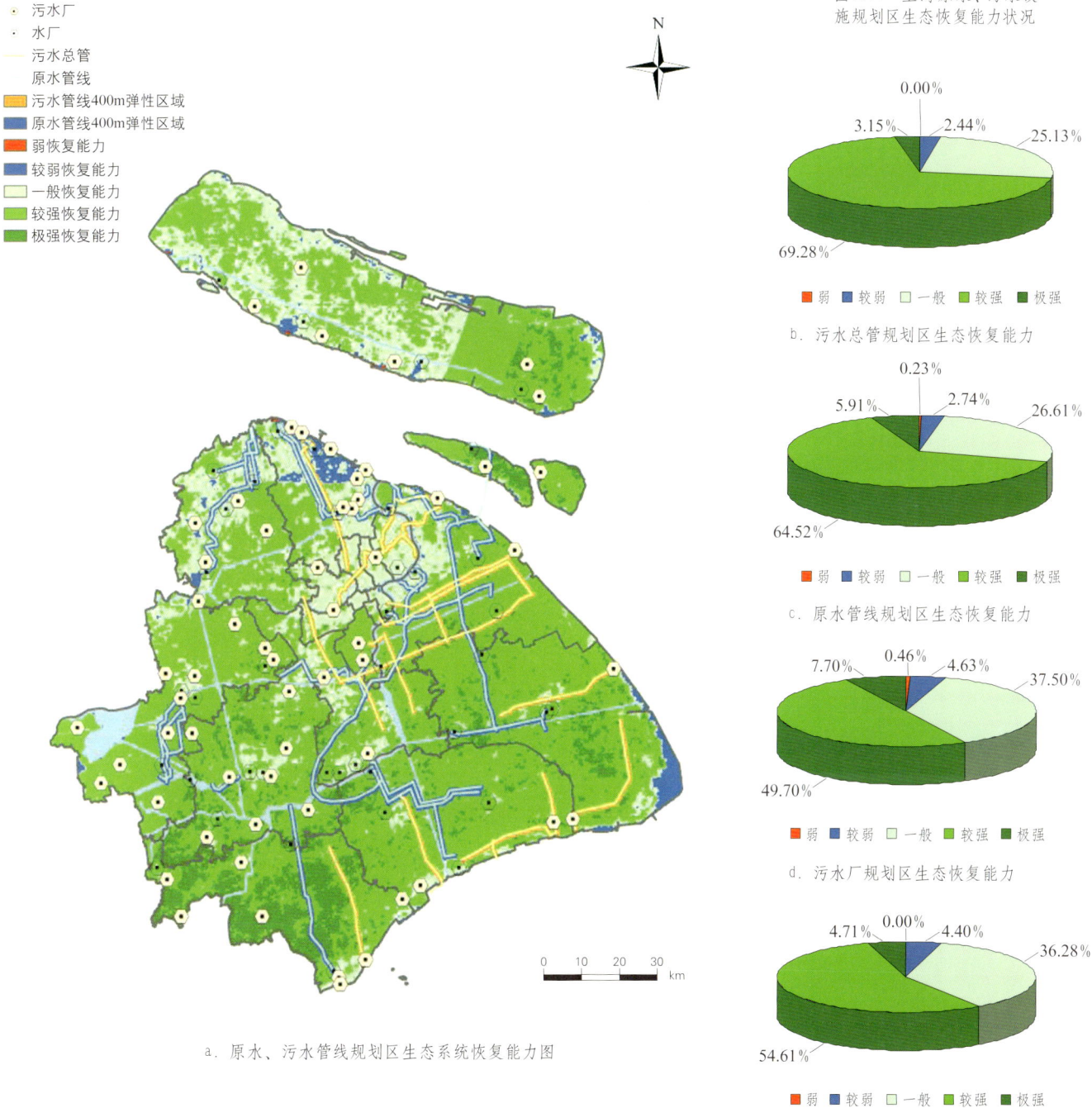

a. 原水、污水管线规划区生态系统恢复能力图

图8.17 上海原水、污水设施规划区生态恢复能力状况

b. 污水总管规划区生态恢复能力

c. 原水管线规划区生态恢复能力

d. 污水厂规划区生态恢复能力

e. 水厂规划区生态恢复能力

③ 生态系统恢复能力评价

水利设施规划的生态系统敏感性评价结果如图8.17所示。从图中可见，规划区主要分布在生态恢复能力较强的区域，这利于原水、污水管线铺设工程的实施。污水总管、原水管线、污水厂和水厂规划区分别有69.28%、64.52%、49.70%和54.61%分布在生态恢复能力较强区；原水管线和污水厂只有不到0.5%的区域分布在弱生态恢复能力区内。

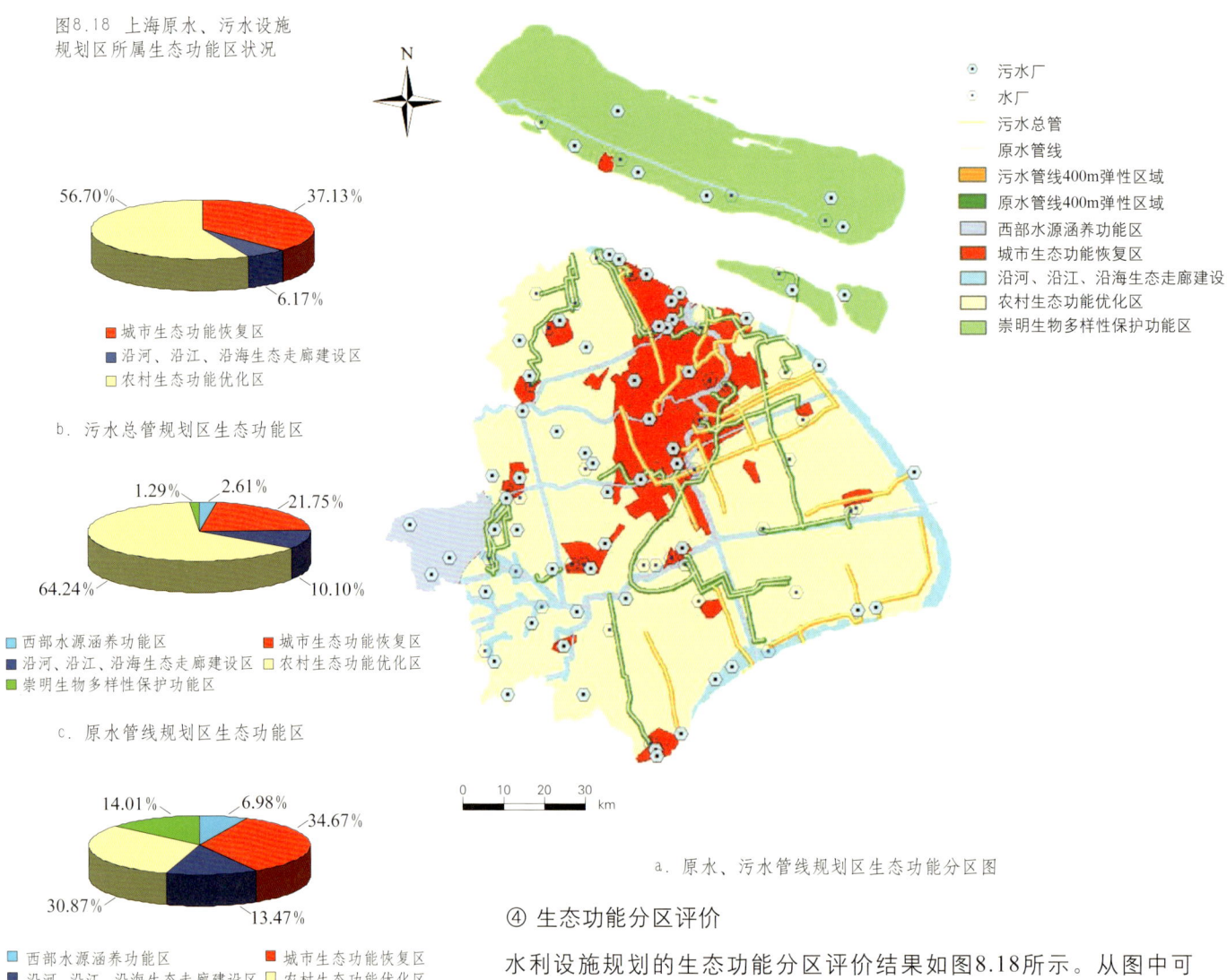

图8.18 上海原水、污水设施规划区所属生态功能区状况

④ 生态功能分区评价

水利设施规划的生态功能分区评价结果如图8.18所示。从图中可见，污水总管有56.7%分布在农村生态功能恢复区，37.13%分布在城市生态功能恢复区；原水管线有64.24%分布在农村生态功能优化区，21.75%分布在城市生态功能恢复区；污水厂规划区有34.67%分布在城市生态功能恢复区，30.87%分布在农村生态功能优化区；水厂规划区有41.37%分布在农村生态功能优化区，33.05%分布在城市生态功能恢复区。这说明，这些水利设施不会对各区域的主导生态功能产生明显干扰，在一定程度上还有利于各区相关生态建设措施的实施。

总体上看，上海2006—2020年水利基础设施规划最大限度地避开了地质灾害高度易发区、生态敏感区以及恢复能力弱的区域，基本上与各区主导生态功能保持一致，同时有利于各区生态环境建设措施的实施，整体上较为合理。

## 第三节 土地利用总体规划环境影响评价结论

根据有关规定并结合上海市的实际情况，对上海市土地利用总体规划进行了环境影响评价。评价内容包括：规划目标评价、土地利用规模与结构调整的环境影响评价、土地利用空间布局调整的生态合理性评价、土地利用开发整理的环境影响评价和基础设施建设的环境影响评价。评价结果表明以下几点。

（1）从规划提出的目标看，新一轮土地利用总体规划把坚守耕地和基本农田线，严格控制建设用地总体规模放在很重要的位置，对土地生态环境的改善具有非常积极的意义。

（2）人口的高度密集和城镇建设用地的快速扩张，使建设用地增长已基本达到最大限度，耕地压力指数较大，对大气环境造成了巨大的压力。

（3）上海市土地利用结构多样化程度总体呈上升趋势，但上升趋势不明显；土地利用率、建设用地比例以及林地覆盖率有了比较明显的上升，但前者比例大于后者，进一步增加了对上海生态环境的压力。

（4）上海市规划建设用地、基本农田保护区的布局，充分考虑了对生态系统恢复能力、风景名胜保护区的保护、水源地保护和土壤污染的保护，尽量规避这些高敏感区，特别是土地利用综合分区充分考虑了与生态功能主体分区的整体一致性。既能促进上海城市发展，又能有效地保护耕地资源，充分体现了对生态环境的保护。但在规划建设用地的布局时，要充分避免对水资源的浪费和水环境的破坏，以及加强对地质灾害风险的管理。

上海市规划建设用地主要分布在具有较强恢复能力和一般恢复能力的区域，两者比重之和接近90%。规划建设用地在风景名胜保护区高敏感区内的面积比例非常小，只有1%左右。城市规划建设用地主要分布于生态功能区的农村生态功能优化区内，占50%以上，其次为城市生态功能恢复区，占32.66%。规划建设用地的土壤污染主要属于低度污染和不污染区，约占90%。上述指标表明，上海城市规划建设用地是合理的，不会对上海整体生态环境造成巨大的影响。

上海市基本农田保护区主要分布于较强恢复能力和一般恢复能力的区域内，占90%以上。基本农田保护区主要分布于风景名胜保护区的不敏感区，约占80%。基本农田保护区主要分布于生态功能区的崇明生物多样性保护功能区和农村生态功能优化区，占85%以上。上海市基本农田保护区在地质灾害高、中、低易发区几乎均匀分布，各占

30%左右。上述指标表明，上海基本农田保护区是非常合理的，既能有效地保护耕地资源，也能充分发挥其对上海整体生态环境的良性调节作用。

从水源地保护指标看，尽管在本轮规划中已充分体现了保护水源地的规划目标，但由于上海市密集的水网，城市规划建设用地与基本农田保护区中，水源地高敏感区的面积比例相对较高，分别为15.32%和9.99%，中心城区和嘉青松虹地区的高敏感区的面积比例也较大，应予以充分的重视，避免对水资源的浪费和水环境的破坏。

从地质灾害易发性指标看，上海市在对建设用地空间布局规划时，一定程度上考虑了对地质灾害高易发区的规避。在城市规划建设用地中，地质灾害中等易发区的比例近50%，虽然地质灾害高易发区的比例不高，不到5%，但从图上看，集中于中心城区和崇明部分地区，应予以足够的重视，加强对建筑用地的管理，减少地质灾害的发生。

（5）上海各土地利用综合分区的弱和较弱生态系统恢复能力的比重都非常小，在10%以下，除中心城区一般恢复能力所占面积比例最大外，其他分区的较强恢复能力面积比例最大。各土地利用综合分区内的风景名胜保护区不敏感区和低敏感区分别占各区的面积比例都非常高，几乎都在90%以上。土地利用综合分区与生态功能分区的划分具有非常好的一致性。以上指标表明，上海市各土地利用综合分区的划分及其主体功能是合理性的，能有效保护上海市的生态环境。

（6）上海滩涂资源的围垦区，具有较高的生态系统恢复能力和较低的生态明感区，具有较好的开发整理条件。但也处于地质灾害高风险区，在围垦整理时，应充分关注地质灾害风险，以及与整体生态功能分区保持一致，通过合理的开发整理，形成环境友好的土地利用格局，促进上述区域土地生态功能的完善和提升。

（7）上海2006-2020年交通、电力和水利等基础设施规划，最大限度地避开了地质灾害高度易发区、生态敏感区以及生态系统恢复能力弱的区域，不会对区域生态功能产生明显干扰，整体上较为合理，有利于该区建设环境友好的土地利用格局。但在地质灾害高风险区进行基础设施建设和运营时，需要努力采取措施，尽量规避相关风险。

（8）整体而言，新一轮上海市土地利用总体规划非常关注对土地生态环境的保护，总体规划方案的用地空间布局具有很好的生态合理性，总体规划的有效实施将有助于保护上海市的生态环境，并保障土地资源的可持续利用。

## 第四节　缓解土地利用总体规划潜在不良环境影响的措施

根据上述分析，上海市新一轮土地利用总体规划方案可能产生的主要潜在不良影响有：建设用地扩大与人口快速增长，可能导致城市大气污染；建设用地的扩张，导致地面沉降进一步扩大；农业生产活动，导致水土污染；滩涂资源开发，导致后备资源损失。针对这些问题，主要提出如下对策。

### 1. 大力发展林业，有效保护生态环境

在建设生态型城市的要求下，整合基本农田、林地、湿地等生态资源，着眼于改善生态环境，大力发展屋顶绿化、垂直绿化，推进郊区农田林网、道路林网、河道林网建设。严格控制各类建设占用区内水源涵养林、沿海防护林及其他防护林地，同时注重体现绿化林业的多种属性，不断优化拓展绿地林地功能，提升城区绿地服务社会市民的综合功能，增强郊区林地的综合生态效益。并按照建设资源节约型、环境友好型社会的要求，坚持科技领先，注重建设管理的集约化、资源化，不断提升绿地林地养护管理质量。

通过大力发展林业，充分发挥林业城市绿色屏障、生态涵养、保持水土、调节气候和净化空气等作用，减少人口与建设用地增加对大气环境和水土环境带来的压力，有效保护并促进上海市生态环境的可持续发展。

### 2. 合理规划建设用地，减少生态环境压力

针对建设用地增加带来的不良生态环境影响，一方面，在建设前，做好环境影响评价，综合考虑设施建设对生态环境造成的可能影响；在建设中，要注意对环境的保护，减少施工过程中造成的扬尘、噪声等污染，避免建筑废料的不当处理对周边水土环境造成的影响；在建设后，进行环境的修复和整治，减缓建设施工过程中带来的不良影响。

另一方面，通过合理布局与规划调整建设用地内部结构，避免高容量高层建筑的密集与集中化趋势，以减缓地面沉降；避免污染企业位于水源头等地，以保护水源地；设置与主风向一致的"城市廊道"（道路或底层建筑），减缓城市热岛；同时，在城镇建设过程中，防止地下水的集中过度抽取，要及时采取雨水回灌等措施，缓解地面沉降。

### 3．合理规划农业生产活动，防止水土污染

为减少或避免现代农业生产活动中带来的水土污染，应严格控制农药污染，使用低毒、低残留农药的新品种和新剂型，采取生物防治病虫害以及利用植物药性等方法。

在化肥的施用上，应推广节氮施肥技术，提倡勤施薄施、勤灌浅灌，避免淋溶的损失。应在农产品基地内全面推广应用生物肥、有机肥，推广营养平衡施肥技术，逐步杜绝对环境有污染的化肥在农业生产中的施用。

在发展养殖业过程中，水产、禽畜养殖场应严格执行国家有关部门公布的排污标准，对污水、粪便等进行综合利用和防污处理，坚决杜绝污水、粪便的随意排放。鼓励发展生物有机肥企业，以微生态肥料为主，加大生物有机肥生产力度，推广畜禽粪便综合利用，提高能源与资源利用率，促进农业生态系统的良性循环。在努力打造农业用地板块的同时，也应该大力发展沿江、沿路林带建设，充分发挥城市绿色屏障和生态涵养作用，避免水资源的污染和对水环境的破坏。

### 4．合理开发和有效促淤，减缓滩涂湿地资源损失

针对确保上海市唯一的土地后备资源——滩涂资源的损失，确保上海的发展空间，使上海耕田面积保持总体平衡，确保农副业生产稳定持续发展；同时满足工业基地辐射及建港等建设用地需求，需要在合理规划土地利用整体布局，适度开发滩涂资源，协调资源开发与生态保护关系的基础上，通过工程促淤、生物促淤等措施增加滩涂资源面积。

尽管目前无法做到所有的长江来沙都被拦蓄造地，但通过有效的工程促淤措施，不仅可以加速潮滩淤涨发育，不断地满足上海市经济社会发展所需求的土地资源，而且可以减少河口河槽的泥沙淤积量，同时充分利用长江口北槽深水航槽疏浚泥土吹填潮滩，并通过芦苇等生物促淤工程，进一步扩大潮滩湿地面积，通过促而慢围，围而慢垦，不仅可以有计划地圈围土地，同时还可形成大片的湿地生态区，又有利于改善沿江临海的生态环境，最终获得土地资源和生态修复双赢的效益。

## 参考文献

1. 胡云骅. 园林绿化对缓解上海城市热岛效应的机理和成效[J]. 上海城市管理职业技术学院学报, 2008 (1): 44-45.
2. 上海年鉴编委会. 上海年鉴2006[M]. 上海: 上海年鉴出版社, 2006.
3. 上海市地质调查研究院. 上海市地质灾害区划研究[R]. 上海: 上海市地质调查研究院, 2002.
4. 上海市房屋土地资源管理局. 上海市耕地后备土地资源调查[R]. 上海: 上海市房屋土地资源管理局, 2003.
5. 上海市人民政府. 上海市环境保护与生态建设十一五规划[R]. 上海: 上海市人民政府, 2007.
6. 上海市统计局. 上海统计年鉴 (2006) [M]. 北京: 中国统计出版社, 2006.
7. 王祖德. 上海农业志[M]. 上海: 上海社会科学院出版社, 1996.
8. 魏子新, 龚士良. 上海地区未来海平面上升及产生的可能影响[J]. 上海地质, 1998, 65: 14-20.
9. 谢高地, 鲁春霞, 冷允法, 等. 青藏高原生态资产的价值估算[J]. 自然资源学报, 2003, 18 (2): 189-196.
10. 张维然, 段正梁, 曾正强, 等. 1921–2000年上海市地面沉降灾害经济损失评估[J]. 同济大学学报: 自然科学版, 2003, 31 (6): 743-748.
11. 周红妹, 高阳, 葛伟强, 等. 城市扩展与热岛空间分布变化关系研究——以上海为例[J]. 生态环境, 2008, 17 (1): 163-168.
12. Costanza R, Arge R, Groot R, et al.. The value of the world's ecosystem services and natural capital[J]. Nature, 1997, 387: 253-260.

# 第9章
# 土地利用总体规划动态评估

土地利用规划实施评估是指根据一定的标准，运用一定的方法，对土地利用规划实施的效果进行分析、比较与综合后所做出的一种价值判断。其目的是把静态的土地规划编制与动态的实施管理相结合，保持规划的现势性与合理性，发挥规划的宏观调控作用。当前，国内总体规划实施评估日益受到重视，修编土地利用总体规划之前开展对现行规划实施情况的评价，已经纳入规范的工作程序，政策研究和实践经验不断推进，但从整体上看，我国的规划实施评估工作还处于起步阶段，面临一系列突出的问题，亟需解决：①评估流程不清晰；②评估内容、指标体系不充分；③技术方法不成熟；④成果内容不规范；⑤评估修改机制尚未建立。本章针对上述问题，运用定性、定量、定位相结合等方法，结合上海市和浦东新区规划动态评估实践，总结土地利用总体规划实施动态评估的技术和方法。

## 第一节 土地利用总体规划动态评估技术路线、内容与方法

### 1. 技术流程与主要目标

上海市土地利用规划实施评估的基本思路是：搜集规划评估基础数据资料，确定评估方法和内容，并构建规划实施评估指标体系，进而采用数量分析方法建立评估模型，求算评估分值，将评估分值进行标准化处理，对各指标分值进行加权求和，最后对综合定量评估分值进行等级分级和结果分析，并提出规划适时修改建议。规划实施评价的技术流程如图9.1所示。

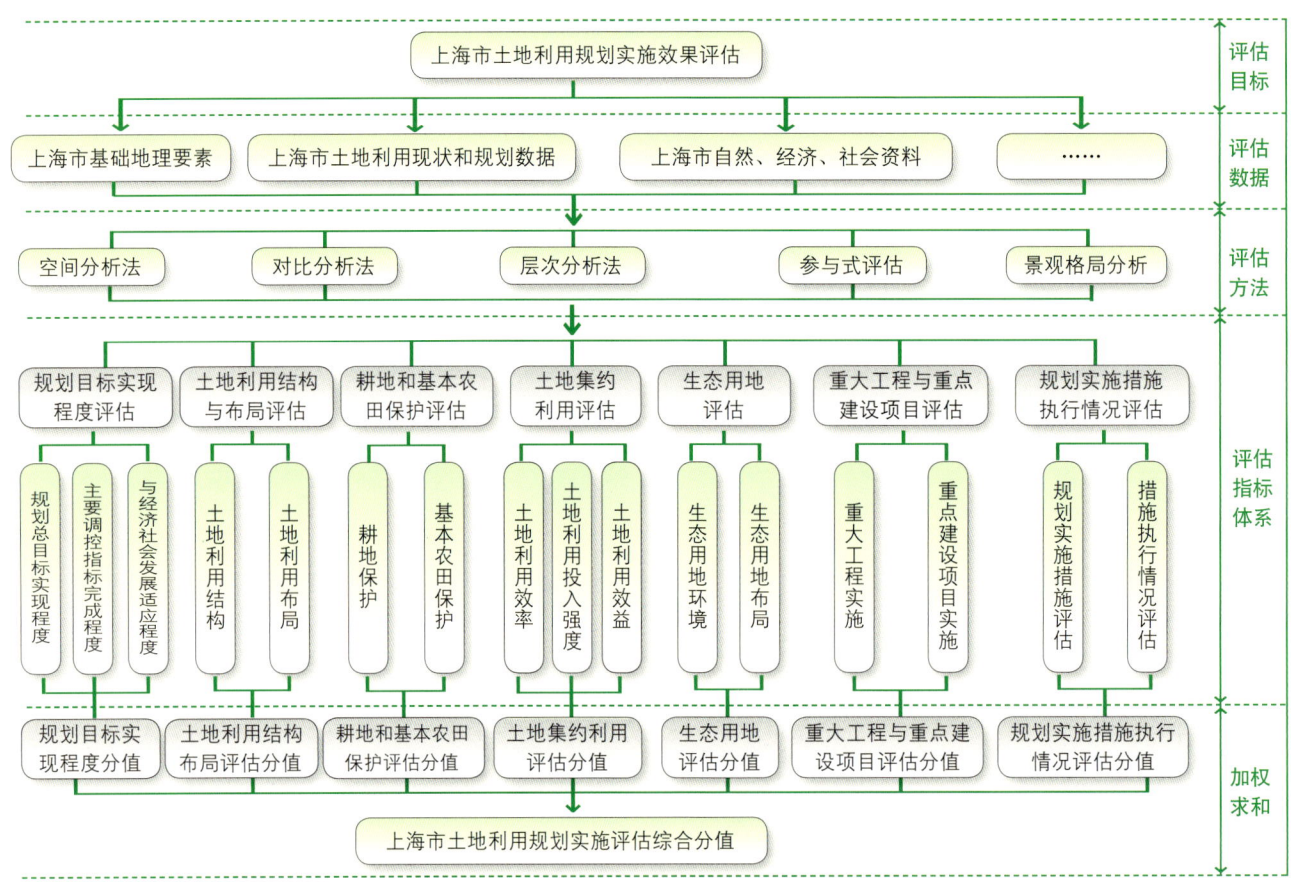

图9.1 上海市土地利用规划实施评估技术流程

在土地利用总体规划实施中，通过对规划目标、效益、空间布局、实施措施等情况进行系统客观评估，找出规划实施中出现的问题并提出改进意见。在规划实施评估的基础上，根据必要性和可行性分析对土地利用规划进行适时修改。

（1）检查现行规划实施情况。规划重在实施，通过调查分析规划目标和措施的落实情况，检查规划实施的进展、效果，分析存在的问题，评估规划对于经济社会发展的适应程度。

（2）促进规划的有效实施。通过对规划目标、任务和措施及重点项目落实的监督检查，督促有关部门落实规划的有关政策，促进规划目标、任务和措施更有效的实施。

（3）为规划适时修改提供决策依据。规划是一项复杂性、综合性强的决策，随着时间的推移，最初规划决策的条件与背景、甚至决策目标都可能发生了很大变化，通过检查规划对于经济社会、制度发展的适应性，明确规划是否需要修编以及修编的理由。

（4）改进规划编制和规划实施管理。规划实施评估的根本目的在于改进规划。规划实施评估以实践为平台，总结规划改革的经验与教训，不断提高规划管理的决策水平，创新规划实施的保障手段，促进规划制度环境的良性发展。

## 2. 评估原则与依据

规划实施评估应遵循以下主要原则。

（1）客观真实原则。评估必须建立在真实、可靠、及时的数据基础之上，采用依法公布和审批的最新经济、社会、土地利用等数据，如实反映土地利用总体规划实施状况。评估应遵守客观规律，科学反映现实；评估应充分反映已掌握的各个方面的情况，力求全面；评估结论要与论证过程有必然的逻辑关系。

（2）综合评估原则。采用定量评估和定性评估相结合、典型案例调查和总体特征分析相结合的方式，既要对规划约束性指标实现程度进行评估，也要对规划空间布局进行评估，还要对规划实施的经济、社会和生态效益进行评估。

（3）统筹兼顾原则。规划实施是涉及诸多政府部门和社会力量的系统工程，规划评估应该坚持多部门、多方面参与，坚持民主开放和民主监督。同时通过参与性评估，加强各方对规划的认识，促进规划的实施。

（4）历史判断原则。任何规划都是在特定时间、空间环境下做出的针对未来的决策，因而总有一定的历史局限性。作为一种事后评估，应当以历史的、动态的眼光看待问题，充分考虑规划编制的历史条件和背景。

（5）评估前置原则。规划评估是规划适时修改的前提和基础。凡规划修改，必须先开展定期评估，通过定期评估，得出规划是否修改的建议，申请启动规划修改程序。

规划实施评估涉及的法律、法规和政策依据，以及相关技术资料依据主要包括以下几种。

（1）《中华人民共和国土地管理法》；

（2）《中华人民共和国城乡规划法》；

（3）《国土资源部办公厅关于规范土地利用总体规划评估修改试点工作的通知》（国土资厅发[2011]41号）；

（4）《土地利用总体规划定期评估和适时修改试点工作指南》试用）（国土资源部规划司）；

（5）《土地利用总体规划评估修改指导意见》（征求意见稿）（国土资源部规划司）；

（6）《上海市土地利用总体规划（2006—2020）》；

（7）《上海市各区（县）级、镇（乡）级土地利用总体规划（2010—2020）》；

（8）《上海市国民经济和社会发展第十二个五年规划》；

（9）其他相关规划和文件。

### 3. 评估内容与方式

土地利用总体规划重在制定，贵在实施。实施的效果，要通过实施评价来判断。根据相关文件，选择规划目标实现程度指数、用地结构与布局指数、耕地和基本农田保护指数、节约集约用地指数、生态用地指数等作为规划实施状况评估的影响因素。在各单项影响因素评估的基础上，采用加权求和的方法计算土地利用规划实施效果评估指数（Planning Implement Effect Index，PIEI），并按优、良、一般、较差和差五个等级对规划实施结果进行分级。上海市土地利用规划动态评估包括以下内容。

（1）规划目标实现程度评估；
（2）用地结构与布局评估；
（3）耕地和基本农田保护评估；
（4）土地节约集约用地评估；
（5）生态用地评估；
（6）土地利用重大工程与重点建设项目实施情况；
（7）规划实施措施执行情况评估。

评估的具体方式可分为如下两类。

（1）定期评估。把规划期分为若干个时间段，针对某个时间段对规划进行全面评估。原则上，上海市级规划每5年评估1次，县级规划2年内评估1~2次，乡级规划评估根据"两规合一、区镇同步"要求，与县级规划同步组织。

（2）适时评估。因行政区划范围调整、国家战略性规划实施、重大基础设施建设、重大自然灾害发生等原因，对规划进行有针对性的评估。适时评估可根据客观需要开展。

### 4. 评估方法与数据来源

由于影响土地利用规划实施评估的因素较多，应对反映土地利用规划实施结果的各影响因素进行分析，建立合理的指标体系，选择适当的评估方法，对土地利用规划实施情况进行全方位、多角度的综合评价。

规划评估中应注重定性分析、定量分析和定位分析相结合。土地利用规划服务于社会经济发展，对规划战略总目标的实现程度、结构体系、政策措施、实施保障机制及实施成效等的评估属于定性分析，采用参与性评估；规划实施又涉及一系列约束性指标的评估，必须要对规划实施评估进行定量分析，如层次分析法、对比分析法；同时，土地利用总体规划又是一种空间性规划，土地利用布局和空间管制情况的评估对定位分析方法提出了要求，如空间分析法。本规划实施评估方法选用中，应包括但不限于以下方法。

### 1）定性方法

参与式评估指有关部门和公众参与规划实施评估的各种方法。规划实施评估既是一个科学过程，也是一个政治过程和民意过程，就需要依靠参与式评估来完成。在规划实施评估的许多方面，都不同形式地要用到这种方法，如一般的专家咨询、座谈和问卷调查等，较多用于对规划目标的回顾和时效性评估。

参与式评估中，专家调查法是确定评估模型未知参数及构造指标体系内容与结构的常用手段。专家调查法一般采用问卷方式，调查问卷包括两部分：第一部分是针对初拟指标，将指标之间的相对重要性分为"绝对重要"、"相当重要"、"重要"、"比较重要"和"同等重要"5个等级，分别赋予其9,7,5,3,1分值，请专家根据指标的重要程度打分，即通常所说的1~9标度法。第二部分是开放性问题，请专家对不合理的指标做出修改和调整，进一步请专家对指标体系进行补充，增加他们认为重要的其他指标。

### 2）定量方法

#### （1）层次分析法

按照层次分析法，将土地利用规划实施评估指标层次结构体系分为：① 目标层（P）：土地利用规划实施评估的综合评分作为目标层；② 准则层（A）：反映土地利用规划实施的社会、经济和生态效益的主要因素；③ 子准则层（B）：表征对准则层贡献的大小；④ 措施层（C）：包括为实现目标可供选择的各种措施，由可直接度量的指标构成，是规划实施评估指标体系中的最底层。

#### （2）对比分析法

对比分析法，也称指标评估法，是选择特定的指标，通过指标实际值与目标值的对比，定量地反映规划实施的进展或规划对社会经济环境的影响。

与规划内容相对应，指标一般都是有层次的，有的指标对应于目标，其对比值反映的是目标的实现程度，而另一些指标对应于措施，反映的是具体措施实施的效果。一般而言，大多数规划在制定时会明确提出预期的指标及其目标值，通过目标值与实际值的比较，就可以定量评价规划实施的进展程度。但应注意对每个指标指示意义的清晰认识，谨防指标粗放式的罗列和堆积。

### 3）定位方法

#### （1）空间分析法

土地利用规划包含大量空间决策，空间分析是规划实施评估的一个重要内容。空间分析法严格意义上是建立在空间位置基础上的方法统称，其范围非常广泛，既有基于空间位置的简单相邻分析，也有基于网络较为复杂的流量分析，更有基于地形和地基条件等复杂的立体分析。因此，土地利用规划实施评估中，空间分析法的选择，应视具体需要而定。对于目标层次的效果评估，可以采用多指标空间评估法（Space Multi Criteria Evaluation，SMCE），其实质是基于空间单元的指标评估，以分析规划实施中土地利用布局与结构的空间变化和发展趋势为主。

#### （2）景观格局分析法

景观格局通常指景观的空间结构特征，是景观异质性的具体表现，也是包括干扰在内的各种生态过程在不同尺度上作用的结果。景观格局及其变化是自然和人为的多种因素相互作用所产生的一定区域内生态环境体系的综合反映，景观斑块的类型、形状、大小、数量和空间组合既是各种干扰因素相互作用的结果，又影响着该区域的生态过程和边缘效应。

评估主要采用以下数据。

① 土地利用状况数据

主要包括土地利用现状数据、建设项目审批数据、基本农田和建设用地机动额度使用数据、土地利用年度变更数据、违法用地数据、整理复垦开发补充耕地数据、供地数据、存量土地使用数据、重点建设项目实施情况，以及相应土地利用结构调整表（到三级地类，单位：$km^2$）。

② 经济社会统计数据

涉及评估时点的自然条件、资源状况、人口和经济社会发展状况资料，社会经济、产业发展政策资料等。主要包括人口数据，GDP，第二、第三产业生产总值，城镇化率，食品支出，总消费支出等。

③ 行政区划数据

评估区行政区划数据（区（县）界、镇界等，比例尺为1∶2000），为制作规划实施评估图件提供基础信息。

④ 基础图件

主要包括土地利用总体规划图、土地利用现状图、建设用地和基本农田管制图、生态空间分布图、重点建设项目布局图、土地整治规划示意图，以及反映评估时点现状的遥感影像图、发展战略图等。

⑤ 相关规划资料

主要包括反映评估时点现状的经济社会发展、主体功能区划、城镇体系建设、城乡建设、能源、交通、水利、地质、水文、环境、林业生态保护等规划资料等。

## 5．指标体系构建与权重确定

（1）指标选取原则

① 代表性原则。规划实施评估涉及的因素众多，各因素之间相互作用、相互联系构成一个复杂的综合体。评估指标体系不可能包括影响规划实施评估的全部因子，只能从中选择最具代表性、最能反映规划实施效益本质特征的指标。

② 综合性原则。规划实施评估各组成因子之间相互联系、相互制约，每一个状态或过程都是各种因素共同作用的结果。因此，评估指标体系中的每个指标都应能反映规划实施效果的整体性和综合性特征。

③ 简明性原则。指标选取以能说明问题为目标。指标繁多容易顾此失彼，重点不突出，掩盖问题的实质。因此，评估指标不必求多，评估方法应尽可能地简单。

④ 方便性原则。指标的定量化数据要易于获得和更新。虽然有些指标对规划实施评估有极佳的表征作用，但如果数据缺失或不全，就无法进行计算和纳入评估指标体系。

⑤ 适用性原则。易于推广应用。从空间尺度来讲，选择的评估指标应具有广泛的空间适用性，即对上海市各区（县）都能运用所选择的指标对土地规划实施做出客观的评估。

（2）指标体系构建

根据评估内容，评估指标体系目标层是土地规划实施评估综合指数，准则层包括规划目标实现程度指数、土地利用布局指数、耕地和基本农田保护指数、节约集约用地与空间布局指数、生态用地指数、土地利用重大工程与重点建设项目实施情况指数以及规划实施措施执行情况指数，子准则层和措施层是具体的细分指标（表9-1）。

表9-1 土地利用规划实施评价指标体系

| 准则层 | 子准则层 | 措施层 |
|---|---|---|
| 规划目标完成程度（$PIEI_1$） | 规划战略总目标实现程度（$O$） | 对经济社会发展战略目标的支撑（$O_1$） |
| | | 对土地利用战略目标的支撑（$O_2$） |
| | 主要调控指标完成程度（$W$） | 耕地保有量（$W_1$） |
| | | 基本农田保护面积（$W_2$） |
| | | 建设用地总规模（$W_3$） |
| | | 集中建设区建设用地规模（$W_4$） |
| | | 新增建设占用耕地规模（$W_5$） |
| | | 土地整治补充耕地义务量（$W_6$） |
| | 规划与经济社会发展适应程度（$A$） | 城镇化与用地增长弹性系数（$A_1$） |
| | | 规划与经济增长速度匹配性（$A_2$） |
| | | 规划与城镇化适应性（$A_3$） |
| | | 规划与人口适应性（$A_4$） |
| | | 规划对产业升级贡献性（$A_5$） |
| 土地利用结构与布局（$PIEI_2$） | 土地利用结构（$T$） | 耕地结构调整系数（$T_1$） |
| | | 城镇工矿用地结构调整系数（$T_2$） |
| | | 农居点用地结构调整系数（$T_3$） |
| | | 城乡建设用地结构变化情况（$T_4$） |
| | 土地利用布局（$J$） | 集中建设区聚集度（$J_1$） |
| | | 产业用地区聚集度（$J_2$） |
| | | 集中建设区外现状用地合规性（$J_3$） |
| | | 交通用地通达性（$J_4$） |
| | | 允许建设区使用情况（$J_5$） |
| | | 管制建设区使用情况（$J_6$） |
| | | 禁止建设区使用情况（$J_7$） |
| 耕地和基本农田保护（$PIEI_3$） | 耕地保护（$B$） | 耕地保有量指标完成情况（$B_1$） |
| | | 新增建设用地占用耕地指标执行情况（$B_2$） |
| | | 整治补充耕地义务量目标实现程度（$B_3$） |
| | | 耕地自然等指数（$B_4$） |
| | | 耕地利用等指数（$B_5$） |
| | 基本农田保护（$L$） | 基本农田保护目标实现程度（$L_1$） |
| | | 基本农田保护使用口径实施情况（$L_2$） |
| | | 基本农田地类构成情况（$L_3$） |
| | | 基本农田保护区地类构成情况（$L_4$） |
| | | 基本农田保护区保护率（$L_5$） |
| | | 基本农田连片度（$L_6$） |
| | | 基本农田保护区与生态用地关系（$L_7$） |
| 土地集约利用（$PIEI_4$） | 土地利用效率（$S$） | 建设用地地均GDP增长率（$S_1$） |
| | | 人均农村居民点用地（$S_2$） |
| | | 人均城镇工矿用地（$S_3$） |
| | | 闲置土地处置情况（$S_4$） |
| | | 存量土地盘活情况（$S_5$） |

续表

| 准则层 | 子准则层 | 措施层 |
|---|---|---|
| 土地集约利用（$PIEI_4$） | 土地利用投入强度（$R$） | 固定资产投资密度（$R_1$） |
| | | 单位GDP交通用地（$R_2$） |
| | | GDP与建设用地增长弹性（$R_3$） |
| | 土地利用效益（$Q$） | 地均GDP（$Q_1$） |
| | | 单位农用地第一产业产值（$Q_2$） |
| | | 森林覆盖率（$Q_3$） |
| 生态用地（$PIEI_5$） | 生态用地环境评估（$E$） | 人均公共绿地面积（$E_1$） |
| | | 生态系统服务能力（$E_2$） |
| | 生态用地布局评估（$D$） | 生态用地保护评估（$D_1$） |
| | | 生态空间建设用地减量化程度（$D_2$） |
| | | 生态空间景观破碎度（$D_3$） |
| 土地利用重大工程与重点建设项目实施情况（$PIEI_6$） | 土地利用重大工程实施情况（$P$） | 高标准基本农田建设工程（$P_1$） |
| | | 土地整治重大工程（$P_2$） |
| | 土地利用重点建设项目实施情况（$K$） | 重点市政建设项目（$K_1$） |
| | | 重点交通建设项目（$K_2$） |
| | | 重点民生建设项目（$K_3$） |
| | | 其他重点建设项目（$K_4$） |
| 规划实施措施执行情况（$PIEI_7$） | 规划实施措施评估（$H$） | 制度建设情况（$H_1$） |
| | | 规划协调衔接与公众参与情况（$H_2$） |
| | 措施执行情况评估（$M$） | 土地违法违规案件结率（$M_1$） |
| | | 规划修改情况（$M_2$） |
| | | 耕地保护情况（$M_3$） |
| | | 年度计划执行情况（$M_4$） |

（3）权重确定

权重的确定采用德尔菲法。评价指标的权重，应依据评价的目标、指标对评估结果的影响程度确定。评价目标、指标的权重值应在0～1之间，各目标权重值之和、同一目标下的各子目标权重值之和都为1。根据专家对指标的权重进行多轮打分，计算评估指标的权重值

$$W_i = \frac{\sum_{j=1}^{n} E_{ij}}{n} \quad (9.1)$$

式中，$W_i$为第$i$个目标、子目标或指标的权重；$E_{ij}$为专家$j$对于第$i$个目标、子目标或指标的打分；$n$为专家总数。

## 6．指标量化与结果分级

由于各指标值都具有量纲，数据差异大，且有的因子是定量的，有的因子是定性的。为使指标具有可比性，必须以各指标因子作用的程度、性质及表现形式为依据选用

标准化模型，对指标的原始数据作统一的量化处理。处理方法因各评价因子的不同而异，采用各评价因子独立评分，分值均为0~100。

对于定量指标的评估，采用标准值处理法，分不同类型按下式进行量化。在对个体指标比较分析的基础上，找到一个较为合适的标准值。如果该指标达到这一标准值，可以被视为该指标达到最大值（设定为100），然后对该指标相对于标准值作标准化处理，计算各指标的标准化值。

对于定性指标的评估，采用等级赋分法或函数赋分法进行评价指标因子量化，前者得到整数值，后者得到连续不间断的值。赋分法是指按评估因子的显著作用区间和作用规律，确定不同的评分标准，再根据各种因素对评估指标影响的利害程度，或利用数学函数模拟，确定具体评分值。

土地利用规划实施效果评估指数（$PIEI$）的计算采用线性加权求和法，计算公式为

$PIEI=W_1 \times$ 规划目标完成程度（$PIEI_1$）$+W_2 \times$ 土地利用布局（$PIEI_2$）

$+W_3 \times$ 耕地和基本农田保护（$PIEI_3$）$+W_4 \times$ 节约集约利用与空间布局（$PIEI_4$）

$+W_5 \times$ 生态用地（$PIEI_5$）$+W_6 \times$ 土地利用重大工程与重点建设项目实施情况（$PIEI_6$）

$+W_7 \times$ 规划实施措施执行情况（$PIEI_7$）

式中，$W_i$（$i=1, 2, \cdots, 7$）为各评估分值的权重。

为了更好地反映出指标变化对系统评估产生的影响，更直观的评估土地利用总体规划实施水平，本次评估系统将土地利用总体规划实施效益状况分为优、良、中、较差和差五类，对应的综合评估分值归类标准如表9-2所示。

表9-2 土地利用规划实施评估结果分级

| 评估分值 | 等级 | 解释 | 评估结果 |
|---|---|---|---|
| $PIEI \geq 85$ | 优秀 | 各项规划目标预期可以完成，规划执行综合效果很好，评估分值在85分及以上，社会、经济、生态效益明显，土地利用程度和效益不断提高 | 执行正常 |
| $60 \leq PIEI < 85$ | 良好 | 各项指标任务满足要求或与预期基本一致，规划执行效果较好，土地利用程度和效益有所提高 | 执行正常 |
| $40 \leq PIEI < 60$ | 一般 | 规划实施效果不显著，各项指标任务基本满足要求或预期可以完成，社会、经济、生态效益未发生明显变化，土地利用程度和效益略有提高 | 执行异常 |
| $20 \leq PIEI < 40$ | 较差 | 规划实施效果较差，规划指标任务预期较难完成，社会、经济和生态效益不明显，土地利用程度和效益未有改善 | 执行异常 |
| $PIEI < 20$ | 很差 | 规划形同虚设，各项规划目标难以完成，土地利用程度和效益未有改善 | 执行异常 |

综合评分越大，说明规划实施效益越好。当$PIEI \geqslant 85$时，土地利用总体规划实施效益情况为优，各规划指标得到较好执行，规划实施保障度和实施管理有效性高，因此具有较高的经济、社会和生态效益，规划实施效果十分明显；当$60 \leqslant PIEI < 85$时，土地利用总体规划实施效益比较好为良，起到一定的效果，但规划在执行中反映出科学性和可操作性不强等问题；当$40 \leqslant PIEI < 60$时，土地利用总体规划实施效益一般为中，实施后作用不大；当$20 \leqslant PIEI < 40$时，土地利用总体规划实施效益情况为差，很多规划目标没有完成，各方面不协调；当$PIEI < 20$时，土地利用总体规划实施效益情况很差，规划形同虚设，根本没有作用。

## 第二节 土地利用总体规划目标实现程度评估

### 1. 评估内容

土地利用规划目标完成程度评估是指土地利用规划实施完成后，规划目标的完成情况，可用规划目标实现程度值来反映目标的完成情况。具体来说，包括对规划战略总目标实现程度评估，规划主要调控指标实现程度评估，以及规划与经济社会发展适应程度评估三个部分。

（1）土地利用规划战略总目标实现程度评估，反映规划的引导和调控作用。重点对严格落实耕地保护和土地用途管制政策，转变土地利用方式，推动经济发展方式转变，统筹城乡、协调区域发展和构建生态友好社会等土地利用战略目标的实现程度进行定性评估。

（2）土地利用规划主要指标完成程度评估，反映规划实施受约束性指标的严格管控程度。重点对耕地保有量、基本农田保护面积、建设用地总规模、集中建设区建设用地规模、新增建设用地占用耕地规模、整理复垦开发补充耕地规模等约束性指标实施情况进行全面梳理、分析和评估。评估时，实际完成数必须在指标的内容、范围、计算等方面与规划相一致，否则不具有可比性。

（3）规划与经济社会发展适应程度评估，反映土地利用绩效水平的提高程度。结合经济社会发展实际，对规划各项指标实施情况分析评估，重点分析建设用地变化与人口规模、城镇化水平变化是否一致，建设用地增长速度与经济增长速度是否匹配等。

## 2. 评估指标体系

根据评估内容，评估指标体系第一层是规划目标实现程度指数，第二层是规划战略总目标实现程度指数、规划主要指标完成程度指数、规划与经济社会发展适应程度指数，第三层是第二层指标的细分（图9.2）。

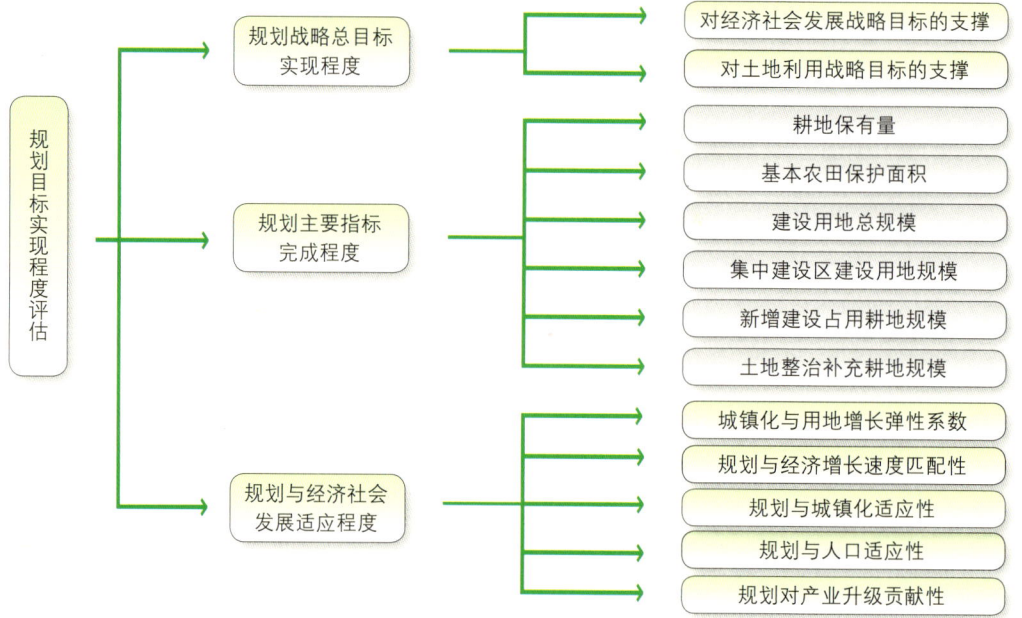

图9.2 规划目标实现程度评估指标体系

## 3. 数据源

主要调控指标完成程度评估涉及评估期内耕地保有量、基本农田保护面积、建设用地总规模、集中建设区建设用地规模、新增建设占用耕地规模、土地整治补充耕地义务量等数据的完成情况，如表9-3所示。

表9-3 规划主要调控指标完成程度评估数据统计表

| 评估项目 | 基期数据 | 评估时点 | | 末期数据（$m_i$） |
|---|---|---|---|---|
| | | 实际规模（$x_i$） | 阶段目标（$s_i$） | |
| 耕地保有量 | | | | |
| 基本农田保护面积 | | | | |
| 建设用地总规模 | | | | |
| 集中建设区建设用地规模 | | | | |
| 新增建设占用耕地规模 | | | | |
| 土地整治补充耕地义务量 | | | | |

注：阶段目标指根据规划期间用地总量模拟的评估时点的规划目标，计算公式为

$$阶段目标 = 2009年现状面积 + \frac{2020年规划面积 - 2009年现状面积}{11} \times (评估年份数 - 2009)，以下同。$$

规划与经济社会发展适应程度评估涉及评估基期至评估时点每年建设用地面积、GDP、城镇化率、人口规模、第二和第三产业生产总值等数据，如表9-4所示。

表9-4 规划与经济社会发展适应程度评估数据统计表

| 年份 | 建设用地 | | GDP/亿 | 城镇化水平/% | 人口规模 | | 产业比重 | | |
|---|---|---|---|---|---|---|---|---|---|
| | 建设用地/m² | 城镇用地/m² | | | 总人口/万 | 城镇人口/万 | 第三产业比重/% | 第二产业比重/% | 产业升级优化系数 |
| | | | | | | | | | |
| | | | | | | | | | |
| | | | | | | | | | |

注：产业结构优化系数=第三产业生产总值/第二产业生产总值，即"退二进三产业调整"。

### 4. 评估方法

#### 1）土地利用规划战略总目标实现程度评估

**（1）评估方法**

土地利用规划战略总目标实现程度评估采用参与式评估法，通过邀请土地规划领域的专家参与调查打分，依靠专家知识和经验，由专家通过调查研究对问题作出判断、评估和预测。规划战略总目标实现程度专家调查问卷如表9-5所示，并设定各规划战略总目标权重和各位专家打分权重均相等，评估结果由平均得分表示。

表9-5 规划战略总目标实现程度评估调查问卷表

| 规划战略总目标 | | 打分 | 打分 | 打分 | 打分 | 打分 | 打分 |
|---|---|---|---|---|---|---|---|
| 规划实施对经济社会发展目标的支撑 | 促进经济增长 | | | | | | |
| | 推动社会发展 | | | | | | |
| | 维护生态安全 | | | | | | |
| | 保障和改善民生 | | | | | | |
| 规划实施对土地战略目标的支撑 | 统筹城乡和区域发展 | | | | | | |
| | 优化土地利用布局 | | | | | | |
| | 加强土地节约集约利用 | | | | | | |
| | 提升土地利用综合效益 | | | | | | |
| 平均得分 | | | | | | | |

注：专家打分值为百分制。

**（2）指标量化**

规划战略总目标实现程度指标的量化采用等权化处理，每项得分范围为0~100，对各个专家打分的结果求取平均值作为最终结果。

## 2）土地利用规划主要指标完成程度评估

### （1）评估方法

利用对比分析法来评估规划主要调控指标的完成程度。将评估年份的主要调控指标实际值与规划目标值进行对比，分析实际值占目标值的比重，选取一定的指标量化标准，依此计算结果评估评估指标实现情况（表9-6）。

表9-6 主要调控指标完成程度评估指标计算方法

| 评估指标 | 指标计算说明 |
| --- | --- |
| 耕地保有量（$W_1$） | $W_1 = \dfrac{评估时点实际耕地面积}{规划2020年耕地面积}$ |
| 基本农田保护面积（$W_2$） | $W_2 = \dfrac{评估时点基本农田面积}{规划2020年基本农田面积}$ |
| 建设用地总规模（$W_3$） | $W_3 = \dfrac{评估时点建设用地总规模}{评估时点建设用地总规模阶段目标}$ |
| 集中建设区建设用地规模（$W_4$） | $W_4 = \dfrac{评估时点集中建设区建设用地规模}{评估时点集中建设区建设用地规模阶段目标}$ |
| 新增建设占用耕地规模（$W_5$） | $W_5 = \dfrac{评估时点新增建设占用耕地规模}{评估时点新增建设占用耕地规模阶段目标}$ |
| 土地整治补充耕地义务量（$W_6$） | $W_6 = \dfrac{评估时点实际补充耕地面积}{评估时点应补充耕地面积阶段目标}$ |

### （2）指标量化

规划主要调控指标完成程度评估各项指标标准化采用标准值处理法，按照不同类型（上限指标、下限指标）按表9-7进行量化。指标实现程度按上下限指标的不同进行分类，上限指标小于规划控制指标的视为完成较好，下限指标大于规划控制指标的视为完成较好；相反，则视为完成较差。根据国家有关规定及上海市的实际情况，将耕地保有量、基本农田保护面积、土地整治补充耕地义务量3个指标确定为下限指标；建设用地总规模、集中建设区建设用地、新增建设占用耕地3个指标确定为上限指标。

表9-7 规划与经济社会发展适应程度评估指标计算方法

| 量化类型 | 指标类型 | 量化方法 |
| --- | --- | --- |
| 下限指标 | 耕地保有量（$W_1$）、基本农田保护面积（$W_2$）、土地整治补充耕地义务量（$W_6$） | $W_n \times 100$，计算结果大于100时，指标分值取值为100，$n$取值1，2，6 |
| 上限指标 | 建设用地总规模（$W_3$）、集中建设区建设用地（$W_4$）、新增建设占用耕地（$W_5$） | ①当$x_i < s_i$时，指标分值取值为100<br>②当$s_i \leq x_i \leq m_i$时，按[60~100]线性评分，<br>指标分值 $= 60 + (\dfrac{m_i - x_i}{m_i - s_i}) \times (100 - 60)$<br>③当$m_i < x_i$时，按[0~60]线性评分，指标分值$= 60 \times \dfrac{m_i}{x_i}$ |

注：$x_i$为评估时点对应评价指标的实施数据，$S_i$为评估时点规划控制指标值或标准值（阶段目标），$m_i$为评估期末规划数据。

## 3）规划与经济社会发展适应程度评估

### （1）评估方法

① 对比分析法

城镇化与用地增长弹性系数（$A_1$）采用对比分析法，指土地城镇化和人口城镇化之间的比值，即

$$城镇化与用地增长弹性系数=\frac{评估期内城镇人口增长幅度}{评估期内城镇用地增长幅度} \quad (9.2)$$

城镇化与用地增长弹性系数用以衡量城镇扩张中城镇用地增加与人口增长的相互协调性，通过规划引领来扭转土地城镇化速度过快的状况，弹性系数越大，表明城镇人口、特别是定居人口的集聚加快，充分释放城镇集聚人口的功能，且城镇用地规模的过快扩张得到有效控制。

② 相关性分析法

规划与经济增长速度匹配性（$A_2$）、城镇化适应性（$A_3$）、人口适应性（$A_4$）、对产业升级贡献性评估指标（$A_5$）的计算采用相关性分析（表9-8）。相关性分析是指对两个或多个具备相关性的变量元素进行分析，从而衡量两个变量因素的相关密切程度，用以定量评估规划实施期间，土地利用变化（主要考虑建设用地面积增减）与经济社会发展的适应程度。相关系数越大，表明两者的适应程度越高，规划实施的效果越好。

表9-8 规划与经济社会发展适应程度评估指标计算方法

| 评估指标 | 指标计算说明 |
| --- | --- |
| 城镇化与用地增长弹性系数（$A_1$） | 由人口增长幅度与城镇用地增长幅度计算弹性系数 |
| 规划与经济增长速度匹配性（$A_2$） | 由建设用地增长速度与GDP增长速度计算相关系数 |
| 规划与城镇化适应性（$A_3$） | 由建设用地面积与城镇化率计算相关系数 |
| 规划与人口适应性（$A_4$） | 由建设用地面积与人口规模计算相关系数 |
| 规划对产业升级的贡献性（$A_5$） | 由建设用地面积与产业结构优化系数计算相关系数 |

采用Correl函数计算相关系数。对于两列样本数据array1（城乡建设用地面积或增长率）和array2（GDP增长率、城镇化率、人口规模等），运行Correl函数可以返回单元格区域array1和array2之间的相关系数。相关系数≥0.7为高度相关，0.4≤相关系数<0.7为中度相关，相关系数<0.4为低度相关。

相关系数的公式为

$$Correl(X,Y)=\frac{\sum_{i=1}^{n}(x-\bar{x})(y-\bar{y})}{\sqrt{\sum_{i=1}^{n}(x-\bar{x})^2\sum_{i=1}^{n}(y-\bar{y})^2}} \quad (9.3)$$

式中，$\bar{x}$和$\bar{y}$是样本平均值AVERAGE(array1)和AVERAGE(array2)。

### (2) 指标量化

城镇化与用地增长弹性系数为下限指标，其标准化采用标准值处理法，具体如表9-9所示。

表9-9 规划与经济社会发展适应程度评估指标量化标准

| 评估指标 | 分值范围 | 量化说明 |
|---|---|---|
| 城镇化与用地增长弹性系数（$A_1$） | 0~100 | $A_1 \times 100$，计算结果大于100时，指标分值取值为100 |
| 规划与经济增长速度匹配性（$A_2$） | 0~100 | |
| 规划与城镇化适应性（$A_3$） | 0~100 | 相关系数达到70%为80分，每增加3%加2分，每减少3%减4分 |
| 规划与人口适应性（$A_4$） | 0~100 | |
| 规划对产业升级贡献性（$A_5$） | 0~100 | |

规划与经济增长速度匹配性、与城镇化适应性、与人口适应性、对产业升级贡献性的指标量化标准采用函数赋分法。通过统计等方法找出评价因子的作用规律，评价其对研究对象影响的关系，用线性函数模拟它们之间的关系。一般模型为

$$f = F(x) \tag{9.4}$$

式中，$f$ 为某评价因子作用分值；$x$ 为某评价因子属性值。

### 4）规划目标实现程度评估指数分值计算

#### (1) 目标分值计算

土地利用规划战略总目标实现程度评估指标、主要调控指标完成程度评估指标、规划与经济社会发展适应程度评估指标（$i$）的计算公式为

$$F_i = \sum_{j=1}^{n}(F_{ij} \cdot w_{ij}) \tag{9.5}$$

式中，$F_i$ 为 $i$ 目标的分值；$F_{ij}$ 为 $i$ 目标 $j$ 指标的分值；$w_{ij}$ 为 $i$ 目标 $j$ 指标相对 $i$ 目标的权重值；$n$ 为指标个数。

#### (2) 规划目标实现程度指数综合分值计算

规划目标实现程度指数综合分值的计算公式为

$$F = \sum_{i=1}^{n}(F_i \cdot w_i) \tag{9.6}$$

式中，$F$ 为规划目标实现程度指数综合分值；$F_i$ 为 $i$ 目标分值；$w_i$ 为 $i$ 目标的权重值；$n$ 为目标个数，$n=3$。

## 第三节 耕地和基本农田保护评估

### 1. 评估内容

保护耕地特别是基本农田，是定期评估和适时修编规划的首要原则。按照保障国家粮食安全、尽量控制建设占用耕地、建设占用耕地占补平衡、基本农田数量与质量并重等评估要求，测算耕地和基本农田需求量和可供量，在此基础上得出耕地和基本农田保护的评估方案。耕地和基本农田保护评估主要分成耕地和基本农田两个方面评估。

（1）耕地保护评估主要参考国家耕地保有量考核制度的相关要求，结合农用地分等定级的成果，从耕地保有量目标实现程度、新增建设占用耕地规模目标实现程度、整理复垦开发补充耕地义务量目标实现程度等注重数量，以及以耕地自然等指数和耕地利用等指数注重质量两个角度来考虑耕地保护的评估，分析规划实施期间耕地保护是否与规划确定的规模和布局变化趋势一致。

（2）基本农田空间变化评估主要围绕"数量不减少、质量有提高、用途不改变、布局更集中"，针对上海土地利用特征，对规划实施期间基本农田保护目标实现程度、基本农田保护口径、基本农田地类构成、基本农田保护区地类构成、基本农田保护区保护率、基本农田连片度以及基本农田与生态用地的关系等方面评估，做到基本农田保护数量–结构–质量–生态四方面的评估。

### 2. 评估指标体系

耕地和基本农田保护实施评估目的在于全面掌握耕地和基本农田实施情况，判断规划质量的优劣，维护规划的严肃性和权威性，不断提高规划管理的水平。遵循全面性、代表性、可比较性原则，借鉴国内外相关研究成果，确定针对耕地和基本农田保护执行的评估指标体系。耕地和基本农田保护执行评估从耕地保护评估和基本农田保护评估两个方面开展，指标层是以上两个方面的具体细化（图9.3）。

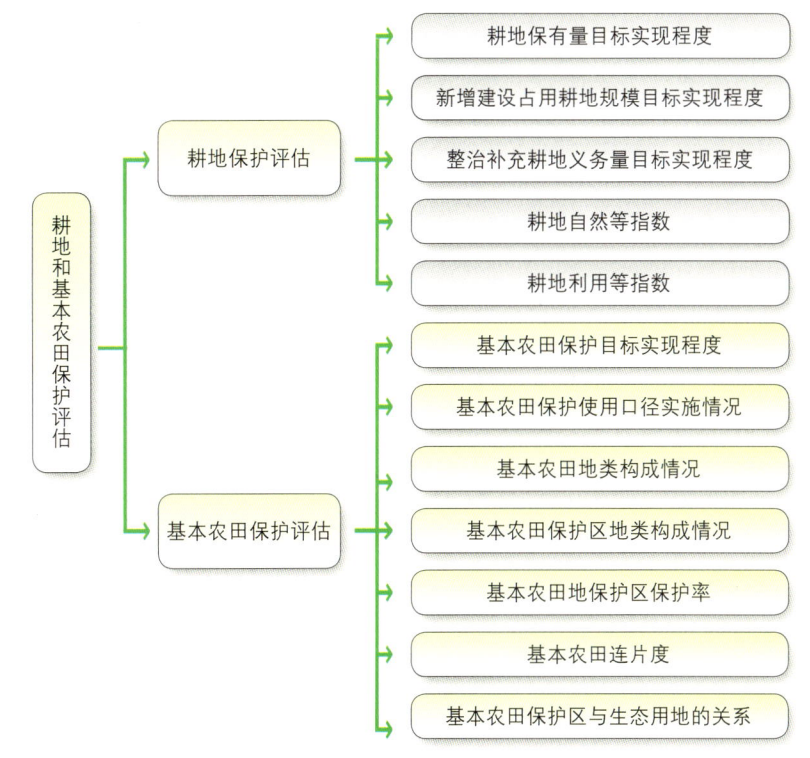

图9.3 耕地和基本农田保护评估指标体系

## 3. 数据源

耕地和基本农田保护评估数据源，主要包括土地利用2010年基期数据、基本农田评估时点数据主要来源于土地利用变更调查数据、土地利用2020年规划数据、土地整治情况数据、农用地分等定级成果以及相关图件（表9-10－表9-13）。

表9-10 规划实施期间耕地保有量指标执行情况表

| 地区 | 耕地 | | | | | |
|---|---|---|---|---|---|---|
| | 2020年规划目标/hm² | 评估时点阶段目标/hm² | 评估时点面积/hm² | 2020年目标完成情况/% | 阶段目标完成情况/% | |
| ××区 | | | | | | |
| ××区 | | | | | | |
| ××区 | | | | | | |
| …… | | | | | | |

注：目标完成情况为评估时点数与目标数的比值，单位为%。

表9-11 规划实施期间基本农田保护面积执行情况表

| 地区 | 基本农田保护面积 | | | |
|---|---|---|---|---|
| | 2020年规划基本农田保护面积 | 基本农田保护任务 | 评估时点基本农田保护面积 | 基本农田机动额度 |
| ××区 | | | | |
| ××区 | | | | |
| ××区 | | | | |
| …… | | | | |

表9-12 规划实施期间新增建设用地占用耕地情况表

| 地区 | 新增建设占用耕地规模 | | | | |
|---|---|---|---|---|---|
| | 2020年规划目标 | 评估时点阶段目标 | 规划实施期间实际占用 | 2020年目标完成情况 | 阶段目标完成情况 |
| ××区 | | | | | |
| ××区 | | | | | |
| ××区 | | | | | |
| …… | | | | | |

表9-13 基本农田、基本农田保护区地类构成情况

| 地类 | 基本农田 | | 基本农田保护区 | |
|---|---|---|---|---|
| | 面积/hm² | 比例/% | 面积/hm² | 比例/% |
| 耕地 | | | | |
| 园地 | | | | |
| 林地 | | | | |
| 养殖水面 | | | | |
| 其他农用地 | | | | |
| 建设用地 | | | | |
| 未利用地 | | | | |

## 4. 评估方法和指标量化

### 1) 评估方法

#### (1) 对比分析法

利用对比分析法来评估基本农田保护目标实现程度、基本农田保护使用口径实施情况、基本农田地类构成情况、基本农田保护区地类构成情况、基本农田保护区保护率，将评估年份的基本农田与规划目标值进行对比，分析实际值占目标值的比例，或者将评估年某一地类与评估年基本农田保护面积进行对比，分析该地类在基本农田保护区中所占的比例，对基本农田保护进行评估。

上海市充分发挥集中建设区、产业用地区、基本农田、生态控制线"规划控制线"的管控作用，通过"以图管地"措施，判断建设项目是否符合口径，计算评估期内符合口径的基本农田机动额度占用情况，从而分析基本农田保护使用口径实施情况。

#### (2) 空间分析法

基本农田连片度是指在空间上的相对相连度，即相邻程度。两块地在空间上相隔的距离越小，它们的连片性就越高，当它们的距离小于一定阈值时，则可以认为是连片的。结合上海市实际基本农田情况，参考许妍（2011）的研究成果，确定连片度的最小阈值为0.1万亩。利用空间分析法对连片度和基本农田保护区与生态用地的关系进行评估，从而从空间上对基本农田保护做出评估（表9-14）。

表9-14 基本农田保护评估指标计算方法

| 子准则层 | 措施层 | 计算方法 |
|---|---|---|
| 基本农田保护（$L$） | 基本农田保护目标实现程度（$L_1$） | $L_1 = \dfrac{\text{评估时点基本农田面积}}{\text{规划2020年基本农田保护任务}}$ |
| | 基本农田保护使用口径实施情况（$L_2$） | $L_2 = \dfrac{\text{评估时点符合口径的基本农田机动额度的面积}}{\text{评估时点基本农田机动额度面积}}$ |
| | 基本农田地类构成情况（$L_3$） | $L_3 = \dfrac{\text{评估时点基本农田内耕地面积}}{\text{评估时点基本农田面积}}$ |
| | 基本农田保护区地类构成情况（$L_4$） | $L_4 = \dfrac{\text{评估时点基本农田保护区内耕地面积}}{\text{评估时点基本农田保护区面积}}$ |
| | 基本农田保护区保护率（$L_5$） | $L_5 = \dfrac{\text{评估时点基本农田保护区内基本农田的面积}}{\text{评估时点基本农田保护区的面积}}$ |
| | 基本农田连片度（$L_6$） | $L_6 = \begin{cases} 1 & X \geqslant 33\,330\,000\,\text{m}^2 \\ 1 - 0.9 \times \dfrac{3\,333 - \dfrac{X}{10\,000}}{3\,267} & \\ 0.1 & X < 670\,000\,\text{m}^2 \end{cases}$ 其中：$670\,000 < X < 33\,330\,000\,\text{m}^2$ |
| | 基本农田保护区与生态用地关系（$L_7$） | $L_7 = \dfrac{\text{评估时点基本农田保护区内生态用地的面积}}{\text{评估时点基本农田保护区的面积}}$ |

## 2)指标量化

通过指标分值计算的方法对指标进行量化，基本农田保护的指标均属于下限指标，即控制指标越大的视为完成较好（表9-15）。

表9-15 基本农田保护评估指标量化方法

| 子准则层 | 措施层 | 量化方法 |
|---|---|---|
| 耕地农田保护（$L$） | 基本农田保护目标实现程度($L_1$)、基本农田保护使用口径实施情况($L_2$)、基本农田地类构成情况($L_3$)、基本农田连片度($L_6$)、基本农田保护区与生态用地关系($L_7$) | $L_n \times 100$，计算结果大于100时，指标分值取值为100，$n$取值1, 2, 3, 6, 7 |
| | 基本农田保护区地类构成情况($L_4$)、基本农田保护区保护率($L_5$) | 当基本农田、基本农田保护区的地类构成中不含建设用地或者未利用地，则$L_m \times 100$，$m=4, 5$; 否则$L_m=0$; |

### 3) 耕地和基本农田保护综合分值计算

#### (1) 目标评估分值计算

耕地保护评估和基本农田保护评估目标（$i$）分值的计算公式为

$$F_i = \sum_{j=1}^{n}\left(F_{ij} \times w_{ij}\right) \tag{9.7}$$

式中，$F_i$为$i$因子的分值；$F_{ij}$为$i$因子$j$指标的分值；$w_{ij}$为$i$因子$j$子指标相对$i$目标的权重值；$n$为指标个数。

#### (2) 耕地和基本农田评估综合分值计算

耕地和基本农田评估综合分值的计算公式为

$$F = \sum_{i=1}^{n}\left(F_i \times w_i\right) \tag{9.8}$$

式中，$F$为耕地和基本农田评估综合分值；$F_i$为$i$因子的分值；$W_i$为综合评估$i$因子相对综合目标的权重。

## 第四节 节约集约用地评估

### 1. 评估内容

土地的集约利用是通过合理布局、增加对存量土地的投入、改善经营管理等途径，使土地得到高效的利用。集约利用评估主要遵循综合性、政策导向性、因地制宜等原则，从土地利用效率、土地利用投入强度、土地产出效益三个方面，评估规划期内上海土地集约利用水平及其变化情况，土地集约利用评价工作的开展有助于控制上海建设用地盲目扩张，促进上海市低效用地挖潜，进一步提高上海市用地管理水平。这对于建立健全上海市土地节约集约利用考核制度与长效机制，增强土地参与宏观调控的能力，构建资源节约集约型社会具有重要意义。因此，土地集约利用评估指标应主要包括以下几个部分。

（1）反映土地利用效率的指标，如建设用地地均GDP增长率、人均农村居民点用地、人均城镇工矿用地、闲置土地处置情况和存量土地盘活情况等指标。

（2）反映土地投入强度的指标，如固定资产投资密度、单位GDP交通用地、GDP与建设用地增长弹性等指标。

（3）反映土地利用效益的指标，如地均GDP、单位农用地第一产业产值、森林覆盖率等指标。

## 2．评估指标体系

构建指标体系是评估建设用地集约利用程度的关键。确定科学的指标体系要以合理利用土地为基础，以土地的可持续发展为目标，高效集约利用土地为手段，以达到充分、合理、高效的利用土地。土地集约评估从土地利用效率、土地投入强度、土地利用效益三个方面的若干指标评估。评估指标体系包括目标、子目标和指标三个层次，土地集约利用评估指标体系如图9.4所示。

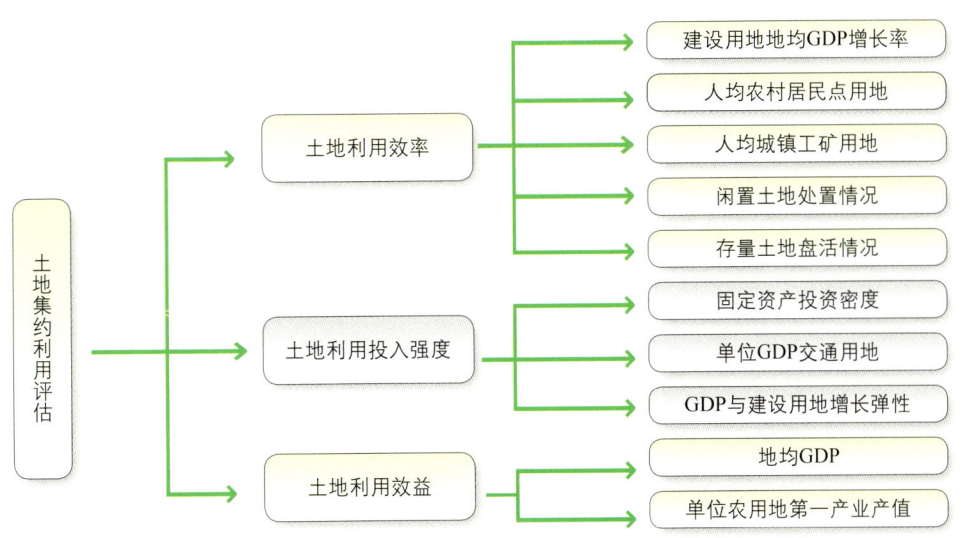

图9.4 集约用地与空间布局指标体系图

### 3. 数据源

土地集约利用评估所需数据源主要包括以下几个部分。

（1）土地利用现状数据（表9-16－表9-18）。土地利用基期数据、建设项目审批数据、土地利用年度变更数据、违法用地数据、整理复垦开发补充耕地数据、供地数据、存量土地使用数据、土地闲置数据，以及相应土地利用结构调整表（到三级地类，单位：$hm^2$）。

（2）经济社会统计数据。评估年份常住人口数据，GDP，第一、第二、第三产业生产总值，城镇化率等。

（3）数据来源。评估区域国土资源管理部门，评估区域统计局等。

表9-16 规划实施期间相关数据调查表

| 年份 | GDP/万元 | 建设用地规模/$hm^2$ | 二、三产业产值/万元 | 交通用地/$hm^2$ | 固定资产投资额/万元 | 总人口/人 | 闲置土地/$hm^2$ |
|---|---|---|---|---|---|---|---|
| 基期年 | | | | | | | |
| 评估年 | | | | | | | |
| 规划年 | | | | | | | |

表9-17 规划期间存量建设用地核查表　　　　　　　　　　　　　　　　　　　　单位：$hm^2$

| 年份 | 合计 | 闲置土地面积 | 空闲土地面积 | 批而未供土地面积 |
|---|---|---|---|---|
| 基期年 | | | | |
| 评估时点 | | | | |
| 规划年 | | | | |

表9-18 规划实施期间各区（县）人均城镇工矿用地执行情况表　　　　　　　　单位：$hm^2$

| 地区 | 人均城镇工矿面积 | | |
|---|---|---|---|
| | 2020年规划目标 | 评估时点面积 | 时点数-规划目标 |
| ××市 | | | |
| ××区 | | | |
| ××区 | | | |
| …… | | | |

## 4．评估方法和指标量化

### 1）土地利用效率评估

#### （1）评估方法

对比分析法通常是把两个相互联系的指标数据进行比较，从数量上展示和说明研究对象规模的大小，水平的高低，速度的快慢，以及各种关系是否协调。在对比分析中，选择合适的对比标准是十分关键的步骤，选择的合适，才能做出客观的评价，选择不合适，评价可能得出错误的结论。一般来说，关于集约方面的评估指标比较好选定，通过基期年值、目标值与实际值的比较，就可以明确了解评估时点相对于基期年和规划年集约利用程度。

建设用地地均GDP增长率是指评估范围内建设用地年GDP增长率与上一年建设用地地均GDP的比值（表9-19）。

表9-19 土地利用效率指标计算方法表

| 子准则层 | 措施层 | 计算方法 |
| --- | --- | --- |
| 土地利用效率（$S$） | 建设用地地均GDP增长率（$S_1$） | $S_1 = \dfrac{评估时点建设用地地均GDP - 上一年建设用地地均GDP}{上一年建设用地地均GDP}$ |
| | 人均农村居民点用地（$S_2$） | $S_2 = \dfrac{农村居民点用地面积}{人口数量}$ |
| | 人均城镇工矿用地（$S_3$） | $S_3 = \dfrac{城镇工矿用地面积}{人口数量}$ |
| | 闲置土地处置情况（$S_4$） | $S_4 = \dfrac{闲置土地面积}{建设用地总面积}$ |
| | 存量土地盘活情况（$S_5$） | $S_5 = \dfrac{存量土地面积}{建设用地总面积}$ |

注：考虑到上海流动人口较多，其中人口数量=城镇人口+外来人口×城市化率/2。

#### （2）指标量化

相比一些欠发达的城市，上海市范围内地均GDP增长率普遍较高，该指标的标准值的确定难度较大。本书在考察3～5个同等规模城市2010年数据后，通过数据修订，取30%作为建设用地地均GDP增长率的理想值（表9-20）。

表9-20 土地利用效率指标量化表

| 子准则层 | 措施层 | 计算方法 |
|---|---|---|
| 土地利用效率（S） | 建设用地地均GDP增长率（$S_1$） | $S_1 \times$ 理想值 $\times 100$ |
| | 人均农村居民点用地（$S_2$） | 当现状规模＞2020年规划目标时，量化公式为： |
| | 人均城镇工矿用地（$S_3$） | $\dfrac{2020\text{年规划目标}}{\text{评估时点规模}} \times 100$；否则指标分值取值为100 |
| | 闲置土地处置情况（$S_4$） | 量化公式为：$\left(1-\dfrac{\text{评估时点土地闲置率}}{\text{基期年土地闲置率}}\right) \times 100$ |
| | 存量土地盘活情况（$S_5$） | $\left(1-\dfrac{\text{评估时点存量土地盘活率}}{\text{基期年存量土地盘活率}}\right) \times 100$ |

### 2）土地利用投入强度评估

#### （1）评估方法

固定资产投资密度是指对城市建设用地投入程度在经济数量上的总体衡量和反映；而基础设施投入是城市发展的基石，基础设施条件越好，城市发展越快；GDP与建设用地增长弹性是指评估范围内某一时段GDP增长与建设用地面积增长的比值。三者与土地集约利用的水平息息相关，采用对比分析法对指标进行计算，指标值越高，说明土地投入强度越高，继而说明土地集约化程度越高（表9-21）。

表9-21 土地利用投入强度指标计算方法表

| 子准则层 | 措施层 | 计算方法 |
|---|---|---|
| 土地利用投入强度（R） | 固定资产投资密度（$R_1$） | $R_1 = \dfrac{\text{评估时点固定资产投资额}}{\text{评估时点建设用地总量}}$ |
| | 单位GDP交通用地（$R_2$） | $R_2 = \dfrac{\text{评估时点交通用地总量}}{\text{评估时点}GDP}$ |
| | GDP与建设用地增长弹性（$R_3$） | $R_3 = \dfrac{GDP \text{增长率}}{\text{建设用地增长率}}$ |

#### （2）指标量化

结合区域的实际，以上海市各个区2010年固定资产投资密度的平均值作为该指标的理想值。

我国自"十二五"计划以来，交通用地投资占GDP的比重一直在上升，2003年中国城市基础设施投资占GDP的比重的平均水平是3.80%（宋序彤，2005）。联合国推荐的发展中国家的交通投资占GDP的比重应该在3%~5%之间，考虑上海经济发展情况，取4.8%作为上海市单位GDP交通用地的理想值。

经济的增长要远高于建设用地的增长，按照上海市城市总体规划的预测数据，选取

10.0作为GDP与建设用地增长弹性理想值。

表9-22 土地利用投入强度指标量化方法表

| 子准则层 | 措施层 | 计算方法 |
|---|---|---|
| 土地利用投入强度（$R$） | 固定资产投资密度（$R_1$） | $R_n \times 100$, $n=1, 2$ |
| | 单位GDP交通用地（$R_2$） | $\frac{(t_i - a_i)}{t_i}$，$t_i$为标理想值；$a_i$为标实际值 |
| | GDP与建设用地增长弹性（$R_3$） | |

### 3）土地利用效益评估

土地利用效益评估是分析城市目前土地利用水平的重要手段，它对实现土地集约、高效利用的目的具有重要的促进意义。土地利用综合效益主要包括经济效益、社会效益和生态效益。在不同时间段内区域的经济效益、社会效益、生态效益实现的程度各不相同，投入同样的土地，所获得的经济、社会、生态的综合效益越高，土地集约利用就越高，反之越低（表9-23）。

表9-23 土地利用效益评估指标计算和量化方法表

| 子准则层 | 措施层 | 计算方法 | 指标量化 |
|---|---|---|---|
| 土地利用效益（$Q$） | 地均GDP（$Q_1$） | $Q_1 = \frac{GDP}{土地总面积}$ | $Q_n \times 100$, $n=1, 2, 3$ |
| | 单位农用地第一产业产值（$Q_2$） | $Q_2 = \frac{第一产业增加值}{农用地面积}$ | |

### 4）土地利用集约度分值计算

#### （1）目标分值计算

将各指标数据进行标准化处理后的标准值与运用层次分析法确定的各指标的权重，采用线性加权求和的综合测算模型，最终得到土地节约集约利用程度和土地节约集约利用潜力评估目标（$i$）分值计算公式为

$$F_i = \sum_{j=1}^{n}(F_{ij} \times w_{ij}) \qquad (9.9)$$

式中，$F_i$为$i$目标的土地利用集约度分值；$F_{ij}$为$i$目标$j$子目标的土地利用集约度分值；$w_{ij}$为$i$目标$j$子目标相对$i$目标的权重值；$n$为子目标个数。

#### （2）集约度综合分值计算

土地利用集约度综合分值计算公式为

$$F = \sum_{j=1}^{n}(F_i \times w_i) \qquad (9.10)$$

式中，$F$为土地利用集约度综合分值；$F_i$为$i$目标的集约度分值。

## 第五节　生态用地评估

### 1. 评估内容

生态用地评估是指对生态用地规模和布局变化与规划确定的保护规模和范围是否一致做出评估，是否严格遵循建设用地不突破集中建设区边界，不侵占生态网络空间，统筹安排城市绿地、耕地、林地、园地及滩涂湿地等具有生态功能的土地布局，加强引导和管制，落实地质灾害和污染防治，有效促进生态保护与建设，生态用地评估具体包括以下内容。

（1）生态环境评估主要指对"由生态关系组成的环境"的评估，主要从人均绿地面积和生态系统服务能力两个方面评估。

（2）生态空间利用和保护评估是指生态用地变化评估、生态用地区建设用地减量化指标评估、生态空间景观破碎度三个方面。

### 2. 评估指标体系

发挥生态用地的功能不仅与生态用地的数量有关，而且还取决于空间结构特征。通过查阅生态用地研究的相关文献，并结合研究区域生态用地的背景特征、主要问题，分析、比较并综合选择了最具有代表性的指标，最后通过频度分析法等方法的综合使用得到指标体系。建立指标体系时，需考虑各层次指标的重要性程度，该过程一般是根据实际情况和经验主观确定。根据评估要求和实际研究区的背景特征，本书将评估系统分成3级层次，其中目标层的重要性程度是根据各子目标层中所分配指标的重要级别来确定。按照构建指标体系的原则，得到经过综合考虑的指标体系（图9.5）。

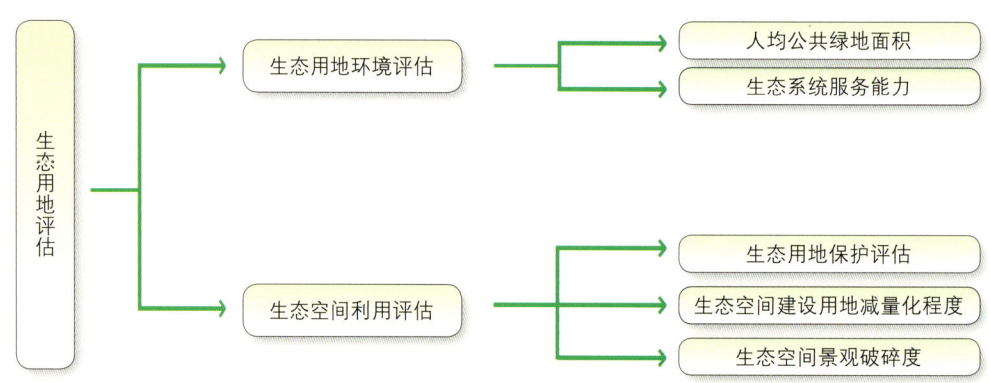

图9.5　生态用地指标体系

## 3. 数据源

生态用地评估所需数据源，主要包括评估年和规划年各区县生态用地变化情况；土地利用现状数据；评价年份土地利用变更数据；林业生态保护规划数据（绿地、自然保护区、城市公园、风景园林地区）；生态空间分布现状图；建设用地管控图，河流水系、道路交通、绿地分布等专题信息（表9-24—表9-26）。

表9-24 各区县生态用地变化情况　　　　　　　　　　　　　　　　　　　　　　　单位：hm²

| 生态类型 | 基期年 | 评估年 | 规划年 |
|---|---|---|---|
| 近郊绿环 | | | |
| 生态间隔带 | | | |
| 生态廊道 | | | |
| 外环绿带 | | | |
| 总计 | | | |

表9-25 评估时点基本生态空间内土地利用情况分析表　　　　　　　　　　　　　　单位：hm²

| 用地类型 | | 外环绿带 | | 近郊环城绿带 | | 生态廊道带 | | 生态间隔带 | | 合计 | 比例/% |
|---|---|---|---|---|---|---|---|---|---|---|---|
| | | 面积/hm² | 比例/% | 面积/hm² | 比例/% | 面积/hm² | 比例/% | 面积/hm² | 比例/% | | |
| 建设用地 | 小计 | | | | | | | | | | |
| | 城镇用地 | | | | | | | | | | |
| | 工业用地 | | | | | | | | | | |
| | 农村宅基地 | | | | | | | | | | |
| | 其中，空闲宅基地 | | | | | | | | | | |
| | 交通运输用地 | | | | | | | | | | |
| | 水利设施用地 | | | | | | | | | | |
| | 特殊用地 | | | | | | | | | | |
| 生态用地和其他用地 | 小计 | | | | | | | | | | |
| | 绿地 | | | | | | | | | | |
| | 耕地 | | | | | | | | | | |
| | 林地、园地 | | | | | | | | | | |
| | 其中，可调整林地、园地 | | | | | | | | | | |
| | 其他农用地 | | | | | | | | | | |
| | 水面（湿地） | | | | | | | | | | |
| | 其中，可调整坑塘、养殖水面 | | | | | | | | | | |
| | 其他未利用地 | | | | | | | | | | |
| | 总面积 | | | | | | | | | | |

表9-26 基本生态空间内建设用地减量　　　　　　　　　　　　　　　　　　　　　　　　　　　　　　单位：hm²

| 用地类型 | 外环绿带 | | 近郊环城绿带 | | 生态间隔带 | | 生态廊道 | | 合计 | 比例/% |
|---|---|---|---|---|---|---|---|---|---|---|
| | 面积/hm² | 比例/% | 面积/hm² | 比例/% | 面积/hm² | 比例/% | 面积/hm² | 比例/% | | |
| 建设用地减量 | | | | | | | | | | |

### 4．评估方法和指标量化

#### 1）生态用地环境评估

**（1）人均公共绿地面积**

通过查询评估年统计年鉴得到人均公共绿地面积，其量化公式为

① 当评估时点的人均绿地面积≥评估基期年人均绿地面积时，指标分值取分100；

② 当评估时点的人均绿地面积<评估基期年人均绿地面积时，指标分值计算方法为

$$E_1 = \frac{评估时点人均公共绿地面积}{评估基期年人均公共绿地面积} \times 100$$

**（2）生态系统服务价值**

参照中国陆地生态系统服务单位面积价值，确定了上海与土地利用类型相对应的生态系统类型及生态价值系数（表9-27）

表9-27 与土地利用类型相对应的生态系统类型及其生态价值系数

| 生态资产类型 | 耕地 | 林地 | 草地 | 水域 | 湿地 | 城乡工矿用地 | 未利用地 |
|---|---|---|---|---|---|---|---|
| 生态系统类型 | 农作物 | 亚热带南方林 | 草地、草原 | 湖泊、河流 | 湿地 | 城镇 | 荒地 |
| 生态价值系数/（元/hm²） | 4341.2 | 17341.1 | 9597.9 | 40676.4 | 55488.9 | 0 | 371.4 |

生态系统服务价值的计算公式为

$$V = \sum_{i=1}^{n} P_i \times A_i \tag{9.11}$$

式中，$V$ 为研究区生态系统服务总价值（元）；$P_i$ 为单位面积上土地利用类型 $i$ 的生态系统服务总价值（元/hm²）；$A_i$ 为研究区内土地利用类型 $i$ 的分布面积（hm²）。

指标生态系统服务价值量化公式为

① 评估时点的生态系统服务价值≥评估基期年生态系统服务价值时，指标分值取分100；

② 当评估时点的生态系统服务价值<评估基期年生态系统服务价值时，指标分值计算方法为

$$E_1 = \frac{评估时点生态系统服务价值}{评估基期年生态系统服务价值} \times 100$$

## 2) 生态空间利用和保护评估

### (1) 生态用地保护评估

利用对比分析法来评估生态用地保护变化情况。将评估年份的实际值与规划目标值、基期年值进行对比，分析实际值占目标值的比重，其计算方法为

$$D_1 = \frac{评估时点生态用地规模}{规划2020年生态用地规模}$$

生态用地保护评估指标量化的计算公式为

$$D_1 = \frac{评估时点生态用地规模}{规划2020年生态用地规模} \times 100$$

评估时点生态用地规模越大，得分越高。

### (2) 生态用地区建设用地减量化程度

利用空间分析法得出评估年和基期年生态用地区建设用地规模，通过对比分析评估年和基期年生态用地区建设用地变化情况，其量化的公式为

$$D_2 = \frac{评估时点生态用地区建设用地减少量}{基期年生态用地区建设用地总量} \times 100$$

生态用地区建设用地减量化指标分值越大，建设用地减量越大，预留的生态用地区越大。

### (3) 生态空间景观破碎度

破碎度表征景观被分割的破碎程度，反映景观空间结构的复杂性，在一定程度上反映了人类对景观的干扰程度。它是由于自然或人为干扰所导致的景观由单一、均质和连续的整体趋向于复杂、异质和不连续的斑块镶嵌体的过程，景观破碎化是生物多样性丧失的重要原因之一，它与自然资源保护密切相关。生态空间景观破碎度计算公式为

$$C_i = \frac{N_i}{A_i}$$

式中，$C_i$ 为景观 $i$ 的破碎度；$N_i$ 为景观 $i$ 的斑块数；$A_i$ 为景观 $i$ 的总面积。比值愈大,景观破碎化程度愈高。

生态空间景观破碎度指标量化公式为

$$D_3 = \frac{评估时点生态空间景观破碎度}{基期年生态空间景观破碎度} \times 100$$

### 3）生态用地综合分值评估

#### （1）目标分值计算

生态用地环境、生态空间利用和保护评估目标（$i$）分值的计算公式为

$$F_i = \sum_{j=1}^{n}(F_{ij} \times w_{ij})  \quad (9.12)$$

式中，$F_i$为$i$目标的生态用地分值；$F_{ij}$为$i$目标$j$子目标的生态用地分值；$w_{ij}$为$i$目标$j$子目标相对$i$目标的权重值；$n$为子目标个数。

#### （2）生态用地综合分值计算

生态用地综合分值的计算公式为

$$F = \sum_{i=1}^{n}(F_i \times w_i)  \quad (9.13)$$

式中，$F$为生态用地综合分值；$F_i$为$i$目标的生态用地子准则分值。

#### （3）评估分级标准建立

根据建立评估指标体系的目的，参照国内外综合指数的分组方法，并结合研究区域特点，本书提出5个评估等级标准，对生态用地生态效能的高低进行了确定（表9-28）。

表9-28 生态用地综合评估等级表

| 等级 | 常规值 | 生态效能 |
| --- | --- | --- |
| I | 0.8~1 | 高 |
| II | 0.7~0.8 | 较高 |
| III | 0.5~0.7 | 一般 |
| IV | 0.3~0.5 | 较低 |
| V | 0~0.3 | 很低 |

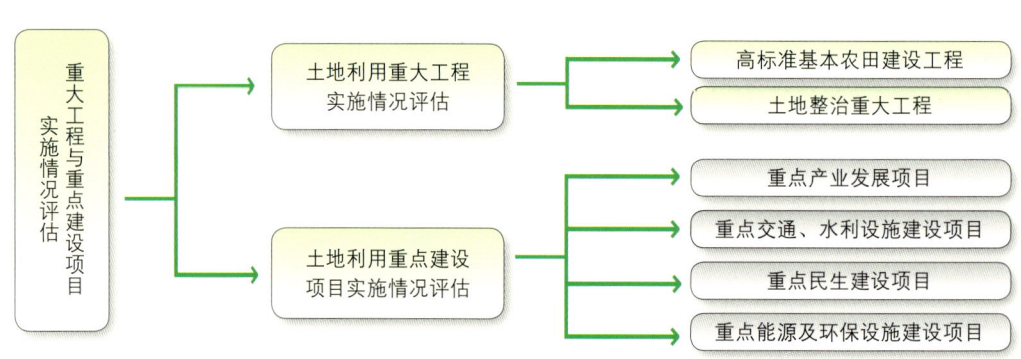

图9.6 重大工程和重点建设项目评估指标体系

## 第六节　土地利用重大工程与重点建设项目评估

### 1. 评估内容

评估期内，规划重点建设项目有序推进，适应社会经济发展需要，新增部分项目。土地利用重大工程与重点建设项目实施情况评估，主要包括对高标准基本农田建设、土地整理复垦补充耕地、滩涂开发补充耕地等重大工程实施情况和重点产业发展项目、交通、水利、能源、环保、旅游等重点建设项目建设情况的评估。

### 2. 评估指标体系

基于重大工程和重点建设项目规模大、周期长、风险大，系统性及区域性强，环境保护压力大，实施意义重大等特点，加强重大项目实施前的评估论证，科学进行决策分析尤为重要，从实现重大项目规划目标、确保实施效果出发，建立评估论证指标体系，从而为重大工程和重点建设项目评估提供参考（图9.6）。

### 3. 数据源

重大工程和重点建设项目评估所需数据源，主要包括运用典型区域调查法，通过问卷调查表及实地调研的形式，从不同角度了解研究区域重大工程与重点建设项目实施情况（表9-29，表9-30）。

表9-29　土地整治工作情况调查表

| 所在镇 | 项目名称 | 项目数 | 实施面积/hm² | 预计新增耕地面积/hm² |
|---|---|---|---|---|
|  |  |  |  |  |
|  |  |  |  |  |
|  |  |  |  |  |
| 合计 |  |  |  |  |

表9-30　重点建设项目用地规划表

| 类别 | 规划项目数量/个 | 集中建设区内规模/hm² | 集中建设区外规模/hm² | 实施数量/个 | 规划项目规模/hm² |
|---|---|---|---|---|---|
| 市政 |  |  |  |  |  |
| 交通 |  |  |  |  |  |
| 民生 |  |  |  |  |  |
| 水利 |  |  |  |  |  |
| 其他 |  |  |  |  |  |
| 合计 |  |  |  |  |  |

## 4. 评估方法和指标量化

### （1）土地利用重大工程与重点建设项目实施情况评估

土地利用重大工程与重点建设项目实施情况评估采用对比分析法。对比分析法也称指标评估法，是选择特定的指标，通过指标实际值与目标值的对比，定量地反映重大工程以及重点建设项目实施情况。高标准基本农田建设、土地整治等重大工程实施情况主要从已实施的面积来计算，市政、交通、水利、民生等重点建设项目建设情况主要从已实施的个数来开展。

综合评价指标体系中，有的因素因子是定量的，有的因素因子是定性的。为便于评价，均需作统一的量化处理。针对不同评价因素因子选用合理的量化方法，如专家打分法、判断矩阵等，即可得出各评价因素因子的量化值（表9-31，表9-32）。

表9-31 重大工程与重点建设项目实施评估指标计算方法

| 指标 | 计算方法 |
|---|---|
| 高标准基本农田建设工程（$P_1$） | ××工程实施面积比 = $\dfrac{\text{评估时点重大工程实施面积}}{\text{规划2020年重大工程实施面积}}$ |
| 土地整治重大工程（$P_2$） | |
| 重点市政建设项目实施个数比（$K_1$） | |
| 重点交通建设项目实施个数比（$K_2$） | ××工程实施个数比 = $\dfrac{\text{评估时点重点建设项目实施个数}}{\text{规划2020年重点建设项目实施个数}}$ |
| 重点民生建设项目实施个数比（$K_3$） | |
| 其他重点建设项目实施个数比（$K_4$） | |

表9-32 重大工程与重点建设项目实施评估指标量化方法表

| 指标 | 分值范围 | 量化标准 |
|---|---|---|
| 高标准基本农田建设工程（$P_1$） | 0~100 | ××建设工程实施面积比0.6为60分，每增加0.1hm²加10分，每减少0.1hm²减10分 |
| 土地整治重大工程（$P_2$） | 0~100 | |
| 重点市政建设项目实施个数比（$K_1$） | 0~100 | |
| 重点交通建设项目实施个数比（$K_2$） | 0~100 | ××建设项目实施个数比0.6为60分，每增加0.1hm²加10分，每减少0.1hm²减10分 |
| 重点民生建设项目实施个数比（$K_3$） | 0~100 | |
| 其他重点建设项目实施个数比（$K_4$） | 0~100 | |

### （2）重大工程和重点建设项目实施情况综合分值计算

① 目标分值计算

土地利用重大工程和土地利用重点建设项目实施情况子目标（$i$）分值的计算公式为

$$F_{ij} = \sum_{k=1}^{n}\left(S_{ijk} \times w_{ijk}\right) \tag{9.14}$$

式中，$F_{ij}$为$i$目标$j$子目标的项目指标分值；$S_{ijk}$为$i$目标$j$子目标$k$指标的分值；$w_{ijk}$为$i$目标$j$子目标$k$指标相对$j$子目标的权重值；$n$为指标个数。

② 目标综合分值计算

项目实施情况目标综合分值的计算公式为

$$F_i = \sum_{j=1}^{n} \left( F_{ij} \times w_{ij} \right) \tag{9.15}$$

式中，$F_i$为$i$目标的项目实施情况分值；$F_{ij}$为$i$目标$j$子目标的项目实施情况分值；$w_{ij}$为$i$目标$j$子目标相对$i$目标的权重值；$n$为子目标个数。

## 第七节 规划适时修改的必要性和可行性评估

### 1. 评估内容

土地利用总体规划适时修改是指在规划实施过程中，依据评估结果及有关规定，经规划原审批机关批准，适时对规划目标、方案及措施进行修正、补充和完善，不断提高规划科学性和合理性的过程。土地利用规划实施的时间跨度较长，必须以发展的眼光正确看待规划实施中的问题，保证规划实施的灵活性，提高规划对社会经济发展环境的适宜性。根据发展环境和其他客观条件的要求对规划进行适当调整，也会对规划实施起到积极的作用。同时，规划实施评价结果是决定规划是否修编的重要依据。综合多因素分析提出土地规划适时修改的充要性评估指数（Planning Necessary and Sufficient Index，PNSI），该指数将为土地规划适时修改提供量化论证基础。

### 2. 评估方法

由于影响土地利用规划适时修改的充要性评估因素较多，评估中注重定性分析与定量分析相结合，分层次多因素来评估土地利用规划适时修改的充要指数。

（1）定性分析

对难以量化的指标进行定性分析是确定规划适时修改的重要方法。如规划外部环境的发展变化进行分等定级，对于规划实施已经产生和可能产生的影响进行定性说明等。

### (2) 定量评价

定量评价指标体系分为评价目标与评价指标两个层次，由2个评价目标、8个评价指标构成。根据评价指标和评价公式，将数据源分类整理，计算出每一项评价因素的值，最后将该值进行标准量化，根据权重代入评价体系中计算。

## 3. 数据源

### （1）规划实施情况评估

除法律规定的部分情形外，一般规划修改前必须进行规划评估，评估是规划修改的前提和基础，凡提出规划修改，应先开展规划评估。开展规划评估，根据评估结论提出规划是否需要修改以及如何修改的建议；形成评估报告，上报规划审批机关的同级国土资源部门审查。

### （2）规划修改申请

提出确需修改规划的建议，由人民政府逐级向规划审批机关提出申请，详细阐述规划修改的可信理由。

### （3）预期重大建设项目

因交通、水利、能源、环保、旅游、国防军事、民生建设、矿山开发等独立选址项目建设，确需进行规划修改的重大建设项目。

### （4）基础图件

主要包括土地利用总体规划图、土地利用现状图、建设用地和基本农田管制图、生态控制线划示图、重大工程及重点项目布局图、土地整治规划图、反映评估时点现状的遥感影像图、发展战略图等。

### （5）相关规划资料

主要包括反映评估时点现状的经济社会发展、主体功能区划、城镇体系建设、城乡建设、能源、交通、水利、地质、水文、环境、林业生态保护等规划资料等。

## 4. 指标体系构建

规划外部环境的发展变化对于规划实施已经产生和可能产生的影响，进而判断规划是否仍然适应形势的需要，为规划修编提供依据。这种判断要建立在对于社会经济状况和今后的发展趋势分析的基础之上，进而对土地利用变化情况做出供需方面的展望。

要结合9.2节至9.6节的评价结论，针对规划本身进行以下分类并提出具体建议，即切实分析哪些问题是可以通过改进规划措施，加强管理实现的，哪些是可以通过规划局部调整解决的，哪些是需要通过修编规划解决的。进行判断时，要避免通病式分析结论，即主要规划指标用完就要修编规划。而应该围绕经济社会发展趋势、资源环境状况、土地利用方式、存量土地状况等，结合用地规模、效率、空间布局、功能结构、时序安排等评价结论，从实际出发，综合评判，明确提出是否有必要进行规划修编，详细说明规划需要或不需要修编的理由。规划修改的可行性方面，规划适时修改的政策依据，土地规划修改合法的规定与政策，集中建设区中用地局部调整可运用上海市区级建设用地机动额度指标进行重新分解，在区级规划层面予以平衡。建设用地机动额度范围内，可在区级规划层面予以解决。基本农田调整的可行性主要指基本农田补划潜力，即规划建设用地区范围外的现状耕地及评估期内通过土地整理复垦开发补充的耕地（图9.7）。

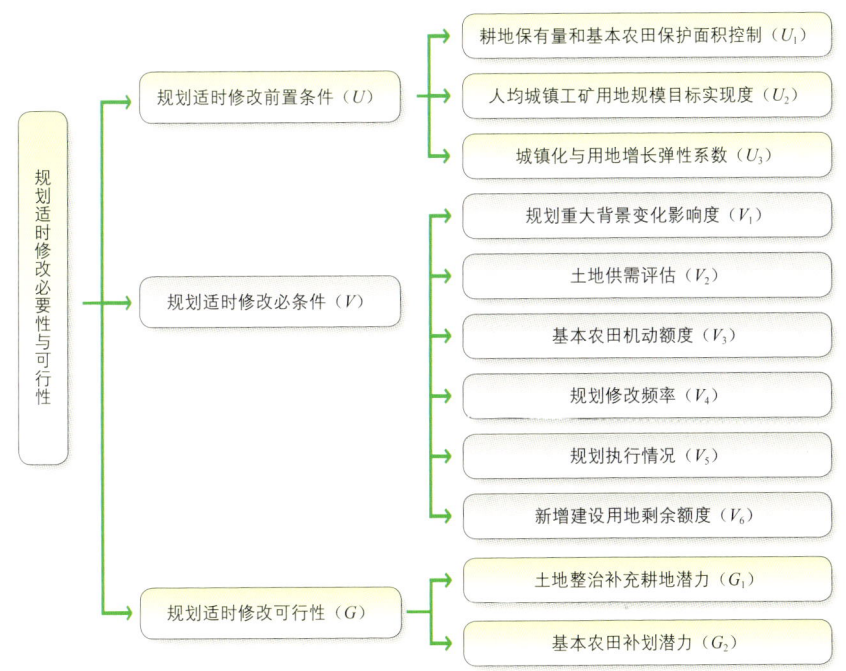

图9.7 规划实施措施执行情况评估指标体系

## 5．权重确定

因自然与人为灾害发生，由抢险避灾引起的规划用地规模和布局变化；因经济社会生态等发展建设需要，土地利用主要调控指标（如耕地保有量、基本农田保护面积、新增建设占用耕地规模、土地整治补充耕地义务量、城乡建设用地规模等）需调整或突破;因国家战略规划、城市发展方向改变,以及自然、社会和经济条件发生重大变化引起现行规划范围、用地规划规模和布局变化;基本农田布局、自然保护区核心区或生态环境安全控制区边界发生变化;对这些影响规划适时修改必要性与可行性评估的因子确定权重如表9-33所示。

表9-33 规划适时修改必要性与可行性评估指标权重分配

| 一级类权重 | 二级类权重 | 二级类权重 | 一级类权重 |
|---|---|---|---|
| 规划适时修改前置条件($Q$) | 耕地保有量和基本农田保护面积符合规划控制指标要求($Q_1$) | 0.10 | 0.3 |
| | "人均城镇工矿用地规模目标实现程度"指标分值在85以上($Q_2$) | 0.10 | |
| | "城镇化与用地增长弹性系数"指标分值在85以上($Q_3$) | 0.10 | |
| 规划适时修改必要性($B$) | 规划重大背景变化影响度($B_1$) | 0.10 | 0.35 |
| | 土地供需评估($B_2$) | 0.05 | |
| | 基本农田机动额度($B_3$) | 0.05 | |
| | 规划修改频率($B_4$) | 0.05 | |
| | 规划执行情况($B_5$) | 0.05 | |
| | 新增建设用地剩余额度($B_6$) | 0.05 | |
| 规划适时修改可行性($X$) | 土地整治补充耕地潜力($X_1$) | 0.15 | 0.35 |
| | 基本农田补划潜力($X_2$) | 0.20 | |

## 6. 指标量化

由于影响土地利用规划适时修改的充要性评估因素较多,评估中注重定性分析与定量分析相结合,分层次多因素来评估土地利用规划适时修改的充要指数(表9-34,表9-35)。

表9-34 规划适时修改前置条件评价因子量化表

| 目标层 | 子准则层 | 措施层 | 量化方法 |
|---|---|---|---|
| 规划适时修改前置条件($Q$) | 耕地保有量和基本农田保护面积 | 符合规划控制指标要求 | 采用一票否决制（符合条件就赋值为1,反之为0） |
| | 人均城镇工矿用地规模目标实现程度 | 指标分值在85以上 | |
| | 城镇化与用地增长弹性系数 | 指标分值在85以上 | |

表9-35 规划适时修改必要性和可行性评价因子量化表

| 目标层 | 子准则层 | 计算方式 |
|---|---|---|
| 规划适时修改必要性 ($V$) | 规划重大背景变化影响度 ($V_1$) | 基础分为0，一个I级影响背景加20分，1个II级影响背景加10分，1个III级影响背景加5分，加到100分为止（表9-36） |
| | 土地供需评估 ($V_2$) | $\dfrac{\text{集中建设区新增用地需求}}{\text{集中建设区新增指标剩余总面积}} \times 100$<br>其中：集中建设区新增用地需求：<br>$\dfrac{\text{规划基期年至评估年新增建设用地总指标}}{\text{评估年 - 规划基期年}} \times (\text{规划目标年-评估年})$ |
| | 基本农田机动额度 ($V_3$) | $\dfrac{\text{基本农田年均需求量}}{\text{评估年基本农田剩余机动额度}} \times 100$<br>其中：基本农田年均需求量：<br>$\dfrac{\text{规划基期年至评估年基本农田机动指标使用量}}{\text{评估年 - 规划基期年}} \times (\text{规划目标年-评估年})$ |
| | 规划修改频率 ($V_4$) | 规划实施期间年均规划修改0次，得分为100；每增加一次扣20分，扣完100分为止 |
| | 规划执行情况 ($V_5$) | $PIEI$ |
| | 建设用地机动额度 ($V_6$) | $\dfrac{\text{集中建设区建设用地机动指标年均需求量}}{\text{集中建设区建设用地机动指标剩余量}} \times 100$<br>其中：集中建设区新增用地需求：<br>$\dfrac{\text{规划基期年至评估年建设用地机动指标使用量}}{\text{评估年 - 规划基期年}} \times (\text{规划目标年-评估年})$ |
| 规划适时修改可行性 ($G$) | 土地整治补充耕地潜力 ($G_1$) | $\dfrac{\text{规划修改涉及的新增建设用地占用的耕地面积}}{\text{耕地补充潜力}} \times 100$<br>其中，耕地补充潜力：规划期内，在规划建设用地区范围外，通过土地整理复垦开发补充耕地的理论潜力 |
| | 基本农田补划潜力 ($G_2$) | $\dfrac{\text{规划修改涉及的新增建设用地占用的基本农田面积}}{\text{基本农田补划潜力}} \times 100$<br>其中，基本农田补划潜力包括：① 规划期内土地整理复垦开发补充的耕地（已验收并变更）；② 未划入基本农田的现状耕地 |

由于土地是任何物质生产部门不可缺少的物质条件，用地布局常常与生产布局互相联系在一起，合理的用地布局对于区域经济与社会发展，地区优势的发挥和资源合理利用与保护有重大影响。在规划制定阶段未考虑到或考虑不充分的重大建设项目及其配套设施用地计划将会对规划产生影响。符合《土地管理法》第二十六条第二款、第三款规定，因交通、水利、能源、环保、旅游、国防军事、民生建设、矿山开发等独立选址项目建设；因行政区划调整引起现行规划范围、用地规划规模和布局变化的因素都将增加规划修改的必要性。

表9-36 规划重大背景变化情况评估

| 目标层 | 子准则层 | 影响因素 | 等级 |
|---|---|---|---|
| 规划重大背景变化情况评估 | 国家级 | 国家级战略方针 | I级 |
| | | 国家级重点工程 | |
| | | 国家级区划调整 | |
| | | 国家级政策调整 | |
| | 市级 | 市级重点工程 | II级 |
| | | 市级区划调整 | |
| | | 市级政策调整 | |
| | 区级 | 区级重点工程 | |
| | | 区级区划调整 | |
| | | 区级政策调整 | |
| | 镇级 | 一般重点工程 | III级 |
| | | 镇级区划调整 | |
| | | 镇级政策调整 | |
| | 局部 | 局部用地调整 | |

## 7. 结果分级

### (1) 综合评估值

土地规划适时修改的充要性评估指数（LUPTMNSI）的计算采用线性加权求和法，综合加权法计算各指标总分值的计算公式为

$$F = Q_1 \times Q_2 \times Q_3 \times (B_1 W_{11} + B_2 W_{12} + B_3 W_{13} + B_1 W_{14} + B_2 W_{15} + X_1 W_{21} + X_2 W_{22} + X_1 W_{23})$$

### (2) 评估结果分级

为了更好地反映出上述变化对系统评估产生的影响，更直观地评估土地规划适时修改的必要性与可行性水平，将土地规划适时修改的充要性评估对应的规划修改措施分为规划修改、局部调整、不需要调整三类，对应的综合评估分值归类标准如表9-37所示。

表9-37 土地规划适时修改的充要性评估结果分级

| 评估分值 | 措施 | 解释 |
|---|---|---|
| $PNSI \geq 85$ | 规划修改 | |
| $60 \leq PNSI < 85$ | 重大调整 | |
| $PNSI < 60$ | 局部调整 | |

当$PNSI \geqslant 85$时，规划执行的充要性指数较高，表明规划有修改的必要，且规划修改的可行性也支持对本轮规划做适时修改；当$60 \leqslant PNSI < 85$时，规划执行的充要性指数一般，表明规划有修改的必要，但规划修改的可行性只支持对本轮规划做适当修改，或者规划没有修改的必要，只要局部调整就行；当$PNSI < 60$时，规划执行的充要性指数较低，表明规划没有修改的必要，且规划修改的可行性也不支持对本轮规划做适时修改。

## 参考文献

1. 董祚继, 田春华. 顺势而为, 深入推进农村土地管理制度改革——安徽、江苏、深圳农村土地管理制度改革探索的启示.[J] 中国国土资源经济, 2011 (10): 7-13.
2. 李诚固, 郑文升, 李培祥.中国城市化的区域经济支撑模型分析[J]. 地理科学, 2004, 24 (1): 1-6.
3. 欧名豪, 李武艳, 刘向南, 等. 区域城市化水平的综合测度研究——以江苏省为例[J]. 长江流域资源与环境, 2004, 13 (5): 408-412.
4. 李爱军, 谈志浩, 陆春锋, 等. 城市化水平综合指数测度方法探讨——以江苏无锡市、泰州市为例[J]. 经济地理, 2004, 24 (1): 43-47.
5. 欧名豪. 土地利用规划控制研究[M]. 北京: 中国林业出版社, 1999.
6. 朱凤武, 彭补拙. 中国县域土地利用总体规划的模式研究.地理科学, 2003 (3): 282-286.
7. 秦丽杰, 张郁, 许红梅, 等. 土地利用变化的生态环境效应研究——以前郭县为例[J]. 地理科学. 2002 (04): 508-512.
8. 董祚继. 转变规划思路迎接新的挑战[J]. 中国勘察设计, 2007, (3): 72.
9. 蔡运龙. 中国农村转型与耕地保护机制[J]. 地理科学. 2001 (01): 1-6.
10. 蒋旭东, 朱凤武, 李春华, 等. 广西柳江县土地资源利用分区研究[J]. 南京大学学报: 自然科学版. 1998, 34 (06): 725-731.
11. 王卫. 我国区域性土地利用总体规划模式探讨[J]. 自然资源学报, 1996, 11 (06): 128-134.
12. 钱铭. 土地利用总体规划理论与实践[M]. 北京: 中国农业科技出版社, 1996.
13. 欧名豪. 土地利用规划控制研究[M]. 北京: 中国林业出版社, 1999.
14. 常小燕, 聂宜民, 董晓声, 等. 县级土地利用总体规划修编的若干思考——以招远市为例[J]. 国土与自然资源研究, 2005 (02): 43-44.
15. 王万茂. 定性定量定位定序——关于乡(镇)土地利用规划思路的新思考[J]. 中国土地. 2002 (06): 21-25.
16. 林霞, 任学慧, 张海静. 统筹县域土地利用及其分区研究——以兴化市为例[J]. 资源与产业. 2008 (02): 31-34.
17. 许妍, 吴克宁, 赵华甫. 新一轮土地利用总体规划中基本农田布局调整研究——以江西省高安市为例. 资源与产业, 2011, 13 (5): 59-66.
18. 李伟方. 县域土地利用总体规划编制的若干思考——以鄞县为例[J]. 中国土地, 2000 (02): 56-60.
19. 姚清林. 规划蓝图——你用什么思路去修编?[J]. 中国土地, 1997 (10): 123-125.
20. 冯广京, 严金明. 土地利用总体规划修编的战略思路[J]. 中国土地科学, 2002 (4): 4-7.
21. 黄劲松, 周生路. 当前县级土地利用总体规划存在问题探讨[J]. 人文地理, 1999 (7): 44-46.
22. 付重林, 黄劲松, 周生路. 试论土地利用总体规划与城镇规划的协调[J]. 土壤, 1999 (5): 270-273.
23. 董祚继. 土地利用规划管理手册[M]. 北京: 中国大地出版社, 2002.
24. 彭建, 王仰麟. 国内外土地持续利用评价研究进展[J]. 资源科学, 2003 (3): 85-90.
25. 汤怀志, 苏强, 吴克宁, 等. 区域土地利用集约发展的阶段性分析[J]. 资源与产业, 2007, 9 (6): 24-28.
26. 何剑锋, 庄大方. 长江三角洲地区城镇时空动态格局及其环境效应[J]. 地理研究, 2006, 25 (3): 388-396.
27. 潘竟虎. 近15年来长江源区土地利用变化及其生态环境效应[J]. 长江流域资源与环境, 2005, 14 (3): 12-15.

28. 朱照宇, 邓清禄, 匡耀求, 等. 土地资源质量及可持续利用宏观评价指标与TLEL模式[J]. 地球科学: 中国地质大学学报, 2001, 26 (2): 217-220.
29. 蔡玉梅, 董祚继, 邓红蒂, 等. FAO土地利用规划研究进展评述[J]. 地理科学进展, 2005, 24 (1): 70-78.
30. 李平, 李秀彬, 刘学军. 我国现阶段土地利用变化驱动力的宏观分析. 地理研究, 2001, 20 (2): 129-138.
31. 于伯华, 吕昌河. 基于DPSIR概念模型的农业可持续发展宏观分析. 中国人口·资源与环境, 2004, 14 (5): 68-72.
32. 何彤慧, 姜玲. 由宁夏中部地区的资源开发看生态建设的整体性[J]. 经济地理, 2002, 22 (5): 612-615.
33. Lin Feng-Tyan. GIS-based information flow in a land-use zoning review process[J]. Landscape and Urban Planning. 2000, (52): 21-32.
34. Hurni H. Concept of sustainable land management[J]. ITC Journal 3P4. Enschede, The Netherlands. 1997, 210-215.
35. Dumanski Julian, Gameda Samuel, Pieri Christian. Indicators of land quality and sustainable land management : an annotated bibliography[M]. Washington: World Bank Publications, 1998.
36. Lightfoot C, Dalsgaard J P, Bimbao M A, et al. Farmer participatory procedures for managing and monitoring sustainable farming systems[J]. Journal of the Asian Farming System Association, 1993 (2): 61-87.
37. ISSSPITC. Sustainable land management & geoinformation (abstract)[R]. Netherlands: ITC. Enschede 1997.
38. Dumanski J. Assessing the sustainable of saskatchewan farming system [R]. [SL]: CLBRR, 1994.

# 第10章
# 上海市土地利用规划实施与管理途径

所谓"三分规划、七分实施",土地利用规划的生命力在于其对未来土地利用的导向性,上海市在土地利用规划实施管理方面进行了一系列探索和实践,通过创新基于"两规合一"的规划管理体系和实施手段、优化政策制度顶层设计、提高公众参与度等措施,不仅在全市层面取得了良好的管理成效,也为全国其他地区的土地利用规划管理提供了经验借鉴。

土地利用总体规划是指导城乡建设活动和土地资源科学合理利用的纲领性文件,目前上海市市、区(县)、镇(乡)三级土地利用总体规划已全部通过审批,通过"规划控制线"管控发挥其统筹管控作用,是各相关下位专项规划和详细规划编制的依据。土地利用总体规划确定的"集中建设区"内以整单元控制性详细规划指导建设,集中建设区外现行两规体系中的专项规划包括区(县)级土地整治规划、郊野单元规划、城乡建设用地增减挂钩规划、村庄规划等。上海市在土地利用总体规划实施管理中,初步建立了以区镇级"两规合一"为基础的规划管理体系,各规划之间关系如下:

区(县)级土地整治规划以区(县)、镇(乡)级土地利用总体规划为依据,是统筹集建区外区(县)土地整治任务和项目的纲领性文件及行动计划,是指导郊野单元规划编制的规划依据;郊野单元是在集中建设区外的郊野地区,根据主导属性、行政边界、自然地形等要素划定的土地整治单元,与控规单元无缝衔接,其规划按需编制逐渐覆盖,是实施区(县)级土地整治规划、指导土地整治各类项目建设的日常管理载体。郊野单元规划按照区(县)级土地整治规划分解的各项指标,考虑村域的实际发展需

[1] 类集建区：是指利用建设用地存增转化落图的建设用地规划空间，类集建区一般紧邻集建区集中连片成规模建设。在管理规则上，类集建区等同于集建区内的城镇建设用地，各项管理要求与集建区内和周边的城市建设相衔接。

求，划定"类集建区"[1]、"其他城镇建设用地"、"农村居住点和农用地"的范围，安排基础设施布局，深化土地整治的内容。在此基础上，"类集建区"和其他城镇建设用地范围内编制控制性详细规划指导项目建设；村庄规划深化研究农村地区尤其是农村居住点的功能布局、设施配套等具体安排，指导农村项目建设。各规划的关系详见图10.1所示。区（县）级土地整治规划、郊野单元规划、控制性详细规划和村庄规划均应落实土地利用总体规划提出的减量化目标。

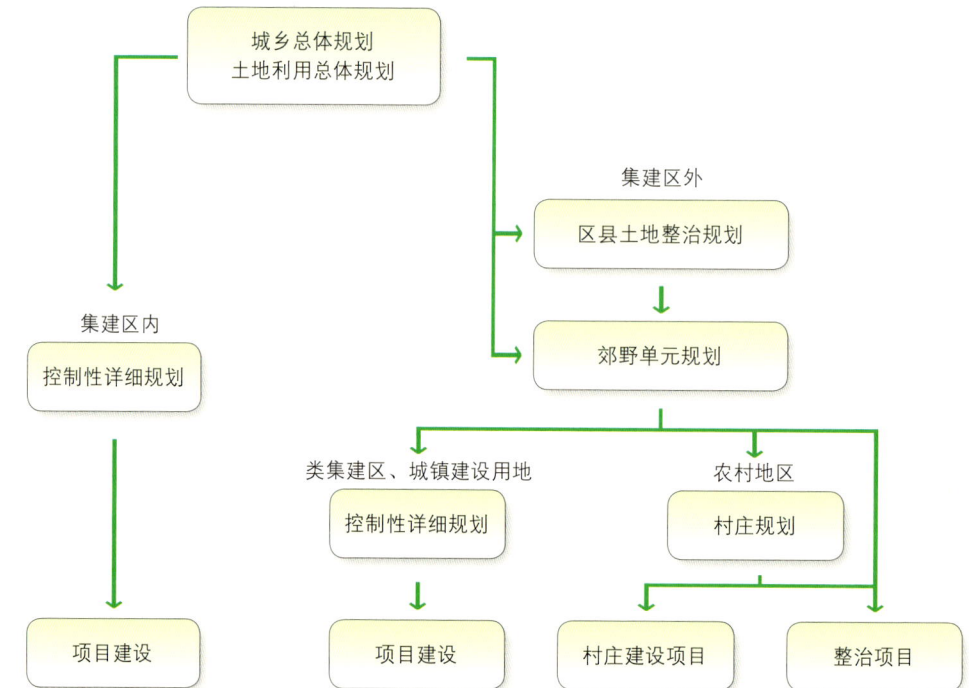

图10.1 上海市土地利用规划体系示意图

土地利用计划是对未来年度各类用地数量的具体安排，是实施土地利用规划的主要方式。城乡建设用地增减挂钩规划指依据土地利用总体规划，将若干拟复垦为耕地的农村建设用地地块（即拆旧地块）和拟用于城镇建设的地块（即建新地块），共同组成建新拆旧项目区，通过建新拆旧等措施，实现耕地不减少、质量有提高、建设用地不增加、布局更合理、节约集约用地等目标的土地整治活动。是土地利用总体规划实施的重要途径。土地储备规划是根据经济社会发展规划、土地利用总体规划和城市规划，针对收储城市可开发建设用地资源编制的总体规划，虽不属于土地利用规划的专项规划，却是加强政府对土地市场的调控能力，完善土地储备计划和规划，扩大土地储备库容，稳定土地调控"蓄水池"，促进土地利用总体规划有序实施的重要手段。

## 第一节 "规划控制线"管控

### 1. "规划控制线"管控的目的与意义

上海市立足于资源禀赋和环境容量，围绕城市发展战略和目标定位，以转变土地利用方式为导向，强化土地用途管制与空间管制相结合、产业结构转型与用地布局优化相结合、耕地和基本农田保护与生态网络构建相结合，完成了市—区（县）—乡（镇）三级规划编制，在规划成果的基础上提炼了"建设用地控制线"、"产业用地控制线"、"基本农田控制线"和"生态网络空间控制线"等四条规划控制线。"规划控制线"作为建设项目合规性审查和专项规划编制的依据，是上海市土地利用规划管理的主要内容之一，也是"保障发展、保护资源、优化空间"的重要抓手，不仅促进了"保控结合"的土地利用规划调控体系的建立，也有助于限制城市"摊大饼式"的蔓延扩张、维护生态系统安全和提高土地节约集约利用水平。

### 2. "规划控制线"管控途径

"规划控制线"划定后实行刚性管制，建设项目在办理项目选址、土地预审、农转用征收、供地等手续时，以及相关专项规划编制时比对"规划控制线"，进行合规性审查。

（1）建设用地控制线

建设用地控制线是集中建设区中用于城镇建设的范围边界，主要包括中心城、新城、新市镇镇区、集镇社区、特定大型公共设施等发展区域。

新增城镇建设项目须集中在建设用地控制线内布局，项目范围不得超出建设用地控制线边界100m$^2$。控制线内土地利用应坚持节约集约用地原则，严格执行国家和上海市的相关行业用地定额标准，优先利用现有低效建设用地、闲置土地；农用地在批准改变用途之前应当按照现状用途使用，不得荒芜；建设项目因撤制村队引起的带征地范围跨出控制线范围的情况视为符合规划。

建设用地控制线内的存量工业用地鼓励进行二次开发，存量建设用地在办理使用改征用、划拨转出让、出让合同调整、历史违法用地补办、闲置土地处置等手续时，按照详细规划等管理程序执行。其中，已批未供项目原则上应调整土地用途，作为城镇建设用地管控，确实因地区发展需要，可在不新增用地的前提下允许通过腾笼换鸟、技术改造，在一定时期内继续保留工业用地性质。

（2）产业用地控制线

新增工业项目用地必须纳入产业用地控制线内统筹布局，项目不得超出产业用地控制线边界100m$^2$，工业项目带征道路、绿化等用地在集中建设区内的可超出产业区块边界；产业用地控制线其内农用地在批准改变用途之前，应当按照现状用途使用，不得荒芜。控制线内鼓励存量工业用地进行二次开发，存量建设用地在办理使用改征用、划拨转出让、出让合同调整、历史违法用地补办、闲置土地处置等手续时，按照详细规划等管理程序管理。

（3）基本农田控制线

基本农田控制线内土地的主导功能是粮食和蔬菜生产，实现土地用途管制和建设用地空间管制。基本农田实现精细化管理，在完成国家下达基本农田保护任务的基础上多划定的基本农田作为机动指标，用于难以准确定位的新农村建设、农民建房、市政基础设施和特殊项目使用，此类建设项目应在村庄规划、市政规划、生态规划、城乡建设增减挂钩规划等专项规划的指导下选址布局，用地规模必须符合用地定额标准要求。基本农田机动指标由市、区（县）政府分别管理，区（县）对建设用地、基本农田机动指标的使用进行台账管理，项目使用机动指标需实时扣减，上海市土地管理部门将定期对基本农田地块和区（县）台账进行维护和更新。

（4）生态控制线

上海市生态控制线在空间上进行功能和结构上的系统分类，从空间结构角度划示"外环绿带-近郊绿环-生态间隔带-生态廊道"四类控制线边界，从功能差异角度划分为"空间引导型、农林生产型、水源保护型、休闲游憩型"四类空间类型。生态控制线内严格限制与其生态主导功能不符的开发建设活动，存量建设用地原则上应逐步实施减量化。明确各类型控制线的主导功能、生态作用、管制等级、开发许可条件等，通过编制生态专项规划实施落实。在专项实施规划中，细化建设用地比例、开发控制等要素内容。

## 第二节 土地利用计划管理

### 1. 土地利用计划管理意义

土地利用计划是以国家下达计划为总体目标,对未来年度土地利用的一种最优化预测和安排,土地利用计划是土地利用规划实施的重要手段。

(1) 通过优化资源配置促进规划实施

土地资源的配置方式一种是通过市场,也是主要的配置方式;另一种是通过政府计划。土地利用年度计划配置土地资源可通过指标分解直接规定土地的配置方向,或通过指标的调剂在空间区域和各用途间配置。上海市土地利用年度计划为各用地部门提供土地利用指导,通过配置土地资源引导和调节市场运行,实现了社会对土地总需求和总供给的平衡,实施了土地利用战略和预期目标。

(2) 通过政策调节促进规划实施

土地利用年度计划不仅包含了土地利用的各项指标,同时还包含着一些重大政策和具体的实施政策。土地利用年度计划担负着参与宏观调控和维护土地市场秩序的重任,制定土地利用年度计划是在严格控制建设用地总量的前提下,按照"区别对待、有保有压"的原则,科学安排用地计划,形成合理的供地结构,其中,"保"就是要优先保障重点基础设施、产业政策鼓励发展和稳定房地产市场急需的建设用地;"压"就是要限制那些不符合国家产业政策、占地量大用地粗放的建设项目用地,如高耗能、高污染产业等用地。通过这些措施,起到国民经济"调节阀"的作用。

### 2. 土地利用计划管理途径

(1) 土地利用年度计划管理实行统分结合模式

上海市土地利用年度计划管理是统分结合的指令性无偿使用管理模式。该模式的"统"体现在以下方面:①市级相关职能部门分解取得一部分市级项目用地指标;②市级土地行政管理部门留一部分用于市级项目的不可预测性的用地指标;③市级土地行政管理部门根据中期检查,进行指标的统一调剂。该模式的分解体现在以下方面:①市级用地指标主要分解到市级重要职能部门;②区县级用地指标分解到各区县统一使用。

### （2）土地利用年度计划管理过程实行上下互动

土地利用年度计划管理过程的上下互动特性体现在两方面，一是土地利用年度计划指标管理过程的上下互动。从上海市土地利用年度计划管理的运作模式（图10.2）来看，该模式的基本运作过程如下：① 年初国土资源部下达给上海市土地利用年度计划指标；② 市土地行政管理部门组织相关部门对下一年度的土地利用情况进行预测并申报用地总量；③ 市土地行政管理部门组织有关市级主要部门论证下一年度的社会经济发展趋势和用地情况，确定市统筹和区县分解指标的比例，第一次下达部分计划指标；④ 在中期检查考核的基础上，进行第二次指标的下达；⑤ 在年底，市土地行政管理部门对各市级部门和区县未利用指标无偿收回，并进行调剂；或被国土资源部无偿收回。

二是土地利用年度计划编制程序的上下互动。上海市土地利用年度计划的编制采用"两上两下"的程序：① "第一次向上"。首先由主要市级部门和各区县土地管理部门根据本部门或本区县土地资源状况和用地需求，提出本部门本区县计划内土地安排建议，

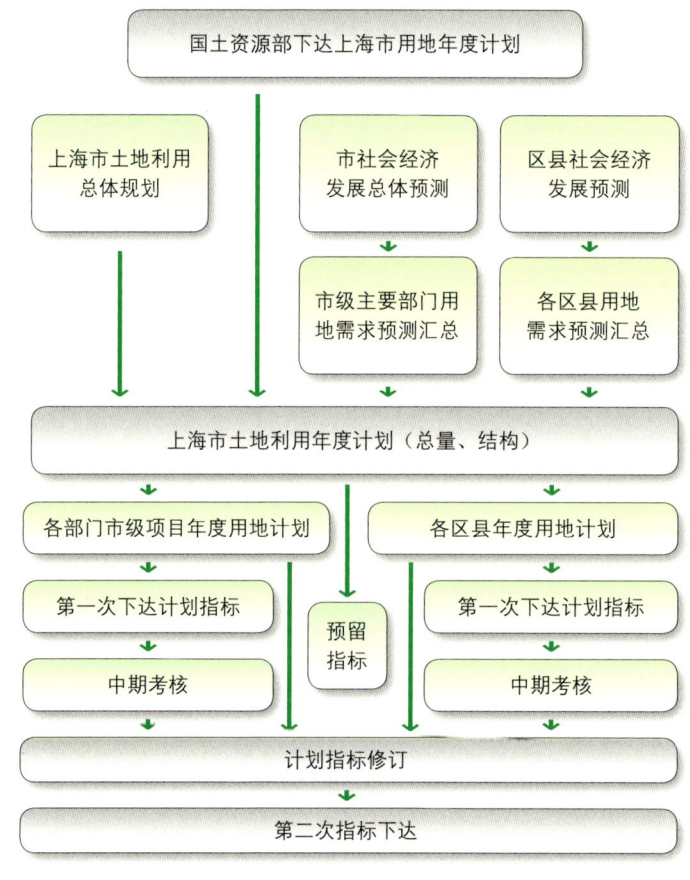

图10.2　上海市土地利用年度计划指标管理的运作模式

上报至市土地行政管理部门。②"第一次向下"。市土地行政管理部门根据调查研究和各地区、各部门上报计划情况，在广泛听取各方面意见的基础上，对各项用地进行预测和初步平衡，提出用地计划控制数及布局要求，抄送市级相关部门和下达各区县，以指导编制计划。③"第二次向上"。各市各部门和区县土地行政管理部门接到市土地行政管理部门分配的控制数后，结合本部门、本区县的实际情况，对控制数进行研究，并编制出计划草案，抄送（上报）市土地行政管理部门。④"第二次向下"。市土地行政管理部门在市各部门和各区县报送的计划基础上，进行综合平衡、统筹安排，编制全市土地利用计划，经批准后成为正式计划。

（3）土地利用年度计划指标分配模式多样化

土地利用年度计划指标分配模式的多样特性有三方面，一是指令性分配，所有计划指标均依据指令性计划完成分配；二是无偿分配，用行政管理模式进行无偿分配，未引入经济手段；三是行政分配，在指标的分配过程中，根据有关法规政策，运用行政的手段进行分配。

## 第三节　城乡建设用地增减挂钩

### 1. 城乡建设用地增减挂钩实施作用

城乡建设用地增减挂钩是土地利用总体规划实施的重要手段，一是通过优化用地结构和布局推动土地利用总体规划的实施。当前，上海城市建设用地指标日益紧张，而农村建设用地规模大、利用粗放，在农村地区出现了人减、地不减的现象。利用城乡建设用地增减挂钩政策工具，通过对农村居民点的归并和工矿企业用地的适度集中，将富余农村建设用地指标调剂到城市使用，有利于盘活农村存量建设用地、缓解土地供需矛盾，对于有序释放农村建设用地指标和遏制新增建设用地扩张意义重大，也为土地节约集约利用开辟新途径。二是以城镇化反哺"三农"发展间接促进土地利用总体规划实施。土地的升值利益和城市化带来的繁荣反哺农村集体经济组织和广大农民群众。通过加大城乡建设用地增减挂钩政策获得的建设用地出让收益向农村倾斜力度，不仅可以投入到村庄整体环境改造、基础设施和公共服务设施建设，还可用于耕地、基本农田的保护和建设及现代农业的发展，对统筹城乡发展和新农村建设起到积极作用。

## 2. 城乡建设用地增减挂钩实施途径

**（1）出台了一系列城乡建设用地增减挂钩管理政策**

近年来，上海市出台了一系列城乡建设用地增加挂钩的政策文件，包括《关于印发上海市城镇建设用地增加与农村建设用地减少相挂钩试点有关规定的通知》（沪规土资综[2009]1084号）、《上海市人民政府印发关于本市开展小城镇发展改革试点政策意见的通知》（沪府发[2009]41号）、《关于本市实行城乡建设用地增减挂钩政策推进农民宅基地置换试点工作的若干意见》（沪府办发[2010]1号）、《上海市人民政府办公厅转发市规划国土资源局、市农委关于开展农村集体建设用地流转试点工作若干意见的通知》（沪府办发[2010]3号）等，明晰了上海市城乡建设用地增减挂钩的发展方向、适用范围和对总体规划实施的作用，规范了操作流程和运作方式，深化细化了政策口径和管理途径，是上海市城乡建设用地增减挂钩实施与管理的最直接依据。

**（2）建立了"两平衡一尊重"的管理框架**

① 地类平衡管理

上海市城乡建设用地增减挂钩对项目区选址与规模布局均有严格的限制。在选址方面，拆旧、建新地块的选址要符合"规划控制线"管控的要求；在规模方面，拆旧区规模需大于建新区规模、安置区面积需小于原搬迁用地面积；地类平衡方面，对地类平衡的管控具体通过周转指标实现。

在指标使用上，周转指标优先用于项目区安置用地，出让地块使用周转指标必须符合国家和本市相关产业政策，经营性用地需按照招拍挂方式供地。农民搬迁安置用地及配套设施用地，区（县）可根据实际情况使用集体土地安置或动迁基地建设方式供地。在指标管理上，周转指标以行政区域和项目区为单位进行独立的考核和管理，在实施规划审批之日起三年内归还，按"总量控制、封闭运行、到期归还"的原则管理。具体是指：拆旧区拆除的建设用地量需大于建新区新增的建设用地量（周转建设用地指标），拆旧区建设用地复垦后新增耕地面积需大于建新占用的耕地面积（周转耕地指标）。在项目实施过程中，要以项目区为单位建立周转指标使用管理台账，对挂钩周转指标的下达、使用和归还进行全程监管和定期考核，确保项目区内建设用地面积不增加、耕地面积不减少、耕地质量不降低。

② 资金平衡管理

设立资金专用账户，加强资金监管，确保资金收支平衡。资金支出涵盖项目区建设的所有支出，包括搬迁补偿安置费用、拆旧区土地整理复垦费用、建新区前期开发费用、安置区建安工程费用、土地征收补偿费用、社会保障费用等。资金来源包括耕地开垦费、耕地占用税、新增建设用地有偿使用费等减免或返还的各种税费，建新区土地出让金返还费用以及土地整治专项资金、社会筹集资金、政府财政补贴等。项目区资金实现专款专用、专项管理，验收后项目节余的资金纳入资金专户用作其他增减挂钩或土地整治项目区建设。

③ 尊重群众意愿、维护合法权益

城乡建设用地增减挂钩工作，关系到人民群众的切身利益，需要广大群众的积极参与，要始终将尊重群众意愿、保障农民权益作为出发点和落脚点，切实保障农民的知情权和参与权，同时积极争取发展改革、农业、财政、水务、民政等相关部门的支持和配合。

在土地权属方面，原集体建设用地复垦新增耕地所有权原则上不发生变更，用于发展壮大原集体经济组织，若因建制撤销等原因确需调整新增耕地权属的，应由双方所有权人签订土地权属调整协议，权属调整方案必须征得2/3以上土地权利人同意，在所在镇、村公告15天，并报区（县）人民政府批准后方可实施。原国有建设用地复垦形成新增耕地的，作为国有农用地由区（县）、镇人民政府指定的全国资公司进行管理并安排进行农业生产经营，严禁抛荒或改变土地用途。建新地块和拆旧地块属于同一集体经济组织的，可按照集体建设用地流转的相关规定进行流转，建新地块确需征收集体土地的，依法办理土地征收手续、补偿被征收对象，有偿出让所得收益全部用于拆旧地块整理复垦和农民安置。

项目推进过程中，通过召开群众会议、广播、板报等多种形式开展宣传动员，把挂钩工作的意义、步骤、措施，特别是将相关补助政策向村民讲清、讲透、讲到位，争取群众的理解和支持。建立公众参与和监督制度，举行听证、论证会，对项目区选址、权属调整、土地征收、安置补偿等挂钩工作等重大事项进行充分讨论，充分听取土地权益人、社会公众及有关专家的意见，切实维护农民个人、集体经济组织和相关权益人的合法权益。

项目区实施过程中，涉及农用地和建设用地调整、互换，须得到集体经济组织、村民及有关权益人确认；涉及集体土地征收的，实行告知、听证和确认程序，对集体和农民给予妥善补偿和安置，对有工作能力的尽量安排工作，并统一办理养老保险等，确保被征地农民原有生活水平不降低、长远生计有保障。

## 第四节　土地综合整治

### 1. 土地综合整治实施作用

土地整治是指对低效、空闲和不合理利用的土地进行综合整治，提高土地利用率和产出率的活动，是各类土地整理、复垦、开发等活动的统称。土地整治是调整用地结构、促进耕地保护、提高节约集约用地水平的重要手段，是统筹经济社会发展和土地资源保护、落实最严格土地管理制度的重要举措。上海将"规范推进多功能农地整治、合理有序推进滩涂圈围开发、积极开展集中建设区外工业用地渐进性整治、分类推进农村居民点整治和创新性探索价值提升型市地整治"作为土地整治的重点方向，通过多种技术手段、激励措施积极推动土地综合整治。

土地综合整治是落实土地利用总体规划的重要途径。开展土地整治有利于落实耕地保护目标任务、改善生态环境，发挥农用地综合服务功能；有利于改善农民生产生活条件，完善农村基础设施和公共服务，推动农业现代化和新农村建设；有利于实现建设用地减量化、优化建设用地结构和布局，节约集约用地，促进城乡一体化建设和全面协调可持续发展。

### 2. 土地综合整治实施途径

#### （1）建立了土地整治规划管理体系

在城市总体规划和土地利用总体规划"两规合一"背景要求下，上海市建立了"市级土地整治规划—区县级土地整治规划—郊野单元规划—土地整治项目规划设计"四级土地整治规划和管理体系，实现土地整治的上下衔接和整体协调。其中，区级土地整治规划向上承接区级土地利用总体规划和市级土地整治规划，向下指导郊野单元规划编制，是统筹区（县）土地整治任务和项目管理的纲领性文件及行动计划；郊野单元是在集中建设区外的郊野地区，根据主导属性、行政边界、自然地形等要素划定的土地整治单元，在边界划分上与控规单元无缝衔接，在规划编制上因地制宜体现特色、按需编制逐渐覆盖，其规划是落实区县土地整治规划、指导土地整治和郊野生态等各类项目建设的实施性规划。完善的土地整治规划管理体系有利于统筹土地整治的时序、规模和布局，整合各类资源、政策、资金，整体推进土地综合整治。

（2）加强了土地整治项目管理的规范化、标准化制度建设

上海市在土地整治项目推进过程中，注重项目实施和管理的规范化、标准化建设，制定了一系列管理政策和技术规范，包括《关于印发<上海市市级土地整治项目和资金管理暂行办法>的通知（沪规土资综[2012]459号）》、《关于印发《上海市市级土地整治项目申报指南》、《上海市市级土地整治项目可行性研究报告编制纲要》的通知（沪规土资综[2012]667号）》、《上海市市级土地整治项目规划设计及预算编制和报批指南》等，明确了项目资金实行"专项管理、专账核算、专款专用、跟踪问效、先请后拨"的管理原则，以及项目资金构成、取费标准和资金申请拨付流程；规定了土地整治项目搬迁补偿的实施主体、费用标准、操作程序；细化了土地整治项目申报条件、程序、材料和项目实施环节；规范了整治项目的工程监理制度和档案管理制度；出台了项目竣工验收、工程交付使用后期管护办法，保障了土地整治的有序、规范、有效实施。

## 第五节 土地储备

### 1. 土地储备实施作用

土地储备是土地利用总体规划的一项具体实施手段，其出发点是基于土地利用总体规划对具体建设项目的落实。上海市早在2006年就着手土地储备研究，内容涵盖土地储备内涵、储备运作流程、储备需求量预测、储备规划与相关规划的关系、储备规划与计划联动方式和管理政策机制等，并于2009年编制了第一轮全市及各区（县）经营性土地储备规划。

上海市土地储备围绕城市发展战略，中心城着眼于旧区改造和"退二进三"，郊区聚焦新城新市镇，助推"创新驱动、转型发展"的战略实施。通过对经营性土地、重大基础设施和民生用地进行储备，保障了先进制造业、现代服务业的发展和大型居住社区的建设；通过增量土地和存量土地的并行储备，促进了存量土地盘活和土地节约集约利用，带动了旧区改造和城市更新；通过编制土地储备规划，为制定土地储备计划、扩大土地储备库容、合理控制土地供应节奏提供重要依据；通过土地储备的实施，优化了土地利用空间格局，促进了城市东西两翼城市群发展和中心城功能提升。

## 2. 土地储备实施途径

（1）建立"三年规划、年度计划、滚动调整"的管理机制

上海市编制三年土地储备规划，引导土地储备工作有序开展，针对近期土地储备地块进行中观研究和"规划落地"，统筹安排储备地块的规模、结构、布局和时序，储备对象以经营性用地为主、兼顾公共服务用地和基础设施用地，提高了土地储备工作的前瞻性、科学性和整体性。在土地储备规划的指导下，制定和下达年度土地储备计划，优化土地储备计划管理方式。

上海市土地储备规划实行动态管理，建立了与经济社会发展相适应的滚动修编机制。自2010年起，每年第四季度针对土地储备规划实施情况进行动态评估、开展规划滚动修编，保障了规划的弹性和现势性，促进城市土地资源的优化配置，增强了土地储备规划对经济社会发展的调控作用。

（2）关注重点领域、重点区域和民生保障

土地储备具有"蓄水池"和土地供应闸门的作用，是规范土地运作公共政策和提升政府调控土地市场能力的重要政策工具，对服务城市开发建设和提高土地资源配置效率具有重要作用。上海市土地储备围绕转型发展、中心城区功能提升、大力发展郊区新城等目标，着重推进先进制造业、现代服务业、生态旅游业、海洋经济和基础设施等重点领域的土地储备；聚焦城市发展重点区域，中心城区着眼于旧区改造和"退二进三"，关注旧改地块和转型工业地块的储备，郊区着眼于新城和新市镇开发建设，加大新兴发展区域、新城和新市镇土地收储力度；在民生保障方面，优先保障大型居住社区和公共服务设施的建设，确保城市土地利用目标的实施，改善城区生态环境。

### (3) 实施储备地块差异化的分类管理

由于土地储备受融资情况、市场环境、管理机制等多种因素影响，具有实施难度大、不确定性等特点，上海市土地储备实现差异化的分类管理，根据不同的开发出让时序和储备计划批复时间，在储备规划中将储备地块划为结转、新列和预备三种类型，其中，结转地块是列入规划基期年及以前各年度土地储备计划正处于实质性土地储备阶段后续工作的地块；新列地块是纳入到规划起始年土地储备计划，并于当年实质性启动土地储备的地块；预备地块是列入规划实施期后两年储备计划中的地块。对于已列入规划基期年及以前各年度土地储备计划的地块，若未办理后续农转用征用或土地收回手续的，不能认定为结转地块，该类储备地块如需继续开展土地储备后续工作，必须纳入新列地块或预备地块。土地储备分类管理模式在行政管理上最大程度地避免土地闲置、防止土地资产流失、规避矛盾、降低风险，为土地储备创造各种有利条件，提高了土地储备的效率和实施性。

## 第六节　信息化管理

### 1. 信息化管理的目的与意义

目前，信息化已成为上海市规划国土行业的全新管理方式和运行机制，国土资源信息化的目标是建立覆盖全市国土资源信息化系统，以信息化带动管理的现代化，实施"管理全业务、全流程的数字化和信息化"，为规划国土的精细化管理提供有效的技术支撑。

信息化管理的重要意义体现在三方面。一是保证了行政管理的效率。通过在统一的信息平台上管理规划、审批项目，实现了各级规划基础数据的一致性和项目审批底版的统一，促进了各类规划之间的有效衔接；通过统一的信息管理平台，不断优化审批流程，增强规划国土资源管理的动态监管能力，有利于提高管理效率。二是保障了规划国土信息的安全性。在信息管理平台建设过程中，严格按照国家和上海市的信息安全管理规定，借助信息技术手段有机集成业务系统、公务系统、内部管理系统，所有非涉密公务全部在网上单轨运行，全面实现文档一体化、办公督察催办自动化、文件分发归档智能化，做到系统内的上通下达，实施安全的常态化管理。三是提升了规划国土资源管理的公众服务水平。在规划编制、项目审批阶段，通过在线征询、公示等手段，提高公众参与的深度和广度；利用统一、实时的在线数据，为社会提供及时可信的规划国土资源信息服务产品；针对个人、企业、政府部门的不同需求，形成标准化、制度化、分层公示的规划国土资源信息服务产品，全面提升规划和国土部门的社会服务水平。

## 2. 信息化管理途径

上海市以信息技术为支撑，根据规划、国土资源管理职能和业务之间的关联性，构建了"1332"规划国土资源信息化管理体系（一个平台、三条主线、三个层面和两个要素），建立了"全业务、全方位、全流程"的信息化管理模式，促进规划国土资源管理水平的提升。

一个平台：构建全市统一的规划国土资源信息化综合管理平台，通过推进城市总体规划和土地利用总体规划"两规合一"、地形图与地籍图"两图合一"，整合基础信息，形成全市统一的数据底版，作为行政审批和日常管理的重要依据。三条主线：以建立决策、执行、监督相制约、相协调的行政管理格局为目标，实行管理、办理和监测相分离。在管理方面，实现事务性审批向宏观管理、既制订规则又负责审批向主要负责制定政策和业务指导转变。在办理方面，建设集事务受理、协助办理、信息采集和行政终端为一体、"既受又理"的一门式综合服务平台。在监测方面，利用信息技术手段和网络平台，对行政行为进行自动监控，对行业情况实施在线动态监测，对前后关联项目进行信息跟踪，对突发事件进行应急处置。三个层面：构建了市局、区（县）局和乡（镇）管理所三级管理架构，建设了简便易行和运作有效的网络办公平台，实现市局、区（县）局和乡（镇）管理所在统一基础平台上协同办公，形成了"市局侧重政策设计制定和监管，区县局侧重组织协调和推进，规土地管理所具体负责操作落实"的管理模式。两个要素：将所有的规划国土业务数据信息进行"落地"管理，并建立了动态更新机制，实现业务数据信息长效管理。

（1）建立规划、国土相统一的数据底版

2006年，上海市开展了全市范围的土地清查工作，全面、准确地掌握了土地的总规模、结构和分布情况。2007年，结合第二次土地调查，立足于空间资源综合管理和优化配置，以地理空间信息为基准，整合规划、土地、建管等专题空间数据信息，构筑了全市"一张图"数据管理及服务平台。全市统一数据底版包括基础数据和专题数据，其中，基础数据包括全市国土资源影像、宗地、现状、地形等，涵盖了整个土地资源行业的最小管理单元；专题数据包括业务系统管理的专业数据，如产业区块、集中建设区、其他建设用地区、基本农田、土地整理复垦、违法用地等。

所有业务数据汇集到统一的信息管理平台，通过建立"四个统一"（统一分类代码、统一命名规则、统一数据结构、统一的数据格式）的管理体系，消除了不同管理主体、各个管理环节之间的鸿沟壁垒，实现了业务数据之间的无缝管理、互联互通，保证了土地利用规划编制的基础数据的一致性、现势性。所有的业务管理行为都统一在信息管理平台上进行，通过"发现-调查-处置-反馈"的长效管理机制和数据动态更新机制，实时监控土地利用的动态变化情况，所有的管理结果都归集到信息平台上来，在规划实施的动态跟踪和实施评估中发挥重要作用。

（2）建立"管理、办理、监测"相互分离的机制

按照管理、办理和监测相分离的原则，以建立"标准化、公开化、规范化、格式化"的审批流程为目标，各管理部门各司其职，通过信息平台的不同功能模块进行业务的审批办理，在管理方面，重点是制定政策、指导业务、建立标准等。在办理方面，由行政事务办理中心专门负责，通过"一个窗口进出"的方式，细化了合并受理、合并审批、并联审批、前置征询四种方式，进一步规范了审批模式。在监测方面，建立行业监测系统、设定行业在线监测指标、明确行业监测对象、构建监测报告体系等方式，为管理和决策提供信息服务。

（3）建立"市—区（县）—乡（镇）"三级联动管理机制

在原来覆盖市、区（县）两级网络体系的基础上，向下延伸了乡（镇）管理所的专网建设，建成了涵盖全市17个区（县）局、260多个乡（镇）基层管理所三级管理网络体系，实现了网络点的连通。明确了基层管理所的职能、制度、人员、场地、设施设备等，加快了标准化、信息化、制度化、专业化的建设，推动了规划管理重心的延伸，为全市规划国土资源管理提供了协同办公的平台。

（4）建立规划管理信息化数据库

所有的规划数据、规划要素都纳入"大机"系统（规划国土管理信息平台），利用管理信息系统实现规划数据采集、处理、分析、存储、查询、输入和传输的数字化和网络化，为土地利用的计划管理、建设用地预审、土地整治项目的审查等提供技术支持，为有效发挥规划管控作用提供重要载体。

### 参考文献

1. 郭忠诚, 施玉麒. 上海经营性土地储备规划若干问题探讨[J]. 上海国土资源, 2011, 32(2):44-50.
2. 冯经明. 上海市规划和国土资源信息化工作的主要情况和发展阶段思路[J]. 国土资源信息化, 2010(1): 3-7.

图书在版编目（CIP）数据

转型时期特大型城市土地利用规划理论与实践 / 冯经明主编.
——上海：同济大学出版社，2013.4
ISBN 978-7-5608-5134-1

Ⅰ.①转… Ⅱ.①冯… Ⅲ.①特大城市－土地利用－研究－上海市②特大城市－土地规划－研究－上海市
Ⅳ.①F299.275.1

中国版本图书馆CIP数据核字(2013)第061745号

---

### 转型时期特大型城市土地利用规划理论与实践

冯经明　主编

| 责任编辑 | 陈佳蔚 | 责任校对 | 徐春莲 | 装帧设计 | 潘向蓁 | 摄影提供 | 张天明 |

出版发行　同济大学出版社 www.tongjipress.com.cn
　　　　　（上海四平路1239号　邮编：200092　电话：021-65985622）
经　　销　全国各地新华书店
印　　刷　上海中华商务联合印刷有限公司
开　　本　889×1194mm　1/16
印　　张　16.75
字　　数　536 000
版　　次　2013年4月第1版
印　　次　2013年4月第1次
书　　号　ISBN 978-7-5608-5134-1

定　　价　180.00元

本书若有印装质量问题，请向本社发行部调换。版权所有，侵权必究